Kompass Soziologie

Reihe herausgegeben von
Yasemin Niephaus, Universität Siegen, Siegen, Deutschland
Stephan Moebius, Universität Graz, Graz, Österreich

Die Lehrbuchreihe richtet sich an Studierende im Übergang zum Master-Studium der Soziologie/Sozialwissenschaften. Sie bietet eine profunde Orientierung in einzelne Fachgebiete des Master-Studiums. Als Grundlage der einzelnen Bände dienen hierbei ausdifferenzierte Spezielle Soziologien – sowohl unter Berücksichtigung fachinterner Diskussionen wie auch gesellschaftlicher Entwicklungen. Die Bände der Reihe „Kompass Soziologie" beleuchten jeweils aus spezifischen Perspektiven dieser Speziellen Soziologien gegenwärtige gesellschaftliche Prozesse. Studierende und Absolvent_innen erhalten so zentrale soziologische Analyseinstrumente und Deutungsmuster, mit denen gesellschaftliche Entwicklungen, soziale Probleme und die an sie gekoppelten Unsicherheiten sichtbar sowie versteh- und erklärbar werden.

Christoph Weischer

Einführung in die Sozialstrukturanalyse

wickelt, die vorhandenen Wissensbestände ordnet und Wege der empirischen Analyse weist. Es richtet sich an Studierende und Interessierte, die sich mit der Verfasstheit der sozialen Welt beschäftigen möchten.

Zunächst werden Grundlagen und Strategien der Sozialstrukturanalyse aufgezeigt. Im zweiten Teil wird in verschiedene Forschungsrichtungen und ihre Perspektiven eingeführt; dabei werden sozioökonomische und soziokulturelle, intersektionale und transnationale Ansätze erläutert. Nach einem Überblick über die quantitativen und qualitativen Methoden der Sozialstrukturanalyse werden dann im vierten Teil empirische Analysen vorgestellt, in denen gezeigt wird, wie ganz unterschiedliche Daten mit dem entwickelten theoretischen Repertoire analysiert werden können. Am Ende werden im Sinne einer Verdichtung wesentliche Charakteristika der Gegenwartsgesellschaft skizziert.

Inhaltsverzeichnis

1 Konzepte der Sozialstrukturanalyse 1
  1.1 Sozialstrukturen und soziale Ungleichheiten 1
      1.1.1 Die Idee der Sozialstrukturanalyse 1
      1.1.2 Soziale Ungleichheiten 2
      1.1.3 Sozialstrukturen 6
      1.1.4 Beispiele: Soziale Ungleichheiten und Strukturen 10
      1.1.5 Soziale Gruppen 13
      1.1.6 Soziale Positionen und soziale Lagen 15
      1.1.7 Beispiele: Soziale Verortungen im medizinischen Feld.... 19
  1.2 Strategien der Erklärung sozialer Ungleichheiten 21
      1.2.1 Argumentationstypen der Sozialstrukturanalyse 22
      1.2.2 Forschungsrichtungen der Sozialstrukturanalyse 25
      1.2.3 Argumentationstypen und Forschungsrichtungen 27
      1.2.4 Mechanismen der sozialstrukturellen Differenzierung 29
      1.2.5 Arenen der sozialstrukturellen Differenzierung 44
  1.3 Fazit: Soziale Positionen und Lagen, Mechanismen, Arenen 48

2 Forschungsrichtungen und theoretische Ansätze 49
  2.1 Sozioökonomisch-soziopolitische Ansätze..................... 50
      2.1.1 Zentrale Argumentationen und Konzepte 50
      2.1.2 Sozialstrukturen der frühen Industriegesellschaft 52
      2.1.3 Sozialstrukturen der klassischen Industriegesellschaft 63
      2.1.4 Sozialstrukturen der transformierten Industriegesellschaft ... 78
      2.1.5 Sozialstrukturen der digitalisierten Industriegesellschaft 88
      2.1.6 Fazit: Sozioökonomisch-soziopolitische Ansätze 91

2.2		Sozioökonomisch-soziokulturelle Ansätze	93
	2.2.1	Zentrale Argumentationen und Konzepte	94
	2.2.2	Soziokulturen der frühen Industriegesellschaft	102
	2.2.3	Soziokulturen der klassischen Industriegesellschaft	108
	2.2.4	Soziokulturen der transformierten Industriegesellschaft	114
	2.2.5	Fazit: Sozioökonomisch-soziokulturelle Ansätze	125
2.3		Intersektionale Ansätze	126
	2.3.1	Zentrale Argumentationen und Konzepte	129
	2.3.2	Entwicklung der verandernden Arbeitsteilung in Deutschland	147
	2.3.3	Modelle und Analysen	151
	2.3.4	Fazit: Intersektionale Ansätze	155
2.4		Transnationale Ansätze	157
	2.4.1	Zentrale Argumentationen und Konzepte	158
	2.4.2	Entwicklung globaler sozialer Ungleichheiten	162
	2.4.3	Globale Mobilität und transnationale Sozialgruppen	187
	2.4.4	Fazit: Transnationale Ansätze	192
3	**Methoden der Sozialstrukturanalyse**		**195**
3.1		Theorien und Methoden	196
3.2		Entwicklung der empirischen Sozialstrukturforschung	197
	3.2.1	Entwicklung standardisierter Analysen	198
	3.2.2	Entwicklung qualitativer Analysen	202
	3.2.3	Eigenlogik der Methoden	204
3.3		Datengewinnung und Datenanalyse in der Sozialstrukturforschung	205
	3.3.1	Verfahren der Datengewinnung	206
	3.3.2	Verfahren der Datenanalyse	210
3.4		Fazit: Methoden der Sozialstrukturanalyse	214
4	**Empirische Sozialstrukturanalysen**		**217**
4.1		Phänomene sozialer Ungleichheit	218
	4.1.1	Verteilung von Einkommen	219
	4.1.2	Verteilung kulturellen Kapitals	221
	4.1.3	Zusammenspiel von ökonomischem und kulturellem Kapital	222
	4.1.4	Verteilung von Vermögen	224
4.2		Einkommen und Vermögen im Lebensverlauf	225
	4.2.1	Überwiegender Lebensunterhalt	226
	4.2.2	Einkommen in verschiedenen Lebensabschnitten	228

	4.2.3	Einkommensschwankungen	230
	4.2.4	Vermögen im Lebensverlauf	231
4.3		Sozio-ökonomische und intersektionale Erklärungen	232
	4.3.1	Ranking- und Sortingprozesse	232
	4.3.2	Temporale Kumulationsprozesse	243
	4.3.3	Soziale Kumulationsprozesse	249
	4.3.4	Fazit: Sozio-ökonomische und intersektionale Erklärungen	251
4.4		Sozio-kulturelle und intersektionale Erklärungen	255
	4.4.1	Das Bildungssystem als Erfahrungsraum	256
	4.4.2	Das Erwerbssystem als Erfahrungsraum	266
	4.4.3	Fazit: Sozio-kulturelle und intersektionale Erklärungen	274

5 In welcher Gesellschaft leben wir eigentlich? 275

Literatur 279

Schlüsselkonzepte der Sozialstrukturanalyse 293

Konzepte der Sozialstrukturanalyse 1

1.1 Sozialstrukturen und soziale Ungleichheiten

> In diesem Unterkapitel wird erstmals geklärt, was unter Sozialstrukturanalyse zu verstehen ist und welche zentralen Begriffe und Konzepte bei solchen Sozialstrukturanalysen eine Rolle spielen. An Beispielen wird dieses Instrumentarium erläutert.

1.1.1 Die Idee der Sozialstrukturanalyse

Wir erfahren tagtäglich etwas über soziale Ungleichheiten. So geht es in Medien, in politischen Debatten, im Alltagsleben oder in der Ausbildung um Ungleichheiten zwischen verschiedenen sozialen Gruppen: Arme und Reiche in einem Land, Männer und Frauen, Weiße und People of Color, Staatsbürger:innen und Gruppen mit eingeschränkten Rechten. Man erfährt etwas über Ungleichheiten im Weltmaßstab und die damit verbundenen ungleichen Betroffenheiten vom Klimawandel.

Ungleichheiten offenbaren sich in der ‚Geldbörse' wie in den ‚Ausweispapieren'; es sind Ungleichheiten in den materiellen Lebensbedingungen und den verfügbaren Infrastrukturen; sie stecken aber auch in den ‚Köpfen' und den ‚Knochen' der Menschen; sie finden sich in Institutionen wie der Schule, dem Erbrecht und der Grenze. Somit geht es auch um Ungleichheiten zwischen Ländern und Weltregionen.

© Der/die Autor(en), exklusiv lizenziert an Springer Fachmedien Wiesbaden GmbH, ein Teil von Springer Nature 2025
C. Weischer, *Einführung in die Sozialstrukturanalyse*, Kompass Soziologie,
https://doi.org/10.1007/978-3-658-47622-9_1

Wir sehen Menschen, soziale Bewegungen und Organisationen, die soziale Ungleichheiten anprangern und sich zur Wehr setzen. Menschen versuchen, Ungleichheiten zu entgehen, indem sie unter großen Risiken flüchten. Zugleich werden aber auch Privilegien verteidigt, wenn Vorrechte proklamiert, Umverteilungen verhindert oder gegen Sprachregelungen polemisiert wird. Im politischen Raum können wir Aushandlungsprozesse und Konflikte beobachten, wenn Tarifverträge verhandelt, wenn in Deutschland oder der EU um Regulierungen gestritten oder wenn internationale Handelsverträge geschlossen werden. Auch gewaltsam ausgetragene Konflikte hängen oftmals mit dem Erhalt oder der Veränderung von Ungleichheitsverhältnissen z. B. zwischen Ländern oder Personengruppen zusammen.

In all diesen Beispielen geht es um soziale Ungleichheiten und den Umgang mit ihnen. *Sozialstrukturanalysen* befassen sich nun mit der wissenschaftlichen Analyse *sozialer Ungleichheiten*, mit den Prozessen, die solche Ungleichheiten hervorbringen, die sie reproduzieren und legitimieren. Man mag das Ansinnen von Sozialstrukturanalysen angesichts der Komplexität der aufgeführten Phänomene als ‚größenwahnsinnig' empfinden; liegen doch die Potenziale wissenschaftlicher Analyse gerade in der Begrenzung und arbeitsteiligen Bearbeitung von Fragestellungen. Dem ist zum einen zu entgegnen, dass soziale Phänomene nun mal grundsätzlich komplexe Phänomene sind. Zum anderen ist anzumerken, dass Sozialstrukturanalysen nicht als ‚Welttheorien' zu begreifen sind; vielmehr geht es darum, komplexe soziale Phänomene in einer bestimmten Perspektive zu begreifen. Es geht nicht darum, Kriege und Gewalt, Kapitalismus und Rassismus als solche zu erklären, sondern es geht um die Folgen für soziale Ungleichheiten.

Die wissenschaftliche Analyse der hier angesprochenen Themen erfordert es, zunächst einige Begriffe zu klären und Unterscheidungen zu treffen. Das wird Gegenstand der folgenden Ausführungen sein.

1.1.2 Soziale Ungleichheiten

Beschreibung — Analyse — Bewertung
Soziale Ungleichheiten sollten im Kontext wissenschaftlicher Analysen als eine beschreibende Kategorie verwendet werden. Fragen der Bewertung, der Kritik oder Fragen der Gerechtigkeit können in den Sozialwissenschaften nicht verhandelt werden. Das heißt, aber auch, dass die Rede von sozialen Ungleichheiten nicht ohne das Wirken von sozialen Bewegungen zu begreifen ist. Soziale Ungleichheiten können historisch betrachtet erst thematisiert werden, nachdem im politischen Raum überhaupt ein Gleichheitsgebot angestrebt bzw. durchgesetzt werden konnte.

1.1 Sozialstrukturen und soziale Ungleichheiten

Eine solche Trennung von Wissenschaft und Politik lässt sich nicht einfach setzen; man sollte sie eher als Prozess begreifen. Es ist ein Akt, der der stetigen Austarierung und Reflektion bedarf. Das heißt, man sollte auch im wissenschaftlichen Raum stets darum wissen, dass die Themen der Ungleichheitsforschung politisch aufgeladen sind und soziale Ungleichheiten ohne diese Aufladung an Bedeutung verlieren. Trotz eines solchen Gebots der Trennung wünscht man sich Sozialwissenschaftler:innen, die sich ‚nach Feierabend' als Staats- und Weltbürger:innen für eine Kritik und Verringerung sozialer Ungleichheiten einsetzen. Wenn man die Entwicklung der Geschlechterforschung oder der rassismuskritischen Ansätze betrachtet, werden die komplexen Wechselbeziehungen von Sozialwissenschaft und sozialer Bewegung deutlich. Ein wesentliches Unterscheidungskriterium ist, dass sie unterschiedlichen Logiken folgen, einer Logik der wissenschaftlichen Analyse und einer Logik der politischen Auseinandersetzung und des Kampfes.

Arten sozialer Ungleichheit

Die Frage, mit welchen Arten von Ungleichheiten sich wissenschaftliche Analysen befassen, sollte von den Zielen solcher Analysen abhängig gemacht werden. Wenn man einmal die sozialen Auseinandersetzungen um Ungleichheiten als Ausgangspunkt nimmt, wird deutlich, dass da um ‚Materielles', wie Einkommen und Vermögen sowie um die Verfügung über Güter und Infrastrukturen gestritten wird. Es geht aber auch um ‚Lebenschancen', wie Gesundheit, Sicherheit oder Bildung. Dazu gehören zivile, politische und soziale Rechte. So wurde um politische Freiheiten, das Wahlrecht für alle oder um soziale Sicherungen gekämpft. Schließlich geht es aber auch um Fragen der sozialen Anerkennung und der Diskriminierung. Es erscheint sinnvoll, Ungleichheiten systematisch in einem solch breiten Sinne zu begreifen, weil sich nur so bestimmte Abwägungen begreifen lassen. Menschen migrieren, obwohl sie wissen, dass sie auch etwas verlieren werden. Sie lösen sich aus häuslichen Gewaltverhältnissen, obwohl sie wissen, dass sie vielleicht mit Armut zu rechnen haben. In prosperierenden Sozialstaaten verzichten Menschen auf Reichtum, weil ihnen andere Ziele wichtiger sind.

Soziale Ungleichheiten, umfassen (nationale wie transnationale) Unterschiede in ökonomischen, kulturellen, sozialen und symbolischen Kapitalien, in zivilen, politischen und sozialen Rechten und in den damit verbundenen Inkorporierungen.

Konzepte sozialer Ungleichheit

In diese Definition gehen Begrifflichkeiten aus verschiedenen sich überschneidenden Theoriewelten ein: Theorien, die sich mit sozioökonomischen bzw. soziopolitischen Ungleichheiten (z. B. Theorien des Kapitalismus oder T.S. Marshalls Konzept der staatsbürgerlichen Rechte) beschäftigen, praxeologische Theorien (z. B. die Bourdieuschen Konzepte von Kapitalien und Inkorporierungen) und schließlich intersektionale Ansätze (z. B. das Konzept der Veranderung und des Körpers). Die hier verwendeten Begriffe sollen vorab kurz skizziert werden; eingehender werden sie im zweiten Kapitel besprochen:

- *Ökonomisches Kapital* spielt in Theorien des Kapitalismus eine wesentliche Rolle. Für Sozialstrukturanalysen sind vor allem jene Ansätze bedeutsam, die sich für Varietäten des Kapitalismus, für die Einbindung von Kapitalverwertungsprozessen in historisch und national recht unterschiedliche Kontexte und Institutionen interessieren.
- Das Bourdieusche Kapitalkonzept bezieht sich auf die Kapitalausstattung von Personen und interessiert sich jenseits des ökonomischen Kapitals, auch für *kulturelles* (Bildung und Bildungsabschlüsse), *soziales* (z. B. soziale Netzwerke) und *symbolisches Kapital* (z. B. die soziale Anerkennung oder Diskriminierung von Personen und sozialen Gruppen). Mit diesem an Personen orientierten Kapitalkonzept wird deutlich, dass Kapitalunterschiede sich auch an und in den Körpern festmachen, sie also *inkorporiert* werden.
- Die auf Marshall zurückgehende Soziologie der Staatsbürgerschaft, analysiert die *bürgerlichen* (z. B. Freiheit der Person, der Rede, des Glaubens, Eigentumsrechte), *politischen* (z. B. aktives und passives Wahlrecht, Vereinigungsfreiheit) und die *sozialen Rechte* (z. B. soziale Mindestsicherheiten, Bildung, soziale Teilhabe), die mit der Bürgerschaft in einem Nationalstaat verbunden sind. Diese Bestandteile des Staatsbürgertums sind mit verschiedenen Institutionen eines Nationalstaats verknüpft.
- Intersektionale Ansätze fragen nach *Überschneidungen und Wechselverhältnissen zwischen verschiedenen Ungleichheiten*; sie analysieren, wie *Veranderungen* (Othering) nach geschlechtlichen, ethnisch-kulturellen oder körperlichen oder sozialen Zurechnungen mit sozialen Ungleichheiten in Zusammenhang stehen. Die Frage nach Prozessen der Veranderung untersucht, wie soziale Kategorien (z. B. Geschlechter oder ethnische Gruppen) konstruiert werden und wie diese Konstrukte wirksam werden. Auch hier spielen Fragen der Inkorporierung eine wichtige Rolle.

1.1 Sozialstrukturen und soziale Ungleichheiten

Räume sozialer Ungleichheit
Soziale Ungleichheiten können mit unterschiedlichen räumlich-politischen Bezügen untersucht werden: auf lokaler oder regionaler Ebene, auf nationaler Ebenen, auf der Ebene von Weltregionen oder schließlich global. Für die Entwicklung von Sozialstrukturanalysen spielte die nationale Ebene eine wichtige Rolle. Hier wurden im 19. Jahrhundert im Kontext der ‚sozialen Frage', der Wahlrechtsbewegung oder des Kampfes gegen Kolonialismus und Sklaverei soziale Ungleichheiten thematisiert; hier konnten in den prosperierenden Ländern wesentliche politische und soziale Erfolge erzielt werden. Nationalstaaten wurden zu einer Instanz, die soziale Ungleichheiten verringerte, sie waren aber auch die Instanz, die globale wie landesspezifische Ungleichheiten absicherte. In dem Maße, wie Nationalstaaten weltweit zu einem wesentlichen Organisationsprinzip wurden und die Unterschiede zwischen diesen Staaten zunahmen, wurde die Frage der staatsbürgerlichen Zurechnung zu einer zentralen sozialen Frage. Man kann soziale Ungleichheiten auch in einer globalisierten Welt durchaus auf nationaler Ebene untersuchen; man steht jedoch in der Pflicht, die globale Einbettung eines Nationalstaats und die vielfältigen Praktiken der (ökonomischen, politischen, sozialen und kulturellen) Grenzüberschreitung im Blick zu behalten.

Relationalität sozialer Ungleichheiten
Soziale Ungleichheiten sind ein relationales Konzept, das mit Vergleichen zusammenhängt: arm und reich in einem Land, arm und reich auf dem Globus, arm und reich früher und heute, arm und reich gemessen an Rechten und Gerechtigkeitsvorstellungen. Das stellt die wissenschaftliche Analyse vor Herausforderungen. Es geht zugleich um den Vergleich der Lage verschiedener sozialer Gruppen; es geht aber auch um die Bewertung von Unterschieden (gemessen an variierenden Gerechtigkeitskonzepten). Das führt dazu, dass soziale Ungleichheiten oft lange hingenommen werden, dass es aber dann auch Phasen der Thematisierung und politischen Mobilisierung gibt. Im Ländervergleich zeigt sich, dass bestimmte Ungleichheiten in einem Land erduldet werden, während sie in einem anderen Gegenstand heftiger Konflikte sind.

Ungleichheiten als Angelpunkt von Sozialstrukturanalysen
Man kann soziale Ungleichheiten zwischen Personen und sozialen Gruppen als das gemeinsame Objekt, als die kleinste gemeinsame Einheit von Sozialstrukturanalysen begreifen. Soziale Ungleichheiten lassen sich empirisch bestimmen; das mag bei Merkmalen wie Einkommen einfacher sein, aber auch über Fragen der Teilhabe und der Anerkennung lassen sich empirisch fundierte Aussagen treffen.

1.1.3 Sozialstrukturen

Von *Strukturen* wird gemeinhin gesprochen, um Phänomene zu beschreiben, die eine gewisse Beständigkeit, eine Systematik bzw. Regelmäßigkeit aufweisen. In den Sozialwissenschaften wird zumeist auf dieses eher unscharfe Gemeinverständnis zurückgegriffen.

Strukturen
Eine präzisere Bestimmung findet sich bei Anthony Giddens, der im Kontext seiner Praxistheorie von Strukturen als Regeln und Ressourcen spricht, die soziales Handeln einschränken aber auch ermöglichen (1988, S. 78). So schränkt die Höhe der Ressource Einkommen, die Handlungsmöglichkeiten von Ärmeren ein, anderen ermöglicht sie einen (derzeit ökologisch unverantwortlichen) aufwändigen Lebensstil. Die mit der vorherrschenden Geschlechterordnung verknüpften Regeln wirken für Nonbinäre einschränkend, während sie für andere vielleicht eher ermöglichend wirken. In beiden Fällen können diese Strukturen von den in einer Situation jeweils Handelnden nicht außer Kraft gesetzt werden; sie können aber versuchen, sich individuell über sie hinwegzusetzen. Wenn eine größere Gruppe so agiert, können sich Strukturen auch allmählich verändern. Strukturen werden bei Giddens demnach sowohl als „Medium wie als Ergebnis" (S. 77) von sozialen Praktiken (Handlungen) begriffen. Die variierenden Begrifflichkeiten – Regel oder Medium – deuten darauf hin, dass hier noch eine weitere Klärung erforderlich ist. Im folgenden Kapitel wird vorgeschlagen, von Mechanismen zu sprechen.

Ein ähnliches Konzept findet sich bei Pierre Bourdieu, der sich vor allem für die Entstehung, Reproduktion und Veränderung von Strukturen in der sozialen Welt interessiert. Bezogen auf die Handlungssituationen einzelner Akteure geht er davon aus, dass diese durch den Habitus – die in Sozialisation und Lebensverlauf erworbenen Wahrnehmungs-, Denk- und Handlungsmuster – der Akteure strukturiert werden. Die Strukturierung durch den Habitus sollte jedoch nicht in einem deterministischen Sinne verstanden werden.

Während der Habitus auf der Ebene von Individuen und sozialen Gruppen als strukturierendes und regelndes Moment begriffen werden kann, spricht man in Organisationen wie einem Unternehmen oder einer Verwaltung eher von Konventionen (vgl. Diaz-Bone 2011); jene meist informellen Gepflogenheiten und Verfahrensweisen, die (ganz wie beim Habitus) implizieren, wie Phänomene wahrgenommen, interpretiert und bewertet und Anforderungen bzw. Probleme bearbeitet werden.

1.1 Sozialstrukturen und soziale Ungleichheiten

Vor diesem Hintergrund kann man *Sozialstrukturen* als jene Strukturen begreifen, die für Sozialstrukturanalysen, also die Analyse sozialer Ungleichheiten von Interesse sind.

Das sind Strukturen, die sich im Sinne Giddens über die Verteilung von *Ressourcen* einstellen, z. B.:
- die Einkommensstruktur in einem Land und die dahinterstehenden ökonomischen Strukturen,
- die Struktur länderspezifischer Prosperitätsunterschiede und die damit verknüpften politisch ökonomischen Strukturen bzw. Machtverhältnisse,
- die Geschlechterstrukturen also Unterschiede in Einkommen und beruflichen Positionen.

Das sind Strukturen, die mit (expliziten oder impliziten) *Regeln* und den sie handhabenden Institutionen zusammenhängen, z. B.:
- Bildungssysteme, Arbeitsmärkte, Betriebe und Verwaltungen, aber auch Familien, in denen vermittelt durch sexistische, rassistische und klassistische Muster klassifiziert und selektiert wird,
- europaweite oder internationale Konflikte und Aushandlungsprozesse in politischen und wirtschaftlichen Institutionen.

Das heißt, man hat es also mit Strukturen zu tun, die sich eher in Ergebnissen von Strukturierungen ausdrücken und mit Strukturen, die mit den strukturierenden Institutionen und Individuen zusammenhängen.

All dies wird schließlich durch *kognitive Strukturen* vermittelt, über die Differenzen bzw. Differenzierungen konstruiert und legitimiert werden. Das sind epistemische Strukturen (Wissensstrukturen), wie z. B. Strukturen des verandernden oder des eurozentrischen Denkens.

„Klassen" — „Milieus" — „Kapitalismus"

Es mag vielleicht verwundern, warum in diesem Abschnitt nicht von Klassenstrukturen bzw. Milieus oder von Kapitalismus bzw. Sexismus und Rassismus gesprochen wird. Dem liegt eine Einschätzung der Gegenwartsgesellschaft wie eine analytische Strategie zugrunde.

Nicht selten wurden in Sozialstrukturanalysen Klassen als etwas Gegebenes begriffen; das lag im 19. und frühen 20. Jahrhundert angesichts der kaum überwundenen ständischen Gesellschaftsordnung, der großen sozialen Unterschiede, der nur minimalen sozialstaatlichen Sicherung und der politischen Mobilisierung entlang von Klassengrenzen auf der Hand. Marshall spricht für die Vergangenheit von Klassen als Institutionen eigenen Rechts. Demgegenüber begreift er (Mitte des 20. Jahrhunderts) soziale Klassen „als das Nebenprodukt anderer Institutionen". „Klassenunterschiede werden durch das Recht und die gesellschaftlichen Gebräuche (im mittelalterlichen Sinne des Begriffs) weder geschaffen noch definiert, sondern resultieren aus dem Zusammenspiel einer Vielzahl von Faktoren, die mit den Institutionen des Eigentums, der Bildung und der Struktur der nationalen Volkswirtschaften im Zusammenhang stehen" (Marshall 2000, S. 65). Man kann durchaus der Frage nachgehen, ob es sinnvoll ist, eine spezifische Nationalgesellschaft als Klassengesellschaft zu begreifen; man kann untersuchen, was für und gegen eine solche Argumentation spricht. In jedem Falle wären Klassen dann aber nicht etwas der Analyse Vorausgesetztes, sondern eher ein Modus, eine große Zahl von Ungleichheitsbeobachtungen sinnvoll zusammenzufassen.

Neben dieser gruppenorientierten Perspektive bieten sich auch systemische Strukturierungen an. Konzepte des Kapitalismus oder des Rassismus bzw. Sexismus versprechen zusammenhängende Erklärungen für viele Fragen der Ungleichheitsanalyse. Ausgehend von der Einschätzung Marshalls wäre aber dann genauer zu bestimmen, welche Aspekte ungleicher Arbeits- und Lebensverhältnisse mit diesen Ansätzen „erklärt" werden können und welche auch nicht. Auch stellt sich das grundsätzliche Problem solcher „-ismen", dass sie sich auf einem Abstraktionsniveau bewegen, welches für die differenzierte wissenschaftliche Analyse einzelner ungleichheitsrelevanter Felder kaum Instrumente und Konzepte anbietet. So kann man z. B. mit dem Konzept des „Kapitalismus" nur spezifische Aspekte dessen erklären, was in einem „kapitalistischen" Unternehmen geschieht.

Sozialstrukturanalysen

Sozialstrukturanalysen befassen sich diesen Ausführungen folgend mit der sozialwissenschaftlichen Analyse von sozialen Ungleichheiten. Dabei ist die Frage nach Sozialstrukturen als eine Forschungsstrategie zu begreifen; d. h. man sollte zunächst einmal von Strukturvermutungen sprechen, die sich dann auf der Basis von empirischen Analysen mehr oder weniger erhärten lassen.

1.1 Sozialstrukturen und soziale Ungleichheiten

Es ist sinnvoll, verschiedene Typen von Sozialstrukturanalysen zu unterscheiden:

- *Wissenschaftliche Sozialstrukturanalysen* zeichnen sich dadurch aus, dass sie den Standards der sozialwissenschaftlichen Forschung folgen sollten. Dazu gehört neben den allgemeinen Regeln wissenschaftlichen Arbeitens und den methodischen Regeln zum einen die sinnvolle Verschränkung von theoretischen Konzepten und empirischen Analysen und zum zweiten die Reflexion der Beobachtung und des Beobachtenden. Ein wesentliches Kriterium ist es, dass solche Analysen handlungsentlastet erfolgen.
- Sozialstrukturanalysen finden sich aber auch, wenn die *amtliche Statistik* oder *internationale Organisationen* Dossiers oder Sozialberichte erstellen. Die methodische Qualität solcher Untersuchungen steht nicht infrage; auch dem Kriterium der handlungsentlasteten Analyse wird meist entsprochen. Eine theoretische Fundierung und Reflexion ist in diesen Analysen jedoch selten zu finden; man lässt eher ‚die Daten sprechen'.
- Sozialstrukturanalysen werden auch durch *politische Organisationen und Interessenverbände* betrieben; so unterhalten z. B. Gewerkschaften, Arbeitgeber- oder Wohlfahrtsverbände eigene Forschungsinstitute oder -abteilungen. Auch diese arbeiten zumeist nach allen Regeln der Kunst; man sollte nicht denken, hier werden Analysen manipuliert. Verschiedentlich werden die Untersuchungen auch durch theoretische Überlegung flankiert. Umgekehrt ist es schon so, dass in die Interpretation der Befunde stets auch die Positionierung der eigenen Organisation eingeht. Das gehört nun mal zu den Aufgaben solcher Interessenvertretungen.
- Schließlich gibt es ein weites Feld, das man als *verwendungsorientierte Sozialstrukturanalysen* begreifen kann. Dazu gehört die Markt- und Meinungsforschung, die z. B. durchaus komplexe und begründete Milieumodelle entwickelt hat, siehe das Milieumodell des SINUS-Instituts. Darüber hinaus betreiben große Unternehmen bzw. die Eigner großer Datenbestände Sozialstrukturanalysen im Sinne der Marktforschung und der Analyse ihrer Kundschaft. Auch bei den Überwachungs- und Kontrollinstanzen eines Nationalstaats werden im weiteren Sinne Sozialstrukturanalysen betrieben, wenn sozialstrukturelle Erkenntnisse für Fahndung und Prävention genutzt werden. Wohlgemerkt sind solche verwendungsorientierten Analysen, auch wenn dort mit ausgefeilten Methoden und großen Datenbeständen gearbeitet wird, nicht mit wissenschaftlicher Sozialforschung zu vergleichen, weil wesentliche Standards wissenschaftlicher Arbeit (z. B. Transparenz des Forschungsprozesses, Dokumentation und Publikation der Ergebnisse) nicht gegeben sind.

In dieser Einführung wird es um wissenschaftliche Sozialstrukturanalysen gehen. Ein Blick in verschiedene Medien zeigt aber, dass es in einer verwissenschaftlichten Welt nicht immer leicht ist, wissenschaftliche Analysen gegenüber anderen abzugrenzen.

1.1.4 Beispiele: Soziale Ungleichheiten und Strukturen

Im Folgenden sollen am Beispiel der Verteilung verschiedener Einkommen einige der hier eingeführten Begrifflichkeiten erprobt werden. Die Fragen der Konstruktion und Erhebung solcher Einkommen und die Probleme der statistischen Analyse werden an späterer Stelle noch genauer behandelt.

Bruttomonatsverdienste
Soziale Ungleichheiten: Die Unterschiede in den Bruttoverdiensten von Männern und Frauen (Tab. 1.1) können als soziale Ungleichheiten begriffen werden. Zugleich werden soziale Ungleichheiten zwischen den Verdiensten von Erwerbstätigen mit unterschiedlichem Schulabschluss deutlich.

Sozialstrukturen im Sinne von Ressourcen: Die Verdienstunterschiede zwischen Frauen und Männern können als Sozialstrukturen verstanden werden, indem sie Hinweise darauf geben, dass sich die verfügbaren Ressourcen von Frauen und Männern und die damit verbundenen Möglichkeiten, ein Leben zu gestalten, durchschnittlich unterscheiden. Ähnliches gilt für die (schulisch betrachtet) mehr oder weniger Gebildeten.

Sozialstrukturen im Sinne von Regeln: Die durchschnittlichen Verdienstunterschiede scheinen auch mit dem schulischen Abschluss im Zusammenhang zu stehen; dieser Abschluss ist ein Faktor (eine Regel), der auf die späteren Arbeitsverdienste einwirkt. Auch das Geschlecht scheint mit dem Arbeitseinkommen in Zusammenhang zu stehen. Die zentrale Frage ist jedoch, wie die beobachtbaren

Tab. 1.1 Bruttomonatsverdienste von Vollzeitbeschäftigten – Deutschland

	Insgesamt	Frauen	Männer
Insgesamt	3791	3376	3976
Ohne Schulabschluss	2668	2304	2751
Hauptabschluss	3034	2536	3146
Mittlere Reife o. ä.	3290	2970	3463
Abitur/Fachabitur	4911	4108	5375

Quelle: DeStatis, Verdienststrukturerhebung 2018

1.1 Sozialstrukturen und soziale Ungleichheiten

Tab. 1.2 Bruttomonatsverdienste von Vollzeitbeschäftigten – EU

	Insgesamt PPS	Insgesamt €	Frauen €	Männer €
Europäische Union 27	2613	2613	2241	2864
Schweden	2951	3647	3408	3830
Deutschland	3478	3715	3243	3928
Bulgarien	1186	617	568	664

Quelle: Eurostat, EARN_SES_MONTHLY, 2018

Unterschiede nach Geschlecht und Bildungsabschluss erklärt werden können. Es ist ja nicht so, dass es gesetzlich festgelegt ist, dass Frauen nur 85 % des Bruttomonatslohnes der Männer erhalten sollten. Das heißt, es muss noch genauer geklärt werden, wie solche „Regelmäßigkeiten ohne Regel" (frei nach Bourdieu) zu Stande kommen — oben war ja bereits auf die Probleme des Regelbegriffs verwiesen worden. In dem Effekt der schulischen Bildung scheinen sich die Prinzipien einer ‚Leistungsgesellschaft' auszudrücken; aber auch hier gilt es, den Leistungsbegriff zu hinterfragen und den Wirkungszusammenhängen genauer nachzugehen. Solange diese Zusammenhänge nicht genauer entschlüsselt sind, sollte man an dieser Stelle vielleicht besser von *Strukturvermutungen* sprechen.

Die auf nationaler Ebene beobachteten Muster lassen sich auch auf der europäischen Ebene (Tab. 1.2) aufzeigen. In den 27 EU-Ländern verdienen vollzeiterwerbstätige Frauen im Durchschnitt nur 78 % des Bruttoverdienstes der Männer. Die gegenüber der vorigen Tabelle abweichenden Angaben für Deutschland hängen mit Unterschieden in den berücksichtigten Branchen zusammen.

Neben der Geschlechter-Struktur offenbart die Tabelle auch ausgeprägte nationale Unterschiede. So liegen die durchschnittlichen kaufkraftbereinigten (PPS) Verdienste in Bulgarien bei 45 % des EU-Durchschnitts, während es in Schweden und in Deutschland 113 bzw. 133 % des Durchschnitts sind. Auch diese Befunde lassen sich zum einen als Aussage über *Ressourcen*-Strukturen lesen, indem man sagen kann, dass die Einkommensressourcen den Vollzeiterwerbstätigen in Deutschland weitaus größere Gestaltungsmöglichkeiten eröffnen als in Bulgarien. Fragt man nach den Mustern, den *Regeln*, die solche Unterschiede hervorgebracht haben, so muss man sich der Geschichte der West/Ost-Teilung Europas, der europäischen Wirtschafts- und Sozialgeschichte, den Migrationsbeziehungen bzw. transnationalen Verflechtungen und den gegenwärtigen Produktions- und Handelsstrukturen zuwenden.

Prokopfeinkommen

Die folgenden Daten (Tab. 1.3) thematisieren weltweite (kaufkraftbereinigte) Einkommensungleichheiten. Während das Prokopfeinkommen im nördlichen Amerika und Ozeanien bzw. in Europa beim dreifachen bzw. doppelten des Weltdurchschnitts liegt, werden im Mittleren Osten bzw. in Nordafrika nur wenig

Tab. 1.3 Prokopfeinkommen verschiedener Weltregionen

	% der Welt-bevölkerung	nationales Durchschnittseinkommen	% des Weltdurchschnitts
Welt	100,0	17.176 €	100,0
Nordamerika & Ozeanien	5,1	52.257 €	304,2
Südamerika	5,5	13.671 €	79,6
Europa	6,9	33.722 €	196,3
Mittl. Osten & Nordafrika	7,0	19.250 €	112,1
Sub-Sahara Afrika	14,6	5474 €	31,9
Asien	60,9	14.424 €	84,0

Quelle: World Inequality Database (WID.world), 2023

Tab. 1.4 Einkommensverteilung in verschiedenen Weltregionen

	Obere 10 %	Mittlere 40 %	Untere 50 %
Welt	52,5 %	39,2 %	8,3 %
Nordamerika & Ozeanien	45,7 %	40,4 %	13,9 %
Südamerika	–	–	–
Europa	36,2 %	45,3 %	18,5 %
Mittl. Osten & Nordafrika	55,2 %	35,0 %	9,9 %
Sub-Sahara Afrika	55,4 %	35,4 %	9,2 %
Asien	50,9 %	39,2 %	9,9 %

Quelle: World Inequality Database (WID.world), 2023

mehr als der Weltdurchschnitt erreicht. Deutlich niedriger liegen die Prokopfeinkommen in Asien und Südamerika. Am unteren Ende der Einkommensskala finden sich die Länder südlich der Sahara. Damit wird deutlich, dass neben den Nationalstaaten auch die Weltregionen ein wichtiges strukturelles Ungleichheitsmoment darstellen.

Schließlich gilt es aber auch innerhalb der Weltregionen die enormen sozialen Differenzierungen zu beachten (Tab. 1.4). Im Weltmaßstab verfügen die unteren 50 % der Bevölkerung nur über 8 % des Welteinkommens. Nur in Nordamerika bzw. Europa verfügt diese Gruppe (immerhin) über 14 % bzw. 18,5 %.

Im Sinne der verschiedenen Verständnisse von Sozialstrukturen lässt sich so eine Aussage über die Struktur der Ressourcenverteilung und eine Aussage über die möglichen strukturierenden Effekte der Nationalstaaten oder Weltregionen treffen. Auch hier sollte zunächst von Strukturvermutungen ausgegangen werden; erst die Analysen einer globalen Wirtschafts- und Sozialgeschichte und einer Geschichte der imperialen und kolonialen bzw. postkolonialen Beziehungen können näheren Aufschluss über die möglichen Wirkfaktoren erbringen.

1.1 Sozialstrukturen und soziale Ungleichheiten

Diese Beispiele sollen verdeutlichen,

- dass sich soziale Strukturen zum einen in Ressourcenunterschieden ausdrücken und zum anderen in den zugrunde liegenden Regeln bzw. Mechanismen,
- dass sich soziale Strukturen an räumlichen Einheiten (z. B. Nationalstaaten oder Weltregionen), an sozialen Einheiten (z. B. mehr oder weniger Gebildete, ärmere oder reichere), an kategorialen Einheiten (z. B. Männer und Frauen) und schließlich an kognitiven Momenten (z. B. bewertende Stereotypen) festmachen lassen.

Obwohl in diesen Beispiel Sozialstrukturen an Einkommensdaten illustriert wurden, greifen Sozialstrukturen weit über monetäre Größen (wie z. B. Einkommen und Vermögen) hinaus.

- Das gilt zum einen für Sozialstrukturen im Sinne von Ressourcen. Es geht um Überlebenschancen, physische und psychische Unversehrtheit, Gesundheit und Sicherheit, um den Zugang zu Infrastrukturen und Sozialleistungen; es geht aber auch um Anerkennungsverhältnisse und kollektive Erfahrungen.
- Das gilt zum anderen für Sozialstrukturen im Sinne von Regeln und Mechanismen. Dabei geht es um institutionelle Strukturen auf nationaler und internationaler Ebene und die damit verbundenen Machtverhältnisse; es geht auch um jene kognitiven Strukturen des Rassismus, des Sexismus, die Ungleichheiten legitimieren und diese als ‚natürlich' erscheinen lassen.

Die hier aufgeführten monetären Daten können als die Spitze eines Eisbergs von Ungleichheiten begriffen werden. Sie bieten den Vorteil, bestimmte Ungleichheiten summarisch ausdrücken und Veränderungen von Ungleichheiten beschreiben zu können; sie liefern aber nur einen begrenzten Beitrag zum Verständnis sozialer Ungleichheiten und zur Analyse von Sozialstrukturen.

1.1.5 Soziale Gruppen

In den aufgeführten Beispielen werden Ungleichheiten und Strukturen aufgezeigt, indem Daten über ‚soziale Gruppen' miteinander verglichen wurden. Die Anführungszeichen sollen verdeutlichen, dass solche Gruppen nichts Gegebenes sind; es sind soziale, politische oder kognitive Aggregate (Zusammenfassungen) von einzelnen Personen. Für die Analyse von Sozialstrukturen wie für das Verständnis der strukturierenden Mechanismen ist es bedeutsam, verschiedene *Typen* von sozialen Aggregaten zu unterscheiden. Zudem sollten verschiedene *Zwecke* der Aggregation differenziert werden.

> *Aggregate* sind in der Sozialstrukturanalyse zum einen als ein *soziales Phänomen* zu begreifen, indem z. B. soziale Gruppen Gemeinsamkeiten wahrnehmen und sich organisieren und indem sie sich gegen andere abgrenzen. Zum anderen wird die Aggregation in der Sozialwissenschaft als eine *analytische Strategie* genutzt, um große Einheiten (z. B. einen Nationalstaat) und (mögliche) strukturelle soziale Ungleichheiten untersuchen zu können.

So sind Unterscheidungen nach Geschlechtern zum einen als ein vielschichtiges *soziales Phänomen* zu begreifen. Es gibt vielfältige biologische Unterschiede zwischen Menschen, die in verschiedener Weise zusammengefasst werden können. Vor allem im 19. Jahrhundert hatte sich die Biologie solchen Unterschieden zugewendet. Parallel entstanden in den sich herausbildenden Nationalstaaten Personenstandsregister, in denen Personen rechtsverbindlich verschiedenen Geschlechtern (zunächst zwei, heute drei) zugewiesen wurden. Darauf aufbauend werden amtliche (und private) Statistiken erstellt, in denen soziale Phänomene geschlechtsspezifisch erfasst werden. Auch viele gesetzliche Regelungen ruhen auf dieser Unterscheidung. Politische Organisationen oder soziale Bewegungen beziehen sich in bewahrendem oder emanzipatorischem Sinne auf Geschlechterkonstrukte. Schließlich gibt es einen großen Fundus von Stereotypen, die sich an Geschlechterkonstrukten festmachen. In dieser so vergeschlechtlichten sozialen Welt werden Menschen (auch Sozialwissenschaftler:innen) sozialisiert; sie orientieren sich; sie treffen unterschiedliche Bildungs-, Arbeits- und Lebensentscheidungen. Daraus resultieren schließlich auch differente Lebenserfahrungen und lebensgeschichtlich kumulierte Ressourcen.

Die Unterscheidung nach Geschlechtern fungiert zum anderen als *analytische Strategie*, um die Effekte geschlechtsspezifischer Unterscheidungen im Ergebnis analysieren zu können oder um zu untersuchen, wie geschlechtsspezifische Unterscheidungen in verschiedenen Kontexten mit sozialen Ungleichheiten zusammenhängen.

Die am Beispiel geschlechtsbezogener Aggregationen angestellten Unterscheidungen lassen sich auch auf Unterscheidungen nach sozioökonomisch, ethnisch-kulturell, physiognomisch, national, religiös oder ableistisch konstruierten Unterscheidungen und ihren (materiellen, rechtlichen, kognitiven) Realisierung übertragen. Nicht zufällig werden viele dieser Unterscheidungen im 19. Jahrhundert neugefasst; man ordnet die Welt nach Geschlechtern, nach ‚Rassen', nach Nationen, nach ‚Normalen' und ‚Wahnsinnigen' etc. Auch die Rede von Klassen geht auf das 19. Jahrhundert zurück.

Für den sozialwissenschaftlichen Diskurs und die wissenschaftliche Analyse heißt das, dass solche Aggregate als ein wichtiger Gegenstand von Ungleichheitsanalysen zu begreifen sind; zugleich gilt es, diese Aggregate kritisch zu reflektieren. Es sollten Benennungen verwendet werden, die nicht wertend, stereotypisierend, essenzialisierend und eurozentrisch sind. Zudem sind Benennungen zu bevorzugen, die Hinweise auf die komplexen Konstruktionen bzw. Realisationen geben und vorherrschende Praktiken infrage stellen. Einige Beispiele:

- Von *Kategorisierungen* und *Veranderungen* (othering) wird gesprochen, wenn sich solche Unterscheidungen an Personen festmachen. Das Konzept wird im nächsten Kapitel noch genauer erläutert.
- Der Begriff *soziale Gruppe* kann in einem nicht essenzialisierenden Sinne gebraucht werden, um soziale Aggregate zu benennen.
- Im wissenschaftlichen Diskurs kann auf Begrifflichkeiten aus den politischen Diskursen Bezug genommen werden, wenn dies in reflektierter Weise erfolgt. Das betrifft z. B. den Begriff der ‚Klasse' oder der ‚*People of Color (PoC)*'.

1.1.6 Soziale Positionen und soziale Lagen

Nachdem ansatzweise geklärt wurde, was unter sozialen Ungleichheiten und Sozialstrukturen zu verstehen ist, soll nun gefragt werden, was die Bezugseinheit ist, an der sich Ungleichheitsaussagen festmachen. Es sind in letzter Instanz Personen oder Aggregate von Personen; aber Personen lassen sich im Kontext der Sozialstrukturanalyse in sehr verschiedener Weise betrachten.

Man kann sich zum einen dafür interessieren, welche Stellung eine Person zu einem gegebenen Zeitpunkt innehat. So sind Personen erwerbstätig (oder erwerbslos); sie arbeiten (unentgeltlich) im haushaltlichen Kontext; sie sind in der schulischen und beruflichen Ausbildung; es sind Kinder, die hoffentlich das Privileg haben, nicht arbeiten oder kämpfen zu müssen oder sie sind in verschiedener Form im Ruhestand. All diese Positionierungen sollen im Weiteren als *soziale Positionen* bezeichnet werden.

Die Analyse sozialer Positionen vernachlässigt jedoch, dass Personen keine Monaden sind; sie agieren in sozialen Zusammenhängen, sie schließen sich zu Haushalten, zu Familien, zu Partnerschaften zusammen oder leben allein; sie haben soziale Netzwerke. Schließlich sind Menschen auch lebensgeschichtlich und zeitgeschichtlich eingebunden. Das ist ihre eigene Lebensgeschichte, wie die Geschichte ihrer Eltern und Großeltern; es ist aber auch die Geschichte eines (oder mehrerer) Nationalstaaten. Wenn Personen in dieser Weise in ihren sozialen und temporalen Kontexten analysiert werden, soll von *sozialen Lagen* gesprochen werden.

Soziale Positionen

> *Soziale Positionen* sind auf der einen Seite abstrakte Positionen, z. B. die berufliche Positionierung in einem Unternehmen oder einer Verwaltung, die sich über die Teilung der Arbeit, die (mehr oder weniger hierarchische) Organisation, die Arbeitsinhalte und Arbeitsbedingungen, die erforderlichen Qualifikationen, das Beschäftigungsverhältnis, die Entlohnung, die soziale Anerkennung etc. auszeichnet. Auf der anderen Seite sind es konkrete Positionen, indem diese von einer speziellen Person besetzt sind, die die abstrakte Position mit ihren Erfahrungen und Talenten auszufüllen versucht.

Über die Besetzung von Positionen wird die abstrakte Welt einer z. B. wirtschaftlich oder administrativ orientierten Organisation mit der Lebenswelt einer Person, mit ihren sozialen und temporalen Verwebungen verknüpft. Berufliche Positionen umfassen auch die selbstständige Arbeit. Auch hier kann die Unterscheidung von abstrakter und konkreter Position sinnvoll sein. Wenngleich die Stelle einer Unternehmer:in nirgends ausgeschrieben ist, gibt es sie doch als „Role Model", als rechtliche Position oder als politische Position.

Soziale Positionen finden sich nicht nur in der Erwerbsarbeit; auch in den privaten Haushalten lassen sich solche Positionen ausmachen, wenn sich Erwachsene die erwerbliche und häusliche Arbeit teilen, wenn Kinder und Jugendliche oder zu Pflegende besonderer Leistungen bedürfen. Auch hier ist es sinnvoll, zwischen Positionen in einem abstrakten und einem konkreten Sinne zu unterscheiden. Der Haushalt hat zwar keinen Stellenplan wie ein Unternehmen, aber es sind im Kontext gesellschaftlicher wie partnerschaftlichen Aushandlungsprozesse und Konventionen Quasi-Positionen entstanden, indem Arbeit geteilt und Einkommen umverteilt werden. Diese Quasi-Positionen werden dann von spezifischen Männern oder Frauen besetzt.

Auch über den Sozialstaat entstehen soziale Positionen einerseits (als Erwerbspositionen) in der Administration und in staatlichen Einrichtungen wie z. B. dem Bildungs- oder Sozialsystem. Andererseits entstehen damit auch die Positionen derer, die als „Klient:innen" sozialstaatliche Leistungen in Anspruch nehmen, als Schüler:innen, als Bezieher:innen von Sozialleistungen oder von Renten und Pensionen.

1.1 Sozialstrukturen und soziale Ungleichheiten

> Wenn man das Konzept der *sozialen Positionen* in transnationalen Analysen nutzt, ist es wichtig, die sozialen Positionen und Positionierungen auch als nationalstaatliche Positionen und Positionierungen zu begreifen. So unterscheiden sich die Positionen einer Ärztin oder eines Zustellers erheblich danach, ob diese in einem eher prosperierenden oder eher ärmeren Land lokalisiert sind.

Die erwähnten Positionierungen im Kontext sozialstaatlicher Institutionen sind in vielen Ländern nicht in dieser Form zu finden, weil ausdifferenzierte Bildungs- und aufwändige Sozialsysteme nicht finanziert werden können. Allein die Staatsbürgerschaft in einem wohlhabenden, freien und demokratischen und in einem armen, autoritär geführten Land unterscheiden sich fundamental entlang der damit verbundenen zivilen, politischen und sozialen Rechte, des Zugangs zu Infrastrukturen oder der Reise- und Migrationsmöglichkeiten.

Im Kontext der Sozialstrukturanalyse interessiert man sich vor allem für die mit sozialen Positionen verknüpften Kapitalien und Rechte, für die damit verbundenen physischen und psychischen Belastungen oder Möglichkeiten, für die Grade der Autonomie oder der Unfreiheit. Schließlich sind damit stets auch bestimmte (positive und negative) Erfahrungen verbunden.

Soziale Lagen

> *Soziale Lagen* entstehen über die soziale und temporale Kumulierung von Positionen. Soziale Lagen lassen sich für einzelne Personen, tendenziell aber auch für soziale Gruppen ausmachen.

Der soeben angeführte Katalog von Merkmalen, die eine Position ausmachen, charakterisiert in kumulierter Form auch die sozialen Lagen. Hohe Einkommen kumulieren sich als Vermögen, unzureichende eher als Schulden. Qualifikationen können sich erhalten und weiterentwickeln, wenn diese in der Folge von Positionen gefordert werden; sie können aber auch verfallen oder entwertet werden. Ganz ähnlich sieht es bei den Belastungen und den Erfahrungen aus; sie schreiben sich auf die eine oder andere Weise in Körper und Geist ein.

Prozesse der *temporalen Kumulierung* beginnen aus der Perspektive einer Person, wenn diese in eine wenig begüterte oder eine wohlhabende Familie in einem armen oder prosperierenden Nationalstaat geboren wird. Die Person erbt die Kapitalien, die Rechte wie die kumulierten Erfahrungen (Habitus) ihrer Eltern bzw. ihres sozialen Umfeldes. Der Kumulierungsprozess setzt sich fort, wenn ganz unterschiedliche Sozialisations- und Bildungseinrichtungen durchlaufen und Abschlüsse erworben werden. Er setzt sich fort, wenn man oder frau sich in der erwerbswirtschaftlichen oder haushaltlichen Welt positioniert.

Prozesse der *sozialen Kumulierung* vollziehen sich, indem Kapitalien, Rechte und Erfahrungen zwischen den je zusammen Lebenden und Wirtschaftenden geteilt werden. Solche Transfers finden im elterlichen Zusammenhang, in verwandtschaftlichen oder sozialen Netzwerken, in Nachbarschaften und Quartieren statt. Wenn Menschen dann zunehmend eigenständig entscheiden, Haushalte zu verlassen und neue Haushalte zu konstituieren, setzen sich diese temporal-sozialen Kumulierungen fort. Folgenreich sind jene Konstellationen, in denen über Kinder oder zu Pflegende längerfristige Verantwortungen übernommen und die damit zu erbringende Arbeit in ungleicher Weise geteilt wird.

Auch Prozesse der Migration können einen erheblichen Einfluss auf soziale bzw. temporale Kumulierungsprozesse haben. Während soziale Positionen zumeist an einen spezifischen Ort gebunden sind, gestalten sich soziale Lagen eher transnational, indem Ressourcen, Orientierungsmuster und Erfahrungen aus verschiedenen nationalstaatlichen Sphären zusammenfließen und indem sich Möglichkeiten von transnationalen Lebens- und Arbeitszusammenhängen eröffnen.

Unterscheidung von sozialen Positionen und Lagen
Aus den bisherigen Ausführungen wird ersichtlich, dass soziale Positionen und soziale Lagen in engen Zusammenhängen stehen. Umgekehrt ist es jedoch bedeutsam, die ‚Welt der sozialen Positionen' und die ‚Welt der sozialen Lagen' sorgfältig zu unterscheiden. Man hat es in beiden Welten mit recht unterschiedlichen Akteurskonstellationen, mit unterschiedlichen Strategien und Ressourcen, mit unterschiedlichen Spielregeln bzw. Entscheidungsmöglichkeiten und schließlich mit unterschiedlichen Zeitstrukturen zu tun.

Das wird z. B. in Zeiten des rapiden ökonomischen und politischen Wandels deutlich. So können ökonomisch-technologische oder ökologische Veränderungen bzw. Veränderungen der globalen Arbeitsteilung dazu führen, dass sich die Quantität und Qualität von *sozialen Positionen* in der Erwerbsarbeit in kürzester Zeit verändert. Auch die politisch-ökonomische Wende nach dem Zusammenbruch der DDR oder kriegerische Auseinandersetzungen, Prozesse der Migration, der Flucht oder der Vertreibung können als Beispiele für solche Brüche dienen. Binnen kürzester Zeit verändert sich das Spektrum der verfügbaren sozialen Positionen fundamental. Die Veränderungen in der Welt der *sozialen Lagen* sind anderer Art. Auch hier kann ein solcher Bruch durchschlagen, aber es werden auch die möglichen Effekte der sozialen und temporalen Kumulierung wirksam, wenn vielleicht nur eine Person ihre Arbeit verliert, wenn eine Phase der Knappheit durch vorhandene Rücklagen kompensiert werden kann, wenn sich neue Möglichkeiten des Erwerbs oder der Subsistenz eröffnen. Dennoch verschwindet die Vorgeschichte nicht einfach; sie hinterlässt ihre Spuren auf dem ‚Bankkonto' wie im ‚Kopf'.

Auch auf die Frage der Erklärung von sozialen Ungleichheiten können für die Welt der sozialen Positionen andere Antworten gegeben werden als für die Welt der sozialen Lagen. Die Welt der *sozialen Positionen* ist vor allem durch ökonomische und politische Wirkfaktoren geprägt, die sich in Veränderungen der nationalen Wirtschaft und Arbeit sowie in der weltökonomischen und weltpolitischen Positionierung eines Landes ausdrücken. Die sozialen Positionen sind aber auch davon geprägt, wie weit in prosperierenden Nationalstaaten Infrastrukturen und Systeme des sozialen Ausgleichs etabliert bzw. erkämpft werden konnten, die Veränderungen abfedern, Ungleichheiten moderieren oder gar verringern können. In der Welt der *sozialen Lagen* geht es vor allem um die Frage, wie gut es Menschen mit sehr unterschiedlichen Ressourcen und sozialen Ausgangspunkten gelingt, sich in dieser stets verändernden Welt der sozialen Positionen einzurichten und Möglichkeiten zu nutzen. Das sollte nicht in einem individualistischen Sinne – ‚Jede:r ist ihres/seines Glückes Schmied:in' – missgedeutet werden. Das würde die ausgeprägten materiellen wie mentalen Effekte der beschriebenen Kumulierungsprozesse unterschätzen.

1.1.7 Beispiele: Soziale Verortungen im medizinischen Feld

Mit den in diesem Kapitel entwickelten Konzepten lässt sich bereits ein erstes (fiktives) Bild von sozialstrukturellen Ungleichheiten in einem gesellschaftlichen Feld – hier der Medizin – zeichnen.

Zum einen werden verschiedene *soziale Positionen* erkennbar, die mit diesem Feld verknüpft sind; so z. B.

- Ärzt:innen in verschiedenen Hierarchiestufen mit verschiedener Spezialisierung
- Pflegekräfte und Hilfskräfte in verschiedenen Hierarchiestufen und Beschäftigungsverhältnissen (bei verschiedenen Unternehmen) mit ganz unterschiedlichen Aufgabenbereichen und Gestaltungsmöglichkeiten

- Angestellte, die in ausführender oder leitender Funktion für einen Krankenhauskonzern tätig sind
- Finanzinvestor:innen, die in diesen Krankenhauskonzern investiert haben.

Mit diesen sozialen Positionen sind verschiedene Einkommen, Grade der beruflichen Sicherheit, Grade der sozialen und beruflichen Anerkennung etc. verknüpft. Auf den verschiedenen Positionen werden ganz unterschiedliche Tätigkeiten ausgeführt, die mit spezifischen Belastungen verbunden sind, die es aber anderseits auch ermöglichen, seine Talente einzusetzen.

Zum anderen werden verschiedene *soziale Lagen* erkennbar, die mit den spezifischen temporalen und sozialen Kontexten der Beteiligten zusammenhängen. So stoßen wir vielleicht auf Ärztinnen, deren Eltern bereits in medizinischen Berufen tätig oder selbst Ärzt:innen waren. Wir finden umgekehrt Ärzt:innen, für die der Zugang zu diesem Beruf einen mühevollen sozialen Aufstieg bedeutet, der sich über verschiedene Etappen der schulischen und beruflichen Ausbildung hinzog. Einige Ärzt:innen wurden in einem anderen Land ausgebildet und haben sich (aus ganz verschiedenen Gründen) entschieden, ihren Beruf (zeitweilig oder dauerhaft) in Deutschland auszuüben. Wir stoßen auf geschlechtsspezifische Unterschiede in der hierarchischen wie der fachlichen Positionierung von männlichen wie weiblichen Ärzt:innen. Gleichermaßen spielen die sozialen Kontexte eine wichtige Rolle. Eine ausgebildete Pflegekraft lebt vielleicht in einer Lebensgemeinschaft mit einer:m gleichfalls erwerbstätigen Partner:in; eine andere ist alleinerziehend und muss Kinder materiell und sozial versorgen oder sie unterhält als Angestellte bei einem Subunternehmen mit ihrem Einkommen auch Angehörige in einem anderen Land.

In *transnationaler Perspektive* wird dann deutlich, dass sich die skizzierten Hierarchien, die geschlechtsspezifischen oder rassistischen Strukturmuster vielleicht auch im medizinischen Feld eines weniger prosperierenden Landes finden lassen, dass sich aber die Niveaus, auf denen Arbeitskräfte entlohnt und Rahmenbedingung bzw. Infrastrukturen gewährleistet werden können, erheblich unterscheiden.

Im Zusammenspiel dieser Überlegungen wird deutlich, dass wir es bereits in dem hier konstruierten Mikrokosmos (und seinen Vernetzungen) mit erheblichen sozialen Ungleichheiten und mit einer Vielfalt an Strukturen (z. B. Einkommens- und Anerkennungsstrukturen) bzw. strukturierenden Faktoren (z. B. unternehmerische und abhängige Positionierungen, Hierarchisierungen, Strukturen geschlechtsspezifischer und rassifizierender Art) zu tun haben. Schließlich ist auf die kognitiven Strukturen zu verweisen, die die hier geschilderten sozialen Unterschiede stabilisieren, indem sie unternehmerische, hierarchische, geschlechtliche oder rassistische Formen der Arbeitsteilung legitimieren.

1.2 Strategien der Erklärung sozialer Ungleichheiten

> In diesem Unterkapitel wird ein erster Überblick über unterschiedliche Möglichkeiten und Wege der Erklärung sozialer Ungleichheiten gegeben. Es wird vorgeschlagen, die verschiedenen im Kontext von Sozialstrukturanalysen entwickelten Ansätze als einen Fundus von Perspektiven und Konzepten zu begreifen, der es in verschiedener Weise ermöglicht zu analysieren, wie soziale Ungleichheiten in Prozessen von ‚Arbeitsteilungen' und ‚Weltenteilungen', historisch entstanden sind und fortgeschrieben bzw. verändert werden.

Ausgehend von dem eher an Begriffen orientierten Vorgehen im vorigen Kapitel sollen nun unterschiedliche wissenschaftliche Strategien vorgestellt werden, die in verschiedener Weise kausal argumentierende Beiträge zum Verständnis und zur Erklärung struktureller sozialer Ungleichheiten leisten sollen.

Die folgende Darstellung ist zum einen davon geleitet, dass die Erklärung sozialstruktureller Ungleichheiten des kumulierten Wissens der wissenschaftlichen Sozialstrukturanalysen der letzten beiden Jahrhunderte bedarf, dass zum anderen eine leitende Argumentation erforderlich ist, um die in verschiedenen Feldern, Disziplinen und Diskursen entstandenen unterschiedlichen Argumentationstypen aufeinander beziehen zu können.

In der Geschichte und Gegenwart der wissenschaftlichen Sozialstrukturanalyse lassen sich zum einen drei unterschiedliche *Argumentationstypen* beobachten, die auf je verschiedene Weise ‚Erklärungen' für die beobachtbaren Phänomene struktureller sozialer Ungleichheiten anbieten. Zum anderen lassen sich verschiedene *Forschungsrichtungen* beobachten, die soziale Ungleichheiten unter verschiedenen Perspektiven und Fragestellungen thematisieren, und um die sich im wissenschaftlichen (und vermittelt auch im politischen) Raum verschiedene Diskursgemeinschaften etabliert haben. Dabei spielen auch verschiedene sozialwissenschaftliche Disziplinen und deren Teilgebiete eine Rolle.

1.2.1 Argumentationstypen der Sozialstrukturanalyse

In der Sozialstrukturanalyse lassen sich verschiedene sozialwissenschaftliche *Argumentationstypen* unterscheiden:

Gruppenorientierte Erklärungen verstehen die Veränderungen von Sozialstrukturen im Kontext distinktiver gesellschaftlicher Gruppen, die als mehr oder weniger mächtige bzw. einflussreiche Akteure begriffen werden: herrschende Klassen, das Patriarchat, die Weißen, die sich organisierenden Frauen, Migrant:innen oder Arbeiter:innen.
Systemische Erklärungen begreifen die Veränderung von sozialen Strukturen im Kontext übergreifender gesellschaftlicher Entwicklungslinien bzw. Gesetzmäßigkeiten.
Mechanismische Erklärungen fokussieren eher auf die Analyse von abstrakten Wirkfaktoren (verschiedenen Typs), die in ihrem Zusammenspiel auf Sozialstrukturen einwirken.

Gruppenorientierte Ansätze

Die lange Geschichte gruppistischer Ansätze lässt sich gut an dem Marxschen Diktum festmachen, dass die Geschichte eine Geschichte der Klassenkämpfe sei. Klassen werden dabei in historischer Perspektive zu Entwicklungsmotoren, in der Gegenwart (und nahen Zukunft) zu sozialen Einheiten (Verelendung, Polarisierung), zu politischen Akteuren und zu mobilisierenden bzw. organisierenden Einheiten. Bei Marx (bzw. in der Marxrezeption) wurden sie gar zum Angelpunkt des Zukunftsversprechens klassenloser Gesellschaften.

Das Konzept sozialer Großgruppen (Klassen, Schichten oder soziale Milieus) war im alltagsweltlichen Raum und in politischen Raum von großer Bedeutung, wenngleich mit erheblichen zeitlichen wie nationalen Variationen. Für die Wissenschaft bot das Klassenkonzept stets den Charme (einer vermeintlich natürlichen) Einheit der Verdichtung von Ungleichheitsanalysen. Diese verschachtelte Verwendung von Großgruppenkonzepten (im alltagsweltlichen, politischen und sozialwissenschaftlichen Raum) findet sich in vergleichbarer Form, wenn entlang von vergeschlechtlichenden, rassifizierenden, nationalisierenden Argumentationen solche Gruppen postuliert, adressiert, organisiert oder analysiert werden. Damit soll wohlgemerkt nicht behauptet werden, dass es nicht sinnvoll sei, (ausgehend von historischen bzw. feldspezifischen Analysen) herrschende oder einflussreiche

1.2 Strategien der Erklärung sozialer Ungleichheiten

Gruppen, Allianzen, Verbündungen (Männerbünde, Weiße Vorherrschaften) und umgekehrt beherrschte, marginalisierte oder verelendete Gruppen auszumachen. Chancen und Risiken der Konstruktion sozialer Gruppen: Die Identifizierung von Akteuren bietet eine kaum zu überschätzende Möglichkeit, die Herausbildung, Reproduktion und Veränderung von Sozialstrukturen zu analysieren. Nicht ganz einfach ist es jedoch, dies auf einer angemessenen Aggregatebene zu tun. Wenn man alle beobachtbaren Ungleichheitsphänomene dem Wirken einer ‚herrschenden Klasse' zurechnen würde, wäre das ähnlich unterkomplex als sähe man nur Individuen oder andere mikrosoziale Akteure am Werke. Eine besondere Herausforderung geht von der Omnipräsenz von Gruppismen in alltagsweltlichen, im politischen wie auch in sozialwissenschaftlichen Diskursen aus. Gruppenkonstrukte liefern die Aggregate, die in Erhebungen und statistischen Modellierungen als Einheiten begriffen werden. Sie sind eine zentrale Instanz bei der Benennung von sozialen Problemen wie bei den avisierten Problemlösungen; sie sind schließlich auch eine Instanz der politischen Debatte und Organisierung. Historisch betrachtet wurden solche Gruppenkonstrukte im politischen Raum immer wieder genutzt, um Held:innen (z. B. die sich organisierenden Arbeiter:innen oder die sich emanzipierenden Frauen) wie Schurk:innen (die Reichen oder Kapitalist:innen) auszumachen. Auch in nationalistischen und rassistischen Diskursen spielt die Verwendung solcher Gruppismen für die Konstruktion von Wir-Gruppen und Anderen eine zentrale Rolle.

Systemische Ansätze
Diese Ansätze zeichnen sich dadurch aus, dass die beobachtbaren strukturierten sozialen Ungleichheiten in einen stärker abstrahierenden Argumentationszusammenhang eingebunden werden. Im sozialwissenschaftlichen Feld wird ein solches Vorgehen von einem Selbst- bzw. Fremdverständnis getragen, die verschiedenen Sozialwissenschaften müssten ihren Wissenschaftsanspruch darüber beweisen, dass es ihn gelingt, relativ allgemeingültige und theoretisch argumentierende und begründete Konzepte vorzulegen, die die soziale Welt und ihre ‚Gesetzmäßigkeiten' zusammenhängend erklären können. Der Astronom und Statistiker Adolphe Quetelet hatte seine Überlegungen „über den Menschen und die Entwicklung seiner Fähigkeiten" als „Soziale Physik" bezeichnet. Dieser Anspruch wurde mit ganz unterschiedlichen Subtexten unterfüttert; er findet sich in verschiedensten Theorien des Kapitalismus und der kapitalistischen Entwicklung, in Theorien zu (Post)Kolonialismus und Imperialismus, in verschiedenen Theorien des Weltsystems und in den verschiedenen Varianten von Modernisierungstheorien. Im Prinzip ist dieses generalisierende Ansinnen aber auch zu beobachten, wenn eine

lange und zusammenhängende Geschichte des Patriarchats oder der weißen Vorherrschaft rekonstruiert wird. Viele dieser Theorien werden mit Entwicklungs- bzw. Geschichtsphilosophien (Knöbl 2022, S. 54 ff.) unterlegt; sei es der zwangsläufige Zusammenbruch des Kapitalismus (bedingt durch die ökonomischen Widersprüche, die Klassenkämpfe oder die ökologische Katastrophe) oder das beständige Fortschreiten gesellschaftlicher Entwicklung und Modernisierung.

Chancen und Risiken der Systemisierung: Eine Theorie des Kapitalismus oder eine systematische Thematisierung sexistischer und rassistischer Strukturen ersetzt nicht die Analyse, wie sich diese möglichen Strukturierungen in ganz spezifischen raumzeitlichen Konstellationen in einzelnen Praxisfeldern auswirken. Umgekehrt können diese Systematisierungsangebote aber auch als eine Chance begriffen werden, die Vielfalt beobachtbarer Ungleichheitsphänomene und ihre Reproduktion in (möglichen) Zusammenhängen zu sehen.

Soziale Mechanismen
Schließlich finden sich Ansätze, die auf eine Identifizierung und Analyse *sozialer Mechanismen* zielen. Hier wird versucht, unterhalb der ‚Flughöhe' der systemischen Ansätze und unterhalb der Aggregation sozialer Großgruppen, einen konsistenten Beitrag zur Analyse sozialstruktureller Ungleichheiten zu erbringen. Die Unterschiede liegen aber auch im Theorie- und Wissenschaftsverständnis: eine große Skepsis gegenüber Gesetzmäßigkeiten der sozialen Welt und der sozialen Entwicklung und ein reflektierter Konstruktivismus, der nicht bereit ist, sich den vorab getroffenen Setzungen der anderen Ansätze (zusammenhängende Systeme ökonomischer und politischer Natur, soziale Großgruppen, Entwicklungsgesetze) zu unterwerfen. All dies kann Gegenstand von wissenschaftlich reflektierten Fragen und Analysen sein; es darf aber nicht am Anfang der wissenschaftlichen Arbeit stehen.

Chancen und Risiken des mechanismischen Denkens: Während die Systemisierung stets das Risiko von überdeterminierten Erklärungen birgt, geht von der Analyse sozialer Mechanismen eher das Risiko einer unterdeterminierten Erklärung aus. Dennoch birgt die mechanismische Perspektive einen guten Ausgangspunkt, um in dem aufgeladenen politischen Feld, indem Sozialstrukturanalysen nun mal verortet sind, Distanzierungen zu ermöglichen. Wohlgemerkt wird von einem Ausgangspunkt gesprochen; für die Analyse, wie und warum solche Mechanismen dann in spezifischen Arenen wirkmächtig werden, bedarf es der Benennung von Akteuren und Strategien und es bedarf auch der Verortung in systemischen Zusammenhängen.

Diese Einführung in die Sozialstrukturanalyse nutzt den Ansatz der sozialen Mechanismen, um einen ersten Zugang zum Verständnis und zur Analyse von

1.2 Strategien der Erklärung sozialer Ungleichheiten

Sozialstrukturen zu gewinnen. Der Ansatz soll jedoch keinesfalls in einem ausschließenden Sinne verstanden werden; er wurde hier gewählt, weil er den fruchtbarsten Zugang für die wissenschaftliche Analyse von Sozialstrukturen eröffnet. Es erscheint angesichts des Eingangs dargelegten Verständnisses von Sozialstrukturen als einem multiplen Phänomen sinnvoll, auf die Erklärungsversprechen von großen Theorien der einen oder anderen Art zu verzichten, um gute wissenschaftliche Analysen und kontrollierte Verdichtungen liefern zu können, die auch im politischen Raum anschlussfähig sind.

1.2.2 Forschungsrichtungen der Sozialstrukturanalyse

> Es lassen sich verschiedene Perspektiven unterscheiden, unter denen Sozialstrukturen in der Geschichte und Gegenwart durch wissenschaftliche Analysen thematisiert wurden. So wird die Analyse z. B. eher auf sozioökonomische, auf soziokulturelle oder auf intersektionale Ungleichheiten fokussiert.
>
> Diese *Forschungsrichtungen* zeichnen sich durch die Thematisierung unterschiedlicher Aspekte von sozialen Ungleichheiten aus; sie verwenden ähnliche theoretische Argumentationen und Begrifflichkeiten und es finden sich Ähnlichkeiten in den verwendeten Daten und Analysemethoden. Über diese Ähnlichkeiten sind dann schließlich Diskursgemeinschaften entstanden, die sich auch in der Zurechnung zu verschiedenen sozialwissenschaftlichen Disziplinen bzw. Teilgebieten ausdrücken.

Die Forschungsrichtungen werden hier nur kurz skizziert — ausführlicher werden sie dann im zweiten Kapitel dieser Einführung behandelt.

Sozioökonomische Ansätze
In klassischen Sozialstrukturanalysen sind es vor allem sozioökonomische Faktoren, die als wesentliche strukturierende Momente begriffen werden. Dementsprechend interessierte man sich für Prozesse des sozioökonomischen Wandels, wie er in Zusammenhang mit verschiedenen Phasen der industriellen Entwicklung und der Herausbildung von National- und Sozialstaaten zu beobachten war. Wesentliche Beobachtungseinheiten waren sozioökonomisch abgegrenzte Gruppen, seien es soziale Klassen oder Schichten, die dann in empirischen Analysen zumeist über berufliche Positionen bestimmt wurden.

Soziokulturelle Ansätze

Im Kontext soziokultureller Modelle wird untersucht, wie die beschriebenen sozioökonomischen Differenzierungen kulturell, milieuspezifisch bzw. habituell fundiert und stabilisiert werden. Eine zentrale Rolle spielen Konzepte des sozialen Milieus oder des Lebensstils. Solche Milieus lassen sich zunächst über spezifische sozioökonomische Voraussetzungen bestimmen; darüber hinaus sind es dann eher Momente der Lebensweise, der gesellschaftlichen Selbstverortung oder der Distinktion, die für die Analyse sozialer Milieus und ihrer inkludierenden und exkludierenden Funktionen herangezogen werden können.

Intersektionale Ansätze

In der intersektionalen Perspektive geht es darum, wie sozioökonomische Positionierungen mit personen- bzw. gruppenspezifischen Veranderungen einhergehen. Dabei wird analysiert, wie sozioökonomische Ungleichheiten, die sich exemplarisch in Klassen ausdrücken können, mit personen- bzw. gruppenspezifischen Ungleichheiten verknüpft sind, die sich aus der Zurechnung zu einem Geschlecht oder einer ethnisch-kulturellen Gruppe ergeben. Hinter dem Begriff der Intersektion steckt die Beobachtung, dass man es dabei weniger mit einer Addition, sondern vielmehr mit einer Überschneidung (Intersektion) von Ungleichheiten zu tun hat. Intersektionale Ansätze können damit auch einen spezifischen Beitrag zur Frage der Stabilisierung von Ungleichheitsverhältnissen leisten, indem sie aufzeigen, wie es vermittelt über die Etikettierung von Positionen wie Personengruppen zu einer Naturalisierung von Ungleichheiten kommt, indem z. B. ‚weibliche Personen' als für ‚weibliche Positionen' prädestiniert erscheinen.

Transnationale Ansätze

Transnationale Ansätze analysieren Sozialstrukturen, wie sie sich über weltgesellschaftliche (und welthistorische) Disparitäten und komplexe Migrationsbewegungen ergeben. Die transnationale Perspektive richtet sich auf Ungleichheiten jenseits des nationalstaatlichen Horizonts; das können Ungleichheiten zwischen Nationalstaaten oder Weltregionen sein; es geht aber auch um Ungleichheiten, die sich quer zu den nationalstaatlichen Ordnungen in einem globalen Zusammenhang ergeben, mithin um Weltsozialstrukturen. Zudem gerät in der transnationalen Perspektive das Agieren verschiedenster Akteure in den Blick, die über ihre Praktiken die Grenzen der nationalstaatlichen Ordnung verwischen. Das sind Unternehmen, die Produktions- und Absatzketten transnational gestalten; es sind Nationalstaaten, die auf internationalem Parkett politische oder wirtschaftliche Aushandlungen treffen; es sind dann aber auch Personen oder soziale Gruppen, die quer zu den Grenzen agieren, indem sie migrieren, indem sie transnationale Bildungs- und Arbeitskarrieren organisieren oder indem sie transnationale Lebenszusammenhänge etablieren.

1.2 Strategien der Erklärung sozialer Ungleichheiten

Lebensverlaufs-Ansätze
Lebensverlaufsansätze analysieren die Kumulierung sozialer Ungleichheiten im Lebens- bzw. im Generationenverlauf. Typischerweise stehen dabei eher die temporalen Strukturen im Vordergrund, indem im Kontext der Lebensverlaufs- oder der Biografieforschung untersucht wird, wie sich Lebensverläufe gestalten und welche strukturierenden Momente (z. B. Bildungs- und Arbeitsinstitutionen oder Generationen) sich dabei ausmachen lassen. Die Ansätze der Lebensverlaufsforschung führen im Kontext von Sozialstrukturen eher ein Schattendasein; fruchtbar wird es, wenn man sie systematisch mit Analysen sozioökonomischer, intersektionaler und transnationaler Art verknüpft.

Ansätze der Entstrukturierung
Als Antipode zu beinahe allen hier geschilderten Konzepte sind jene Ansätze zu begreifen, die von einer Entstrukturierung von sozialen Ungleichheiten ausgehen und in verschiedener Weise begründen, dass Phänomene der strukturierten sozialen Ungleichheit eher als ein Charakteristikum vergangener Gesellschaftsformationen zu verstehen seien. Die Argumentation, mit denen Entstrukturierungsthesen begründet werden, sind sehr unterschiedlich. Auf der einen Seite wird systemisch argumentiert, indem auf säkulare Prozesse der funktionalen Differenzierung oder der Modernisierung verwiesen wird; auf der anderen Seite wird eher gruppenbezogen argumentiert, indem aufgezeigt wird, dass die fortschreitende Erosion von Klassen- und Milieustrukturen zu einer zunehmenden Individualisierung bzw. zu entstrukturierten Ungleichheiten geführt habe. Diese Ansätze werden im Folgenden nicht weiter verfolgt; ihr kritisches Ansinnen wird jedoch durchaus aufgenommen, wenn z. B. soziale Großgruppen in einem nicht-essenzialisierenden Sinne verstanden werden.

1.2.3 Argumentationstypen und Forschungsrichtungen

Die soeben getroffenen Unterscheidungen von Sozialstrukturanalysen lassen sich recht gut integrieren, wie das folgende Tableau (Tab. 1.5) zeigt.

Diese recht groben Unterscheidungen sollen eine erste Orientierung erleichtern. Die Abgrenzungen sind eher in einem idealtypischen Sinne zu verstehen; einige Ansätze vereinen mehrere der hier ausgewiesenen Charakteristika. Die Unterschiede in der Zeilenstruktur korrespondieren mit verschiedenen Fragestellungen, die an die Sozialstrukturanalyse gerichtet werden. Die Unterscheidungen in der Spaltenstruktur lassen sich als drei zusammenhängende Typen des Erklärens begreifen, aus denen je für sich fruchtbare Fragestellungen und Systematisierungen gewonnen werden können. Man sollte dieses zunächst vielleicht verwirrende Nebeneinander von Perspektiven als eine Stärke der sozialstrukturellen Analyse begreifen.

Tab. 1.5 Ansätze der Sozialstrukturanalyse – exemplarisch

Forschungsrichtungen	Argumentationstypen		
	systemisch	gruppenorientiert	mechanismisch
Sozioökonomische Ansätze	Kapitalismuskonzepte, Industrialisierung/Tertiarisierung	Klassentheorien/Schichtkonzepte	Ranking/Exploitation
Sozioökonomisch-kulturelle Ansätze	Modernisierung	Bourdieusches Sozialraumkonzept, soziale Milieus	Hierarchization
Intersektionale Ansätze	feministischer Marxismus	Intersektion von class gender race, Migrantologie, Zweigeschlechtlichkeit	Sorting, Adaption, Emulation, Naturalization
Transnationale Ansätze	Globalisierung, Weltsystemtheorie, postkoloniale Ansätze	Nationalstaaten, Migrant:innen und Autochthone	Nationalization, Transnationalization
Lebensverlaufs-Ansätze	Institutionalisierung des Lebensverlaufs	Dynastien, Vererbung von Reichtum/Armut	Cumulation, Presorting, Selfsorting Distantiation
Ansätze der Entstrukturierung	Systemtheorie/Funktionale Differenzierung	Erosion der Klassen/sozialen Milieus	

Eigene Darstellung

1.2 Strategien der Erklärung sozialer Ungleichheiten

Ein wesentliches Prinzip einer solchen Synthese ist es, das kumulativ gewonnene Wissen wissenschaftlicher Sozialstrukturanalysen aufzunehmen und in eine überschaubare Argumentation zu bringen. Die sozioökonomische, die intersektionale, die soziokulturelle, die transnationale Perspektive und schließlich die Lebensverlaufsperspektive haben über einen langen Zeitraum einen großen Fundus an Konzepten und Erkenntnissen hervorgebracht, den es zu nutzen gilt. Der kumulative Anspruch erfordert ein zweites Prinzip, die Vermittlung zwischen Konzepten aus unterschiedlichen wissenschaftlichen Kontexten und Theoriewelten. Es geht dabei nicht um eine ‚neue Supertheorie', sondern um ein konzeptionelles Gerüst, in das sich die unterschiedlichen Perspektiven auf soziale Ungleichheiten einbinden lassen.

Ein erfolgversprechender Ansatz für eine solche Zusammenführung liegt in der bereits getroffenen Unterscheidung von sozialen Positionen und sozialen Lagen sowie in der Identifizierung von sozialstrukturell differenzierenden Mechanismen (und damit verbundenen Praktiken und Akteuren) und in der Identifizierung verschiedener gesellschaftlicher Felder, in denen diese Mechanismen wirksam werden. Die (wissenschaftsstrategische) Entscheidung, soziale Mechanismen in den Fokus zu rücken, bedeutet nicht, die anderen Argumentationstypen zu vernachlässigen; sie werden in dem nach Forschungsrichtungen gegliederten zweiten Kapitel dieser Einführungen wieder aufgenommen.

1.2.4 Mechanismen der sozialstrukturellen Differenzierung

Für die Identifizierung und Analyse sozial differenzierender Praktiken kann an das Konzept der sozialen Mechanismen angeschlossen werden. Wie Diewald und Faist ausführen, ist dieser Ansatz einer Skepsis gegenüber der Suche nach großen Theorien bzw. Gesetzmäßigkeiten des Sozialen und gegenüber einem vorherrschenden Empirismus geschuldet.

> *Mechanismen* sollen jenseits der Bindung an spezifische Theorien und Forschungsmethoden „generative Prozesse [identifizieren], die unter bestimmten Ausgangsbedingungen bestimmte Ergebnisse hervorbringen" (Diewald und Faist 2011, S. 99 f.).
> Diese Mechanismen sollen den Charakter von Regeln haben, ohne dem Anspruch allgemeingültiger Gesetze zu genügen. Das impliziert eine mittlere Abstraktionsebene, die es ermöglicht, die empirische Sozialstruktur-

> forschung anzuleiten und ihre Befunde zu systematisieren. Schließlich favorisieren Diewald und Faist (S. 101) das Konzept der sozialen Mechanismen auch, weil es am ehesten Anschlussmöglichkeiten für die Regulierung von Ungleichheiten im politischen bzw. administrativen Feld bietet.

Ähnlich wie der Strukturbegriff gehört der Begriff des Mechanismus, jenseits des metaphorischen Bezugs zu einem eher weniger präzisierten Konzept. Die im Folgenden aufgeführten Mechanismen haben zum einen eine ordnende Funktion, indem sie Unterscheidungen ermöglichen; das sind z. B. die Mechanismen der Positionierung bzw. der Lagerung, aber auch Mechanismen des Rankings und Sortings. Zum anderen haben Mechanismen eine erklärende Funktion; das trifft z. B. für den Mechanismus der Ausbeutung oder der Naturalisierung zu.

Verglichen mit der langen Vorgeschichte der Sozialstrukturforschung ist die seit den 1990er-Jahren geführte Debatte um soziale Mechanismen eine eher junge Pflanze. Für die Sozialstrukturanalyse sind insbesondere die Beiträge von Charles Tilly, Göran Therborn, von DiPrete/Eirich sowie der intersektionale Diskussionsstrang von Bedeutung. Auch von anderen Autor:innen (z. B. Bourdieu) wurden Konzepte entwickelt, die man als soziale Mechanismen verstehen kann.

Um die verschiedenen Konzepte zu ordnen, wird die bereits eingeführte Unterscheidung von sozialen Positionen und sozialen Lagen genutzt; zudem werden Mechanismen erläutert, die die gesellschaftliche Verbreitung (Diffusion) und die relative Stabilität von Differenzierungsmechanismen verständlich machen.

Soziale Positionierungen
Ranking- und Sorting-Mechanismen: Soziale Positionen können zunächst in einem abstrakten Sinne begriffen werden, das wäre eine berufliche Position, wie sie im Stellenplan eines Unternehmens oder einer Verwaltung erscheint. Die Struktur solcher Positionen geht auf *Ranking-Mechanismen* zurück. Diese abstrakten Positionen werden dann mit spezifischen Personen besetzt; dabei werden *Sorting-Mechanismen* wirksam, indem einzelne Personen ausgewählt, andere aber abgelehnt werden. Sorting-Mechanismen sind auch zu beobachten, wenn Personen eine Stelle kündigen, wenn sie entlassen werden, wenn sie innerbetrieblich aufsteigen (oder nicht). Betrachtet man solche Sorting-Mechanismen in biografischer Perspektive wird deutlich, welche komplexen Vorleistungen dem vorausgehen. Personen treffen Ausbildungsentscheidungen und setzen diese um (Selfsorting); dabei gilt es oft, viele Etappen der Ausbildung erfolgreich zu durchlaufen (Presorting).

1.2 Strategien der Erklärung sozialer Ungleichheiten

Die Unterscheidung von Ranking- und Sortingprozessen knüpft an grundlegende Argumentationen der (amerikanischen) Schichtungsforschung an; so heißt es bei Grusky u. a.: „The social roles in society are first matched to ‚reward packages' of unequal value, and individual members of society are then allocated to the positions so defined and rewarded" (2008, S. 5). Mit der Unterscheidung von Ranking- und Sorting-Mechanismen lässt sich das Konzept der gesellschaftlichen Arbeitsteilung genauer bestimmen; so geht es auf der einen Seite um die Schaffung, die Abgrenzung und die Dotierung von Positionen; auf der anderen Seite geht es um die Zuweisung von Personen zu den so abgegrenzten Positionen.

Ranking- und Sorting-Mechanismen lassen sich gut in historischer Perspektive beobachten. In vorindustriellen Gesellschaften bildeten die Hauswirtschaften, das Handwerk bzw. die Landwirtschaft die zentralen Sphären der gesellschaftlichen Produktion. In dieser eher statischen Produktionsweise hatten sich über Jahrhunderte Muster herausgebildet, wie die gesellschaftliche Arbeit aufgeteilt und bewertet wurde (Ranking-Prozess): z. B. nach verschiedenen Handwerken oder nach ehrlichen und unehrlichen Berufen. Zudem entstanden Regeln, wie diese Arbeiten verschiedenen Personengruppen zugewiesen wurden (Sorting-Prozess): z. B. Männern oder Frauen, Ortsansässigen oder Fremden, Freien oder Unfreien. In den verschiedenen Phasen der Industrialisierung kommt es zu einem fundamentalen Wandel dieser Muster; das betrifft zum einen die Ranking-Prozesse. So wird die Arbeit zwischen den Haushalten, dem privatwirtschaftlichen und dem staatlichen Sektor neu verteilt. Im erwerbswirtschaftlichen Sektor führen die Veränderungen von Technologien, Produktionsmodellen und Märkten immer wieder zu ganz anderen Formen der Teilung von Arbeit innerhalb von Unternehmen und Branchen, aber auch zwischen Nationalstaaten bzw. Weltregionen. Parallel verändern sich die Sortingprozesse. In vielen Ländern entstehen mit der Abschaffung von Sklaverei bzw. Leibeigenschaft und mit der Gewerbefreiheit mehr oder weniger freie Arbeitsmärkte; auch Prozesse der Bildung und Emanzipation stellen die Muster der Zuweisung nach Personengruppen in Frage. Dennoch finden sich auch in prosperierenden Ländern mit ausgebauten Sozialstaaten ausgeprägte Strukturen der Arbeitsteilung zwischen Männern und Frauen oder zwischen Autochthonen und Zugewanderten.

Über *Ranking-Mechanismen* entscheidet sich, welches Ensemble von sozialen Positionen in einem nationalen oder einem regionalen Raum zu einem bestimmten Zeitpunkt verfügbar ist. Dabei geht es sowohl um die Quantität wie die Qualität dieser Positionen. Sie beschreiben den jeweiligen Stand der Organisation bzw. Teilung gesellschaftlicher Arbeit (im weiteren Sinne). Ranking-Prozesse finden statt, wenn in einem Unternehmen oder einer öffentlichen Verwaltung ‚überlegt' wird, wie man die anfallenden Arbeiten auf Positionen mit einem bestimmten Anforderungsprofil aufteilen kann, oder wenn in Tarifverhandlungen über die Besoldung bestimmter Lohngruppen, über prozentuale Erhöhungen bzw. Sockelbeträge oder über Manteltarifverträge (z. B. zu Regeln der Eingruppierung) verhandelt wird.

Ranking-Prozesse lassen sich zum einen in eher ökonomischer Perspektive begreifen. So kommt es in vielen westeuropäischen Ländern seit den 1980er-Jahren zu gravierenden Umbrüchen der damaligen Industriegesellschaften. Technologische Veränderungen (z. B. Automatisierung und Digitalisierung) und die Reorganisation von Produktionsprozessen (z. B. Outsourcing und Offshoring der Produktion) führen dazu, dass vormalige Schlüsselindustrien (z. B. die Kohle- und Stahl- oder die Automobilindustrie) in den jeweiligen Ländern an Bedeutung verlieren bzw. gänzlich verschwinden oder sich fundamental verändern. Ähnliches ist im Rahmen der anstehenden sozio-ökologischen Transformation von Industriegesellschaften zu erwarten. Für die Ranking-Prozesse in einem Land bedeutete das, dass sehr viele vermeintlich sichere Arbeitsplätze abgebaut oder abgewertet werden. Umgekehrt entstehen viele neue Arbeitsplätze, die aber ganz andere Qualifikationen erfordern und vielleicht in anderen Regionen gelegen sind. Ranking-Prozesse sind aber auch in politischer Perspektive zu verstehen, als mit der West-/Ost-Teilung ganz unterschiedliche Systeme von sozialen Positionen entstanden oder als nach dem Zusammenbruch der DDR eine große Zahl von Arbeitsplätzen verschwand. Auch mit dem Ausbau des Sozialstaats nach dem Zweiten Weltkrieg waren in Ost- und Westdeutschland eine Vielzahl von neuen sozialen Positionen, z. B. im Erziehungs- und Bildungssystem, in der Pflege und Gesundheitsversorgung oder in der öffentlichen Verwaltung entstanden.

Sorting-Mechanismen regulieren den Zugang zu sozialen Positionen. Diese Mechanismen wurden in der Entwicklung der Sozialstrukturforschung in verschiedener Weise beschrieben. Max Weber analysierte Prozesse der *sozialen Schließung*. So entstehen Ungleichheiten „systematisch dann, wenn es Statusgruppen gelingt, sich Rechte und Ressourcen monopolistisch anzueignen und unliebsame Konkurrenten auszuschließen" (Müller 2020, S. 80). Das impliziert Prozesse der *Inklusion* wie der *Exklusion*. Charles Tilly identifiziert den Mechanismus des *Opportunity Hoarding*, des „Hortens" von Chancen bzw. Vorteilen: „When members of a categorically bounded network acquire access to a resource that is valuable, renewable, subject to monopoly, supportive of network activities and enhanced by the network's modus operandi, network members regularly hoard their access to the resource, creating beliefs and practices that sustain their control" (1999, S. 91).

In den letzten Jahrzehnten haben sich auch die Sorting-Prozesse fundamental verändert. So ist der Anteil der weiblichen Arbeitskräfte kontinuierlich angestiegen.

1.2 Strategien der Erklärung sozialer Ungleichheiten

Mit den Fluchtbewegungen nach dem Zweiten Weltkrieg bzw. im Kalten Krieg, mit der beständigen Arbeits- und der Fluchtmigration seit den 1960er-Jahren und mit den angesichts demografischer Entwicklungen erforderlichen Zuwanderungsprozessen haben sich die Zusammensetzung der Arbeitskräfte und auch die typischen Biografien nachhaltig verändert. Schließlich kommt es über die technologischen Veränderungen in vielen Bereichen zu weitaus höheren Qualifikationsanforderungen als in den klassischen Industriegesellschaften der 1970er-Jahre.

Der Sorting-Mechanismus sollte in der Lebenslaufperspektive weiter ausdifferenziert werden, indem man betrachtet, welche Prozesse dem eigentlichen Sorting-Prozess, z. B. der Übernahme einer Erwerbsposition vorausgehen. Dem entsprechend sollte man sich auch für die *Presorting-Mechanismen* interessieren, die in Laufe der schulischen und beruflichen Ausbildung oder der beruflichen Laufbahn wirksam werden. Damit korrespondieren Mechanismen des *Selfsorting*, indem sich Menschen z. B. für oder gegen bestimmte Laufbahnen, Berufsfelder etc. entscheiden. Zugleich sind auch die Mechanismen des *Sort-out* von Interesse: wem gelingt es, sich längerfristig in attraktiven sozialen Positionen zu halten; wer wird bei der ersten Krise wieder entlassen. Wesentliche Differenzierungen finden also in Prozessen der schulischen und beruflichen Ausbildung statt, wenn sich Menschen (eher aktiv) für bestimmte Ausbildungsgänge entscheiden oder ihnen (eher passiv) ein bestimmter Abschluss oder ein Aufstieg nicht gelingt.

Während die Frage nach Ranking- und Sortingprozessen zunächst nur auf die Unterscheidung von Differenzierungspraktiken zielt, die dann der detaillierten Analyse bedürfen, zielen andere Ansätze unmittelbarer auf die Ergründung sozialer Ungleichheiten.

Mechanismen der Ausbeutung und Hierarchisierung: Charles Tilly (1999) hatte sich in historischer Perspektive mit längerfristig beobachtbaren Ungleichheiten (*durable inequalities*) befasst; Göran Therborn (2006) hatte Ungleichheiten im globalen Kontext untersucht (*inequalities of the world*). Dabei wurden vor allem zwei Mechanismen angeführt, die sich recht universal beobachten lassen: Ausbeutung und Hierarchisierung.

In den Marxschen Analysen des kapitalistischen Produktionsprozesses spielte der Mechanismus der *Ausbeutung* eine zentrale Rolle. So erwirtschaften die Arbeitskräfte jenseits der über den Lohn entgoltenen Produktteile systematisch ein Mehrprodukt, das vom Unternehmen angeeignet werde; mithin wird von einer Ausbeutung der Lohnarbeitenden durch die Eigentümer der Produktionsmittel gesprochen. Andere Autoren beziehen sich auf das Marxsche Konzept, weiten seine Verwendung jedoch aus, indem sie es auch auf andere Typen der Produktion beziehen. So definiert Charles Tilly: „Exploitation (…) is a response to the situation in which some well-connected group of actors controls a valuable, labordemanding resource from which they can extract returns only by harnessing the effort of others, whom they exclude from the full value added by that effort" (1999, S. 86 f.). Göran Therborn hebt als ein Spezifikum der Ausbeutung hervor, dass es in Prozessen der Ausbeutung zu einer unmittelbaren Verknüpfung von Akteuren komme, wenn die Gewinne der Einen mit Einbußen der Anderen einhergehen. „Exploitation involves a categorical division between some superior and some inferior people, whereby the former unilaterally or asymmetrically extract values from the latter. Freedom and property versus unfreedom and propertylessness has been the classical categorical divide underlying economic exploitation. Slavery and serfdom were classical examples" (2006, S. 12). Wie sich bei Therborn andeutet, ist es sinnvoll, den Mechanismus der Ausbeutung auch für die Analyse von internationalen Handelsbeziehungen oder von zwischenstaatlichen Beziehungen heranzuziehen. Aber auch auf der Mikroebene privater Haushalte und Netzwerke kann Mechanismen der Ausbeutung zwischen den Geschlechtern oder den Generationen nachgegangen werden.

Ein weiterer in Rankingprozessen beobachtbarer Mechanismus ist der der *Hierarchisierung*; er findet sich insbesondere in formalen Organisationen, wie z. B. einer öffentlichen Verwaltung oder einem größeren Unternehmen. Hier entstehen fein abgestufte Hierarchien von beruflichen Positionen und Laufbahnen, die mit Unterschieden in formalen Qualifikationen, Arbeitsinhalten, Arbeitsbedingungen oder Verantwortlichkeiten, aber auch in Entlohnung und beruflicher Sicherheit einhergehen. Neben diesen formalen Hierarchisierungen (im Sinne Webers bürokratischer Rationalisierung) finden sich stets auch informelle Strukturen der Hierarchisierung; so untersucht Bourdieu (1992, S. 58) in seinen Studien zum wissenschaftlichen Feld die Hierarchisierung von Machtformen („wissenschaftliches Prestige und universitäre Macht") und Anerkennungsformen („interne Anerkennung und externes Ansehen"). Therborn verweist auf Hierarchisierungen in vormodernen wie modernen Gesellschaften: „Pre-modern social orders were usually perceived and formulated in terms of hierarchical orders, estates or castes, with a core division of intellectuals (priests, Brahmins, Mandarins, ulama), warriors, traders/craftsmen and farmers. A similar hierarchy survived into contemporary high cultures through aesthetic value systems of ‚taste' and ‚style'" (2006, S. 13). Die letztere Bemerkung Therborns macht deutlich, dass sich soziale Ungleichheiten neben materiellen Merkmalen auch in Lebensstilen und Werthaltungen äußern. Diese Überlegungen werden später im Kontext der soziokulturellen Ansätze weiter vertieft.

Mechanismen der Veranderung und Diskriminierung: Über Mechanismen der Veranderung (*othering*) werden Menschen klassifiziert und kategorisiert. Veranderun-

1.2 Strategien der Erklärung sozialer Ungleichheiten

gen führen dazu, dass aus Gleichen entlang verschiedener Unterscheidungen ‚imaginierte', wie ‚reale' Andere werden: z. B. Männer und Frauen, Weiße und PoC. Mechanismen der Veranderung beziehen sich stets auf Personen und Personengruppen; sie machen sich an tatsächlichen wie vermeintlichen Unterschieden fest und werden über die Verwendung in Differenzierungsprozessen wirkmächtig. Das heißt, Veranderungen manifestieren sich zum einen als ein ausgesprochen langlebiges Wissensrepertoire der Veranderung und zum anderen in den Wirkungen, die auf die Anwendung dieses Wissensrepertoires z. B. in Prozessen der Arbeitsteilung, in Grenzregimen oder in Maßnahmen der Vertreibung und Vernichtung von Veranderten zurückgehen. Verglichen mit Ansätzen, die auf die Analyse sexistischer, rassistischer, antisemitischer, antiromaistischer oder nationalistischer Phänomene zielen, wird mit dem Konzept der Veranderung versucht, gewisse Gemeinsamkeiten dieser Phänomene auszumachen, ohne ihre Spezifik zu vernachlässigen. In vielen Fällen gehen Prozesse der Veranderung untrennbar mit Prozessen der Bewertung (zumeist der Abwertung) und der Diskriminierung einher.

Diese Mechanismen der Veranderung sind im Kontext wissenschaftlicher und politischer Debatten zu Sexismus, Rassismus und Nationalismus vielfach thematisiert worden; sie spielen aber auch in historischen Analysen eine wichtige Rolle. Dementsprechend sind verschiedene aber weitgehend kompatible Begrifflichkeiten entstanden, mit denen Mechanismen der Veranderung identifiziert und benannt werden. So wird im Kontext rassismuskritischer Analysen häufig von *othering* gesprochen, in der Geschlechterforschung wird darüber hinaus auch von *doing difference* oder von *intersecting inequalities* gesprochen. Charles Tilly und Rogers Brubaker sprechen mit feinen Differenzierungen von *categorical differences*. Andreas Wimmer analysiert Mechanismen des *boundary making* und bezieht (wie Brubaker) auch die nationalen bzw. staatsbürgerlichen Praktiken der Veranderung ein.

Für das Verständnis von Veranderungen ist es bedeutsam, zum einen das Zusammenwirken verschiedener Veranderungen zu analysieren – das ist der Fokus des intersektionalen Ansatzes; zum anderen muss der Zusammenhang mit den weiteren hier diskutierten Ungleichheitsmechanismen analysiert werden. Das heißt, geschlechtsbezogene Veranderungen funktionieren z. B. zusammen mit ethnisierenden Veranderungen und sie wirken in Ranking- und Sorting-Mechanismen (z. B. im Kontext der Arbeitsteilung oder der Migration) in je spezifischer Weise.

> Soziale Ungleichheiten gehen auf *Ranking-Mechanismen* zurück, indem in Prozessen der gesellschaftlichen Arbeitsteilung (nach Qualifikation, Entlohnung, sozialer Absicherung) unterschiedliche soziale Positionen entstehen.

Sie gehen auf *Sorting-Mechanismen* (Inklusionen und Exklusionen, soziale Schließungen) zurück, indem die besseren und schlechteren Positionen in ungleicher Weise zwischen Menschen verschiedener sozialer Herkunft, zwischen Männern und Frauen oder zwischen Autochthonen und Migrant:innen verteilt werden.

Soziale Ungleichheiten gehen auf Mechanismen der *Ausbeutung* zurück, indem Gewinne aus Produktionsunternehmen oder Finanzanlagen oder aus unfairen Handelsbeziehungen ungleich verteilt werden. Sie gehen auf Mechanismen der *Hierarchisierung* zurück, indem hierarchisierte soziale Positionen mitunter extreme Unterschiede (z. B. der Entlohnung, der Arbeitsbedingungen, der sozialen Absicherung) aufweisen.

Mechanismen der *Veranderung* haben eine große Bedeutung, um soziale Ungleichheiten ,geräuschlos' zu organisieren, um sie zu legitimieren bzw. als ,naturgegeben' erscheinen zu lassen. Veranderungen sind zunächst soziale Konstrukte der Verungleichung, die sich dann aber über ihre gesellschaftliche Verwendung in materiellen, rechtlichen und biografischen Unterschieden niederschlagen.

Transnationale Positionierungen
Wie im vorigen Kapitel ausgeführt können soziale Positionen auch als nationalstaatlich bzw. weltregional verortete Positionen begriffen werden. So lassen sich mit Hilfe international vergleichender Statistiken enorme Unterschiede zwischen den Nationalstaaten dieser Welt aufzeigen (vgl. Therborn 2006, S. 5). Das betrifft Unterschiede in den materiellen Ressourcen, die sich am Bruttoinlandsprodukt, am Nationaleinkommen aber auch am Anteil der Armen und Hungernden festmachen lassen. Es sind Unterschiede, die sich in der Lebenserwartung, im (physischen und psychischen) Gesundheitszustand oder im Schutz vor Epidemien und Pandemien manifestieren. Schließlich geht es auch um Unterschiede, die sich in politischen Freiheiten, in Menschenrechten und sozialer Anerkennung ausdrücken. Angesichts von Klimawandel und Artensterben wären die von Therborn vorgeschlagenen Sphären um Ungleichheiten zu erweitern, die aus den klimatischen Veränderungen und ihren ökologischen Folgen erwachsen.

Mit der transnationalen Perspektive kommen — gegenüber der lange vorherrschenden nationalstaatlichen Begrenzung des Blicks auf Ungleichheiten — weitere wichtige Mechanismen der Verungleichung hinzu.

Ranking und Sorting in transnationaler Perspektive: Zunächst kann die im nationalstaatlichen Rahmen sinnvolle Unterscheidung von Ranking- und Sorting-Prozessen

1.2 Strategien der Erklärung sozialer Ungleichheiten

auch auf der transnationalen Ebene genutzt werden. So können die beschriebenen Unterschiede zwischen den Nationalstaaten im Sinne von *Ranking-Prozessen* begriffen werden; ihre Analyse ist jedoch nicht ganz einfach. Zunächst ist zu konstatieren, dass sich verschiedene Weltregionen, die Nationalstaaten sind ja eher neueren Datums, in höchst unterschiedlicher Weise entwickelt haben. Während vor 500 Jahren die weltweiten Ungleichheiten weitaus geringer waren, kommt es mit der Herausbildung von Nationalstaaten, mit Prozessen der Industrialisierung und mit der Dominanz kapitalistischer Produktionsweisen zu einer enormen Auffächerung der politischen, ökonomischen und sozialen Entwicklung. Von entscheidender Bedeutung sind dabei die alles andere als gewaltfreien Beziehungen zwischen Weltregionen und Nationalstaaten. Mit Kolonialismus und Sklaverei, mit Imperialismus und weltumspannenden Kriegen, mit ungleichen Handelsbeziehungen und schließlich mit den lebensbedrohenden Effekten von Klimawandel und Artensterben haben wir es mit mächtigen Kräften zu tun, die zu oft langwirksamen Ungleichheiten führen.

Man kann im transnationalen Sinne auch nach *Sorting-Prozessen* fragen, indem man analysiert, wie der Zugang zu Nationalstaaten und mehr oder weniger begehrten Staatsbürgerschaften organisiert ist (vgl. Mau 2021). Es geht dabei um die Mechanismen, mit denen Nationalstaaten ihre äußeren (Landesgrenzen) und inneren Grenzen (Staatsbürgerschaft) regulieren. Das betrifft vor allem Grenzregime und Politiken der Verstaatsbürgerung. Dazu gehören dann auch die Mechanismen, mit denen ganz verschiedene Typen von Migrierenden und Flüchtenden, mit diesen inneren und äußeren Grenzen umgehen. Das heißt, es findet nicht nur ein Sorting in berufliche oder sozialstaatliche Positionierungen innerhalb eines Landes statt, sondern es geht auch um das Sorting in die fein differenzierten Positionen von Staatsbürger:innen, Asylsuchenden, Geduldeten oder Rechtlosen.

Die für transnationale Ungleichheiten entscheidende Frage ist, wer in welchem Land geboren ist bzw. wem es gelingt, Zugang zu den prosperierenden Ländern, ihren Arbeitsmärkten und Sozialsystemen zu erhalten. Dabei spielen dann z. B. der Pass, die für eine Migration erforderlichen materiellen Ressourcen und Beziehungen eine Rolle. Es sind aber auch Prozesse der Veranderung, die hier wirksam werden. So spielen Rassismus und Nationalismus, aber auch Sexismus eine wichtige Rolle bei der Frage, wie Migrationen wahrgenommen werden und welche Erfolgschancen die Migrierenden haben. Die Sterbenden im Mittelmeer werden über bewährte rassistische (die wahrgenommene Hautfarbe) und kulturalisierende (Afrikaner:innen) Techniken zu Anderen, mit denen man vielleicht Mitleid hat, denen aber Menschenrechte abgesprochen werden.

Nationalisierung und Hegemonisierung: Am Beispiel des Ausbeutungsmechanismus war erkennbar geworden, dass sich dieser auch auf die Geschichte und Gegenwart internationaler wirtschaftlicher und politischer Beziehungen anwenden lässt – erinnert sei an die lange Geschichte von Kolonialismus und Imperialismus. Insbesondere mit der Herausbildung der Nationalstaaten im 19. Jahrhundert und mit der beinahe weltweiten Durchsetzung des nationalstaatlichen Organisationsmusters im 20. Jahrhundert kommt diesen eine zentrale Ungleichheiten organisierende Bedeutung zu. Die Nationalstaaten regulieren soziale Ungleichheiten in ihrem Binnenraum und etablieren Regime der Grenzsicherung bzw. des Grenzübertritts; sie organisieren (mit mehr oder weniger Gewalt) auch die internationalen (politischen und wirtschaftlichen) Beziehungen. Sie führen Kriege, verschieben Grenzen, sichern ungleiche Handelsbeziehungen ab etc. Somit kann man auch von Mechanismen der *Nationalisierung* und der *Hegemonisierung* sprechen. Die Begriffe der Hegemonie (Vorherrschaft) bzw. der Hegemonisierung verweisen auf die sich langfristig herausbildenden (politischen und ökonomischen, aber auch militärischen) Machtbeziehungen zwischen den Nationalstaaten und Weltregionen.

Im Kontext von *Ranking-Mechanismen* (z. B. Mechanismen der Nationalisierung und Hegemonisierung) ist über Jahrhunderte ein weltweites Gefüge von ungleichen sozialen Positionen entstanden. Über transnationale *Sorting-Mechanismen* (Grenzziehungen, Regulierungen von Migrationsbewegungen, Staatsbürgerrecht, Zugänge zu Arbeitsmärkten und Bürgerschaften) entscheidet sich, wer Zugang zu den besseren und schlechteren Positionen auf diesem Globus hat.

Soziale Lagerungen
Mit dem entwickelten Konzept der sozialen Lagen werden die sozialen Positionierungen von Personen in einen *sozialen* (Haushalte, soziale Netzwerke) und einen *temporalen* (Lebenswege, Generationenwege) Zusammenhang gestellt. Dementsprechend lassen sich verschiedene Mechanismen bestimmen, die dabei wirksam werden.

Soziale und temporale Kumulierungen: Wenn man den Lebensweg einer Person analysiert, so werden (temporal betrachtet) nach und nach verschiedene soziale Positionen durchlaufen und man erlebt (sozial betrachtet) verschiedene Haushaltszusammenhänge und Netzwerke. Darüber kommt es zu Kumulierungen verschiedener Art. Es sind materielle Kumulierungen, wenn Personen in einen eher wohlhabenden oder eher ärmeren Haushalt geboren werden, wenn sie als Heranwachsende an den Kapitalien ihrer Eltern teilhaben, wenn sie in der Ausbildungs-

1.2 Strategien der Erklärung sozialer Ungleichheiten 39

phase Unterstützungsleistungen erhalten oder wenn sie später vielleicht etwas erben. Es geht aber auch um die Kumulierung kulturellen oder sozialen Kapitals. Schließlich ist es auch eine Kumulierung von physischen und psychischen Belastungen und den damit verbundenen Erfahrungen. Bei den sozialen und temporalen Kumulierungsprozessen spielen das Privateigentum und das Vererbungsrecht eine wichtige bestandssichernde Rolle.

Soziale Kumulierungseffekte treten ein, wenn sich Menschen zu Haushalten zusammenschließen, wenn sie Verhältnisse der Arbeits- und Einkommensteilung eingehen, wenn sie gemeinsam Verantwortung für Kinder oder zu Pflegende übernehmen, wenn sie Vermögen bilden etc. Die Vielzahl der vormals eher formellen und heute eher informellen Regeln, die mit der Wahl (oder Nichtwahl) von Partner:innen verbunden sind, lassen erahnen, welche Bedeutung sozialen Kumulierungseffekten für die gesellschaftliche Lagerung zukommt. Zu sozialen Kumulierungen in einem weiteren Sinne kommt es, wenn sich ein Haushalt in einem bestimmten nachbarschaftlichen Umfeld oder einem bestimmten Stadtquartier niederlässt. Darüber werden günstige oder weniger günstige Infrastrukturen, soziale Beziehungen und schließlich Anerkennungen oder Geringschätzungen kumuliert. Solche sozialen Kumulierungseffekte werden in der familiensoziologischen und -historischen Forschung, in der neuen Haushaltsökonomie und auch in der stadtsoziologischen Forschung eingehend untersucht.

Temporale Kumulierungseffekte stellen sich längerfristig im Generationenverlauf ein, wenn bei den einen Kapitalien und Erfolgserfahrungen zwischen den Generationen vererbt werden, während andere eher durch den Mangel und die Erfahrung von Prekarität geprägt werden. Analog kommt es im Lebensverlauf zu Kumulierungen, wenn frühe Bildungserfolge oder -misserfolge auf die gesamte berufliche Laufbahn wie auf die Ruhestandsphase ausstrahlen. Dem wird in der Lebensverlaufsforschung oder in Forschungen zur generationalen Weitergabe von (ökonomischen, kulturellen, sozialen und symbolischen) Kapitalien genauer nachgegangen. Auch der von Göran Therborn beschriebene *Mechanismus der distantiation* beschreibt temporale Kumulierungseffekte, wenn er soziale Ungleichheiten als Effekte von Distanzierungen (im wörtlichen Sinne) begreift, die darauf zurückgehen, dass es den einen aus verschiedensten Gründen weitaus besser gelingt, gute Bildungsabschlüsse, angemessene Positionierungen und die damit verbundenen Belohnungen zu erreichen als anderen.

Soziale Schließungen: Prozesse der sozialen Schließung können auch für die Analyse differenter sozialer Lagerungen genutzt werden. So hatte Max Weber Mechanismen der *sozialen Schließung* identifiziert, als er die Praktiken des Konnubiums (der standesgemäßen Heirat) oder Muster der ständisch geprägten Lebensführung untersuchte. Solche Schließungen lassen sich auch im 21. Jahrhundert beobachten; so spielen bei der Zusammensetzung von Partnerschaften und Lebensgemeinschaften (oder von sozialen Netzwerken) Fragen der sozialen Herkunft und der Bildung nach wie vor eine große Rolle. Dabei kommt es zu einer Verstärkung der ohnehin bestehenden positionalen Ungleichheiten, wenn sich ‚gut' Verdienende und Gebildete zusammentun und sich ein gehobenes Wohnquartier leisten können, während umgekehrt zwei weniger Gebildete mit einer eher prekären Erwerbs- und Wohnsituation zurechtkommen müssen.

Die *Mechanismen der sozialen Lagerung* vermitteln zwischen den eher im Querschnitt und personenbezogen zu begreifenden sozialen Positionen und den eher im Längsschnitt und im sozialen Zusammenhang zu verstehenden sozialen Lagen. Soziale Lagen werden durch *temporale* und *soziale Kumulierungsprozesse* (und die dabei wirksamen *Schließungseffekte*) geprägt. So ist die gute Lage der einen bereits mit der sozialen Herkunft angelegt und wird im Lebensverlauf durch Ausbildung und Beruf aber auch durch Netzwerke und Partnerschaften mit ähnlich Positionierten weiter gestärkt. Andere sind vielleicht mit einem eher belastenden Erbe konfrontiert und es gelingt ihnen im Lebensverlauf kaum, diese schlechteren Startbedingungen auszugleichen.

Mechanismen der Diffusion und Stabilisierung
Während über die bislang aufgeführten Mechanismen vor allem die Herausbildung und Kumulierung von sozialen Ungleichheiten analysiert werden können, ist auch der Frage nachzugehen, welche Mechanismen dazu beitragen, dass Verhältnisse der Ungleichheit (von sozialen Positionen und Lagen) gesellschaftlich diffundieren und sich stabilisieren. Man kann die verschiedenen hier zu beobachtenden Mechanismen der Stabilisierung und Diffusion ein wenig ordnen, indem man eine materielle, eine institutionelle und schließlich eine körperliche bzw. kognitive Ebene unterscheidet.

Materielle Stabilisierungen: Für den Aufbau und die generationelle Weitergabe von Vermögen (z. B. Geld- und Sachvermögen, Immobilien, Betriebsvermögen) kommt dem Eigentumsrecht und dem Erbrecht eine zentrale Bedeutung zu. So lässt sich im 19. Jahrhundert eine „institutionelle Revolution" (Wischermann und Nieberding 2004) beobachten, als mit der Herausbildung von Nationalstaaten und einer wettbewerbsorientierten kapitalistischen Wirtschaftsordnung die ständische Sozialordnung zurücktritt und sich neue Regeln der Akkumulation und Weitergabe von Kapitalien und Rechten herausbilden.

1.2 Strategien der Erklärung sozialer Ungleichheiten

Indem sich Vermögen in Wohngebäuden, in Grundbesitz oder in Gewerbebetrieben materialisieren, werden soziale Unterschiede sichtbar und materiell konserviert. Darüber entstehen immer auch räumliche Strukturen: Industrieregionen und ländliche Gebiete oder Städte und Dörfer mit ihren sozialräumlichen Untergliederungen.

Institutionelle Stabilisierungen: Auch die *Institutionalisierung* von ungleichheitsgenerierenden Praktiken trägt zu einer Stabilisierung von Ungleichheiten bei. So hat sich vielerorts ein hoch segregierendes Bildungssystem herausgebildet, das implizit von natürlichen Unterschieden der ‚Begabung' ausgeht, die es dann in den gestuften Bildungsgängen zu identifizieren und zu kanalisieren gelte. Gestufte Bildungssysteme korrespondieren schließlich mit gestuften Arbeitsmarktsegmenten und betrieblichen Hierarchien, in die die zuvor Etikettierten eingeordnet werden. Die Institutionalisierung der differenzierenden Praktiken in spezifischen Schulen, mit Lehrkräften und Schüler:innen unterschiedlichen Typs werden durch Konventionen, durch bewährte Praktiken des Klassifizierens und Sortierens und durch die damit verbundenen Deutungen und Bewertungen gestützt. Mechanismen der Verrechtlichung sorgen schließlich dafür, dass die so erworbenen differenzierenden Bildungszertifikate den Arbeitsweg lebenslänglich begleiten. Zur Stabilisierung von Differenz trägt auch die *Organisierung* von Interessen- und Sozialgruppen bei, die dann als Arbeitgeberverband oder Gewerkschaft, als Wohlfahrtsverband, als Branchen- oder Berufsverband, als Mittelstandsvereinigung oder als Verband von Frauen bzw. Migrant:innen zu Fürsprechern ihrer Klientele werden und sich von anderen abgrenzen. Ein ähnlicher Effekt kommt den eher informellen Zurechnungen zu, wenn man sich mit bestimmten Personen- oder Sozialgruppen identifiziert und von anderen abgrenzt.

Charles Tilly verweist auf den *Mechanismus der Emulation*, um zu erklären, wie sich Muster der Konstruktion von Hierarchien in Betrieben oder Verwaltungen und darauf abgestimmte Fragen des Sorting von qualifikatorisch, geschlechtlich oder ethnisch markierten Arbeitskräften verbreiten, indem bewährte und funktionierende Ordnungen schlicht nachgeahmt (emuliert) werden. So bilden sich gesellschaftliche Vorstellungen (Konventionen) heraus, wie die gesellschaftliche Arbeit geteilt und Personengruppen zugerechnet wird, was als normal oder gerecht erscheint. Ein Unternehmen, dass Reinigungskräfte besser bezahlt als Abteilungsleiter:innen, bekäme ein Problem, wenn es einen solchen Businessplan der kreditgebenden Bank vorlegt; auch innerhalb der Belegschaft würde eine solche Entscheidung auf Widerstand stoßen.

Inkorporierte Stabilisierungen: Bei Pierre Bourdieu findet sich die wesentliche Erkenntnis, dass soziale Ungleichheiten nicht nur etwas den Menschen Äußerliches sind, das sich im Portemonnaie, im Konto, in Gebäuden und Gütern oder in

Bildungstiteln und Berufen ausdrückt. Ungleichheiten verknüpfen sich immer auch mit den Körpern, sie werden *inkorporiert*. Dieser Ansatz steckt auch in Bourdieus Konzept des *Habitus*, den er als ein in (lebenslangen) Sozialisations- und Anpassungsprozessen erworbenes Denk-, Wahrnehmungs- und Handlungsmuster begreift, das einerseits durch die Umstände seines Erwerbs geprägt ist und das andererseits diese Umstände zu reproduzieren trachtet, indem diese Muster (auch generationenübergreifend) die Arbeits- und Lebensentscheidungen prägen. Das heißt nicht, dass habituelle Muster nicht auch veränderbar sind. Es bedarf aber großer Anstrengungen; die Beharrungskräfte sind erheblich. Auch ein Blick auf die sehr unterschiedlichen Lebenserwartungen verschiedener sozialer Gruppen gibt wichtige Hinweise auf Prozesse der Inkorporierung von sozialen Ungleichheiten.

Der bei Tilly identifizierte *Mechanismus der Adaption* beschreibt, wie Mechanismen der Kategorisierung durch die Beteiligten internalisiert und normalisiert werden, indem man sich in diese Unterscheidungen fügt und diese für sich zu nutzen versucht. „In coping with unequal situations, moreover, victims themselves improvise routines that involve them in the reproduction of inequality. Even slaves acquire interests in the predictability of their masters' behavior" (1999, S. 98).

Ein weiterer von Bourdieu beschriebener Mechanismus benennt Prozesse der *Naturalisierung* von Ungleichheitsverhältnissen. Dazu kommt es, wenn bestehende Ungleichheiten, die auf historische Machtkonstellationen zurückgehen, als gegebene, als natürliche Ungleichheiten begriffen werden. Ein klassisches Beispiel ist die Legitimierung von Mustern der geschlechtsspezifischen Arbeitsteilung mit den vermeintlich „natürlichen" Unterschieden im männlichen und weiblichen Arbeitsvermögen. Auch in anderen Feldern können solche Naturalisierung wirksam werden, wenn die Besetzung von prekären Arbeitsstellen mit der prekären gesellschaftlichen Lage bestimmter abgewerteter Beschäftigten- oder Personengruppen korrespondiert.

Kognitive Stabilisierungen: All diese verungleichenden Praktiken verdoppeln sich auf einer symbolischen Ebene, in Bildern und Geschichten von Reichen und Armen, von Auf- und Abgestiegenen, von Karrierefrauen und Vorzeigemigrant:innen, von Gebildeten und Ungebildeten. Soziale Ordnungen sind demnach auch als Ordnungen des Wissens zu begreifen. Wenn man die Geschichte von sexistischen und rassistischen Konzepten analysiert, wird deutlich, wie langlebig die Bilder und Wissensbestände sind, die mit einzelnen Personengruppen verknüpft werden. Auch wenn manche Zuschreibungen vermeintlich verschwunden sind, reichen Anspielungen aus, um solche versunkenen Wissensbestände zu mobilisieren.

Die bislang dargestellten Mechanismen der sozialen Differenzierung haben sich im Normalbetrieb von Gesellschaften festgesetzt. Es kommt langfristig zu einer *Stabilisierung sozialer Ungleichheiten*, indem diese in einem materiellen Sinne vererbt werden, indem gesellschaftliche Institutionen (wie z. B. das gestufte Bildungssystem und der segmentierte Arbeitsmarkt) Ungleichheiten produzieren und fortschreiben und schließlich indem sich Ungleichheiten in den Körpern und im Denken niederschlagen.

Mechanismen als Instrument der Analyse von Sozialstrukturen
Die hier skizzierte mechanismische Perspektive auf die Genese sozialer Ungleichheiten ist verglichen mit der weithin akzeptierten Rede von sozialen Großgruppen (Klassen etc.) oder von Systemen (wie dem Kapitalismus) sicherlich ungewohnt. Ihre Potenziale liegen darin, dass sich gewissermaßen unterhalb der systemischen Ebene und jenseits der Setzung von gesellschaftlichen Großgruppen, genauer jene Praktiken analysieren lassen, in deren Zusammenspiel soziale Ungleichheiten historisch entstanden sind und immer wieder entstehen.

Sicherlich müssen Erklärungen sozialer Ungleichheiten aus der mechanismischen Perspektive komplexer ausfallen, verzichtet man doch darauf, diese auf direktem Wege aus der Verfasstheit des Kapitalismus oder dem Wirken herrschender Klassen gewissermaßen abzuleiten. Umgekehrt bietet sich weiterhin die Möglichkeit, die Rolle von herrschenden Gruppen zu analysieren; diese werden aber nicht als essenzialisierte Gruppen der Analyse vorausgesetzt, sondern ihr Wirken muss empirisch aufgezeigt werden. Gleiches gilt für die systemische Perspektive; so kann es sicherlich sinnvoll sein, sich für die historischen Veränderungen von Kapitalismen zu interessieren. Auch hier sollte jedoch davor gewarnt werden, den Kapitalismus als ein allumfassendes System zu begreifen, aus dem sich alle Phänomene von Ungleichheiten ableiten lassen.

Schließlich ist darauf hinzuweisen, dass die hier aufgeführten Mechanismen nicht eins-zu-eins als Erklärungen zu begreifen sind, wie es vielleicht die der Mechanik entlehnte Metapher suggeriert. Soziale Mechanismen werden zum einen im Sinne der Ordnung von strukturell relevanten Praktiken eingesetzt. Das trifft z. B. auf die hier aufgeführten Ranking-, und Sorting-Mechanismen bzw. die Mechanismen der Veranderung zu. Es lässt sich präzise benennen, wie diese auf soziale Positionen bzw. Lagen ‚einwirken' und zwischen ihnen vermitteln; eine ‚Erklärung' können sie jedoch nicht liefern. Mechanismen können aber auch als Hinweis auf mögliche kausale Zusammenhänge begriffen werden, wenn z. B. Mechanismen der Kumulierung, der Ausbeutung, der Hierarchisierung oder der sozialen Schließung untersucht werden.

Die Identifizierung sozial differenzierender Mechanismen sollte demnach als ein erster Schritt zu Erklärungen sozialer Ungleichheit begriffen werden. In dem zweiten nun folgenden Schritt gilt es, verschiedene gesellschaftliche Kontexte, es wird von Arenen gesprochen, aufzuzeigen, in denen diese Mechanismen wirksam werden, in denen sie gewissermaßen als Spielregeln fungieren. So ist davon auszugehen, dass Mechanismen der Ausbeutung in einem Wirtschaftsunternehmen auf eine andere Weise funktionieren als in internationalen Handelsbeziehungen oder privaten Haushalten. Ähnliches gilt für Mechanismen der Veranderung.

1.2.5 Arenen der sozialstrukturellen Differenzierung

> Für die Analyse der Mechanismen, die soziale Ungleichheiten hervorbringen, reproduzieren und verändern, ist es sinnvoll, verschiedene *Handlungsfelder*, die dort zu findenden Akteure, Strategien und Spielregeln (Mechanismen), zu unterscheiden. Um eine Verwechslung mit dem etwas anders gefassten Feldkonzept Bourdieus zu vermeiden, wird im Folgenden von *Arenen* gesprochen, in denen bedeutsame sozialstrukturelle Differenzierungsprozesse beobachtbar sind. Die Werkzeuge, die Bourdieu für die Feldforschung (in seinem Sinne) vorgeschlagen hat, lassen sich jedoch auch im Kontext der Arenen nutzen.

Mit diesen Arenen werden jene Sphären erkennbar, in denen die sozialstrukturell bedeutsamen Akteure bzw. Praktiken lokalisiert sind. Innerhalb der Arenen vollziehen sich Prozesse der *Arbeitsteilung* (weltweite Arbeitsteilungen sowie Teilungen der Erwerbsarbeit bzw. der öffentlichen und privaten Arbeit), Prozesse der *nationalstaatlichen* Teilung (internationale politische und wirtschaftliche Beziehungen, Grenz- und Migrationsregime) und Prozesse der *Regulierung von sozialen Differenzen*.

Arena der gesellschaftlichen Produktion
In der Arena der Produktion wird gesellschaftliche Arbeit zwischen Weltregionen, Nationalstaaten und Regionen ‚verteilt'. Dabei spielen Marktmechanismen, aber auch historisch gewachsene Machtmechanismen eine wesentliche vermittelnde Rolle. Über die Einbettung in verschiedene Konstellationen von weltwirtschaftlichen Produktionsbeziehungen entstehen auf nationaler Ebene stets wechselnde Branchenstrukturen und betriebliche Strukturen. Innerhalb von Unternehmen wird

1.2 Strategien der Erklärung sozialer Ungleichheiten

schließlich Arbeit entlang von Hierarchien, Qualifikationsstrukturen oder Beschäftigungsverhältnissen geteilt. In diesen Rankingprozessen entsteht auf nationaler Ebene eine Struktur sozialer Positionen in der Erwerbsarbeit, die dann im Kontext von Sortingprozessen besetzt werden.

Wenn man zunächst einmal auf der nationalen Ebene bleibt, so hat man es in dieser Arena zumeist mit großen wie kleinen Unternehmen zu tun, die gewinnorientiert arbeiten, indem sie Prozesse der Produktion von Waren und Dienstleistungen organisieren. In diese Produktionsprozesse gehen Rohstoffe, Vorprodukte, Maschinen, Infrastrukturen und schließlich menschliche Arbeit ein, die dann entlohnt wird. Unternehmer:innen erzielen über die Organisation der Produktion bzw. den Verkauf der so erstellten Produkte durchschnittlich einen mehr oder weniger hohen Gewinn. Die Höhe und die Modalitäten der Entlohnung sowie die spezifischen Beschäftigungsverhältnisse werden auf betrieblicher, tariflicher oder nationaler Ebene (z. B. Mindestlöhne) zwischen Unternehmen und Beschäftigten bzw. zwischen den Tarifparteien mehr oder weniger konfliktfrei ausgehandelt. Dabei gibt es strukturelle Asymmetrien, die Marx am Faktum der Lohnabhängigkeit festgemacht hatte; es gibt aber auch viele weitere Einflussmöglichkeiten, die von den strukturell überlegenen wie den strukturell unterlegenen genutzt werden können. So ist es über den Zusammenschluss in Gewerkschaften gelungen, die Verhandlungsposition auch jener abhängig Beschäftigten zu verbessern, die zunächst einmal aufgrund ihres Qualifikationsportfolios (oder ihres Geschlechts oder ihrer ethnischen Zurechnung) über weniger Verhandlungsmacht verfügen. Eine wichtige Rolle spielen in prosperierenden Nationalstaaten die sozialstaatlichen Instanzen, über die Arbeits- und Beschäftigungsverhältnisse reguliert werden, über die Risiken abgefedert (z. B. Arbeitslosigkeit, Krankheit, Invalidität) und Systeme der Alterssicherung etabliert werden konnten. Schließlich stellen die Nationalstaaten wesentliche Rahmenbedingungen der Produktion bereit, indem sie Infrastrukturen (z. B. Energie, Verkehr, Daten), einen gesicherten Rechtsrahmen oder Einrichtungen der Bildung und Forschung unterhalten.

Sozialstrukturell betrachtet entsteht so über den letztlich weltweiten gesellschaftlichen Produktionsprozess ‚vor Ort' ein stets wechselndes Ensemble von Arbeitsplätzen (in einer bestimmten Quantität und Qualität). Parallel entstehen Gewinnmöglichkeiten für das angelegte Kapital. Das heißt, die *Quantität* von Arbeitsplätzen, die im nationalen Raum oder einer Region verfügbar sind, variiert längerfristig betrachtet erheblich. Das hängt mit veränderten Produkten und Dienstleistungen, mit veränderten Technologien, mit Veränderungen der nationalen, europäischen wie weltregionalen Arbeitsteilung und der sie regulierenden Instanzen zusammen. Zugleich verändert sich die *Qualität* von Arbeitsplätzen, das betrifft die Entlohnung, die Beschäftigungssicherheit, die spezifischen Arbeitsanforderungen und -bedingungen.

Binnenstaatliche bzw. zwischenstaatliche Arena

Die Nationalstaaten sind seit dem 19. Jahrhundert nach und nach zu einer weltweit strukturierenden Instanz geworden. Diese wirken nach innen, indem die nunmehr nationalen Räume wirtschaftlich, politisch und sozial erschlossen und gestaltet werden. Zugleich werden die internationalen Beziehungen strukturiert, indem Kriege geführt, Grenzen verschoben, Länder kolonisiert, wirtschaftliche und politische Beziehungen machtvoll gestaltet werden. Insofern könnte man auch von zwei Arenen sprechen, indem Nationalstaaten nach innen wie nach außen wirken.

Binnenstaatlich grenzen Nationalstaaten ein Territorium ab und bestimmen, wer sich mit welchen Rechten in diesem Territorium bewegen kann. Mit der Staatsbürgerschaft werden Menschen an dieses territoriale Konstrukt gebunden. Für die so Inkludierten konnte in vielen Ländern ein Freiheits- und Gleichheitsgebot errungen werden, oft war damit auch ein Solidargebot verbunden. Während die einen qua Geburtsrecht inkludiert sind, existieren für die Übrigen vielgestaltige Verfahren, die Zugänge zu Territorium und Staatsbürgerschaft eröffnen oder verwehren.

Im Binnenraum entwickeln die prosperierenden Nationalstaaten ein komplexes regulatorisches System, das das wirtschaftliche, politische und soziale Geschehen in entscheidender Weise prägt. Verglichen mit der Konstellation des 19. Jahrhunderts, als Menschen in hohem Maße dem noch wenig regulierten Marktgeschehen in den sich industrialisierenden Gesellschaften ausgeliefert waren, sind die entwickelten National- bzw. Sozialstaaten eine wesentliche Instanz der sozialen Strukturierung geworden. Sie sichern Ungleichheit ab, indem z. B. das Eigentum und seine Vererbung geschützt werden, indem Menschen und ihre Potenziale kategorisiert werden (z. B. nach Geschlecht oder nach Bildungsabschlüssen). Die Sozialstaaten versuchen aber auch, Ungleichheiten zu moderieren oder abzubauen, indem Systeme des Rechts, der Bildung, der gesundheitlichen Versorgung und der sozialen Sicherung geschaffen werden.

Im transnationalen Raum sind es die politisch mächtigen und ökonomisch potenten Nationalstaaten, die Weltordnungen und Hegemonialstrukturen langfristig prägen und die Regeln der wirtschaftlichen, politischen und sozialen Beziehungen setzen. Darüber kommen dann auch die Bürger:innen dieser Staaten – ohne ihr unmittelbares Zutun – in den Genuss dieser weltökonomischen und weltpolitischen Positionierungen, indem sie z. B. billige Konsumgüter und Dienstleistungen, günstige Wechselkurse, kaum beschränkte Handels-, Reise- und Migrationsmöglichkeiten genießen können. In dieser Welt hoher nationalstaatlicher Disparitäten kommt den Möglichkeiten der Migration und des transnationalen Lebens eine wichtige Funktion zu, das eigene ‚Schicksal' und das der Angehörigen ‚in die Hand' zu nehmen.

Die mit den nationalstaatlichen Welt- bzw. Binnenordnungen entstehenden Ungleichheiten bzw. Gleichheiten sind für transnationale wie nationale Sozial-

1.2 Strategien der Erklärung sozialer Ungleichheiten

strukturen von immenser Bedeutung. Das heißt, es geht nicht nur darum, wie man in einem nationalstaatlichen Horizont bestimmte Bildungs- und Erwerbsentscheidungen trifft, es geht auch darum, wie man sich in transnationalen Welten einrichten kann.

Arena der privaten Haushalte
Verglichen mit den Prozessen der weltweit verflochtenen Produktion in mittleren und großen Unternehmen mit hohem Technologieeinsatz mag die Arena der privaten Haushalte, in der wesentliche Teile der Reproduktions-, der Sorge- und Pflegearbeit organisiert werden und in der sich wesentliche Umverteilungen vollziehen, nachrangig erscheinen, wenn es nicht um Milliarden von Haushalten ginge.

Die privaten Haushalte bestehen typischerweise aus einem oder mehreren Erwachsenen, aus Kindern und weiteren Angehörigen. Sie sind oft in verwandtschaftliche und nachbarschaftliche Zusammenhänge eingebettet. Historisch betrachtet waren die privaten Haushalte die zentrale Instanz der handwerklichen und landwirtschaftlichen Produktion (und der sozialen Sicherung) vergangener Jahrhunderte. In nicht wenigen Regionen der Welt ist dies auch heute so. Aber auch in Zeiten der in Unternehmen ausgelagerten Produktion, des Einkaufs von Produkten und Dienstleistungen an Märkten und der umfangreichen sozialstaatlichen Infrastrukturen (z. B. Bildung, Gesundheit, soziale Sicherheit) bleiben die Haushalte eine wichtige Produktionsinstanz, in der rechnerisch fast 40 % (Schwarz 2017, S. 254) der Leistungen des ausgewiesenen Sozialprodukts erbracht werden. Gary Becker (1965) spricht von Haushalten als kleinen Fabriken, in denen unter Einsatz von unentgoltener Arbeit (mehrheitlich von Frauen), Gebäuden, Infrastrukturen, Werkzeugen und Maschinen überlebenswichtige Güter und Leistungen erbracht werden (Ernährung, Geborgenheit etc.), in denen Kinder und Jugendliche sozialisiert, Erwerbstätige ernährt und regeneriert werden, in denen Kranke und Pflegebedürftige versorgt werden.

Insbesondere die auch in heutiger Zeit sehr ungleiche Verteilung der häuslichen Arbeit zwischen den Geschlechtern macht die privaten Haushalte zu einer wesentlichen Arena für die Erzeugung und Erneuerung geschlechtsspezifischer Ungleichheiten. Neben der haushaltlichen Produktion und der Umverteilung der verfügbaren Einkommen und Transfers werden in den Haushalten vor allem ‚Anlageentscheidungen' getroffen. Auch Haushalte, die über keinerlei Kapital verfügen, entscheiden, wie die verfügbare Zeit bzw. die Arbeitskraft von Frauen und Männern, von Jugendlichen und Kindern ‚angelegt' wird. So können Letztere oft nur dann eine Bildungseinrichtung besuchen, wenn ihre Arbeitskraft nicht für den Haushalt, für Subsistenzarbeit sowie für legale oder illegale, formelle oder informelle Erwerbsarbeit benötigt wird. Jenseits dieser überlebenswichtigen Entscheidungen geht es um Investitionen in das Humankapital (die Aus- und Weiterbildung von Kindern, Jugendlichen und Erwachsenen), in Immobilien oder Finanzanlagen, in Selbstständigkeit etc.

Wie ein kleiner Betrieb können Haushalte eher hierarchisch (patriarchal oder generational) oder eher partnerschaftlich kooperativ strukturiert sein. Die Haushaltsarena ist in prosperierenden Sozialstaaten ein regulierter Raum. Unterlagen die geschlechtlichen (z. B. Heiraten) und generationalen Beziehungen (z. B. Kinder, Versorgungsansprüche, Vererbung) schon immer rigiden formellen wie informellen Regeln, ist dies mit den sozialstaatlich durchgesetzten Ansprüchen an die physische und körperliche Unversehrtheit und Gewaltfreiheit noch stärker ausgeprägt. Auch die vielfältigen sozialstaatlichen Unterstützungsleistungen wirken in die Haushaltsarena hinein.

1.3 Fazit: Soziale Positionen und Lagen, Mechanismen, Arenen

Mit den bislang entwickelten Konzepten (der Unterscheidung von sozialen Positionen und Lagen, der Identifizierung sozial differenzierender Mechanismen) hat man ein recht universelles konzeptionelles bzw. methodisches Gerüst, um Ungleichheitsverhältnisse verschiedenster Art bzw. die Weisen ihrer Stabilisierung und Reproduktion untersuchen zu können. Mit den Arenen wurden die verschiedenen Sphären markiert, in denen diese Mechanismen wirksam werden.

Forschungsrichtungen und theoretische Ansätze

2

In den folgenden vier Unterkapiteln soll die große Vielfalt an Forschungs- bzw. Erklärungsansätzen zu sozialen Ungleichheiten möglichst systematisch dargestellt werden. Sie werden zu vier wesentlichen Forschungsrichtungen zusammengefasst: sozioökonomisch-soziopolitische Ansätze (Abschn. 2.1), sozioökonomisch-soziokulturelle (Abschn. 2.2), intersektionale Ansätze (Abschn. 2.3) und transnationale Ansätze (Abschn. 2.4).

Erste sozialstrukturelle Analysen sind in einer Zeit entstanden, als die sozialwissenschaftlichen Disziplinen weniger ausdifferenziert waren als heute. So sprach man im 19. Jahrhundert von politischer Ökonomie bzw. Nationalökonomie oder von Staatswissenschaften. Die heutigen Unterscheidungen von Disziplinen wie Soziologie, Ökonomie und Politikwissenschaft entstehen erst im Laufe des 20. Jahrhunderts. Diese nur schwer zu hintergehenden Grenzziehungen sind einer Sozialstrukturanalyse eher abträglich, geht es doch um Phänomene, die sich nur über das Zusammenspiel von ökonomischen, politischen und sozialen Faktoren begreifen lassen.

2.1 Sozioökonomisch-soziopolitische Ansätze

> Die hier behandelten Forschungsansätze befassen sich mit der Frage, wie sich (grundlegende) Veränderungen der ökonomischen und politischen Verfasstheit von Gesellschaften in veränderten Sozialstrukturen niederschlagen. Das heißt, es geht zum einen um eine Analyse wichtiger Veränderungen der Gesamtgesellschaft, vor allem ihrer ökonomischen und politischen Verfasstheit, und zum anderen um Veränderungen der Sozialstruktur bzw. der sozialen Gruppen.

So interessiert, wie sich mit der Herausbildung von Kapitalismus und industrieller Produktion oder mit den politischen Umbrüchen nach den bürgerlichen Revolutionen die Sozialstrukturen der jeweiligen Länder verändern. Für die Sozialstrukturanalyse werden, soweit solche Informationen vorliegen, sozioökonomische Daten zu Personen (z. B. Angaben über Beruf und berufliche Stellung, über Einkommen und Vermögen) genutzt, um auf soziale Ungleichheiten (und ihre Verfasstheit) zu schließen. Dabei gilt es, Aussagen darüber zu treffen, wie sozioökonomische und soziopolitische Veränderungen mit sozialstrukturellen Veränderungen in Beziehung stehen, wie sich z. B. Sozialstrukturen im Kontext der Industrialisierung oder im Zusammenhang von Krisen verändern.

Dementsprechend werden die hier dargestellten Ansätze, die auf die Zusammenhänge zwischen wirtschaftlichen, politischen und sozialen Entwicklungen zielen, als sozioökonomisch-soziopolitische Ansätze bezeichnet. Damit verbindet sich die These, dass sich die hier interessierenden Fragen nach der Erklärung und der Organisation sozialer Ungleichheiten nur im engen Zusammenspiel von ökonomischen (z. B. Industrialisierung, Kapitalismus) und politischen (National- und Wohlfahrtsstaaten) Entwicklungen begreifen lassen.

2.1.1 Zentrale Argumentationen und Konzepte

Sozioökonomisch-soziopolitische Ansätze zeichnen sich durch eine Reihe von typischen Begrifflichkeiten auf; diese lassen sich jedoch nicht immer scharf gegeneinander abgrenzen. Das hängt mit verschiedenen theoretischen Perspektiven, aber auch mit verschiedenen Sprachräumen und mit der Verflechtung von wissenschaftlichen, politischen und alltagsweltlichen Diskursen zusammen. Be-

2.1 Sozioökonomisch-soziopolitische Ansätze

reits zu Anfang des 20. Jahrhunderts gestalten sich die Benennungen recht komplex; so finden sich bereits bei Geiger ausführliche Darstellungen zu den Varianten der Klassen- und Schichtenbegriffe bzw. des Mittelstandsbegriffs (1932, S. 2 ff. bzw. S. 106 ff.).

Klassen und Schichten
Von Klassen wird typischerweise gesprochen, wenn die soziale Positionierung aus der Stellung in der gesellschaftlichen Produktion oder in Berufsfeldern abgeleitet wird. Das kann dann eher den Charakter eines polaren Bildes haben, wenn Marx Bourgeoisie und Proletariat kontrastiert; es können aber auch mehrdimensionale Darstellungen sein, wie z. B. bei Weber oder Goldthorpe. Das impliziert dann auch Variationen entlang der Frage, ob man von scharfen Klassengrenzen ausgeht, ob man Klassen auch als soziale bzw. politische Akteure begreift und diese mit Machtbeziehungen verknüpft oder ob mit der wissenschaftlichen Analyse auch eine politische Positionierung (im Sinne einer Gesellschaftskritik) verknüpft ist.

Der Schichtenbegriff wird typischerweise verwandt, wenn neben der beruflichen Positionierung auch weitere eng damit verknüpfte Merkmale wie z. B. Einkommen und Bildung analysiert werden. Das impliziert zumeist eine eher empirische, denn theoretische Zielsetzung von Analysen, die Annahme fließender Grenzen zwischen Schichten und eine Distanzierung gegenüber politischen Positionierungen. Sowohl der Klassen- wie der Schichtenbegriff wird von einigen Autor:innen aber auch als Bezeichnung für die mit der sozioökonomischen Position verbundenen Lebensstile, Orientierungen und politischen Positionierung begriffen.

Stand und Status
Von Ständen wird typischerweise gesprochen, um die Sozialordnung von Gesellschaften zu analysieren, die entlang von Privilegien und explizierten Wert- bzw. Anerkennungssystemen strukturiert sind. Die Verortung innerhalb dieser ständischen Gesellschaften erfolgt dann oft qua Geburt bzw. Abstammung. Ähnlich wie der Klassenbegriff wurde auch der Begriff des Standes, insbesondere der des Mittelstandes, seit dem 19. Jahrhundert als politischer (Gegen)-Begriff verwandt (vgl. Kadritzke 2017).

Der soziologische Begriff des Status lehnt sich an den Standesbegriff an; sein Verständnis wurde in den Nachkriegsjahrzehnten aber auch durch die Verwendung des Begriffs im angloamerikanischen Kontext beeinflusst. Er hat so im deutschsprachigen Diskurs eine eigenständige Auslegung erfahren, indem damit vor allem Unterschiede in der Anerkennungsordnung bezeichnet wurden.

2.1.2 Sozialstrukturen der frühen Industriegesellschaft

Zwei klassische Darstellungen zur Bedeutung sozioökonomischer Entwicklungen für die Sozialstruktur von Nationalgesellschaften gehen auf Karl Marx und Max Weber zurück; sie entstehen nicht zufällig in der zweiten Hälfte des 19. und im frühen 20. Jahrhundert. Die ökonomischen, politischen und sozialen Umbrüche waren immens und für die Beteiligten allgegenwärtig: Die Entstehung von großen Fabriken, von industriell geprägten Regionen, von großen Städten und schließlich Prozesse der städtischen (und ländlichen) Verelendung waren unübersehbar. Parallel entstand vor allem im Bürgertum eine Angst vor den sich organisierenden Unterschichten bzw. den Arbeiter:innen.

Konzepte Karl Marx'
Karl Marx hat sich systematisch mit diesen Umbrüchen befasst. Er war zugleich scharfsinniger Beobachter, Theoretiker und politischer Begleiter dieser epochalen Veränderungen. Die folgende Darstellung bezieht sich vor allem auf seine theoretischen Überlegungen. Dabei ist es wichtig, seine eigenen Analysen von den vielfältigen Indienstnahmen (z. B. durch Vereinfachung, Umdeutung, aber auch Verfälschung) seines Oeuvres durch politisch Gleichgesinnte wie Gegner zu trennen; all dies findet sich (leider) auch in sozialwissenschaftlichen Darstellungen.

Klassenkonzepte: Die Marxsche Argumentation hat zunächst den Charakter einer Geschichtsphilosophie, indem er (wie andere Wissenschaftler seiner Zeit) für die Vergangenheit wie für die Zukunft versuchte, Gesetzmäßigkeiten der historischen Entwicklung zu benennen. Er verstand diese als Entwicklung von (eher technischen) Produktionsweisen und (eher politisch-sozialen) Produktionsverhältnissen (bzw. Eigentumsverhältnissen). So spricht er von einer Abfolge verschiedener Gesellschaftsformationen, indem er z. B. Sklavenhaltergesellschaften, feudale Gesellschaften und bürgerliche Gesellschaften – später wurden diese als kapitalistische bezeichnet – unterschied und entlang der Eigentumsfrage verschiedene Sozialgruppen ausmachte.

In einer politischen Schrift von Karl Marx heißt es: „Im alten Rom haben wir Patrizier, Ritter, Plebejer, Sklaven; im Mittelalter Feudalherren, Vasallen, Zunftbürger, Gesellen, Leibeigene, und noch dazu in fast jeder dieser Klassen besondere Abstufungen. (…) Unsere Epoche, die Epoche der Bourgeoisie, zeichnet sich jedoch dadurch aus, daß sie die Klassengegensätze vereinfacht hat. Die ganze Gesellschaft spaltet sich mehr und mehr in zwei große feindliche Lager, in zwei große, einander direkt gegenüberstehende Klassen: Bourgeoisie und Proletariat" (1848, S. 4).

2.1 Sozioökonomisch-soziopolitische Ansätze

Wohlgemerkt hat diese viel zitierte Polarisierungsthese den Status einer Prognose; in seinen zeitgenössischen Analysen z. B. zur französischen Gesellschaft führt er eine Vielzahl von sozialen Klassen und Untergruppen auf (Marx 1977). So unterscheidet er innerhalb des *Bürgertums*, der Bourgeoisie, die Finanzaristokratie („Bankiers, Börsenkönige, Eisenbahnkönige, Besitzer von Kohlen- und Eisenbergwerken und Waldungen, ein Teil des mit ihnen ralliierten Grundeigentums"), die industrielle Bourgeoisie, die kleine Bourgeoisie (und ihre Wortführer „ihre Gelehrten, Advokaten, Ärzte usw.") und die Bauernklasse (Parzellenbauern, Kotsassen). Auf Seiten des *Proletariats* geht es um Arbeiter, städtische Arbeiter, industrielle Lohnarbeiter, Meister, Handwerker, Dienstboten oder verschiedene Gruppen des Lumpenproletariats. In seinen späteren Analysen befasste sich Marx dann eingehend mit der politischen Ökonomie der bürgerlichen Gesellschaft. In diesem Zusammenhang sollte auch eine Klassentheorie entstehen, das Vorhaben wurde nicht realisiert. Ausgehend von der ökonomischen Verfasstheit der bürgerlichen Gesellschaft interessiert er sich dann auch für die Formen der neu entstehenden industriellen Arbeit insbesondere in England und für die damit verbundenen politischen Konflikte.

Gesellschaftstheorie und Sozialstruktur: Marx wird in soziologischen Darstellungen nicht selten als ein Theoretiker der Klassen und des Kapitalismus begriffen; beides trifft nur sehr bedingt zu. Im Kern seiner soziologisch und sozialstrukturell bedeutsamen Arbeiten steht eine historisch orientierte Gesellschaftstheorie, die auf die Prozesse der gesellschaftlichen Produktion fokussiert. Diese wird oft als eine „materialistische" Theorie etikettiert; er verstand unter Materialismus aber eher eine methodologische Haltung, die sich gegen spekulative, philosophische oder religiöse Dogmen richtete; „die Begriffe ‚materialistisch', ‚empirisch' und ‚wissenschaftlich' waren schon für den jungen Marx beinahe bedeutungsgleich" (Bayertz 2015, S. 195).

Im Zentrum seiner Analysen stehen Produktionsverhältnisse, sie werden als kleinste Einheit der gesellschaftlichen Produktion begriffen (Abb. 2.1). Produzent:innen bearbeiten mit Hilfe von Produktionsmitteln (z. B. Werkzeuge, Rohmaterialien, aber auch zu beackerndes Land) natürlich Gegebenes; sie jagen Wild, kultivieren Land und züchten Tiere; sie bearbeiten Materialien wie Stein, Holz oder Metall; sie bauen Eisenbahnen, Panzer und Automobile; schließlich konstruieren sie Smartphones und die dazugehörigen Apps. Mit der Entstehung des Privateigentums und den komplexer werdenden Produktionsmitteln sind die Produzierenden nicht länger Eigentümer dieser Produktionsmittel. Eigentümer:innen von Produktionsmitteln (und ihrer Kapitalgeber:innen) treten in den gesellschaftlichen Produktionsprozess ein.

2 Forschungsrichtungen und theoretische Ansätze

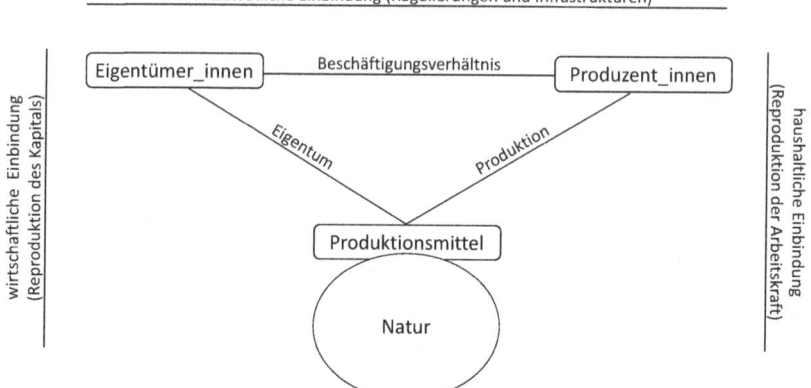

Abb. 2.1 Gesellschaftliche Einbindung von Produktionsverhältnissen. Eigene Darstellung in Erweiterung von Bayertz (2015, S. 199)

Im Kontext dieser Produktionsverhältnisse entstehen vielfältige Beziehungen. Wenn man zunächst den inneren Kern der Abbildung betrachtet, so lassen sich zum einen Mensch-Natur-Beziehungen bzw. Beziehungen zwischen Menschen und Produktionsmitteln ausmachen; zum anderen entstehen zwischenmenschliche soziale Beziehungen, indem Eigentümer:innen und Produzent:innen Beschäftigungsbeziehungen eingehen, indem typischerweise mehrere Produzent:innen tätig sind, die in Konkurrenz zueinander stehen, deren Arbeit aber auch koordiniert werden muss. Während in feudalen Gesellschaften die Eigentümer:innen von Produktionsmitteln mit den Produzierenden über Beziehungen der Leibeigenschaft oder des Frondienstes verbunden waren, hat man es in der neu entstehenden kapitalistischen Produktionsweise mit freien Lohnarbeiter:innen zu tun, die ihre Arbeitskraft an Arbeitsmärkten anbieten und mit denen über kürzere oder längere Zeit Arbeitsverträge geschlossen werden. Für Marx war diese neue Form der Produktion vor allem als ein Prozess der Kapitalverwertung von Interesse; d. h. im Kern geht es den Kapitaleignern darum, das eingesetzte Kapital zu vermehren. Die Befriedigung von Bedürfnissen, die über den Produktionsprozess entstehenden Arbeitsplätze, die Arbeitsbedingungen oder die mit der Produktion verbundenen Belastungen für die Umwelt interessieren nicht, solange dies nicht durch (z. B. staatliche) Regulierung oder Markterfordernisse (z. B. Absatz- oder Kostenprobleme) verlangt wird.

Neben diesen Produktionsbeziehungen interessierten Marx stets auch die dahinterstehenden Reproduktionsprozesse. Das ist zum einen die Frage nach der Akkumulation und der Reproduktion des eingesetzten Kapitals. Hierzu entwickelt

2.1 Sozioökonomisch-soziopolitische Ansätze

Marx Theorien zur ursprünglichen Akkumulation, zum Mehrwert und zur Reproduktion des Gesamtkapitals — das wird hier nicht weiterverfolgt. Von Interesse sind dann aber die darüber entstehenden Institutionen und Beziehungen, über die die wirtschaftliche Einbindung eines Unternehmens erfolgt. Das Interesse für Reproduktionsprozesse ließ Marx auch nach der Reproduktion der Arbeitskräfte fragen. Hier kommen dann die privaten Haushalte und die hier geleistete Reproduktionsarbeit (Hausarbeit, Ernährung, Sozialisations-, Sorge- und Pflegearbeit) ins Spiel.

Schließlich ist auch die nationalstaatliche Einbindung des gesellschaftlichen Produktionsprozesses zu berücksichtigen. Anders als es die Beschwörung freier und ungeregelter Märkte suggeriert, bedarf der kapitalistische Produktionsprozess vielfältiger Regularien und Infrastrukturen. Das beginnt mit der Sicherung des Privateigentums, mit elementaren Regeln für den Warentausch oder mit Verkehrs- und Energieinfrastrukturen; insbesondere die komplexer (und kapitalintensiver) werdenden Produktionsprozesse erfordern ein entwickeltes Finanzsystem (z. B. Währungen, Banken, Börsen), entwickelte Bildungs- und Forschungseinrichtungen, aber auch sozialstaatliche Instanzen, die z. B. Mindeststandards von gesundheitlicher (z. B. Begrenzung von Kinderarbeit, Arbeitssicherheit) und sozialer Sicherung (z. B. im Falle von Krankheit und Invalidität) gewähren und so die allerorten entflammenden Arbeitskämpfe eindämmen. In den prosperierenden Nationalstaaten des globalen Nordens lässt sich beobachten, wie die Entwicklung des Kapitalismus untrennbar mit der Entwicklung der regulierenden und infrastrukturellen Leistungen (bzw. der militärischen Potenziale) der Nationalstaaten einhergeht. Parallel entstehen mit den Arbeitskämpfen in vielen Ländern auch Organisationen der Arbeiterschaft. All diese Entwicklungen lassen sich zu Marx Zeiten erst in Anfängen beobachten; Stedman Jones vermutet jedoch, dass die Erfolge der Arbeiterbewegung und der „wachsende öffentliche Druck für (politische) Reformen" (2017, S. 519) Marx schließlich dazu bewegten, seine Prognose revolutionärer Veränderungen zu überdenken.

Marx war davon ausgegangen, dass sich die kapitalistische und industrielle Weise der Produktion rasch gegenüber der handwerklichen und bäuerlichen Wirtschaftsweise durchsetzen wird. Damit ist dann auch die oben angeführte Prognose einer sozialstrukturellen Polarisierung und einer Verelendung der Arbeiterschaft verbunden. Diese stützt sich auf den von ihm konstatierten Gegensatz von Kapital- und Arbeiterinteressen und die Einschätzung, dass sich der Lohn in letzter Instanz auf das zum Überleben erforderliche Minimum zubewege. Die weitere Entwicklung in den prosperierenden Nationalstaaten Europas und der USA zeigte, dass es angesichts der Entwicklung sozialstaatlicher Instanzen nicht zu einer generellen Verelendung der Lohnarbeiterschaft kam; die Polarisierungsthese wird angesichts der komplexer werdenden Verwaltungserfordernisse und der wachsenden Technisierung hinfällig, indem vielerlei Zwischenlagen entstehen. Auch der Prozess der Industrialisierung gestaltete sich träger und vielgestaltiger; so spielen noch heute mittelständische und kleinere Unternehmen eine wichtige Rolle. Stedman Jones schlägt vor, Marx eher als Vordenker einer systematischen Sozial- und Wirtschaftsgeschichte zu begreifen: „Indem er den Produktionsprozess in den Vordergrund stellte, gelang es ihm, die verborgenen Spannungen innerhalb der modernen Werkstätten und Maschinenhallen der Fabriken aufzudecken" und „dem Voranschreiten der kapitalistischen Ökonomie und (…) den Auswirkungen neuer Produktivkräfte nachzugehen" (S. 518).

Bedeutung für die Sozialstrukturanalyse: Während die Marxschen Prognosen zur globalen Entwicklung des Kapitalismus und den wiederkehrenden Krisen durchaus realistisch waren, müssen seine sozialstrukturellen Prognosen (zumindest in den Ländern des globalen Nordens) überdacht werden. Dennoch sind die Marxschen Konzepte für die Sozialstrukturanalyse auch heute noch durchaus inspirierend. Dabei geht es vor allem um die von ihm aufgeworfenen Fragestellungen und Zusammenhangsvermutungen; die Antworten müssen mit den Wissensbeständen und Analysemethoden der Sozialwissenschaften des 21. Jahrhunderts gegeben werden.

In *historischer Perspektive* interessieren vor allem die Fragen an die Herausbildung einer neuen Weise des (industriellen und kapitalistischen) gesellschaftlichen Produzierens und die Fragen zur globalen Entwicklung. Das impliziert das Konzept der Landnahme, die Verdrängung nicht-kapitalistischer Produktionsformen (in internationaler wie nationaler Perspektive). In *soziologischer Perspektive* interessieren die Fragen zum Zusammenhang zwischen der Stellung im gesellschaftlichen Produktionsprozess und typischen Erfahrungen, sozialen Verortungen bzw. sozialen Klassen. Schließlich interessieren auch die grundsätzlichen Fragen an die Beziehung von Politik und Ökonomie bzw. von kapitalistischer und nationalstaatlicher Entwicklung.

Konzepte Max Webers
Einige Jahrzehnte später hat sich auch Max Weber mit der Entwicklung des Kapitalismus und den Folgen für die Sozialstruktur befasst. Er interessierte sich ganz ähnlich wie Marx für das Zusammenspiel von wirtschaftlichen, politischen und sozialen wie kognitiven Entwicklungen; auch der räumlich und zeitlich weit ausladende Horizont seiner Fragen weist vielerlei Parallelen auf.

Theorie des modernen Kapitalismus: Neben Marx gehört Max Weber zu einem wichtigen Theoretiker des Kapitalismus. Johannes Berger konstatiert, es gebe vermutlich „keine Kulturerscheinung, die Weber mehr fasziniert hat als der moderne

2.1 Sozioökonomisch-soziopolitische Ansätze

Kapitalismus" (2020, S. 99). Weber grenzt den modernen Kapitalismus gegenüber einer langen Vorgeschichte der schrankenlosen Erwerbsgier ab. Der moderne Kapitalismus impliziere die Bändigung und „Temperierung, dieses irrationalen Triebes. Allerdings ist Kapitalismus identisch mit dem Streben nach Gewinn, im kontinuierlichen, rationalen kapitalistischen Betrieb: nach immer erneutem Gewinn: nach ‚Rentabilität'. (…) Innerhalb einer kapitalistischen Ordnung der gesamten Wirtschaft würde ein kapitalistischer Einzelbetrieb, der sich nicht an der Chance der Erzielung von Rentabilität orientierte, zum Untergang verurteilt sein" (Weber 1922, S. 4). Als ein wesentliches Moment kapitalistischer Rationalität begreift er die „exakte Kalkulation"; diese sei aber „nur auf dem Boden freier Arbeit möglich" (S. 9). Erst durch die „Unterwerfung der Arbeiter unter die Herrschaft von Unternehmern" (Weber 1972, S. 78) sei eine allein der Rentabilität verpflichtete Betriebsorganisation möglich; das bedeutet Arbeitskräfte nach ihrer Leistungsfähigkeit und -willigkeit auszuwählen und diese umgekehrt in Krisen aber auch bei Invalidität zu entlassen. Damit sind die beiden für Weber wesentlichen Merkmale des modernen Kapitalismus genannt: die rationale (und gewinnorientierte) Betriebsorganisation und die „Arbeit kraft formal beiderseits freiwilligen Kontraktes" (Weber 1972, S. 71). Der rational organisierte Betrieb zeichne sich darüber hinaus durch eine bürokratische und arbeitsteilige Organisation seiner Verwaltung, durch eine (räumliche wie finanzielle) Trennung von Betrieb und Haushalt und durch das System der doppelten Buchführung aus.

Die historischen Voraussetzungen des modernen Kapitalismus (vgl. dazu Berger 2020, S. 101) seien somit die Herauslösung von Produktionsmitteln aus feudalen Bindungen und ihre Überführung in Privateigentum, individuelle Freiheitsrechte, Marktfreiheit, ein moderner und rational agierender Staat, mechanisierte Techniken der Produktion und des Warenverkehrs und schließlich eine moderne Naturwissenschaft, die Wissen für die Innovation von Produkten und Produktionsprozessen bereitstellt.

Weber spricht von einem Geist des Kapitalismus, der die Herausbildung dieser Wirtschaftsweise begünstigte; einen solchen Geist sieht er in einer „Gesinnung, welche berufsmäßig systematisch und rational legitimen Gewinn (…) erstrebt" (1922, S. 49). Er grenzt diesen vom Geist des traditionalen Wirtschaftens ab: „die traditionelle Lebenshaltung, die traditionelle Höhe des Profits, das traditionelle Maß von Arbeit, die traditionelle Art der Geschäftsführung und der Beziehungen zu den Arbeitern und dem wesentlich traditionellen Kundenkreise" (S. 52).

Klassenkonzepte: Ähnlich wie Marx versucht Weber, Modelle zu entwickeln, die die Analyse von Sozialstrukturen über lange historische Zeiträume anleiten sollen. Auch Webers Ausführungen über Klassen und Stände liegen nur als Fragment vor; er konnte sie nicht abschließen. Als Klassen begreift er soziale Gruppen, die sich in einer ähnlichen sozialen Lage, einer Klassenlage, befinden. Eine solche Klassenlage wird bestimmt über die „typische Chance 1. der Güterversorgung, 2. der äußeren Lebensstellung, 3. des inneren Lebensschicksals [...], welche aus Maß und Art der Verfügungsgewalt (oder des Fehlens solcher) über Güter oder Leistungsqualifikationen und aus der gegebenen Art ihrer Verwertbarkeit für die Erzielung von Einkommen oder Einkünften innerhalb einer gegebenen Wirtschaftsordnung folgt" (1972, S. 177). Er arbeitet dabei mit verschiedenen sich überlagernden Ordnungen — die folgende Darstellung folgt der Weberschen Systematik (S. 177–179); die Begrifflichkeiten wurden jedoch dem heutigen Verständnis angenähert.

Zum einen spricht er von positiv und negativ privilegierten *Besitzklassen*, d. h. von sozialen Gruppen, die sich primär über Besitzverhältnisse auszeichnen.

Besitzklassen:

- Zu den positiv Privilegierten gehören Kapitalbesitzende, die von den Erträgen (Renten) dieses Kapitals leben. Das sind Besitzer von Sklaven, von Grund und Boden, von Bergwerken, von Gewerbebetrieben, von Schiffen, aber auch von Schuldtiteln (Gläubiger) oder Wertpapieren (Effekten). Ihre Privilegien gehen auf die Monopolisierung z. B. von Chancen der Kapital- und Vermögensbildung zurück.
- Zu den Mittelstandsklassen gehören Gruppen, die über Besitz oder Erziehungsqualitäten verfügen und darüber ihren Unterhalt bestreiten.
- Zu den negativ privilegierten Besitzklassen gehören typischerweise Unfreie (in einer ständischen Gesellschaft), Deklassierte, Verschuldete und Arme.

Zum zweiten benennt er verschiedene *Erwerbsklassen,* die sich vor allem über ihre Chancen der Marktverwertung von Gütern und Leistungen auszeichnen.

Erwerbsklassen:

- Den positiv Privilegierten gelingt eine Monopolisierung von Leitungsfunktionen; dazu gehören Händler, Reeder, gewerbliche und landwirtschaftliche Unternehmer, Bankiers und Finanzierungsunternehmer; unter Umständen gehören dazu auch Freie Berufe (Anwälte, Ärzte, Künstler) sowie Arbeiter mit monopolistischen Qualifikationen.

2.1 Soziökonomisch-soziopolitische Ansätze

- Als Mittelklassen begreift er selbstständige Bauern und Handwerker, Beamte und Angestellte (Privatbeamte) und schließlich die Mehrheit (s.o.) der Freien Berufe und der Arbeiter mit monopolistischen Qualifikationen.
- Zu den negativ privilegierten Erwerbsklassen gehören ungelernte, angelernte und gelernte Arbeiter.

Zum dritten unterscheidet Weber quer zu Besitz- und Erwerbsklassen *soziale Klassen*. „Soziale Klasse soll die Gesamtheit derjenigen Klassenlagen heißen, zwischen denen ein Wechsel α. persönlich, β. in der Generationenfolge leicht möglich ist und typisch stattzufinden pflegt" (1972, S. 177). Damit lenkt Weber den Blick auf Prozesse der sozialen Mobilität, auf Auf- und Abstiege im Lauf eines Erwerbslebens bzw. zwischen den Generationen. Über die damit verbundenen Wahrscheinlichkeiten oder Unwahrscheinlichkeiten des Übergangs entstehen dann verschiedene soziale Klassen.

Soziale Klassen:

- die (zunehmend dequalifizierte) Arbeiterschaft: geringer materieller und qualifikatorischer Besitz
- das Kleinbürgertum: vorwiegend materieller Besitz
- die besitzlose Intelligenz bzw. die Fachgeschultheit (Techniker, kommerzielle und andere Angestellte oder Beamte): vorwiegend qualifikatorischer Besitz
- und schließlich die Besitzenden und durch Bildung Privilegierten: hoher materieller und qualifikatorischer Besitz.

Weber nimmt in seinen knappen Ausführungen auch verschiedene Konzepte von Marx auf. So fragt er nach den Bedingungen der Entstehung von *Klassenverbänden* entlang von Interessenlagen; er skizziert *Klassengegensätze* und *Klassenkämpfe* oder er analysiert die Bedeutung des wachsenden Maschineneinsatzes in den Industriebetrieben. Seine Ausführungen sind jedoch zum einen darüber ausgezeichnet, dass er weitaus stärker über Wahrscheinlichkeiten als über Sachzwänge spricht; zum zweiten ist mit seinem mehrdimensionalen Klassenkonzept bereits angelegt, dass es vielerlei Unschärfen und Übergänge zwischen den skizzierten Klassen gibt und zum dritten impliziert dieses mehrdimensionale Modell, dass man nicht von *der* Sozialstruktur einer Gesellschaft sprechen kann.

Neben einer solchen Klassenordnung spielen *ständische Lagen* bzw. Ordnungen eine wichtige Rolle. So definiert Weber: „Ständische Lage soll heißen eine typisch wirksam in Anspruch genommene positive oder negative Privilegierung in der sozialen Schätzung" (1972, S. 179). Unterschiede in der ständischen Schätzung gehen auf die Lebensführungsart, die formale Erziehungsweise oder das Prestige der Abstammung bzw. des Berufs zurück. Diese Unterschiede drücken sich dann in der Wahl von Partnerschaften (connubium), im Zusammenleben (Kommensalität), oft auch in den bevorzugten bzw. abgelehnten Erwerbsarten und schließlich in anderen ständischen Konventionen bzw. Traditionen aus. Über solche Unterschiede in der sozialen Schätzung oder in Privilegien entstehen dann verschiedene Stände. So z. B. Lebensführungs- bzw. Berufsstände, Geburtsstände, Stände von politischen oder religiösen Amtsträgern oder Kriegerstände.

In der Marxschen Perspektive spielt die Unterscheidung und die Abfolge von Gesellschaftsformationen eine wichtige Rolle; auch in vielen sozialgeschichtlichen Darstellungen wird dieses Ordnungsmoment aufgenommen. Zum einen folgt Weber diesem Modell, indem er von ständisch und klassenmäßig organisierten Gesellschaften spricht. „Während Erwerbsklassen auf dem Boden der marktorientierten Wirtschaft wachsen, entstehen und bestehen Stände vorzugsweise auf dem Boden der monopolistisch leiturgischen oder der feudalen oder der ständisch patrimonialen Bedarfsdeckung von Verbänden" (S. 180). „Jede ständische Gesellschaft ist *konventional*, durch Regeln der Lebensführung, geordnet, schafft daher ökonomisch irrationale Konsumbedingungen und hindert auf diese Art durch monopolistische Appropriationen und durch Ausschaltung der freien Verfügung über die eigene Erwerbsfähigkeit die freie Marktbildung" (ebd.).

Zum anderen zeichnet sich Webers Perspektive aber dadurch aus, dass er weitaus stärker in langen Übergängen und sich verschiebenden Gewichtungen zwischen den an Klassen und an Ständen orientierten Ordnungen denkt; auch in seiner Doppelstruktur von eher ökonomisch (Besitz und Erwerb) und eher sozial (soziale Mobilitäten) konstruierten Klassen deutet sich eine solche Fluidität an. Daher versucht er sich an einer Vermittlung dieser Ordnungen. „Dem ‚Stand' steht von den ‚Klassen' die ‚soziale' Klasse am nächsten, die ‚Erwerbsklasse' am fernsten. Stände werden oft ihrem Schwerpunkt nach durch Besitzklassen gebildet" (ebd.).

Bedeutung für die Sozialstrukturanalyse: Für die Sozialstrukturanalyse sind vor allem seine historischen wie soziologischen Überlegungen interessant. In eher historischer Perspektive interessieren die Fragen an die Herausbildung des Kapitalismus. Er spricht von einem ‚Geist des Kapitalismus' und versucht, diesen mit der Entwicklung von Rationalität und der Veränderung religiöser Anschauungen in Zusammenhang zu bringen. In soziologischer Perspektive interessieren seine mehrdimensionalen Klassenmodelle und seine Überlegungen zum Verhältnis von

2.1 Soziökonomisch-soziopolitische Ansätze

eher ökonomisch bedingten Gruppen (Klassen) und eher auf Anerkennungsverhältnissen und Wertorientierungen fußenden Gruppen (Stände) sowie ihren politischen Repräsentationen (Parteien) — dieser Aspekt wird im folgenden Unterkapitel noch weiter vertieft. Weber teilt das Marxsche Interesse, grundlegenden Zusammenhängen zwischen Wirtschaftsweise und Sozialstruktur nachzugehen; er räumt jedoch der sozialen Entwicklung eine größere Autonomie ein, indem er auf Trägheiten und Ungleichzeitigkeiten verweist.

Modelle und Analysen
Mit der Entwicklung der amtlichen Statistik entsteht in den jungen Nationalstaaten die Möglichkeit, empirisch fundierte Aussagen über Sozialstrukturen zu treffen: über die Größe bestimmter sozialer Gruppen und über bestimmte Aspekte ihrer Arbeits- und Lebensverhältnisse.

Gustav Schmoller: Der Nationalökonom Schmoller nutzte die Daten der amtlichen Berufszählung Ende des 19. Jahrhunderts, um erste Aussagen über die soziale Schichtung in Deutschland zu treffen. Die Daten der Berufszählung liefern detaillierte Informationen über die Größe einzelner Berufsgruppen. Diese müssen dann sinnvoll zu größeren Gruppen aggregiert werden, um summarische Aussagen über die Sozialstruktur einer Nationalgesellschaft zu machen. Sowohl die Benennung dieser Gruppen wie die Entscheidung über die jeweils zusammengefassten Berufe eröffnen jedoch erhebliche Interpretationsspielräume. Zudem stellt sich das Problem, dass eine einzelne berufstätige Person oftmals auch Angehörige versorgt. Dem wird in der amtlichen Statistik jener Zeit dadurch begegnet, dass man die jeweils Versorgten als Berufszugehörige mitberücksichtigt (Tab. 2.1).

Etwa 44 % der deutschen Bevölkerung lassen sich nach der Aufbereitung Schmollers den unteren Klassen zuordnen. 54 % rechnet er dem Mittelstand zu. Es bleibt schließlich eine Oberschicht von 2 %. Die von Schmoller gewählten Begrifflichkeiten umfassen das gesamte zu jener Zeit gebräuchliche Spektrum; er spricht von Klassen, Ständen und Schichten. Bedeutsam sind seine beiden Mittelstandsgruppen. Indem er auch besser bezahlte Arbeiter zum Mittelstand rechnet, reagiert er auf die in konservativen Kreisen verbreitete Sorge, dass die Industrialisierung den alten Mittelstand und seine sozial integrativen Funktionen bedrohe. In seiner

Tab. 2.1 Soziale Schichten – Schmoller

Hauptgruppen	Obere Schicht	Oberer Mittelstand	Unterer Mittelstand	Untere Klassen
Anteil der Berufszugehörigen	2,1 %	22,9 %	31,3 %	43,8 %

Quelle: Schmoller (1897)

Rede vor dem Evangelisch-Sozialen Kongress, wo die Auswertungen erstmals präsentiert werden, macht Schmoller deutlich, man könne die „besser bezahlten Arbeiter, die Werkmeister, Steiger, Monteure, Vorarbeiter" zusammen „mit dem hohem Verwaltungspersonal als Kern des neu sich bildenden Mittelstandes" (1897, S. 154) begreifen. Dieser Begriff wird sich in den folgenden Jahren durchsetzen. Würde man demgegenüber Teile des unteren Mittelstands den unteren Klassen zuordnen, ließe sich das von Schmoller gezeichnete Bild einer vorwiegend mittelständischen Gesellschaft nicht halten. So schätzt Werner Sombart, der sich gleichfalls auf die Zählung von 1895 bezieht, den Anteil des Proletariats und der Proletaroide auf 67 % (vgl. Rothenbacher 1989, S. 235).

Theodor Geiger: Eine andere auf den Daten der amtlichen Berufszählung gründende Studie geht auf den Soziologen Theodor Geiger zurück. Sie ist 1932 erschienen, die Daten stammen aus der Zählung von 1925 (Tab. 2.2). Geiger unterscheidet fünf ‚Hauptmassen der Bevölkerung', Er benennt diese zum einen mit Begriffen aus der Marxschen Tradition (Kapitalisten und Proletariat bzw. Proletaroide); zum anderen spricht er von Ständen und nutzt die Unterscheidung von altem und neuem Mittelstand. Als Proletaroide bezeichnet er (in Anlehnung an Sombart) Tagewerker auf eigene Rechnung, die sich zum Beispiel als Träger oder landwirtschaftliche Aushilfen stunden- und tageweise verdingen, die aber kaum das Verdienstniveau von Proletariern erreichen. Fasst man beide Gruppen zusammen, so kommt man auf eine Unterschicht von ca. 63 % der Bevölkerung – die Zahlen beziehen sich auf Berufszugehörige. Demgegenüber steht ein Mittelstand von etwa 36 % und die Gruppe der Kapitalisten macht etwa 1 % aus. Die Daten Geigers erlauben es auch, diese soziale Zusammensetzung nach verschiedenen Wirtschaftsbereichen aufzuschlüsseln. Dann werden sehr gut die ausgeprägten Ungleichzeitigkeiten des sozialen Umbruchs jener Zeit deutlich. So liegt der Anteil des Proletariats in Industrie und Handwerk bei etwa 70 %, während er in der Land- und Forstwirtschaft nur 28 % ausmacht; umgekehrt dominieren hier die Proletaroide (29 %) wie der alte Mittelstand (40 %), die im Bereich von Industrie und Handwerk nur 6 bzw. 14 % ausmachen. Wenn man die Studien von Schmoller und Geiger mit Daten, die heute in der Sozialgeschichte genutzt werden, vergleicht, spricht doch vieles dafür, eher

Tab. 2.2 Soziale Schichten – Geiger

Hauptgruppen	Kapitalisten	Alter Mittelstand	Neuer Mittelstand	Proletaroide	Proletariat
Anteil der Berufszugehörigen	0,9 %	17,8 %	18,0 %	12,7 %	50,7 %

Quelle: Geiger (1932, S. 73)

2.1 Sozioökonomisch-soziopolitische Ansätze

der Geigerschen Aufbereitung zu folgen. So führt Jürgen Kocka (1988, S. 380 f.) für die zweite Hälfte des 19. Jahrhunderts Statistiken zu Preußen an, in denen der Anteil der Unterschicht bei 72 (1846/1849) bzw. 73 % (1871) liegt.

Die Studie Geigers ist auch im Kontext der im folgenden Kapitel erörterten sozioökonomisch-kulturellen Ansätze bedeutsam, weil er versucht, neben einem Bild der sozialen Lagerung auch ein Bild des ‚Sozialbewußtseins' bzw. der ‚Mentalitäten' der fünf Hauptgruppen zu zeichnen. So heißt es: „Lebenshaltung, Gewohnheiten des Konsums und der sonstigen Lebensgestaltung, Freizeitverwendung, Lesegeschmack, Formen des Familienlebens und der Geselligkeit – tausende Einzelheiten des Alltagslebens bilden im Ensemble den Typ des Lebensduktus und dieser ist Ausdruck der Mentalität" (Geiger 1932, S. 80).

Im Folgenden sollen die sozioökonomischen und soziopolitischen Veränderungen nach dem Zweiten Weltkrieg aufgezeigt werden; die Darstellung fokussiert auf die deutsche Gesellschaft.

Im sozioökonomischen Sinne werden drei Phasen abgegrenzt.

- Die ersten drei Nachkriegsjahrzehnte lassen sich als Höhepunkt der klassischen Industriegesellschaft begreifen.
- Ab den 1980er-Jahren ist eine neue Phase der sozioökonomischen Entwicklung ausmachen, die sich als transformierte Industriegesellschaft beschreiben lässt.
- Eine dritte Entwicklungsphase lässt sich (in ihren sozialstrukturellen Konsequenzen) bislang nur ansatzweise bestimmen; man könnte von einer digitalisierten (oder informatisierten) Industriegesellschaft sprechen.

In einem soziopolitischen Sinne haben wir es zunächst mit zwei deutschen Staaten zu tun, die sich in ihrer Produktionsweise, in der Organisation des Sozialstaats und nach und nach auch in der Sozialstruktur fundamental unterscheiden. Ab den 1990er-Jahren fällt dann die wirtschaftliche, politische und soziale Eingliederung und Integration der neuen Bundesländer mit den Transformationsprozessen der westdeutschen Wirtschaft und ihres Sozialstaats zusammen. Parallel kommt es zu allmählichen, aber stetigen Verschiebungen von regulatorischen Kompetenzen zwischen Nationalstaat und Europäischer Union.

2.1.3 Sozialstrukturen der klassischen Industriegesellschaft

Die fordistische Industrieproduktion, die schon die materiellen Grundlagen für den Zweiten Weltkrieg geschaffen hatte, wird in der Nachkriegsphase genutzt, um die Mehrheit der Gesellschaft mit Gütern und Leistungen des elementaren (Ernährung,

Wohnen, Bekleidung, Mobiliar) und fortgeschrittenen Konsums (Motorisierung, Haushalts- und Kommunikationsgeräte) zu versorgen. In dieser fordistischen Phase der gesellschaftlichen Produktion weisen die west- und ostdeutsche Wirtschaft bei deutlichen Niveauunterschieden noch mehr strukturelle Ähnlichkeiten auf als in der folgenden Phase.

Der Begriff der Industriegesellschaft wird seit den 1950er-Jahren im wissenschaftlichen und im politischen Raum im Sinne einer Zeitdiagnose aber auch als ein analytischer Begriff genutzt. Er geht auf ein lateinisches Verb zurück, das Prozesse des Herstellens oder Errichtens beschreibt; das lateinische Adjektiv steht für regsam, beharrlich oder auch fleißig. Der Begriff der industriellen Produktion steht in Abgrenzung zur handwerklichen Produktion für rationalisierte und hochgradig arbeitsteilige Verfahren der Produktion in oft großen Produktionsstätten (Fabriken) außerhalb von haushaltlichen oder nachbarschaftlichen Zusammenhängen; damit stellt sich dann auch eine spezifische Fabrikordnung und -disziplin ein.

> Von *Industriegesellschaft* wird gesprochen, wenn diese Weise der Produktion in Gesellschaften eine zentrale Rolle einnimmt und die industrielle Arbeitslogik nach und nach auch auf andere Bereiche der Gesellschaft ausstrahlt.
>
> Die Geschichte der industriellen Produktion reicht bis ins 19. Jahrhundert zurück; schon 1821 hatte Claude-Henri de Saint-Simon ein Buch ‚Du système industriel' veröffentlicht, indem er eine Gesellschaft skizziert, in der Wissenschaft und Industrie eine zentrale Rolle spielen.

Es dauert noch lange Zeit, bis die industrielle Produktion zu einem gesellschaftlich dominanten Faktor wird. Eine grobe Abschätzung ermöglicht die folgende Grafik (vgl. Abb. 2.2), in der die von der amtlichen Statistik erfasste Stellung im Beruf dargestellt wird.

Zwar liegt der Anteil der Arbeiter um die Wende zum 20. Jahrhundert bei mehr als 50 %; dies sind aber vor allem Arbeiter, die in der traditionalen Landwirtschaft, im Handwerk oder im Heimgewerbe beschäftigt sind. Die nach wie vor große Bedeutung der traditionalen Wirtschaftsweise wird auch an dem zunächst hohen Anteil der Selbstständigen und mithelfenden Familienangehörigen deutlich. Noch 1950 waren 25 % aller Erwerbstätigen in Westdeutschland in der zumeist kleinbetrieblichen Land- und Forstwirtschaft bzw. Fischerei tätig.

2.1 Sozioökonomisch-soziopolitische Ansätze

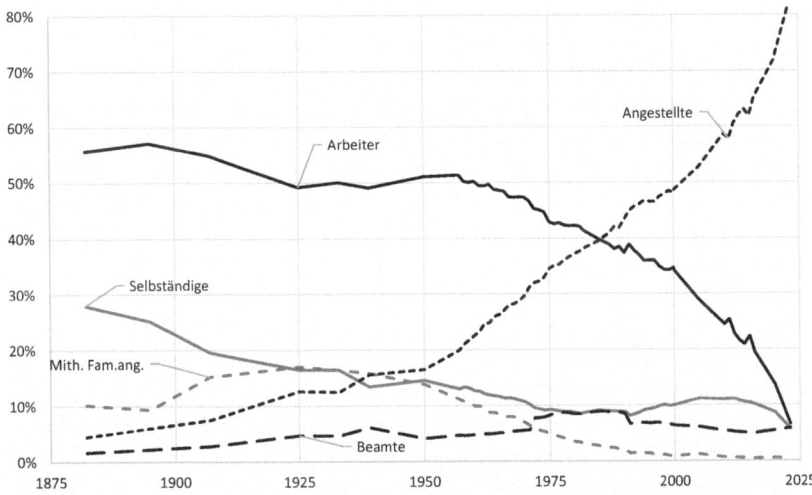

Abb. 2.2 Stellung im Beruf. Eigene Darstellung nach Statistisches Bundesamt, Fachserie 1 Reihe 4.1 und Histat

Sozioökonomische und soziopolitische Entwicklungen

Sozioökonomische Entwicklungen: In den 1950er- und 1960er-Jahren kommt es in Deutschland wie in vielen anderen westeuropäischen Gesellschaften zu einem lang anhaltenden Nachkriegsboom, zeitgenössisch sprach man von einem ‚Wirtschaftswunder'. Dabei wird die industrielle Produktion in großen betrieblichen Einheiten zu einem dominanten Muster; die traditionale Produktionsweise verliert an Bedeutung und transformiert sich, indem Landwirtschaft, Handwerk und Handel rationalisiert und über Zulieferbeziehungen (für die Ernährungswirtschaft oder die verarbeitende Wirtschaft) industriell eingebunden werden. Auch innerhalb der Industrie kommt es zu gewaltigen Strukturveränderungen. Waren Ende des 19. Jahrhunderts zunächst die Textil-, Eisen- und Stahlproduktion die Leitsektoren der industriellen Entwicklung; entstehen im 20. Jahrhundert mit der Chemie- und Elektroindustrie und in der Nachkriegsphase mit der Automobilindustrie und dem Maschinenbau neue wirtschaftliche Leitsektoren. Die Taylorisierung (Arbeitsteilung und weitgehende Optimierung jedes Arbeitsschritts) der Arbeit, die Fließbandfertigung und Prozesse der Automation nehmen zu. Der Einsatz dieser Techniken unterscheidet sich jedoch erheblich nach der Branche und der Betriebsgröße. Im Jahr 1970 sind 38 % der Beschäftigten in Betrieben mit mehr als 500 Beschäftigten tätig; danach geht ihre Zahl wieder zurück. Es lassen sich die von Marx prognostizierten Konzentrationsprozesse beobachten, es werden aber auch deren

Grenzen erkennbar. So sind nicht wenige Beschäftigte nach wie vor in kleinen und mittleren Unternehmen tätig.

In der Verschiebung der Leitsektoren deuten sich die großen Umbrüche *innerhalb* des industriellen Bereichs an. Noch während des Nachkriegsbooms kommt es mit dem Wechsel auf andere fossile Energieträger (insbesondere Erdöl und Erdgas) zum Niedergang der Kohleförderung und -verarbeitung. Die Textil- und Bekleidungsindustrie, in der in den 1950er-Jahren noch ca. 15 % aller in Industrie und Handwerk Beschäftigten tätig waren, erfährt einen lang anhaltenden Niedergang, der in hohem Maße weibliche Beschäftigte trifft. Beide Industriezweige hatten ausgeprägte regionale Schwerpunkte, insbesondere im Ruhrgebiet und in angrenzenden Räumen. Zudem setzen bereits in den 1950er- und 1960er-Jahren noch vor dem Einsatz mikroelektronischer Techniken weitreichende Automatisierungsprozesse ein. All diese Entwicklungen tragen dazu bei, dass es in dieser Phase der annähernden Vollbeschäftigung und der verbesserten sozialen Sicherung zu vielerlei Umbrüchen in den Arbeitsbiografien von abhängig Beschäftigten aber auch in den davon betroffenen Wirtschaftsregionen kommt.

Die Struktur der Unternehmen verändert sich, indem sich die Rolle der Kapitalgebenden und der Unternehmer:innen ausdifferenziert, indem die Leitungs- und Koordinationsaufgaben an Manager:innen oder an planende- und verwaltende Abteilung delegiert werden, und indem die steigende Komplexität und der zunehmende Techniksatz auf der Produktionsebene eine starke qualifikatorische Ausdifferenzierung der Belegschaften (von ungelernten Arbeiter:innen bis zu Vorarbeiter:innen und Industriemeister:innen) erfordern. Jürgen Kocka spricht von der Herausbildung eines Managerkapitalismus (2013, S. 84). Zudem war in Deutschland bereits zum Ende des 19. Jahrhunderts ein Modell der Verschränkung von Unternehmen und Finanzkapital entstanden, das später als ‚Deutschland AG' bezeichnet wird. Im Unterschied zu kapitalistischen Wirtschaften, in denen den Börsen eine zentrale Rolle bei der Finanzierung von Unternehmungen zukommt, sind es in Deutschland eher die Großbanken. Es kommt zu einer engen „Personen- und Kapitalverflechtung zwischen deutschen Großunternehmen, wobei den Unternehmensmanagern im Dichtezentrum des Verflechtungsnetzwerkes Steuerungspotenziale zugeschrieben werden, die über die eigenen Unternehmensgrenzen hinausreichen" (Beyer 2003, S. 118). Im Unterschied zur angloamerikanischen Variante eines ‚liberalen' und wettbewerbsorientierten Kapitalismus, spricht man von einem ‚koordinierten Kapitalismus'.

Soziopolitische Entwicklungen: Der lang anhaltende Wirtschafsboom, eine günstige Situierung auf den expandierenden Weltmärkten aber auch die in den zentralen Industriebereichen gut organisierten und streikfähigen Gewerkschaften haben die

2.1 Sozioökonomisch-soziopolitische Ansätze

mit der kapitalistischen Produktion bislang oft verbundenen proletarischen bzw. prekären Lebensbedingungen der Arbeiterschaft radikal verändert. Das durchschnittliche Lohnniveau steigt deutlich an; mit den Gesetzen zum Tarifwesen, zur Montanmitbestimmung (in der Kohle-, Eisen- und Stahlindustrie) und dem Betriebsverfassungsgesetz kommt es zu einer Reorganisation der stets konflikthaften industriellen Beziehungen. Schließlich kann ab Ende der 1950er-Jahre der bis dahin eher rudimentäre Sozialstaat weiter ausgebaut werden; so ermöglicht die Rentenreform erstmals eine auskömmliche Existenz und mit der Sozialhilfe entsteht eine gewisse soziale Grundsicherung. Bis zur Mitte der 1970er-Jahre tritt die Arbeitslosigkeit, die für die Lohnarbeitenden stets eine latente oder manifeste Bedrohung darstellte, zurück und wird sozial besser abgefedert. Schließlich führt die Sorge um die technologische Konkurrenzfähigkeit und die Debatte um Chancengleichheit zu einem langfristigen Ausbau des schulischen und beruflichen Bildungssystems. Mit der Entwicklung des Bildungs- und Gesundheitssystem und anderer sozialstaatlicher Leistungen entstehen auch neue Arbeitsfelder vor allem im Bereich des öffentlichen Dienstes. Die Staatsquote steigt von 31 % (1950) auf 47 % (1980).

In sozioökonomischer bzw. soziopolitischer Perspektive werden die hier skizzierten Entwicklungen neben dem bereits erwähnten Konzept des ‚Koordinierten Kapitalismus' auch als ‚Rheinischer Kapitalismus' (Albert 1992) bezeichnet; das bezieht sich in Abgrenzung zu liberalen oder neo-liberalen Modellen vor allem auf den Ausbau des Sozialstaats und die Einhegung der konflikthaften industriellen Beziehungen. In den zeitgenössischen politischen Diskursen hatte sich der Begriff der ‚Sozialen Marktwirtschaft' durchgesetzt. Darüber hinaus lassen sich die sozioökonomischen Veränderungen dieser Zeit treffend über das Fordismuskonzept beschreiben. Dieses insbesondere im Kontext der Regulationstheorie (vgl. Hirsch und Roth 1986) entwickelte Konzept beschreibt einen wesentlichen gesellschaftlichen Effekt, der in den Fordschen Fabriken zu Tage tritt; das ist neben der Fließfertigung auch das relativ hohe Lohnniveau und die relative Sicherheit der Arbeitsplätze. Darüber kommt es dazu, dass die dort Beschäftigten in die Lage versetzt werden, die von ihnen hergestellten Produkt (irgendwann) auch zu erwerben. Das ist die Geburtsstunde von Gesellschaften, in denen sich der Massenkonsum nicht länger nur auf einige Genussmittel und Textilien bezieht, sondern auch auf Nahrungsmittel, Haushaltsgeräte, Automobile, Unterhaltungsmedien etc. Damit einher gehen dann auch neue Siedlungsformen (z. B. das Eigenheim in der Vorstadt oder im ländlichen Raum) und Infrastrukturen (z. B. Straßennetze, Parkplätze). Voy und Polster (1991) charakterisieren dieses Produktions- bzw. Konsummodell zuspitzend als „Eigenheim und Automobil".

Sozialstrukturelle Veränderungen

Diese Entwicklungen implizieren einschneidende und langwirkende Veränderungen der Sozialstruktur. Mit dem Bedeutungsverlust des traditionalen Sektors wird aus einer traditional-industriellen eine homogen-industrielle Gesellschaft. Die industrielle Produktion war über mehr als ein Jahrhundert in die traditionale Gesellschaft eingebettet.

- Die traditionale Wirtschaft lieferte die Arbeitskräfte, indem viele Industriearbeiter:innen in Handwerk und Landwirtschaft ausgebildet und sozialisiert wurden.
- Die Ernährung der städtischen und industriellen Gesellschaft erfolgte über den traditionalen Sektor der Landwirtschaft. Nicht selten bestanden direkte Beziehungen zu den Erzeugern landwirtschaftlicher Produkte.
- Die traditionale Wirtschaft fungierte oft als eine Art Sozialversicherung, als eine Rückfallmöglichkeit oder als ergänzende Einkommensquelle: in Krisenzeiten, in Zeiten der Arbeitslosigkeit, der Erwerbsminderung oder des Alters. Man konnte aufs Land zurückgehen; man hatte Angehörige auf dem Lande oder man führte eine Doppelexistenz z. B. als Arbeiterbauer.

Viele dieser Leistungen wurden nun über den Markt (z. B. Lebensmittelproduktion und -handel) erworben oder durch den Sozialstaat (schulische und berufliche Bildung, soziale Sicherungssysteme) erbracht. Es kommt auf diese Weise zu einer Durchkapitalisierung aber auch zur einer Durchstaatlichung der Gesellschaften. Gewissermaßen als ein Nebeneffekt dieser Entwicklungen werden die über Jahrhunderte bedeutsamen Stadt-Land-Unterschiede deutlich abgeschwächt.

Es kommt zu einer Homogenisierung der Gesellschaft. Aus sozialgeschichtlicher Perspektive diagnostiziert Josef Moser (1983) den Abschied von der ‚Proletarität'; die Knappheit bleibt, aber das Verelendungsrisiko schwindet. Robert Castel spricht von einer Lohnarbeitsgesellschaft. Während es eine Jahrhunderte alte Geschichte der Lohnarbeit gibt, während mit der Industrialisierung die Lohnarbeit zum Synonym für eine elende, prekäre und exkludierte Lage wird, entsteht seit den 1930er-Jahren und spätestens nach dem Zweiten Weltkrieg eine neue „bürgerliche Form der Lohnabhängigkeit". Es ist „ein Gesellschaftsmodell, das nicht mehr von einem zentralen Konflikt zwischen Lohnabhängigen und Nicht-Lohnabhängigen, also zwischen Proletariern und Bourgeois, Arbeit und Kapital durchzogen ist. Die ‚neue Gesellschaft' (…) ist viel mehr um die Konkurrenz zwischen verschiedenen Polen lohnabhängiger Tätigkeiten organisiert. Eine Gesellschaft, die weder homogen noch pazifiziert ist, deren Antagonismen jedoch eher die Form von Plazierungs- (sic!) und Klassifizierungskämpfen als die des Klassenkampfes annehmen.

2.1 Sozioökonomisch-soziopolitische Ansätze

Eine Gesellschaft, in der die Lohnarbeit von der abschreckenden Kontrastfigur zum bevorzugten Identifikationsmodell wird" (2008, S. 317).

Im Lichte der *sozialen Positionen* drückt sich dieser Prozess darin aus, dass selbstständige und mithelfende Tätigkeiten bis 1980 auf einen Anteil von 12 % zurückgehen (vgl. Abb. 2.2). Das heißt, fast 90 % aller sozialen Positionen sind Positionen von (lohnabhängigen) Arbeiter:innen, Angestellten und Beamt:innen, wobei der Anteil der Arbeiter:innen und Angestellten sich bis 1980 nach und nach annähert, 1985 wird ein Gleichstand erreicht. Dieses aus der Querschnittsperspektive gewonnene Bild, sollte jedoch durch eine Längsschnittperspektive ergänzt werden.

Im Lichte der *sozialen Lagen* hat man es mit einer Vielgestalt von Lebensgeschichten zu tun, die in der Sozialgeschichte ihres Gleichen sucht. Die nationalsozialistische Gewaltherrschaft und das System der Verfolgung und Ermordung von ganzen Bevölkerungsgruppen, die Vorbereitung und Führung eines weltweiten Angriffskrieges mit mehr als 60 Mio. Toten, die komplexen Flucht- und Vertreibungsbewegungen nach dem Krieg haben ihre Spuren in den Lebensgeschichten auch der nachwachsenden Generationen hinterlassen. Hinzu kommen die hier geschilderten Umbrüche in den Wirtschaftssektoren und Branchen. Schließlich ist auch auf die Umbrüche in den Erwerbsmodellen der privaten Haushalte zu verweisen. So finden sich weibliche Biografien, die von der Arbeit in der Rüstungsindustrie und dem Kriegseinsatz, über die Subsistenzwirtschaft der Nachkriegsjahre zur neo-patriarchalen Familienordnung der 1950er-Jahre reichen. In den männlichen Biografien ist es nicht selten ein mehrjähriger Kriegseinsatz, die Beteiligung an Gewalttaten, eine mitunter lange Kriegsgefangenschaft und schließlich die Wiedereingliederung in eine fremd gewordene Familie und Gesellschaft.

In den zeitgenössischen Beschreibungen (wie in sozialwissenschaftlichen Analysen) spielt diese unfassbare Geschichte und Gegenwart irritierenderweise nur am Rande eine Rolle; man proklamiert eine ‚Stunde Null' und wähnt sich auf neuen Pfaden (soziale Marktwirtschaft, Industrie- bzw. Leistungsgesellschaft), obwohl die Kontinuitäten von institutionellen Strukturen (exemplarisch Conze et al. 2010), von Denkmustern und schließlich von biografischen Verläufen sehr ausgeprägt sind.

Modelle und Analysen
In den sozialwissenschaftlichen Analysen dieser Zeit wird neben dem Begriff der Industriegesellschaft auch der dem politischen Raum entstammende Begriff der Leistungsgesellschaft und damit verbunden die Frage der Chancengleichheit diskutiert. Man grenzt sich mit dem Begriff einerseits von den durch Stände und Klassen geprägten Gesellschaften der Vergangenheit ab, indem man die soziale Positionierung nicht länger als das Ergebnis von Geburtsständen oder kaum weniger ge-

schlossenen Klassen begreift, sondern an die Leistungen der Einzelnen knüpft. In diesem Sinne wird dann auch den Möglichkeiten der sozialen Mobilität eine wichtige Rolle zugemessen. Umgekehrt sind den meisten Soziolog:innen dieser Zeit aber auch bewusst, wo die Grenzen einer solchen Leistungsgesellschaft liegen. So verweist Bolte (1967, S. 313) auf die Bedeutung der sozialen Herkunft (für die Wahl von Ausbildungen und Berufen), auf soziale Beziehungen, aber auch auf die Rolle des Eigentums an Produktionsmitteln. Man ist sich doch relativ einig (Bolte 1967, S. 314; Dahrendorf 1957, S. 257; Schelsky 1957, S. 299), dass man nicht länger in einer Klassengesellschaft lebe, dass man es aber nach wie vor mit großen sozialen Ungleichheiten, mit harten Auseinandersetzungen wirtschaftlicher und sozialer Interessengruppen und einer begrenzten sozialen Mobilität zu tun habe.

Ein wesentliches Novum der sozioökonomisch orientierten Sozialstrukturforschung der 1950er- und 1960er-Jahre waren die neuen Möglichkeiten der standardisierten sozialwissenschaftlichen Umfrageforschung. So konnten erstmals außerhalb der Kategorien der amtlichen Statistiken und Zählungen eigenständige sozialwissenschaftliche Analysen vorgenommen werden. Die Stichprobentechniken ermöglichten es, mit einer überschaubaren Fallzahl zu repräsentativen Aussagen zu kommen. Diese Techniken wurden jedoch nur von einem Teil der Forschenden genutzt; parallel griff man auf die Aggregatdaten der amtlichen Statistik zurück oder es wurden nach heutiger Begrifflichkeit qualitative Studien durchgeführt.

Zunächst sollen zwei Studien vorgestellt werden, die versuchen, ein Gesamtbild der deutschen Gesellschaft zu zeichnen.

Soziale Schichtung: Ralf Dahrendorf hatte sich in seiner 1957 erschienenen Habilitationsschrift ‚Soziale Klassen und Klassenkonflikt in der industriellen Gesellschaft' eingehend mit theoretischen Konzepten insbesondere aus dem Kontext von Klassentheorien befasst. Gegenüber den Marxschen Analysen verweist er auf die Einhegung des Klassenkonflikts. So habe sich mit der Ausdifferenzierung von Eigentum und Kontrolle in Unternehmen die Konfliktkonstellation verändert; mit dem Prinzip der bürgerrechtlich gesicherten politischen Gleichheit habe sich der Konfliktgegenstand gewandelt und die Institutionalisierung des Konflikts (Tarifwesen, Mitbestimmung, Betriebsverfassung) habe die Intensität verändert. „Der Konflikt organisierter Interessengruppen ist vom Klassenkampf zum quasi-demokratischen Streitgespräch geworden. Es ist darum aber nicht minder ein Klassenkonflikt" (Dahrendorf 1957, S. 257). In einer 1968 erschienenen Studie legt er ein Modell vor, das er in Anlehnung an Geiger als Soziale Schichtung des deutschen Volkes untertitelt (Abb. 2.3).

2.1 Sozioökonomisch-soziopolitische Ansätze

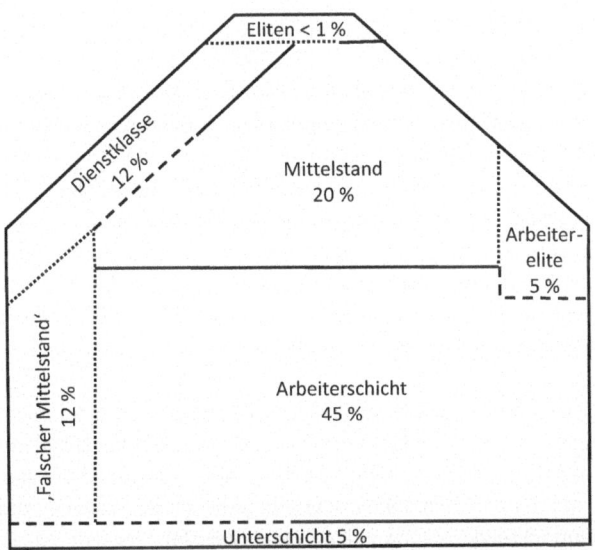

Abb. 2.3 Soziale Schichten – Dahrendorf. Quelle: Dahrendorf (1968, S. 97)

Er grenzt dabei sieben soziale Schichten gegeneinander ab; die Größe der Schichten geht auf Schätzungen des Autors zurück, die sich aber an den Angaben der amtlichen Statistik orientieren. In der vertikalen Anordnung der Gruppen sollen sich gesellschaftliche Machtverhältnisse ausdrücken.

Im Zentrum der Macht positioniert er verschiedene Gruppen von *Eliten* – er betont den Plural. Dazu rechnet er wirtschaftliche und politische Eliten, Verwaltungseliten, militärische Eliten, kirchliche Eliten und Eliten in Kultur und Kommunikation. Auf der einen Seite betont Dahrendorf die Pluralität dieser Eliten; auf der anderen Seite spricht er aber auch von einem Kartell: „Mit dem Kartell der Eliten meine ich hier nicht irgendeine ausdrückliche, gar schriftlich fixierte Abmachung zwischen Generalen, Unternehmern, Bischöfen und Parteivorsitzenden (…). Ich meine vielmehr ein Verhalten der Eliten, das dem Resultat eines Stillhalteabkommens, einer Übereinkunft, die soziale Macht nach einem bestimmten Schlüssel zu verteilen und an diesem Schlüssel nicht zu rütteln, gleichkommt. Das Kartell ist gedankliche Implikation, nicht reale Institution" (1968, S. 284).

Die *Dienstklasse* umfasst den in Verwaltungen tätigen Teil des neuen Mittelstandes, zu dem insbesondere Angestellte und Beamte in gehobenen und führenden Positionen gehören. Sie sind in einem Prozess der Arbeitsteilung von Herrschaft entstanden; sie stehen den Eliten nahe und bilden nicht selten auch das Feld, aus dem neue Mitglieder der Elite rekrutiert werden. Zum (alten) *Mittelstand* gehören Handwerker, Händler und Bauern, aber auch die Besitzer kleinerer und mittlerer

Unternehmen; schließlich zählen auch die Freien Berufe dazu. Die *Arbeiterelite* steht für eine soziale Gruppe, die z. B. als Vorarbeiter oder Industriemeister oder als Funktionäre aus der Arbeiterschaft aufgestiegen sind. Die *Arbeiterschaft* beschreibt Dahrendorf als nach Qualifikationen, nach Branchen und Betriebsgrößen aber auch nach Beschäftigungsverhältnissen differenzierte Gruppe. Der ‚falsche' *Mittelstand* setzte sich aus eher weniger qualifizierten Angestellten zusammen, die materiell der Arbeiterschaft nahestehen, die aber in Berufen des tertiären Sektors andere Typen von Arbeiten verrichten und die sich in ihrem Selbstverständnis oftmals auch von der Arbeiterschaft abgrenzen. Der *Unterschicht* rechnet er Personen zu, die nicht selten als ‚Bodensatz' der Gesellschaft begriffen werden; er sieht die Lage dieser Gruppen jedoch eher in individuellen als in strukturellen Faktoren begründet.

Die in der Grafik erkennbaren mehr oder weniger geschlossen Linien sollen die Wahrscheinlichkeiten der Mobilität bzw. den Grad der Geschlossenheit von Gruppen verdeutlichen. An anderer Stelle seines Buches verweist Dahrendorf dann aber auch auf Gruppen mit nur eingeschränkten staatsbürgerlichen Rechten. Das umfasst Kinder und Heranwachsende, Zugewanderte ohne Staatsbürgerschaft, Ausländer, aber auch geistig Kranke und Personen ohne bürgerliche Rechte. Bezogen auf die Arbeitsmigrant:innen beklagt Dahrendorf „die völlige Vernachlässigung dieses großen, intern gewordenen, aber noch immer als extern behandelten Proletariats" (S. 84). Jenseits dieser schematischen Übersicht versucht Dahrendorf dann, orientiert an der Geigerschen Darstellung die sozialen Mentalitäten dieser Gruppen eingehender zu charakterisieren. Für die Arbeiterschaft greift er dabei auf zeitgenössische Studien zurück; zu den Eliten hatte er eigene Untersuchungen angestellt.

Nivellierte Mittelstandsgesellschaft: Als Kontrapunkt zu Dahrendorfs Analysen zu fortbestehenden Klassenkonflikten und dem besprochenen Schichtungsbild kann die von Helmut Schelsky vertretene und seinerzeit populäre These einer ‚Nivellierten Mittelstandgesellschaft' begriffen werden. Im Gegensatz zu dem ausgearbeiteten und quantifizierten Modell Dahrendorfs geht die Nivellierungsthese Schelskys zum einen auf sozialgeschichtliche Beobachtungen zurück; zum anderen stützt er sich auf Untersuchungen zu Familien und zu Jugendlichen, die er selbst durchgeführt hatte. Wohlgemerkt formuliert er diese These noch bevor die sozialen Aufwärtsbewegungen in der westdeutschen Nachkriegsgesellschaft klar erkennbar waren. So seien in Deutschland innerhalb der letzten beiden Generationen sich überkreuzende Auf- und Abstiegsprozesse zu beobachten. Zu einem kollektiven Aufstieg sei es in der Industriearbeiterschaft gekommen; eher individuelle Aufstiege ließen sich in den technischen, kaufmännischen und verwaltenden Teilen des neuen Mittelstands beobachten.

2.1 Sozioökonomisch-soziopolitische Ansätze

Umgekehrt finden sich seit dem Ersten Weltkrieg Prozesse des kollektiven Abstiegs und der Deklassierung im Bereich des Besitz- und Bildungsbürgertums; auch die Vertreibungen nach dem Zweiten Weltkrieg haben dazu beigetragen. „Das Zusammenwirken dieser sich begegnenden Richtungen des sozialen Auf- und Abstiegs führte zu einem Abbau der Klassengegensätze, zu einer sozialen Nivellierung der Gesellschaft in einer sehr breiten, verhältnismäßig einheitlichen Gesellschaftsschicht, die ebensowenig proletarisch wie bürgerlich genannt werden kann. Eine umfassende und sich ständig ausdehnende Sozialpolitik (…) und eine strenge (…) Steuerpolitik (..) sind zu Dauerfaktoren dieses sozialen Nivellierungsvorganges geworden, dem sich heute nur noch wenige (…) Gruppen entziehen können" (Schelsky [1956] 1965, S. 340). Dies sei von einer Vereinheitlichung der soziokulturellen Praktiken und Orientierungen begleitet; so spricht er von einem relativ einheitlichen Lebensstil der nivellierten Mittelstandsgesellschaft. Er verweist auf die weiterhin bestehenden „eigentümlichen Spannungszustände und sozialen Gegensätze"; die These fortbestehender Klassenkonflikte wird jedoch negiert. Die beobachtbare Klassenrhetorik erklärt er sozialpsychologisch: „Gegenüber der Unmöglichkeit, ein soziales Ordnungsgefühl der Person in dem nivellierenden und dynamischen sozialen Geschehen der Gegenwart zu entwickeln, greift die soziale Selbstdeutung auf die letzten statischen Rangordnungen zurück, die eine dauerhafte soziale Zuordnung noch ermöglichen" (S. 346).

Konzepte und Studien der Umfrageforschung: Vor dem Hintergrund dieser beiden pointierten Positionierungen, die empirische Analysen mit einer dezidierten inhaltlichen Argumentation verknüpfen, machen die Befunde der auf Umfragen basierenden Studien die Vorteile, aber auch die engen Grenzen dieses Ansatzes deutlich. Exemplarisch sei hier auf eine Studie von Morris Janowitz verwiesen (Tab. 2.3).

Bei Janowitz wurden die Befragten ihrer Berufsangabe nach in einer Vierschichtenstruktur verortet. Welche inhaltlichen Überlegungen dahinterstehen, wird nicht ausgeführt. Die bei Dahrendorf zu findenden Gruppengrößen für die 1960er-Jahre lassen sich mit denen von Janowitz durchaus vereinbaren. Während bei Dahrendorf die bäuerlichen Sozialgruppen nicht mehr gesondert betrachtet werden, lassen sie sich bei Janowitz noch klar erkennen. Janowitz nutzt den Vergleich mit der Positionierung der Befragten im Jahr 1939 bzw. mit der Position der Väter, um Aussagen über Mobilitäten innerhalb bzw. zwischen den Generationen zu machen. Die Mobilitätsangaben innerhalb bzw. zwischen den Generationen liegen bei: 73,7 bzw. 55,4 % (keine Mobilität); 9,5 bzw. 18,0 % (Aufstieg); 11,3 bzw. 20,2 % (Abstieg). Es sind durchaus nicht geringe Mobilitäten zu beobachten; den Aufstiegen steht aber auch eine leicht höhere Zahl von Abstiegen gegenüber. Unklar bleibt, wie man Prozesse der Mobilität im Wechsel von einer traditionalen zu einer indus-

Tab. 2.3 Soziale Schichten – Janovitz

	Befragte 1955	Befragte 1939	Väter		Soziale Selbsteinordnung
Obere Mittelschicht (Freie Berufe, ltd. Angestellte, höhere Beamte und wohlhabende Geschäftsleute)	4,8	4,3	3,1	Oberschicht	1,9
Untere Mittelschicht (Mittlere/untere Beamte/ Angestellte, Gewerbetreibende, Handwerker, Bauern*)	40,6	44,1	47,5	Mittelschicht	43,7
Obere Unterschicht (Gelernte Arbeiter und unselbst. Handwerker)	14,0	13,9	12,6	Arbeiterschicht	49,0
Untere Unterschicht (An- und ungelernte Arbeiter, Landarbeiter*)	40,6	37,8	36,9	Unterschicht	5,4

*Die bei Janowitz gesondert ausgewiesenen Landarbeiter (3,7 %, 3,9 %) und Bauern (10,6 %, 14,9 %) wurden in das Schichtenmodell integriert. Die Unklassifizierten wurden bei der Prozentuierung nicht berücksichtigt
Eigenen Berechnungen nach Daten von Janowitz (1958, S. 10 und 29)

triellen Wirtschaftsweise konzipiert. Das verweist auf ein strukturelles Problem der quantifizierenden Mobilitätsforschung in den (nicht seltenen) Zeiten struktureller Verschiebungen in der Branchen- und Berufsstruktur.

Andere Ansätze der empirischen Sozialforschung ermitteln die Schichtzuordnung nicht allein über Berufsangaben, sondern ziehen auch die vorliegenden Bildungsabschlüsse und die erzielten Einkommen hinzu. Bei einfachen additiven Indices (vgl. Scheuch 1961) werden diese Angaben in einem Punktesystem (z. B. von 0 bis 30) verschlüsselt und addiert. Um diese Angaben in ein Schichtungsmodell zu überführen, müssen dann noch Grenzwerte angenommen werden, um die Zuordnung zu einzelnen Schichten zu ermöglichen. Komplexere Indices wie der Internationale Sozioökonomische Index des beruflichen Status (ISEI-08) bieten auf der Basis von Informationen zu Einkommen und Bildung normierte Statusinformationen für einzelne Berufe (ISCO-08) auf einer Werteskala von 16 bis 90. Diese werden aus den Berufs-, Einkommens- und Bildungsdaten in internationalen Befragungen ermittelt; dabei wurden länderspezifische Effekte oder unerwünschte Interaktionseffekte rechnerisch eliminiert (vgl. Ganzeboom 2010).

EGP-Klassen: Das von John Goldthorpe, Robert Erikson und Lucien Portocarero entwickelte EGP-Modell wird verschiedentlich als neo-weberianisches Klassen-

2.1 Sozioökonomisch-soziopolitische Ansätze

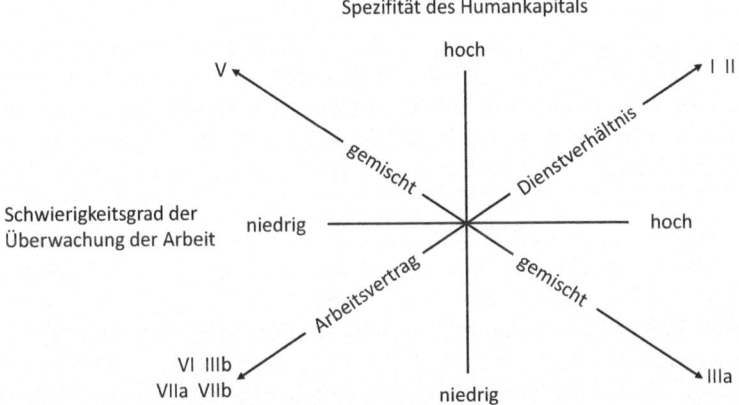

Abb. 2.4 Klassenmodell – Erikson, Goldthorpe, Portocarero. Eigene Darstellung nach Goldthorpe (2007, S. 60), Übersetzung modifiziert

modell (Breen 2005) bezeichnet. Das Modell (Abb. 2.4) zeichnet sich zunächst gegenüber dem Marxschen wie dem Weberschen Ansatz dadurch aus, dass Eigentumsverhältnisse nicht länger als primäre Instanz der Gruppierung begriffen werden. Für die soziale Verortung von Erwerbsgruppen spielen daneben zum einen die für eine Tätigkeit erforderlichen Qualifikationen (Spezifität des Humankapitals) eine Rolle. Zum anderen geht es um die Komplexität dieser Tätigkeiten (indiziert durch die Schwierigkeit der Überwachung); während sich einfache Tätigkeiten oft an Stückzahlen oder erbrachten Standardleistungen messen lassen, ist dies bei planenden, leitenden oder forschenden Arbeiten weitaus schwieriger. Diese beiden Unterscheidungsmomente spiegeln sich auch im Typ des Beschäftigungsverhältnisses wider: so finden sich im einen Extrem klassische Arbeitsverträge, in denen fixe Leistungen vereinbart werden; auf der anderen Seite stehen eher Dienstverhältnisse, wie z. B. bei Beschäftigten im gehobenen öffentlichen Dienst.

Entlang dieser Ordnung werden schließlich sieben Grundtypen von EGP-Klassen ausgemacht:

- obere und untere Dienstklasse (I und II),
- Routinedienstleistungen in Handel und Verwaltung (III a-b),
- Selbstständige und Freiberufler (IV, in der Grafik nicht dargestellt),
- Facharbeiter sowie Arbeiter und manuell tätige Angestellte in verantwortlichen Funktionen (V–VI)
- un- und angelernte Arbeiter (VII a-b).

Ein Vorteil des EGP-Modells liegt darin, dass Goldthorpe und Erikson die dichotome Figur Lohnarbeit vs. selbstständige Arbeit in Frage stellen, indem sie einerseits auf Gruppen verweisen, die mit der Aufgliederung von betrieblichen Hierarchien sowohl am unteren wie am oberen Ende der Skala entstehen; andererseits machen sie auf jene Gruppen aufmerksam, die jenseits einer kapitalistischen oder marktlichen Logik z. B. im Bereich der öffentlichen Verwaltung tätig sind.

Klassenanalysen: In den 1970er-Jahren kommt es (im Kontext der soziokulturellen Umbrüche von ‚1968') zu einer (Re-)Politisierung der Sozialstrukturanalyse. Damit verbunden ist eine Wiederentdeckung Marxscher Theoriekonzepte, die sich dann im Kontext der Sozialstrukturanalyse in einer Renaissance von Klassentheorien und daran orientierten Modellierungen ausdrückt. Man grenzt sich von den in den 1950er- und 1960er-Jahren vorherrschenden Schichtungsmodellen ab. In der Positionierung zu den Marxschen Konzepten lassen sich jedoch nicht geringe Unterschiede erkennen.

Eine Richtung lässt sich als eher klassischer Marxismus begreifen, wobei die Spannweite dieser Ansätze recht groß ist. Sie reicht von dem (von der DDR unterstützten) IMSF, über gewerkschaftsnahe Einrichtungen bis zu Ansätzen, die das Marxsche Programm der Kritik der politischen Ökonomie weiterentwickeln. Die vorgelegten empirischen Studien basieren auf Eckdaten der amtlichen Statistik bzw. den amtlichen Daten zur Volkswirtschaftlichen Gesamtrechnung. Man versucht, diese Daten im Lichte der Marxschen Ansätze zu reinterpretieren; so geht es um die Entwicklung der Profitrate, aber auch um die Größe verschiedener Klassen und ihre Entwicklung (Proletarisierung).

Im Sinne eines analytischen Marxismus sind die Ansätze von Eric Olin Wright zu verstehen, der zunächst an einer Ausdifferenzierung des Marxschen Modells arbeitet, indem er neben den von Marx idealtypisch bestimmten Klassen auch systematisch auf widersprüchliche Klassenlagen verweist. Er nimmt dabei zwei wichtige Entwicklungen auf, die den Marxschen Diagnosen entgegenstehen (Abb. 2.5).

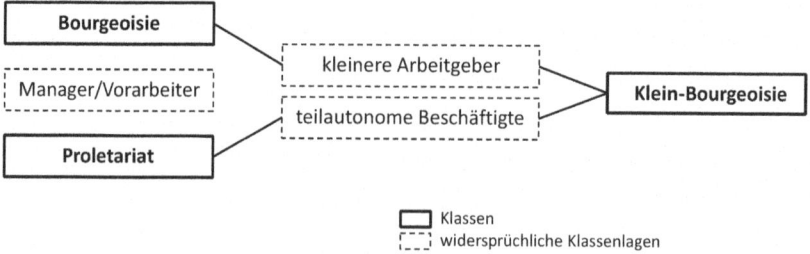

Abb. 2.5 Klassenmodell – Wright. Eigene Darstellung und Übersetzung nach Wright et al. (1982, S. 711)

2.1 Sozioökonomisch-soziopolitische Ansätze

Das bezieht sich zum einen auf die Marxsche Konzentrationsthese, die davon ausging, dass sich die neuen Formen der kapitalistischen Betriebsorganisation gesellschaftsweit durchsetzen werden. Hier macht Wright deutlich, dass es neben einem Fortbestand einer quantitativ geschrumpften Klein-Bourgeoisie (alter Mittelstand) auch teilautonome Beschäftigte (heute z. B. Soloselbstständige) und neue Formen von Kleinbetrieben (heute z. B. kleinere Startups) gebe.

Zum anderen geht es um die Entwicklung in den betrieblichen Hierarchien; während bei Marx eher Prozesse der Polarisierung von Qualifikationen postuliert wurden, haben sich die betrieblichen Hierarchien eher kompliziert. Das hängt mit der Ausdifferenzierung der Leitungsfunktionen (z. B. Manager, aber auch Personalleiter und Vorarbeiter) und der im Kontext komplexer Technologien beobachtbaren Qualifikationsdifferenzierung (z. B. qualifizierte Facharbeiter bzw. unqualifizierte Arbeiter) zusammen. Es sind aber noch weitere Überlegungen, die Wright zu eher komplexeren Formen der Klassenanalyse leiten (vgl. Wright 2005, S. 17 f.):

- Er verweist auf Beschäftigte, die in mehreren Jobs tätig sind (z. B. Industriearbeit und Nebenerwerbslandwirtschaft), oder auf Beschäftigte, die im Kontext verschiedener Beteiligungskonzepte auch Anteile an ihrem Unternehmen halten.
- Berufliche Positionen sind für nicht wenige nur Durchgangsstationen; in Phasen der Ausbildung oder des Zuverdienstes oder im Kontext von biografischen Karrieren.
- Innerhalb von Klassenpositionen offenbaren sich hohe Binnendifferenzen (z. B. bei unternehmerisch Tätigen aber auch bei abhängig Beschäftigten), die mit Unterschieden ihrer Verhandlungsmacht zusammenhängen.
- Schließlich sind Beschäftigte oft über familiäre Verbünde verlinkt und es komme zu vermittelten (mediated locations) Lagen.

Viele dieser Überlegungen sind in den eingangs vorgeschlagenen Konzepten der Unterscheidung von sozialen Positionen und sozialen Lagen aufgenommen.

Studien zu einzelnen Sozialgruppen: Jenseits dieser summarischen (und quantifizierenden) Darstellungen, die versuchen, die Sozialstruktur einer Nationalgesellschaft darzustellen, finden sich in dieser Phase viele Studien zu einzelnen Sozialgruppen. Dabei wird in der Regel mit einer Verschränkung von qualitativen und quantitativen Methoden gearbeitet. Die folgende Auflistung soll exemplarisch auf die inhaltlichen Schwerpunkte dieser Studien hinweisen:

- Arbeiter und Management: Arbeiter, Management, Mitbestimmung (Pirker und Braun 1955)
- Erwerbsverläufe: Arbeiterleben (Deppe 1982)

- Vorgesetzte: Vorgesetzte zwischen Management und Arbeitern (Weltz 1964)
- Unternehmer: Der deutsche Unternehmer (Hartmann 1968)
- Eliten: Wandlungen der deutschen Elite (Zapf 1965)
- Arme: Die Armut in der heutigen Gesellschaft (Münke 1956)
- Mobilität: Mobilität in der ‚offenen' Gesellschaft (Recker 1974).

2.1.4 Sozialstrukturen der transformierten Industriegesellschaft

Ab den 1980er-Jahren lässt sich eine neue Phase der sozioökonomischen Entwicklung ausmachen, die sich als *transformierte Industriegesellschaft* beschreiben lässt.

> Der *Transformationsprozess der Industriegesellschaft* geht zunächst auf technisch-ökonomische Entwicklungen zurück. Bedeutsam sind verschiedene Prozesse der Technisierung bzw. Informatisierung und des Outsourcings (Ausgründung von Unternehmensteilen) bzw. Offshorings (Europäisierung und Globalisierung der Produktion), die zusammen genommen zu einer neuen Form der industriellen Produktion führen. Parallel verändern sich aber auch die Muster der sozialpolitischen Regulierung (z. B. die Forderung nach ‚Mehr Eigenverantwortung' oder die Strategie des ‚Forderns und Förderns') und die haushaltliche Produktionsweise (z. B. wachsende Frauenerwerbstätigkeit, plurale Partnerschafts- und Familienmodelle, ausdifferenzierte Konsummuster).

Sozioökonomische und soziopolitische Entwicklungen
Die sozioökonomische Entwicklung lässt sich anhand einiger Schlüsselkonzepte recht gut skizzieren:

- Neue Produkte und Dienstleistungen: Nach einer langen Phase der massenhaften Versorgung und Ausstattung von Haushalten mit grundlegenden und komplexeren Konsumgütern setzt in einer weiterhin prosperierenden Gesellschaft für nicht wenige eine Phase der Ausdifferenzierung von Produkten (z. B. bei Automobilen, aber auch Lebensmitteln) und Dienstleistungen (z. B. Formen und Ziele des Reisens) ein. Hinzu kommen neue Dienstleistungen z. B. im Kontext der veränderten Geschlechterbeziehungen, der qualifikatorischen Erfordernisse, der wachsenden verfügbaren Zeit und des demografischen Wandels. Eine wichtige Rolle spielen auch Produkte und Dienstleistungen auf Basis sich stetig verändernder Informations- und Kommunikationstechnologien.

2.1 Sozioökonomisch-soziopolitische Ansätze 79

- Outsourcing: Während sich ein typisches Großunternehmen in der klassischen Phase der Industriegesellschaft durch einen hohen Grad der vertikalen Integration auszeichnete, kommt es in dieser Phase zu Prozessen des Outsourcings, indem z. B. vormalige Abteilungen eines Großunternehmens als eigene Unternehmen selbstständig werden. Das bietet für das verbleibende Rumpfunternehmen (wie für Finanzinvestoren) viele ‚Vorteile' (z. B. Abbau betrieblicher Hierarchien, transparentere Kostenstrukturen, Flexibilisierung der Produktion, Schwächung von Gewerkschaften und Strukturen der Mitbestimmung). Mit der just-in-time-Produktion können Kosten für die Lagerhaltung von Vorprodukten stark reduziert werden. Über die Prozesse des Outsourcings entstehen Netzwerk- oder Zuliefererbeziehungen zwischen Unternehmen, die mit ganz spezifischen aber durchaus wechselnden Machtverhältnissen einhergehen. Idealtypisch wird auch von Prozessen der flexiblen Spezialisierung (Piore und Sabel 1985) gesprochen, um einen Produktionstypus mit häufigen Innovationen und flexiblen Produktionsvolumina (oft auch in regionalen Verdichtungsräumen) zu beschreiben.
- Offshoring: In Prozessen des Offshorings werden ein Unternehmen oder Unternehmensteile ins Ausland (z. B. Ost- und Südeuropa, asiatische Schwellenländer) verlagert. Der Niedergang der vormals sozialistischen Staatenwelt, Prozesse der stärkeren europäischen Integration, der weltweite Ausbau von logistischen und finanzwirtschaftlichen Infrastrukturen haben perfekte Voraussetzungen für das Offshoring geschaffen.
- Reorganisation von Arbeit: Innerhalb der Unternehmen verändern sich die Muster der Organisation von Unternehmensstrukturen und Arbeitsabläufen. Ein Blick auf die Vielzahl der hier eingesetzten und sich stets verändernden Konzepte mag einen Einblick in dieses Reallabor geben: ganzheitliche Produktion und Gruppenarbeit, aber auch Retaylorisierung, Toyotismus, Lean Production bzw. Lean Management, Industrie 4.0. Parallel wird auch mit den Beschäftigungsverhältnissen experimentiert: mit variierenden Arbeitszeiten, Leiharbeit, Subunternehmen, Scheinselbstständigkeit. Summarisch wird häufig von einem postfordistischen Produktionsmodell gesprochen; dieser Begriff wird aber der Vielgestalt der sich verändernden Konzepte kaum gerecht; ähnliches gilt für den in den 1990er-Jahren entstandenen Begriff der ‚Neuen Produktionskonzepte'.
- Finanzialisierung: Prozesse der Finanzialisierung stehen für Veränderungen innerhalb der Gewichtung von Finanzsystem und Produktionssystem. Es kommt zu einer Deregulierung des Finanzsektors und zur Internationalisierung des Kapitalverkehrs; es entstehen neue Akteure (z. B. Investmentfonds, institutionelle Anleger), neue Finanzinstrumente (z. B. Derivate, strukturierte Produkte,

Verbriefungen), neue Bewertungssysteme (z. B. Shareholder-Value-Orientierung) und neue Märkte (z. B. für Unternehmen, Unternehmensteile und Kapitalbeteiligungen). Summarisch beschreiben einige Forscher:innen diese Entwicklungen als Finanzkapitalismus.

In soziopolitischer Perspektive sind die für Deutschland fundamentalen Veränderungen vor allem mit dem ‚Beitritt' der neuen Bundesländer nach der ‚Wende' von 1989 verbunden. Man versuchte, ein sehr unterschiedliches politisches und ökonomisches System und eine darin sozialisierte und geprägte Gesellschaft zu ‚integrieren'. Hinzukommt, dass sich die westdeutsche Wirtschaft und der Sozialstaat ihrerseits in einem Transformationsprozess befanden.

Sozialstrukturelle Veränderungen
Die sozialstrukturellen Effekte dieser sozioökonomischen und soziopolitischen Reorganisationsprozesse sind enorm. Das gilt für Westdeutschland, wo es eher um die sozioökonomischen Veränderungen geht und wo sich viele Entwicklungen (und die daraus resultierende Arbeitslosigkeit) bereits über Jahre abzeichneten; das gilt in dramatischer Form für Ostdeutschland, wo sozioökonomischer und soziopolitischer Wandel zusammenkommen und auf eine eher ‚statische Gesellschaft' treffen.

Ein *erster Typ* von Veränderungen betrifft die Arbeit und die Arbeitsverhältnisse. Die Stahlkrise und die Werftenkrise der 1980er- und 1990er-Jahre stehen exemplarisch für die erheblichen Verschiebungen der Branchenstruktur in Deutschland. Damit sind, wie sich am Beispiel des Ruhrgebiets aber auch anderer schwerindustriell geprägter Regionen beobachten lässt, erhebliche Verschiebung der regionalen Prosperität verbunden. Aber auch in Branchen wie der Automobilindustrie, wo die Beschäftigtenzahlen eher anwachsen, vollziehen sich wichtige Strukturveränderungen. So geht der Anteil der Arbeiter:innen zwischen 2000 und 2018 von über 70 auf 60 % zurück; der der Techniker, Ingenieure und Informatiker steigt von 13 auf 20 % (Krzywdzinski 2020, S. 35 und 37). Schließlich verändern sich auch die Beschäftigungsverhältnisse. Befristete Beschäftigungen und verschiedene Formen der Zeitarbeit gewinnen an Bedeutung; in weniger regulierten Branchen wie der Logistik oder der Fleischindustrie sind es auch verschiedene Formen der Scheinselbstständigkeit oder von Werkverträgen mit Subunternehmen. All dies hat für einen nicht kleinen Teil der Beschäftigten gravierende Folgen; auch eine Vollzeitbeschäftigung sichert nicht unbedingt den Lebensunterhalt.

In den Sozialwissenschaften werden die Veränderungen über ganz unterschiedliche Begrifflichkeiten summarisch beschrieben. Ausgehend von der Veränderung der Wirtschaftssektoren (Verschiebungen zwischen dem Produktions- und dem Dienstleistungssektor) und der Beschäftigtenstrukturen (von einem Übergewicht

2.1 Sozioökonomisch-soziopolitische Ansätze

der Arbeiter:innen zu einem der Angestellten) wird von einer ‚postindustriellen Gesellschaft' oder einer ‚Dienstleistungsgesellschaft' gesprochen. Der hier favorisierte Begriff einer ‚transformierten Industriegesellschaft' geht demgegenüber zum einen davon aus, dass man es weiterhin mit Gesellschaften zu tun hat, in denen industrielle Produkte und Dienstleistungen eine zentrale Rolle spielen, unabhängig davon, an welchen Orten der Welt sie hergestellt werden. Die industrielle Logik des Arbeitens und Lebens hat sich eher noch weiter erhöht. Zum zweiten ist zu bedenken, dass ein großer Teil der Dienstleistungen mit den Veränderungen der Produktion zu tun hat. Zum dritten ist zu beachten, dass sich auch die Welt der Dienstleistung industrialisiert hat, wenn man z. B. die Entwicklungen der Systemgastronomie oder des Tourismus betrachtet. Mit diesen Einwänden soll keinesfalls geleugnet werden, dass sich die typischen Formen der Arbeit (innerhalb der Landesgrenzen) erheblich verändert und (für viele) auch verbessert haben. Die hoch belastende, gefährliche, erniedrigende, wenig gesicherte und gering entlohnte Arbeit ist jedoch nicht verschwunden; sie findet sich nur in anderen Beschäftigungssegmenten und Weltregionen; sie wurde externalisiert (vgl. Lessenich 2016).

Für die in Deutschland verbleibende Arbeit lässt sich ein Trend zur Deregulierung (z. B. bei den Beschäftigungsverhältnissen) und Flexibilisierung (z. B. bei den Arbeitszeiten) von Arbeit erkennen. Die Unterschiede zwischen den Branchen und den Beschäftigtengruppen sind jedoch groß. Von entscheidender Bedeutung ist deren Verhandlungsmacht, die vor allem auf die Organisationsstärke der Gewerkschaften, auf Verhandlungsmacht qua Qualifikation oder auf Verhandlungsmacht angesichts demografischer Veränderungen (Mangel an qualifizierten Arbeitskräften) zurückgeht. Prozesse der Migration führen zunächst zu einer Unterschichtung durch Arbeitskräfte, die sich auch auf prekäre Arbeitsverhältnisse einlassen (müssen); mittelfristig gelingt aber vielen auch ein erfolgreicher Ein- und Aufstieg.

Ein *zweiter Typ* der sozialstrukturellen Veränderung rührt aus den Veränderungen der Geschlechterverhältnisse, der Haushalte und der Lebensweise. Auch die Errungenschaften des Sozialstaats (z. B. in der Bildung oder in der sozialen Sicherung) haben wichtige Voraussetzungen für jene Prozesse geschaffen, die man typischerweise als ‚Individualisierung' oder als ‚Pluralisierung' von Lebens- und Beziehungsformen bezeichnet.

Ein *dritter Typ* von Veränderungen betrifft die gesellschaftliche Wahrnehmung sozialer Ungleichheiten. Ulrich Beck hatte diese Verschiebungen in den 1980er-Jahren thematisiert, als er von Ungleichheiten „jenseits von Stand und Klasse" sprach. Er konstatiert auf der einen Seite die erstaunliche Stabilität von Ungleichheitsstrukturen in allen „entwickelten Ländern" trotz aller wirtschaftlichen und technischen Umbrüche; auf der anderen Seite würden die fortbestehenden Ungleichheiten, wie auch die Zunahme von Arbeitslosigkeit und neuer Armut nicht länger als Klassenfragen wahrgenommen. Er sieht dies in dem oben bereits erwähnten Individualisierungsschub begründet. „Auf dem Hintergrund eines vergleichsweise hohen materiellen Lebensstandards und weit vorangetriebener sozialer Sicherheiten wurden die Menschen in einem historischen Kontinuitätsbruch aus traditionellen Klassenbindungen und Versorgungsbezügen der Familie herausgelöst und verstärkt auf sich selbst und ihr individuelles (Arbeitsmarkt-)Schicksal mit allen Risiken, Chancen und Widersprüchen verwiesen" (1994, S. 44). Er spricht von einem „Bedeutungs- und Gestaltungswandel zentraler lebensweltlicher Gebilde wie Familie (Ehe, Elternschaft), Geschlechterrollen, Gemeindebeziehungen, Arbeitsbeziehungen, Parteienbindungen" (S. 46).

Modelle und Analysen
Nach der akademischen Expansionsphase der Sozialwissenschaften kommt es zu Prozessen der Professionalisierung und Institutionalisierung von Sozialforschung. Für den Bereich der *quantitativ orientierten* Sozialstrukturanalyse lässt sich das an verschiedenen Projekten deutlichen machen (vgl. Mayer 1989, S. 297 f.): die systematische Aufbereitung von sozialen Indikatoren für die Sozialberichterstattung; regelmäßige Querschnittserhebungen (z. B. Allbus, Wohlfahrtssurveys); Haushaltspanels, die Verlaufsdaten zur sozioökonomischen Entwicklung (z. B. SOEP) liefern; Verwendung von Mikrodaten der amtlichen Statistik für die sozialwissenschaftliche Forschung (z. B. Scientific-Use Files); Aufbereitung und Nutzung von historischen Aggregatdaten der amtlichen Statistik (z. B. Histat). Parallel kommt es seit den 1980er-Jahren zu einer Renaissance der *qualitativen Sozialforschung*, indem qualitative Verfahren der Erhebung und Analyse wiederentdeckt oder aus anderen Disziplinen übernommen werden und indem sie in den methodischen Kanon bzw. die wissenschaftliche Ausbildung aufgenommen werden.

Exemplarisch sollen die in dieser Zeit entstandenen sozioökonomisch orientierten Sozialstrukturanalysen an vier Beispielen verdeutlicht werden.

Arbeitslogiken: Das von Daniel Oesch vorgeschlagene Klassenmodell ist aus einer Kritik des EGP-Modells von Erikson und Goldthorpe entstanden. So wurde kritisiert, dass dieses stark von den Strukturen der klassischen Industriegesellschaft und ihrer männlich dominierten Arbeitswelt geprägt sei; es könne die jüngeren Entwicklungen (z. B. Transformation der Industriearbeit, steigende Beschäftigung von Frauen) nicht angemessen darstellen. Oesch unterscheidet verschiedene Logiken der abhängigen und selbstständigen Arbeit; er spricht von Arbeitslogiken (worklogics). Bei den abhängigen Arbeiten ist dies eine technische, eine organisationale und eine interpersonale bzw. Dienstleistungslogik. Innerhalb dieser Logiken der abhängigen Arbeit wird dann nach den erforderlichen Qualifikationen unterschieden; bei der selbstständigen Arbeitslogik erfolgt die Unterscheidung nach der Größe des

2.1 Sozioökonomisch-soziopolitische Ansätze

Tab. 2.4 Klassenmodell – Oesch

Interpersonal service logic	Technical work logic	Organizational work logic	Independent work logic
Socio-cultural (semi-)professionals: Medical doctors, Teachers, Social workers	Technical (semi-) professionals: Engineers, Architects, Technicians	(Associate) managers: Administrators, Consultants, Accountants	Liberal professionals and large employers: Entrepreneurs, Lawyers, Dentists
10 % → 14 %	10 % → 10 %	13 % → 18 %	1 % → 3 %
Service workers: Assistant nurses, Waiters, Shop assistants	Production workers: Mechanics, Carpenters, Assemblers	Office clerks: Secretaries, Receptionists, Mail clerks	Small business owners: Shop owners, Independent artisans, Farmers
10 % → 11 %	36 % → 23 %	13 % → 13 %	6 % → 7 %

Vereinfachte Darstellung nach Oesch (2013, S. 56)

Unternehmens. In der erweiterten Fassung (Oesch 2006) werden vier Qualifikationsniveaus (Professional/managerial, Associate professional/managerial, Generally/vocationally, Low/unskilled) bzw. drei Betriebsgrößen unterschieden.

In der Tabelle (Tab. 2.4) sind die sich verändernden Beschäftigtenanteile in den einzelnen Klassen verzeichnet; der erste Prozentwert steht für das Jahr 1990/1991, der zweite für 2007/2008. Deutlich erkennbar sind die Rückgänge der weniger qualifizierten Arbeit im industriellen Sektor und die deutlichen Zuwächse bei den höher qualifizierten Arbeiten im interpersonalen bzw. im Dienstleistungsbereich und bei der organisationalen Arbeit.

- In der Rubrik der technischen Arbeitslogik finden sich viele Berufe, die aus der nunmehr stark technisierten und informatisierten industriellen Arbeit hervorgegangen sind. Es wird deutlich, dass die Einbrüche im Bereich der technischen Arbeitslogik ausschließlich auf die Gruppe der weniger Qualifizierten zurückgehen.
- Die organisationale Arbeitslogik hat mit den größer werdenden Betriebs- und Verwaltungseinheiten an Bedeutung gewonnen; auch die jüngsten Entwicklungen des Outsourcings und Offshorings oder die stärkere Finanzialisierung gehen mit einem Anwachsen der organisationalen Arbeit einher.
- Schließlich nehmen auch die Berufe der interpersonalen und serviceorientierten Arbeit zu; das geht auf den Bedeutungsgewinn von Erziehungs-, Ausbildungs- und Pflegeberufen und allgemein den Ausbau des Sozialstaats zurück. Es sind aber auch einfache Dienstberufe, in denen interpersonale Leistungen erbracht werden.
- Im Kontext der selbstständigen und freiberuflichen Arbeitslogik finden sich leichte Zuwächse sowohl in den kleineren wie den größeren Betrieben.

Die besonderen Potenziale des Oesch-Modells zeigen sich auch darin, dass damit die nach wie vor zu findenden eher männlich (technische Arbeitslogik) und eher weiblich (interpersonale Arbeitslogik) dominierten Tätigkeitsfelder gut abgebildet werden können.

Armuts- und Reichtumsberichterstattung: Das seit Mitte der 1980er-Jahre (bis heute) durchgeführte sozioökonomische Panel (SOEP) liefert eine jährlich aktualisierte Datenbasis für die empirische Armuts- und Reichtumsforschung in Deutschland. 1994 und 2000 waren auf dieser Basis erste Armutsberichte entstanden, die vom Deutschen Gewerkschaftsbund (Hans-Böckler-Stiftung) und vom Paritätischen Wohlfahrtsverband finanziert wurden. Ab 2001 erschienen in etwa vierjährigem Abstand die Armuts- und Reichtumsberichte der Bundesregierung. Auch in dem Sozialbericht (ehem. Datenreport), der vom Statistischen Bundesamt in Kooperation mit verschiedenen sozialwissenschaftlichen Einrichtungen herausgegeben wird, finden sich regelmäßig Kapitel zu Armut (und Reichtum) in Deutschland. Neben dem SOEP werden auch andere Datensätze, wie z. B. die vom Statistischen Bundesamt fünfjährig durchgeführte Einkommens- und Verbrauchsstichprobe (EVS) oder die EU-Statistik über Einkommen und Lebensbedingungen (EU-SILC), für die Forschung zu Einkommensverteilung, Armut und Reichtum genutzt.

Alle Datensätze weisen Stärken und Schwächen auf und die damit ermittelten relativen Armutsquoten weichen voneinander ab, die Bandbreite ist jedoch recht gering. In der Armutsforschung stand zunächst die Berechnung von Armutsquoten für verschiedene Bevölkerungsgruppen im Fokus.

> Zur Ermittlung der *relativen Armutsquote* werden sogenannte *Nettoäquivalenzeinkommen* (s. Abschn. 3.3.2) für die beteiligten Haushalte bzw. die darin lebenden Personen ermittelt; dabei wird die Summe aller Einkommen im Haushalt, aber auch seine Größe und Alterszusammensetzung berücksichtigt. Schließlich wird der Anteil derjenigen Personen ermittelt, deren Einkommen weniger als 60 % des landesweiten Medianeinkommens ausmachte. Eine solche relative Armutsquote, die inzwischen nach einem EU-weiten Regelsystem (Laeken-Indikatoren) erhoben wird, erscheint als ein sinnvolles Konzept, um Aussagen über Armutsrisiken in eher prosperierenden Ländern, in denen Hunger und Mangelernährung keine systematische Rolle mehr spielen, zu machen. Im Gegensatz zu absoluten Armutsquoten, die mit bestimmten Schwellenwerten des Mindestbedarfs arbeiten (die Weltbank geht derzeit von einem Mindestbedarf von 2,15 US-Dollar pro Tag aus, um extreme Armut zu vermeiden), informieren diese relativen Armutsquoten über die relative Einkommenslage einer Person oder sozialen Gruppe in Bezug auf die Einkommenslage eines landesweiten Bevölkerungsdurchschnitts (ermittelt über den Median).

2.1 Sozioökonomisch-soziopolitische Ansätze

Eine solche relative Armutsquote hat aber auch eine Reihe von irritierenden Effekten, derer man sich bewusst sein muss: So wird in ‚realen' Gesellschaften mit einer großen Spannweite von Einkommen Armut niemals verschwinden, da stets eine Teilgruppe unter die relative Grenze fällt. Es ist zudem durchaus möglich, dass sich die relative Armutsquote erhöht, ohne dass sich die absolute Einkommenslage des armen Bevölkerungsanteils verändert; das liegt an den wachsenden Einkommen des nicht-armen Teils der Bevölkerung. So kann ein guter Tarifabschluss in wichtigen Branchen indirekt (durch den steigenden Median) zu einer Erhöhung der Armutsquote beitragen. Dies gilt es, bei einer Interpretation der Quote zu berücksichtigen.

Ein weiteres Problem der Interpretation stellt sich, wenn nur die Quoten eines Jahres verglichen werden, da die Einkommenslage mancher Bevölkerungsgruppen stark variieren kann (z. B. bei Menschen in der Ausbildung, in Phasen der Trennung, im Übergang in den Ruhestand oder bei Geflüchteten). Daher wird in vielen Studien eher von Armutsrisikoquote oder einer Niedrigeinkommensquote gesprochen; der Begriff der Armut wird gebraucht, wenn sich eine Armutsrisikolage über mehrere Jahre fortsetzt und man von verfestigter Armut sprechen kann. So lag z. B. die Armutsrisikoquote in den Jahren 2020–2022 bei 15,9 %. Von den ‚Armen' des Jahres 2021 waren zwischen 2017 und 2021 29,7 % nur in 1 oder 2 Jahren arm; 30,6 % waren in 3 oder 4 Jahren arm; immerhin 39,7 % lagen in allen Jahren dieses Zeitraums unterhalb der Armutsgrenze (vgl. Sozialbericht 2024, S. 217).

Ein drittes Interpretationsproblem hängt damit zusammen, dass die Nettoäquivalenzeinkommen über die Einkommenslage von Personen informieren, dabei aber stets die Zusammensetzung des Haushalts mitberücksichtigen. So kann es dazu kommen, dass auch unter gehobenen Beamt:innen (s. u.) ein (äußerst geringes) Armutsrisiko zu finden ist, wenn z. B. eine einzelne Erwerbsperson mehrere (nicht erwerbstätige) Erwachsene, Jugendliche und Kinder zu versorgen hat.

Die relative Armutsquote (der über 17-Jährigen gemittelt zwischen 2020–2022) beträgt 15,1 %; sie variiert erheblich nach den verschiedenen sozioökonomischen Gruppen (vgl. Sozialbericht 2024, S. 214), so z. B. nach

- der beruflichen Stellung: 21,8 % (un- und angelernte Arbeiter:innen) und 0,8 % (gehobene und höhere Beamt:innen)
- dem Ausbildungsabschluss: 40,1 % (ohne Abschluss, Hauptschulabschluss) und 6,7 % (Hochschulabschluss)
- dem Erwerbsstatus: 67,1 % (Arbeitslose), 28,3 % (Auszubildende) 15,4 % (Teilzeitbeschäftigte) 5,0 % (Vollzeitbeschäftigte)
- oder dem Haushaltstyp: 34,4 % (Ein-Elternhaushalt mit Kindern unter 18) und 8 % (Paarhaushalt ohne Kind) – die Quote bezieht sich hier auf die Gesamtbevölkerung.

Das relative Nettoäquivalenzeinkommen kann auch für die Abgrenzung von sozialen Gruppen genutzt werden. So können nach den Angaben des Sozialbericht 2024 (S. 233) folgende Einkommensgruppen unterschieden werden (die Angaben beziehen sich auf das Jahr 2022):

- Armut (unter 60 % des Medianeinkommens): 15,1 %
- Prekarität (60–75 % des Med.): 10,6 %
- Mitte (75–125 % des Med.): 41,3 %
- Gehobene Einkommen (125–200 % des Med.): 25,5 %
- Reichtum (mehr als 200 % des Med.): 7,6 %

Wiederkehr von Klassen- und Ungleichheitsdiskursen: Während in den 1980er- und 1990er-Jahren in Deutschland aber auch in anderen prosperierenden Ländern das Thema der sozioökonomischen Ungleichheiten in den sozialwissenschaftlichen Diskursen eher im Hintergrund stand und soziokulturelle Perspektiven oder die Modelle der Milieuforschung den Blick auf Ungleichheiten dominierten (s. das folgende Unterkapitel), kommt es insbesondere seit der Jahrtausendwende zu einer Renaissance der (sozioökonomisch argumentierenden) Klassendiskurse (Brock 1993); vgl. dazu exemplarisch die Sammelbände von Bader et al. (1998), Thien (2010), Bude und Staab (2016) und Graf et al. (2022). Die Beiträge fokussieren insbesondere auf drei Typen von (alten und neuen) Ungleichheitsphänomen:

- die erneut gewachsenen Ungleichheiten in vielen Nationalgesellschaften, die seit den 1980er-Jahren zu beobachten sind und in verschiedenen Krisen (Weltfinanzkrise von 2007/2008, Eurokrise 2009, Corona-Krise) markant zu Tage traten
- die komplexeren Ungleichheitsverhältnisse, die auf die Überlagerung (Intersektion) von soziostrukturellen, geschlechtlichen und ‚ethnischen' Differenzierungsachsen zurückgehen
- schließlich Ungleichheiten im transnationalen bzw. internationalen Maßstab.

Während die intersektionale und die transnationale Perspektive in den folgenden Unterkapiteln noch genauer behandelt wird, sei hier exemplarisch auf zwei Beiträge verwiesen, die eher die Entwicklung im Kontext der Nationalgesellschaften in den Blick rücken.

Abstiegsgesellschaft: Die von Oliver Nachtwey vertretene These einer Abstiegsgesellschaft befasst sich mit den Sozialstrukturen der jüngeren deutschen Gesellschaft, in der es in vielen Bereichen zu sozialen Fortschritten (z. B. Bildungsexpansion, soziale Sicherung) gekommen sei. „Eine der wichtigsten Errungen-

2.1 Soziöökonomisch-soziopolitische Ansätze

schaften der vergangenen Jahrzehnte ist die wachsende Gleichberechtigung der Geschlechter. In geringerem Ausmaß gilt dies auch im Hinblick auf ethnische Herkunft". Dieses Mehr an Gleichheit habe aber auch nichtintendierte Effekte. „So ist die Arbeitsmarktteilhabe von Frauen generell gestiegen – vor allem jedoch für Putzfrauen, Kassiererinnen und Krankenpflegerinnen. Auf dem Arbeitsmarkt hat sich im Zuge der zunehmenden Gleichberechtigung der Geschlechter und Ethnien insgesamt die Konkurrenz erhöht" (2016, S. 77). Zudem werden Beschäftigte zu einem „faustischen Pakt" gedrängt: „Die Unternehmen gewährten ihren Beschäftigten zwar mehr Eigenständigkeit, verführten sie aber gleichzeitig zu höherer Leistungsbereitschaft" (S. 84), indem Arbeit zeitlich entgrenzt, subjektiviert und weiter vermarktlicht wird.

Das habe dazu beigetragen, dass die erhofften und nicht selten auch realisierten sozialen Aufstiege, die die klassische Industriegesellschaft geprägt hatten, an Bedeutung verlieren. In der „industriellen Dienstleistungsgesellschaft" sei der von Beck in den 1980er-Jahren beschriebene Fahrstuhleffekt (kollektive Aufstiege bei fortbestehenden Ungleichheiten) so nicht mehr wirksam. Er gelte zwar weiterhin für einige Wohlhabende, die anderen haben aber auch mit der Umkehr der Fahrtrichtung zu kämpfen. Während individuelle Abstiege bislang noch selten seien, gehe es kollektiv betrachtet für die Arbeitnehmerschaft wieder abwärts und die sozialen Unterschiede vergrößerten sich; das gelte vor allem für die Jüngeren (vgl. S. 127). „Die Hauptursache für den Übergang zur Abstiegsgesellschaft liegt (…) in der Erschütterung der Arbeitsverhältnisse" (S. 137), in der Zunahme von prekären und weniger gesicherten Arbeitsverhältnissen. Hinzu kommen Abstiegsängste.

Das alles führe in eine neue Klassengesellschaft. „Die Oberklasse lebt in einer ständischen Welt, in der man sozial abgeschottet ist. Die Mittelklasse koproduziert sich durch die zunehmende Praxis sozialer Schließungen und kultureller Distinktionen. Die Melange aus sozialstaatlicher Kontrolle und Disziplinierung, prekären Jobs oder Sozialleistungen konstruiert eine neue Unterklasse. Diese wird in einer sozialen Lage fixiert, aus der es nur wenige Aus- und Aufsteiger gibt. Gleichwohl ist man dort nicht vom Erwerbssystem ausgeschlossen, sondern entweder mittelbar (als aktivierter Transferleistungsbezieher) oder unmittelbar (als Niedriglohnbeschäftigter) integriert" (S. 169 f.). In Abgrenzung zu frühen Klassengesellschaften verweist Nachtwey jedoch auf die Komplexität und Nichtlinearität von Klassenlagen. Geschlecht, Ethnie und horizontale Disparitäten (vgl. S. 175) seien als eigene Strukturen der Positionierung und Diskriminierung zu begreifen. Klassen ließen sich allenfalls mit dem Dahrendorfschen Begriff der „Quasi-Gruppen" fassen, die sich durch ähnliche Problemlagen und Interessen auszeichnen, nicht aber durch politische Gemeinsamkeiten (vgl. S. 179).

Demobilisierte Klassengesellschaft: Bereits seit den 1980er-Jahren finden sich Diskurse, in denen mit verschiedenen Akzentuierungen von ‚Klassengesellschaften ohne Klassen' gesprochen wird; so z. B. bei Kreckel (1992, S. 141 ff.), Vester (1998) oder Rehberg (2006). Während die Formel der Klassengesellschaft ohne Klassen bei diesen Autoren eher im Duktus der Sozialstrukturanalyse verwandt wird und eine Konstellation beschreibt, in der große soziale Ungleichheiten fortbestehen, ohne dass sich klar erkennbare Gruppen von mehr oder weniger Privilegierten ausmachen lassen, steht die Dörresche These einer demobilisierten Klassengesellschaft eher im Kontext einer Analyse des sich verändernden politischen Feldes. Klaus Dörre nutzt das Konzept in einem Buch zu rechtspopulistischen und rechtsradikalen Positionierungen in der Arbeiterschaft (und ihren Organisationen), indem er diese Entwicklungen in den Kontext einer (tendenziell) demobilisierten Klassengesellschaft stellt. „Dieser Begriff charakterisiert (…) vor allem die Bindungs- und Mobilisierungsschwäche von linken Parteien und Gewerkschaften bei Arbeiter:innen und einfachen Angestellten" (2020, S. 273). In dieser demobilisierten Klassengesellschaft werde „durchaus gekämpft. Fakt ist aber auch, dass soziale Konflikte, Arbeitskämpfe und Streiks schon seit langem keine politische ‚Verdichtung' erfahren" (S. 275).

Die Ursachen dieser Entwicklung sieht er darin, dass sozialdemokratische bzw. sozialistische Gruppierungen in vielen Ländern „die marktgetriebene Globalisierung als eine Art Sachzwang akzeptiert[en], dem nur mit Anpassung zu begegnen sei. Die Selbstunterwerfung unter die ‚Macht globaler Märkte' läuft auf produktivistische Blockbildungen hinaus. Neben den Eliten gelten Mittel- und Arbeiterklassenfraktionen als ‚eigentliche Leistungsträger' der Gesellschaft, denen vermeintlich ‚unproduktive', ‚überflüssige' Unterklassen gegenübergestellt werden" (S. 276).

2.1.5 Sozialstrukturen der digitalisierten Industriegesellschaft

Eine dritte Entwicklungsphase der industriellen Gesellschaft lässt sich (in ihren sozialstrukturellen Konsequenzen) bislang nur ansatzweise bestimmen; man könnte von einer *digitalisierten (oder informatisierten) Industriegesellschaft* sprechen. Sie zeichnet sich durch neue Produkte und Dienstleistungen (z. B. Social Media, Netzwerkgüter, Cloud-Dienstleistungen), durch neue Marktstrukturen (z. B. proprietäre Märkte, Informatisierung der Distribution) und neue Produktionsmodelle (z. B. Industrie 4.0, Plattformarbeit, Null-Grenzkosten-Gesellschaft, Einsatz von KI gestützten Verfahren) aus. Damit verändert sich auch das soziale Leben erheblich, wenn Menschen mit diesen digital erweiterten Möglichkeiten aufwachsen und ihre sozialen Beziehungen organisieren (Brubaker 2023). Im Folgenden wird auf wesentliche sozioökonomische Veränderungen in dieser Entwicklungsphase hingewiesen; welche sozialstrukturellen Veränderungen damit verbunden sein werden, lässt sich auf wissenschaftlicher Basis bislang nicht zuverlässig bestimmen.

In den Analysen der jüngeren sozioökonomischen Entwicklungen dominiert die Rede von einem digitalen Kapitalismus. Hier sollen exemplarisch zwei Ansätze vorgestellt werden, die sich in verschiedener Weise mit diesem Thema auseinandersetzen.

Digitaler Kapitalismus

Philipp Staab geht davon aus, dass die „Diffusion digitaler Technologien in alle Arbeits-, Wirtschafts- und Lebensbereiche" zu einer Konzentration ökonomischer oder politischer Macht führe. Er verweist dabei auf die Rolle von „Metaplattformen" wie Google, Amazon, Facebook und Apple (Microsoft wird einer früheren Phase der Digitalisierung zugerechnet). Diese Unternehmen konnten eine Monopolstellung erlangen, da sie als Anbieter von Skaleneffekten (durch die nur minimalen Grenzkosten einer einmal entwickelten Software) profitieren und sich auf der Nachfrageseite (über ihre hohen Marktanteile) ein Netzwerkeffekt durchsetzt. Während im industriellen Kapitalismus Unternehmen auf gegebenen Märkten konkurrieren, komme es im digitalen Kapitalismus zu einer Konstellation, in der Unternehmen eigene Märkte herausbilden und besitzen. „Den operativen Kern des digitalen Kapitalismus bildet aus dieser Perspektive ein System proprietärer Märkte" (2019, S. 28). Die Macht der Marktbesitzenden liegt in der Kontrolle über Informationen, Zugänge, Leistungen und Preise (für Produzenten wie Konsumenten).

Es komme zu einer Vermachtung des kommerziellen Internets durch seine Leitunternehmen. Dabei entstehen unterhalb der obersten hierarchischen Ebene zweite (z. B. Netflix, Spotify oder Uber), dritte (z. B. mittelständische IT-Unternehmen) und vierte Reihen (z. B. freischaffende Programmierer). Charakteristisch sei aber, dass die zweite, dritte und vierte Ebene nicht operieren kann, „ohne sich in das technische Ökosystem einer der Metaplattformen zu begeben" (S. 172). Die Plattformökonomie bietet zusätzliche Möglichkeiten der Kontrolle von Arbeit, die dann auch auf andere Arbeitssphären ausstrahlen; exemplarisch verweist Staab auf „die Peripherisierung von Arbeit durch technische Infrastrukturen, die Kontrolle des Informationsflusses im Arbeitsprozess oder de[n] gezielte[n] Einsatz neuerer Rating- und Scoring-Systeme" (S. 228).

Im digitalen Kapitalismus werden vor allem die Handelsgewinne zu einem wichtigen Faktor, der Ungleichheiten befördert. Im Einzelnen macht er vier neuartige Quellen sozialer Ungleichheit aus: so erwachsen Ungleichheiten aus

- der Aneignung öffentlicher Güter: z. B. indem Plattformunternehmen (öffentlich finanzierte) Grundlagenforschungen oder Infrastrukturen bereitstellen
- der Erzeugung finanzieller Risikokaskaden: durch die Verschiebung von Risiken an die schwächsten Anteilseigner, z. B. beim Platzen der Dotcom-Blase
- der Appropriation von Profiten aus Marktbesitz: z. B. durch Abgaben und Gebühren für Plattformleistungen
- der Enteignung von Arbeit: z. B. durch die ‚Umgehung' von Steuern und Sozialabgaben.

Distributivkapitalismus

Auch der von Sabine Pfeiffer vorgeschlagene Ansatz befasst sich mit dem Neuen des digitalen Kapitalismus; sie rückt jedoch die in vielen Darstellungen dominierende technologische Perspektive wie auch die von Staab beschriebene Entwicklung proprietärer Märkte ein wenig zurück. Auch sie geht von einer Transformation aus, sucht aber „nach dem Neuen und seinen Verbindungen zum Alten" (2021, S. 14). Sie konstatiert: „Neben den auf die Wertgenerierung gerichteten Produktivkräften gewinnen die auf die Wertrealisierung zielenden an Dominanz" (S. 16). In diesem Sinne spricht sie dann auch von Tendenzen zu einem Distributivkapitalismus, möchte dies aber nicht im Sinne einer Phasenfolge verstanden wissen. „Meine These der Distributivkraft versucht Digitalisierung dahingehend zu verstehen, dass ein Großteil der aktuell dadurch entfachten Aktivitäten letztlich vor allem auf eines abzielt: die Realisierung von Wert auf Märkten. Es geht also nicht mehr nur um das Schaffen neuer Werte, sondern vereinfacht gesagt darum, sicherer, schneller und möglichst garantiert auf Dauer auf dem Markt erfolgreich zu sein" (S. 18 f.).

Neben den klassischen Distributivkräften (z. B. Konsumkredite, Franchise-Systeme, Leasing-Modelle, Systemgastronomie, Techniken der Beeinflussung des Konsumverhaltens) unterscheidet sie drei Ebenen von veränderten Distributivkräften:

- Werbung und Marketing als Beiträge zur Wertrealisierung;
- Transport und Lagerung als physische Voraussetzungen der Wertrealisierung;
- Steuerung und Prognose als Zusammenführung von Wertgenerierung (Produktion) und Wertrealisierung (Distribution), über die diese berechenbar, steuerbar und prognostizierbar werden (S. 161).

2.1 Sozioökonomisch-soziopolitische Ansätze

Diese Entwicklungen gehen mit dem Versprechen einher, „dass über Kommunikationsmittel die Logik der Marktausdehnung immer weitergetrieben werden kann und trotzdem die Überproduktionskrisen abgeschwächt oder gar überwunden werden könnten" (S. 189). Dabei müsse die Entwicklung der Distributivkräfte und der Produktivkräfte zusammengedacht werden; die neuerliche Entwicklung der Distributivkräfte sei eben auch als Reaktion auf einen langwährenden Optimierungswettbewerb der Produktion zu begreifen. So optimierten „die Unternehmen der produzierenden Branchen seit Jahrzehnten ihre Produktionsprozesse und produzieren in globalen Wertschöpfungsketten immer mehr, immer günstiger. (...) Innovations- und Produktionsprozesse sowie die Optionen globaler Wertschöpfungsketten sind aber weitgehend ausoptimiert, auch die digitalen Technologien versprechen hier oft keine weiteren Produktivitätssprünge" (S. 270). Daher werde die Erschließung neuer Märkte, die Optimierung des Absatzes und der Logistik mit Hilfe neuer Distributivkräfte umso bedeutsamer.

Der von Pfeiffer vorgeschlagene Ansatz arbeitet mit gewissen Zuspitzungen; dennoch erscheint der Ansatz für Fragen der Sozialstrukturanalyse der weiterreichende zu sein, weil er den digitalen bzw. distributiven Kapitalismus in die lange Geschichte des produzierenden Kapitalismus einbettet und beide Entwicklungen zusammenbringt.

2.1.6 Fazit: Sozioökonomisch-soziopolitische Ansätze

Die sozioökonomische Perspektive birgt ein großes Potenzial zur Erklärung und zum Verständnis sich wandelnder sozialer Ungleichheiten. Die sich mit der Herausbildung und Entwicklung von Industriegesellschaften und Kapitalismen beständig verändernde Struktur sozialer Positionen und die sich verändernde Weise der politischen Regulierung liefert grundlegende Erkenntnisse über die sozialstrukturelle Entwicklung. Zugleich werden aber auch die Grenzen der sozioökonomischen Perspektive deutlich, wenn in prosperierenden Gesellschaften Sozialstaaten die ökonomisch bedingten Ungleichheiten moderieren und zu mehr Chancengleichheit beitragen, wenn sich mit der hohen Erwerbsbeteiligung von Frauen die sozialen Lagen der Haushalte komplexer gestalten und wenn in Migrationsgesellschaften auch Effekte der sozialen Schließung und der Diskriminierung eine wichtige Rolle für die soziale Positionierung spielen.

An den empirischen Beispielen wird einerseits deutlich, dass die Verfügbarkeit von verlässlichen Daten die Möglichkeiten einer sozioökonomischen Sozialstrukturanalyse erheblich verbessert hat, indem Aussagen über Größenverhältnisse und Entwicklungen möglich werden; es bleiben jedoch Übersetzungs- und Interpretationsarbeiten. Das heißt, auch mit Hilfe besserer Daten gelingt es nur bedingt, komplexe Wirkmechanismen zu modellieren und der politischen Aufladung des Ungleichheitsdiskurses zu entgehen. So werden an diesen Beispielen auch die grundsätzlichen Probleme von Sozialstrukturanalysen deutlich, die sich auf standardisierte Bevölkerungsdaten (aus der amtlichen Statistik oder aus Befragungen) stützen. Wesentliche Argumentationen, die in den Konzepten von z. B. Weber oder Marx enthalten sind, gehen verloren, wenn man Sozialstrukturen lediglich als zahlenmäßige Beziehungen zwischen Personen begreift. Das sei exemplarisch an folgenden Punkten erläutert:

- Ein Unternehmen ist mehr als Unternehmenseigner:innen, Manager:innen und die dort Beschäftigten. Es geht um hierarchische Beziehungen, um Macht- und Abhängigkeitsverhältnisse und um Arbeit und Arbeitserfahrungen. Unternehmen sind immer auch Sozialgefüge mit einer spezifischen Geschichte, in denen sich soziale Beziehungen, Konflikte und Verhältnisse der Konkurrenz oder Solidarität herausbilden.
- Sozialstrukturen sind als Verhältnisse zwischen Sozialgruppen und nicht nur als Verhältnisse zwischen Individuen zu begreifen. Das heißt, eine Unternehmerin und eine angelernte Arbeiterin unterscheiden sich nicht nur durch ihre Einnahmen oder andere individuelle Merkmale (Ausbildung etc.). Vielleicht haben sich beide einer Interessenorganisation, einem Unternehmerverband oder einer Gewerkschaft angeschlossen. Die Verbände sind ihrerseits politisch eingebunden, haben mehr oder weniger gute Möglichkeiten, auf Regierungen, auf öffentliche Belange Einfluss zu nehmen oder sich in Medien darzustellen. Auch in den Interessenkonflikten innerhalb von Unternehmen oder Verwaltungen lassen sich Netzwerke ausmachen, die sich entlang der Qualifikation, der Betriebszugehörigkeit, des Geschlechts oder der ethnischen Zurechnung herausgebildet haben.
- Zudem sei auf die kognitive Ebene von sozialen Beziehungen, auf Anerkennungsverhältnisse, verwiesen. Es geht immer auch um Bilder von Sozialgruppen und die darin kodierten sozialen Wertschätzungen, wenn Unternehmer:innen z. B. als Leistungsträger:innen, als Innovator:innen, als Hoffnungsträger künftigen Erfolgs hofiert werden, während abhängig Beschäftigten eine eher instrumentelle Haltung, eine Lohnarbeiter:innenmentalität unterstellt wird.
- Schließlich ist stets zu fragen, welche Bereiche der sozialen Welt mit den jeweiligen Daten erfasst werden und welche nicht. So werden bei den oben genutzten Daten z. B. die Lebenswelten von nicht Erwerbstätigen (Frauen im Bereich der häuslichen Arbeit, Arbeitslose, Nicht-Arbeitsfähige, Menschen in der Ausbildung oder im Ruhestand) oder von informell oder illegal Beschäftigten ausgeschlossen.

2.2 Soziökonomisch-soziokulturelle Ansätze

All diese Überlegungen sprechen nicht gegen den Versuch einer quantifizierenden Darstellung von Sozialstrukturen, solange deren Konzeption und Rezeption theoriegeleitet erfolgt. Das heißt, die hier aufgeführten Darstellungen sind nicht als Abbild von Sozialstrukturen zu begreifen, vielmehr sollten sie stets vor dem Hintergrund bestimmter theoretischer Überlegungen und dem Wissen um die Schwächen bzw. Grenzen eines Datenbestandes gelesen und interpretiert werden.

2.2 Soziökonomisch-soziokulturelle Ansätze

> Soziokulturelle Ansätze der Sozialstrukturanalyse erweitern die soziökonomische Perspektive auf Ungleichheiten; so kann gezeigt werden, dass z. B. Unterschiede in Bildung und Lebensweise soziale Ungleichheiten zuspitzen, indem sie verstärkend, legitimierend oder sozial schließend wirken. Das zusammengesetzte Adjektiv soziökonomisch-soziokulturell soll verdeutlichen, dass es im Kontext der Sozialstrukturanalyse vor allem um die Wechselwirkungen geht; Ziel es ist nicht, lediglich ein Bild der verschiedenen Lebens- und Konsumgewohnheiten zu zeichnen. Sprachlich vereinfachend wird im Folgenden meist von soziokulturellen Ansätzen gesprochen.

Soziokulturelle Unterschiede wirken auf die Ungleichheit von sozialen Lagen:

- indem schulische und berufliche Abschlüsse oft den gesamten weiteren Lebensweg prägen, insbesondere aber den Zugang zu mehr oder weniger attraktiven und anerkannten Teilen des Arbeitsmarktes. So betrachtet kommt es zu einer Verdoppelung von Ungleichheiten, indem Ungleichheiten der Entlohnung und der beruflichen Sicherheit mit unterschiedlichen Graden der gesellschaftlichen Anerkennung einhergehen.
- indem sie ein eigenständiges Ungleichheitsmoment darstellen. Das gilt in einem individuellen Sinne, indem z. B. Bildung nicht nur den Zugang zu Berufen ermöglicht, sondern auch die Chancen der individuellen Lebensführung bzw. -gestaltung verbessern kann (z. B. bei persönlichen Krisen oder Erkrankungen bzw. bei der Entfaltung der Persönlichkeit). Kollektiv betrachtet ermöglicht oder verschließt Bildung den Zugang zu sozialen Milieus, d. h. zu Beziehungen (z. B. Lebenspartner), Netzwerken (z. B. Freundeskreise) und Infrastrukturen (z. B. privilegierte Wohnquartiere).

- indem soziokulturelle Ungleichheiten sozioökonomische Ungleichheiten legitimieren können. So erscheinen Unterschiede im Einkommen vielen als gerechtfertigt, weil die Bezieher:innen hoher Einkommen als ‚kompetenter', ‚gebildeter' oder ‚leistungsfähiger' erscheinen.

Neben die wirtschaftlichen Faktoren, die bei den sozioökonomischen Ansätzen eine zentrale Rolle spielen, treten in der soziokulturellen Perspektive Faktoren, die dazu beitragen, das gesellschaftliche Leben angesichts dieser sozioökonomischen Differenzen zu organisieren.

- Es sind Institutionen wie das Bildungssystem, in denen wichtige Presorting-Prozesse stattfinden.
- Es sind soziale Milieus, die um ähnliche soziale Positionierungen und kollektive Habitus entstehen; oft werden auch spezifische Orte besetzt.
- Es sind (oft sozial homogene) Netzwerke und private Haushalte, in denen die Reproduktionsarbeit arbeitsteilig organisiert wird, in denen Chancen und Risiken kumuliert werden und in denen z. B. wichtige Selfsorting-Prozesse stattfinden.

2.2.1 Zentrale Argumentationen und Konzepte

Zwei Konzepte spielen in der soziokulturellen Perspektive eine zentrale Rolle; ähnlich wie beim Klassenbegriff hat man es jedoch mit recht unterschiedlichen Lesarten zu tun.

Soziales Milieu
Der Milieubegriff wird seit dem 19. Jahrhundert in verschiedenen Sozialwissenschaften genutzt, so z. B. bei Émile Durkheim, der eine Vielzahl von Milieus benennt (z. B. Berufe, Familien, Gemeinschaften, Regionen, Staaten, Konfessionen) und diese als soziale Grundeinheiten begreift. So lägen die „Ursachen der sozialen Evolution nicht im Individuum, sondern in dem es umgebenden Milieu" (1992 [1930], S. 308). Angesichts der relativen Beständigkeit des physischen Milieus seien es vor allem die sozialen Milieus deren Variationen gesellschaftliche Veränderungen erzeugen. Durkheim unterscheidet ein inneres (Berufe etc.) und ein äußeres Milieu (den umgebenden Nationalstaat). Er rechnet dem Milieu nicht nur Personen, sondern auch Dinge zu: „Unter den Dingen sind außer den der Gesellschaft einverleibten materiellen Objekten die Produkte früherer sozialer Tätigkeit zu verstehen, das gesatzte Recht, die geltende Moral, literarische und künstlerische Monumente usw." (1984 [1895], S. 195).

2.2 Sozioökonomisch-soziokulturelle Ansätze

Im 20. Jahrhundert wird der Begriff in verschiedenen sozialwissenschaftlichen Disziplinen (Pädagogik, Politikwissenschaften, Soziologie) genutzt. Seit den 1980er-Jahren ist eine Renaissance des Milieubegriffs in der Soziologie zu verzeichnen. In der Sozialstrukturanalyse ist das Verständnis von Hradil vorherrschend.

> *Soziale Milieus* werden als Gruppen von Menschen begriffen, „die in ähnlichen Umständen leben, ähnlich denken und so das Verhalten der einzelnen in ähnlicher Weise prägen. [...] Besonders häufig wird der Milieubegriff dann benutzt, wenn (...) auf soziale Vor- oder Nachteile und zugleich auf kulturelle Unterschiede zwischen solchen Gruppierungen aufmerksam gemacht werden soll" (Hradil 2006, S. 1).

In der Marktforschung wird mit einem etwas vereinfachten Verständnis gearbeitet: „Soziale Milieus fassen (...) Menschen zusammen, die sich in Lebensauffassung und Lebensweise ähneln, die also gleichsam ‚subkulturelle' Einheiten innerhalb der Gesellschaften bilden" (Ueltzhöffer und Flaig 1992, S. 64).

Die Karriere, die der Milieubegriff diesseits und jenseits des wissenschaftlichen Raums genommen hat, hängt sicherlich auch mit seiner Eingängigkeit zusammen. Das Milieu „suggeriert einerseits Geschlossenheit, Homogenität und Harmonie und verspricht andererseits, mit je eigenen Akzentuierungen und Attributen eine vielfältige und heterogene Gesellschaft umfassend beschreiben zu können" (Marg 2022, S. 24).

Lebensstil
Als Lebensstile werden Muster der Lebensführung bezeichnet, die sich durch bestimmte Ziele und Strategien auszeichnen, in erheblichem Maße aber auch von den vorhandenen ökonomischen und kulturellen Kapitalien abhängen. Bei Bourdieu wird der Lebensstil etwas enger gefasst „als System von klassifizierten und klassifizierenden Praktiken i. e. Unterscheidungszeichen (‚die Geschmacksrichtung')" (1987, S. 280). Dabei wird der Lebensstil in Abhängigkeit von den Lebensbedingungen und dem Habitus begriffen.

In einigen Darstellungen wird der Lebensstilbegriff beinahe wie der Milieubegriff verwandt, indem Milieus als Lebensstilgruppen verstanden werden; in anderen Ansätzen wird den Lebensstilen eine größere biografische Variabilität zugeschrieben, während Milieus als eher stabilere Größen begriffen werden.

Konzepte Max Webers

Max Weber hatte sein Interesse an der neuen Formation des Kapitalismus immer mit der Frage nach den Voraussetzungen dieser Produktionsweise und nach ihrer sozialen Einbettung verbunden. Die erste Frage hatte ihn dazu geführt zu analysieren, welche Zusammenhänge zwischen Protestantismus und Kapitalismus bestehen. Die zweite Frage wird verfolgt, wenn er wie oben skizziert die Welt der Klassen und die Welt der Stände in Beziehung setzt. So hat sich Weber neben einer sozioökonomischen Perspektive auch mit Fragen der „Lebensführungsweisen von Menschen und Gruppen" befasst. Hans-Peter Müller (2020a, S. 112) schlägt diesen Oberbegriff vor, um sich dann dafür zu interessieren, wie sich im Rahmen von variierenden *Lebenschancen* spezifische *Lebensstile* herausbilden.

Lebenschance: Der bei Weber zwar zentrale aber nicht explizit definierte Begriff verwendet den Begriff der Chance in einem doppelten Sinne: „Zum einen im statistischen Sinn eine Wahrscheinlichkeit, dass etwas der Fall sei; zum anderen im sachlichen Sinn eine Gelegenheit oder Möglichkeit" (Müller 2020a, S. 110). Müller verweist darauf, dass Weber die Lebenschancen in Abhängigkeit von den Strukturen einer Gesellschaft (sie entscheide über die Vergabe von Lebenschancen), von gesellschaftlichen Kämpfen (um knappe Positionen und Ressourcen) und von den Modi der gesellschaftlichen Ressourcenverteilung (z. B. Matthäus-Prinzip) begreift. Das Konzept der Chancen drückt sich auch in dem bereits eingeführten Verständnis der Klassenlage aus, indem Weber diese als Chancen der Güterversorgung, der Lebensstellung und des Lebensschicksals begreift, die über die verfügbaren Ressourcen ermöglicht werden.

Lebensstil, Lebensführung: Auch die Begriffe Lebensstil bzw. Lebensführung werden bei Max Weber nicht explizit definiert. Müller schlägt vor, Lebensstile zu begreifen „als raum-zeitlich strukturierte Muster der Lebensführung, die von Ressourcen (materiell und kulturell), der Familien- und Haushaltsform und den Werthaltungen abhängen. Die Ressourcen umschreiben die Lebenschancen, die jeweiligen Optionen und Wahlmöglichkeiten; die Haushalts- und Familienform bezeichnet die Lebens-, Wohn- und Konsumeinheit; die Werthaltungen schließlich definieren die vorherrschenden Lebensziele, prägen die Mentalitäten und kommen in einem spezifischen Habitus zum Ausdruck" (1992, S. 376). Typischerweise wird der Begriff des Lebensstils auf soziale Gruppen bezogen. Vereinfacht könnte man sagen, dass der Lebensstil, die Lebensentscheidungen einer sozialen Gruppe charakterisiert, die diese angesichts bestimmter Rahmenbedingungen (historische Entwicklungsphase, institutionelle Strukturen) und Ressourcen (Kapitalausstattung, Habitus) trifft. Weber hat für Lebensstile in ständischen Gesellschaften herausgearbeitet, dass sie zum einen darauf zielen, Identitäten und Zugehörigkeiten zu mar-

2.2 Soziökonomisch-soziokulturelle Ansätze

kieren; zum anderen kommt ihnen die Funktion der Abgrenzung (z. B. durch Symbole des Status) und der sozialen Schließung (z. B. im Partnerschaftsverhalten) zu.

Konzepte Thorstein Veblens
Der US-amerikanische Ökonom und Soziologe Thorstein Veblen hat Ende des 19. Jahrhunderts eine „Theorie der müßigen Klasse" vorgelegt. Wie bei Marx spielt auch bei Veblen das Privateigentum eine wichtige Rolle; allerdings arbeitet er nicht mit der Gegenüberstellung einer arbeitenden und einer Kapital besitzenden Klasse, sondern er stellt der arbeitenden Klasse die *leisure class*, die müßige Klasse, gegenüber. Das heißt, er verknüpft eine soziökonomische Perspektive auf das Eigentum mit einer soziokulturellen Perspektive, indem er der distinktiven Bedeutung von Muße und Eigentum im Laufe der Geschichte und schließlich in industriellen Gesellschaften nachgeht.

Die müßige und die arbeitende Klasse: Im Fokus steht dabei das auf Geldbesitz beruhende Prestige, das sich im demonstrativen Müßiggang oder in demonstrativen Konsum ausdrücken kann. Es geht mithin um Anerkennungskämpfe oder um die Frage, wie der „angehäufte Reichtum in achtbarer Weise zur Schau" (1986, S. 50) gestellt werden kann.

Umgekehrt stelle sich in den unteren Klassen das Problem, dass man der Arbeit nicht entgehen könne; hier führe „der Kampf um das auf dem Geld beruhende Prestige weitgehend zu vermehrtem Fleiß und Sparsamkeit" (S. 51). Somit finde sich auch in industriellen Gesellschaften die „uralte theoretische Unterscheidung zwischen dem ‚Gemeinen' und dem ‚Ehrenvollen'" (S. 52). Während das Ergebnis produktiver Arbeit in materiellen Gebrauchsgütern liege, brächte die müßig verbrachte Zeit immaterielle Güter hervor; heutzutage seien das z. B. „die Kenntnis toter Sprachen (...), eine fehlerfreie Orthographie, die Hausmusik (...), Mode, Möbel und Reisen, Spiele, Sport" (S. 59 f.), oftmals Praktiken, deren Erlernen viel Zeit erfordere. Neben der müßigen Klasse im engeren Sinne entstehen dann auch abgeleitete müßige Klassen, die sich über ihre stellvertretende Muße auszeichnen; er verweist hier auf Hausfrauen (im Bürgertum) und repräsentativ tätige Dienstboten.

Von gesellschaftlicher Bedeutung sind nun die ausstrahlenden und normsetzenden Effekte. So werde das „Aufwandsniveau genau wie auch andere Wettbewerbsziele von jener Klasse bestimmt, die im Hinblick auf das Prestige eine Stufe höher steht (...), so daß vor allem in einer Gesellschaft, in der die verschiedenen Klassen nicht durch besondere Schranken voneinander getrennt sind, alle Normen des Prestiges und der Wohlanständigkeit sowie sämtliche Konsumniveaus Stufe für Stufe auf die Gebräuche und Denkgewohnheiten (...) der reichen müßigen Klasse zurückgeführt werden können" (S. 109 f.). In dem Maße, indem die steigende Produktivität die für den Lebensunterhalt notwendige Arbeit verringere, werde nicht etwa das Tempo der Arbeit reduziert, sondern der Aufwand gesteigert (S. 116); in besonderer Weise gelte dies für Intellektuelle (S. 118).

Finanzielle und produktive Tätigkeiten: Man sollte nun diese in der Blütezeit (Gilded age) des frühen amerikanischen Kapitalismus entstandene mitunter zuspitzende Darstellung Veblens auf die darin enthaltenden sozialstrukturellen Argumentationen zurückführen. Neben der sozioökonomischen Ordnung einer Industriegesellschaft existieren ständische Ordnungen fort. So hebt Veblen hervor, dass die leitenden Prinzipien des demonstrativen Konsums letztlich für die „geistige Einstellung einer vergangenen Zeit" stehen (S. 207). In modernen Gesellschaften liege „der Schwerpunkt der kollektiven Interessen (…) in der Leistungsfähigkeit" (S. 219); darunter versteht Veblen z. B. Ehrlichkeit, Fleiß, Friedfertigkeit oder die Fähigkeit, Kausalzusammenhänge zu verstehen. Andererseits ist „dem individuellen Interesse unter der Herrschaft des Wettbewerbs am besten durch schlaues und skrupelloses Verhalten gedient" (S. 220).

Vor diesem Hintergrund unterscheidet er zwei Typen von wirtschaftlichen Tätigkeitsfeldern: finanzielle bzw. kommerzielle und industrielle bzw. produktive. Bei den finanziellen und kommerziellen Tätigkeiten (z. B. Unternehmensleitungen, leitende Berufe des Bank- und Rechtswesens oder des Handels) spielt auch in modernen Gesellschaften das ererbte „räuberische Temperament" (S. 222) eine Rolle. Anders sei die Situation jener Klassen, die mit der manuellen Produktionstätigkeit und der damit verbundenen Technik befasst sind. „Sie sind gezwungen, technische Fakten und Zusammenhänge zu erkennen, zu koordinieren und sie dem menschlichen Leben nutzbar zu machen. Was diesen Teil der Bevölkerung betrifft, so erzieht sie der industrielle Prozeß (…), ihre Denkgewohnheiten den (…) Zwecken des kollektiven Lebens anzupassen [und] jene durch Vererbung und Tradition vermittelten Überreste einer barbarischen Vergangenheit relativ schnell aufzugeben" (S. 224). Veblen bemerkt jedoch, dass ein solches dichotomes Bild trügerisch sei, da auch die produktiv Beschäftigten einem Konkurrenzdruck (als Arbeitskräfte wie als Konsumenten) ausgesetzt seien, da es nach einem Auswahlprozess auch zu Aufstiegen in die müßige Klasse komme und da die ärmsten Bevölkerungsschichten zu einem verstärkten Kampf um die Befriedigung der elementarsten Bedürfnisse gezwungen seien.

Konzepte Pierre Bourdieus
Typischerweise wird die Bedeutung Bourdieus für die Sozialstrukturanalyse mit seinen Analysen zum Bildungssystem und zum sozialen Raum (s. u.) identifiziert. Hier soll es um seine für die Sozialstrukturanalyse bedeutsamen theoretischen Konzepte gehen. Diese ermöglichen es, sozioökonomische Differenzierungsprozesse auch als soziale und anthropologische Prozesse zu begreifen.

2.2 Sozioökonomisch-soziokulturelle Ansätze

Kapitalien: Bourdieu fasst den *ökonomischen* Kapitalbegriff erheblich weiter, verwendet aber stets die damit verbundenen Vorstellungen des Werts, des Tauschs, der Anlage, der Konvertierung etc. Indem er das Kapitalkonzept nutzt, um soziale Positionierungen zu analysieren, leistet er bereits einen wesentlichen Schritt der Verknüpfung von ökonomischer und sozialer Perspektive. Sein Begriff von ökonomischem Kapital (z. B. Produktionsmittel, Vermögen, Einkommen) als einem sich in Geld ausdrückenden Kapital ist noch recht nahe am vorherrschenden Verständnis.

Von *kulturellem* Kapital spricht er in verschiedener Perspektive. Das inkorporierte kulturelle Kapital umschreibt das Ergebnis von (biografischen und generationalen) Lernprozessen und Erfahrungen, die dazu beitragen, dass sich Personen als Gebildete begreifen oder wahrgenommen werden; der Prozess der Inkorporierung erfordert Zeit und erstreckt sich meist über mehrere Generationen. Das institutionalisierte kulturelle Kapital steht für Titel, also schulische und berufliche Abschlüsse, die Personen erworben haben. Das objektivierte kulturelle Kapital umfasst schließlich Kulturgüter wie Bücher, Kunstwerke oder technische Geräte. Diese Kapitalien unterscheiden sich nach den typischen Wegen ihres Erwerbs: das Elternhaus und das umgebende Milieu; öffentlich und private Bildungseinrichtungen und schließlich der Kauf an mehr oder weniger zugänglichen Märkten.

Das *soziale* Kapital impliziert die sozialen Beziehungen und Netzwerke, über die eine Person verfügt. Dazu gehört auch die Abstammung aus einer mehr oder weniger anerkannten Familie oder Gruppe.

Das *symbolische* Kapital umfasst (das Verständnis variiert bei Bourdieu) die Wertschätzung, die Anerkennung, die Ehre, den Status oder das Prestige, über das Personen verfügen. In seinen ethnologischen Studien in Algerien hatte sich Bourdieu, z. B. mit dem (ökonomisch symbolischen) Doppelcharakter von Tauschprozessen befasst.

Habitus, Anlagesinn, Strategie: Der *Habitus* steht bei Bourdieu für erlernte und inkorporierte Wahrnehmungs-, Denk- und Handlungsschemata von Personen bzw. soziale Gruppen. Indem er davon ausgeht, dass diese mit den typischen Positionierungen und Erfahrungen einer sozialen Gruppe zusammenhängen, begreift er diesen Habitus als *strukturierte Struktur*, in der sich vergangene soziale Ungleichheiten ausdrücken. Indem der in Prozessen der Sozialisation und im weiteren Lebensverlauf erworbene Habitus nun seinerseits die Art und Weise prägt, wie Menschen sich orientieren und agieren spricht Bourdieu von einer *strukturierenden Struktur*. Auch der Begriff des Lebensstils erhält bei Bourdieu eine spezifische Note, wenn er weniger als Wahlhandlung, denn als Handlung mit begrenzten Freiheitsgraden begriffen wird. Indem Bourdieu von einem habituell geleiteten Handeln ausgeht, wendet er sich gegen ein insbesondere ökonomisches Verständnis, das Handeln als rationale Wahl und als Nutzenmaximierung modelliert. Er begreift Handeln demgegenüber als sozial und temporal eingebettet.

Habituell geleitetes Handeln impliziert einen gewissen *Anlagesinn*; d. h. Menschen begeben sich in Situationen oder modifizieren diese so, dass ihre Anlagen am besten eingesetzt werden und zur Geltung kommen. Ohne Zweifel sind Menschen kreativ und lernfähig; sie können sich unterschiedlichsten Situationen anpassen; dennoch ist der Habitus wirksam, indem er gewisse Wahrscheinlichkeiten der (In)-Variation von Handlungen markiert und indem die weniger habitualisierten Handlungen zu Stress führen. Sicherlich können sich alle in einer Kunstausstellung bewegen und gewissen Regeln folgen, die einen tun es aber mit einer gewissen Selbstverständlichkeit und Gelassenheit, für andere bedeutet dies viel Arbeit. Der Habitus verleiht den Handlungen eine gewisse Regelmäßigkeit und macht sie für die Handelnden und ihre Interaktionspartner:innen kalkulierbar; das impliziert umgekehrt einen Trägheitseffekt.

Die soziale Einbettung des Habitus steht dafür, dass die dem Habitus zugrunde liegenden Strukturierungen zumeist nicht individueller Natur sind. Es sind Prägungen, die sich bei Personen mit vergleichbaren sozialen Erfahrungen oder geschlechtlichen Verortungen sowie mit spezifischen Migrations- oder Diskriminierungserfahrungen ähnlich gestalten können. Auch die strukturierenden Effekte des Habitus sind kollektiver Natur, indem man sich neben dem erworbenen Habitus auch an den Praktiken und Denkweisen des umgebenden Milieus orientiert und diese mitunter nachahmt.

Das Konzept des habituellen Handelns ist durchaus mit einem oft eher ökonomisch konnotierten *Strategiebegriff* vereinbar. Es geht aber um Strategien, die habituell vermittelt sind; d. h. man setzt sich Ziele und wählt Mittel und Wege, die zu einem ‚passen', indem man (z. B. vor dem Hintergrund einer bestimmten Herkunft, einer geschlechtlichen oder ethnischen Zurechnung) die eine oder andere Kapitalsorte in den Vordergrund rückt. So zielen die lebensgeschichtlich verfolgten Strategien nicht selten auf die Reproduktion oder die (überschaubare) Verbesserung der ererbten sozialen Position.

Das Habituskonzept Bourdieus kann auch in einem theoretischen Sinne gelesen werden, indem es an der Schnittstelle von Handlung und Struktur steht, ohne der einen (Voluntarismus) oder der anderen (Strukturdeterminismus) Seite eine Priorität einzuräumen. Es bietet auch Antworten auf die Frage nach der Reproduktion von sozialen Ungleichheiten, indem es neben der Vererbung von materiellen Gütern auf die Effekte der immateriellen Vererbung über den Habitus verweist.

Laufbahnen: Mit dem Begriff der Laufbahn, der Bourdieusche Term der *trajectoire* sollte besser als Flugbahn übersetzt werden, werden die sozialen Positionierungen von Personen in einem temporalen, aber auch sozialen Kontext verortet. Der temporale Aspekt wird deutlich, wenn auf individueller Ebene biografische und generationale Laufbahnen betrachtet werden; dabei spielt das materielle wie das habi-

2.2 Sozioökonomisch-soziokulturelle Ansätze

tuelle Erbe eine wichtige Rolle. Es geht aber auch um soziale und damit kollektive Laufbahnen. Diese können mit sich epochenspezifisch und konjunkturell verändernden Möglichkeitsräumen (z. B. im Kontext von politischen oder ökonomischen Krisen oder Brüchen) oder mit sozioökonomischen Veränderungen (z. B. neu entstehende oder verschwindende Berufsfelder und Branchen) zusammenhängen. Die Konnotationen der Begriffe Laufbahn und Flugbahn verweisen auf die begrenzten aber stets vorhandenen Freiheitsgrade von Lebensverläufen.

Alle hier skizzierten Konzepte ermöglichen es, Prozesse der Differenzierung und Positionierung als soziale Prozesse zu begreifen, die zwar in letzter Instanz stets Individuen betreffen, die aber in vielfältiger Weise auch kollektiver Natur sind, indem sie sich auf Gruppen von (z. b. sozial, geschlechtlich oder ethnisch-kulturell) Ähnlichen beziehen.

Inkorporierung und Somatisierung sozialer Differenzen: Es ist ein wesentliches Charakteristikum des Bourdieuschen Ansatzes, dass er sich für die Rolle des Körpers und für Prozesse der Inkorporierung, der Einverleibung, interessiert, dass er sich umgekehrt aber von jeder Form eines biologischen oder evolutionären Determinismus distanziert. Prozesse der Inkorporierung werden deutlich, wenn man die Genese von Habitus oder eben den Erwerb von inkorporiertem kulturellen Kapital untersucht. Das heißt, soziale Strukturen bilden sich nicht nur in der Wohnung und im Geldbeutel ab, sie stecken auch in den (sozialen) Körpern und sie erwachen in der Hexis (einverleibte Körperhaltungen und Bewegungen) und im Habitus wieder zum Leben.

Bourdieu hat den Körper an verschiedenen Stellen als eine Instanz der Somatisierung sozialer Differenzen beschrieben: „Die soziale Welt behandelt den Körper wie eine Gedächtnisstütze" (1997, S. 167 f.). An anderer Stelle werden Inkorporierungen genauer benannt: „Die von den sozialen Akteuren im praktischen Erkennen der sozialen Welt eingesetzten kognitiven Strukturen sind inkorporierte soziale Strukturen. Wer sich in dieser Welt ‚vernünftig' verhalten will, muß über ein praktisches Wissen von dieser verfügen, damit über Klassifikationsschemata (…), mit anderen Worten über geschichtlich ausgebildete Wahrnehmungs- und Bewertungsschemata, die aus der objektiven Trennung von ‚Klassen' hervorgegangen (Alters-, Geschlechts-, Gesellschaftsklassen), jenseits von Bewußtsein und diskursivem Denken arbeiten. Resultat der Inkorporierung der Grundstrukturen einer Gesellschaft und allen Mitgliedern derselben gemeinsam, ermöglichen diese Teilungs- und Gliederungsprinzipien den Aufbau einer gemeinsamen sinnhaften Welt" (1987, S. 730).

Die theoretischen Konzepte Bourdieus wurden von der sozialstrukturellen Forschung in höchst unterschiedlicher Weise aufgenommen. So spielte z. B. in Deutschland das Konzept des sozialen Milieus eine zentrale Rolle (vgl. dazu Groh-Samberg et al. 2023). Im angloamerikanischen Kontext werden die Anstöße im Sinne einer Differenzierung von Klassenkonzepten aufgenommen. So unterscheidet Will Atkinson (2015) vier Typen von Klassenkonzepten: class as exploitation (z. B. Marx), class as life chances (z. B. Weber), class as misrecognition (z. B. Bourdieu) und schließlich intersektionale Ansätze.

2.2.2 Soziokulturen der frühen Industriegesellschaft

Die vorindustrielle Welt ist im sozioökonomischen wie im soziokulturellen Sinne als eine eher statische Ordnung zu verstehen. Diese Gesellschaften lassen sich als Hierarchien bzw. Organismen begreifen, in denen „jeder seinen festen Platz hatte, wobei jeder Platz in ein Geflecht aus unterschiedlichen Rechten und Pflichten eingebunden war, die sich vom formellen wie vom Gewohnheitsrecht herleiteten (…). Es herrschte Ordnung, wenn die Menschen die ihnen bestimmten Plätze einnahmen, ihren Verpflichtungen nachkamen und ihnen dafür Rechte gewährt wurden" (Crone 1992, S. 122). Die Ordnungsprinzipien erstreckten sich auch auf den Lebensstil und den Konsum; dazu gehörten z. B. Bildung, Reichtum, Sprache, Kleidung und Aussehen, die Wohnung oder die Verkehrsmittel. So wurde Rang und Status demonstriert. Im Unterschied zu heute wurden Bildung aber auch Reichtum, „eher auf Grund des gesellschaftlichen Ranges erworben, als durch einen solchen belohnt" (ebd.).

Dieses etablierte Zusammenspiel von sozialer Ordnung mit spezifischen Ungleichheitsmarkern wird in den sich industrialisierenden und modernisierenden Gesellschaften in verschiedener Weise irritiert.

- Mit den Freiheits- und Gleichheitsnormen der atlantischen Revolutionen (z. B. gleiche politische, zivile und später auch soziale Rechte, Gewerbefreiheit, Vereinigungsfreiheit) werden die Grundlagen und die Legitimität dieser Ordnung erschüttert.
- Durch den entstehenden Welthandel und die Industrialisierung von Fertigungsprozessen verlieren Güter ihre Knappheit (und damit Exklusivität); das gilt für Genussmittel (z. B. Tee, Kaffee oder Zucker), für Güter des täglichen Gebrauchs (Porzellan) oder für Textilien. So entstehen in den prosperierenden und sich industrialisierenden Ländern des Nordens frühe Konsumgesellschaften, an denen neben den schon immer konsumierenden Oberschichten auch Mittel- und Unterschichten teilhaben können, indem sich z. B. auch das häusliche Dienstpersonal durch Kleidung inszenieren kann oder die Heimarbeiter:innen durch Tee und Kaffee länger arbeiten können. Die Entwicklung des Kapitalismus ist eng mit dem Massenkonsum (z. B. von Bier oder Textilien) verbunden (Plumpe 2019, S. 138).

2.2 Sozioökonomisch-soziokulturelle Ansätze

- Mit der Einführung eines elementaren Schulsystems in den Nationalstaaten (meist im 18. und 19. Jahrhundert) und später mit der sogenannten Bildungsexpansion (zweite Hälfte des 20. Jahrhunderts), aber auch mit den wachsenden Qualifikationsanforderungen in Produktion und Verwaltung verändert sich schließlich auch die Bedeutung von Bildung fundamental. Bildung wird einerseits zu einem wesentlichen Platzanweiser, indem frühe schulische und berufliche Abschlüsse (institutionalisiertes kulturelles Kapital) den weiteren Lebensweg (der Männer und später auch der Frauen) entscheidend beeinflussen, indem aber das Gebildetsein (inkorporiertes kulturelles Kapital) seinen exklusiven Effekt keinesfalls verliert. So hatte schon Veblen auf die feinen Unterschiede zwischen den eher technischen und den geisteswissenschaftlichen Ausbildungen verwiesen; er sprach von exoterischem und esoterischen Wissen (1986 [1899], S. 352).

Exemplarisch sei auf drei Studien verwiesen, die über die Konsum- und Bildungspraktiken an der Wende zum 20. Jahrhundert informieren.

Soziale Lage und Konsum

In der Wirtschafts- und Sozialgeschichte werden Haushaltsbücher genutzt, um exemplarisch Einblick in die Arbeits- und Lebensverhältnisse einzelner Sozialgruppen zu erlangen. Diese Aufzeichnungen wurden zunächst vor allem von den Haushalten selbst angelegt; später wurden sie auch von Forschenden erstellt oder beauftragt. In dem sogenannten ‚Kölner Datensatz' wurden solche Aufzeichnungen zu Mikrodatensätzen zusammengeführt, die über die Einnahmen und Ausgaben von Haushalten (zwischen 1859 und 1914) Auskunft geben (vgl. Fischer 2011, S. 91 ff.). Die unterschiedlichen Ausgabenstrukturen wurden mit Hilfe von Clusteranalysen zu neun Konsumclustern verdichtet; diese werden dann noch einmal gruppiert, indem ein grundbedarfsfixierter (notdürftiger, ernährungszentrierter und auskömmlicher Konsum), ein gehobener (statusorientierter, bescheiden-wohlständiger und gemäßigt-komfortabler Konsum) und ein komfortabler (bildungsbeflissener, freizeitorientierter Konsum) bzw. luxuriöser Konsum abgegrenzt werden. Die Cluster unterscheiden sich insbesondere darüber, wie hoch die Gesamtausgaben (zwischen 930 und 19.000 bzw. 120.000 Mark) ausfallen und welchen Anteil dabei Nahrungs- und Genussmittel (zwischen 61 % und 18 bzw. 15 %) haben. Die von Fischer zusammengestellten Daten werden für diese Einführung mit Hilfe einer Korrespondenzanalyse für zusammengesetzte Tabellen (vgl. Blasius 2001, S. 105 f.) aufbereitet (s. Abb. 2.6).

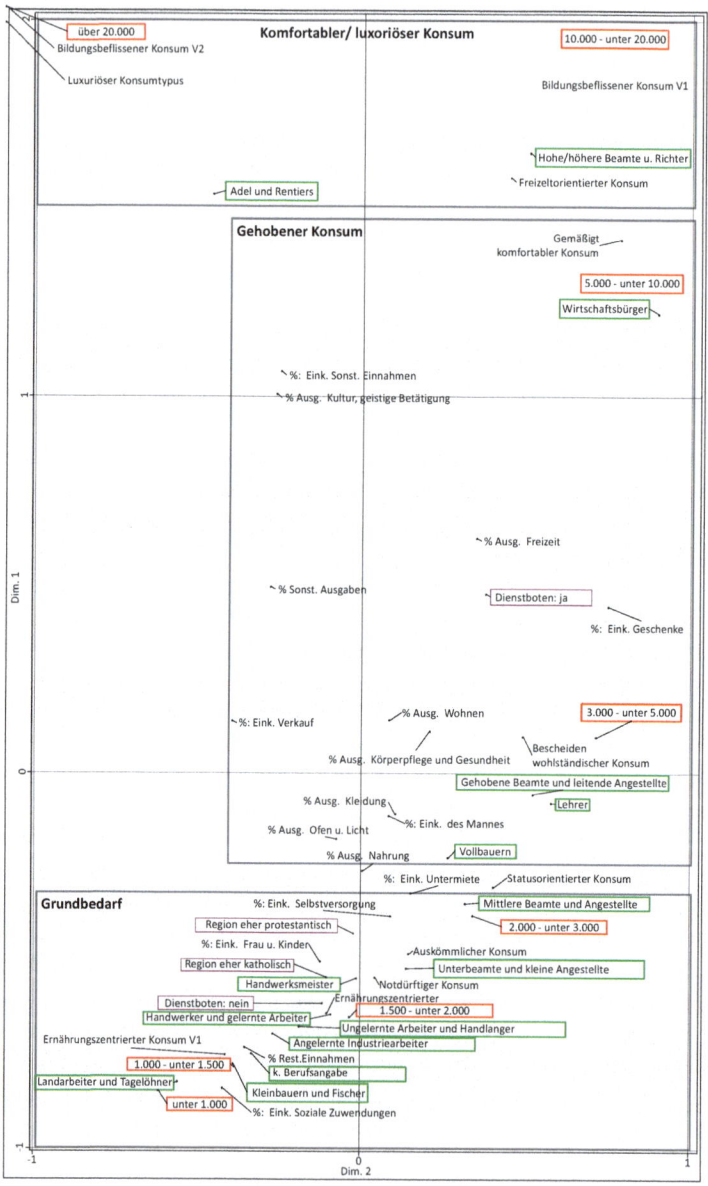

Abb. 2.6 Konsummuster im sozialen Raum. Eigene Berechnungen mit Daten aus Fischer (2011)

2.2 Sozioökonomisch-soziokulturelle Ansätze

Korrespondenzanalysen ermöglichen im Sinne eines explorativen Forschungsansatzes die Visualisierung komplexer tabellarischer Zusammenhangsbeziehungen in niedrigdimensionalen Räumen. Für die Interpretation von Korrespondenzanalysen ist zu beachten:

- Die Lage der Punkte geht nicht auf eine regelgeleitete Einzeichnung in ein Koordinatensystem zurück, sondern ist dem dimensionsreduzierenden Verfahren der Eigenwertzerlegung geschuldet, das die vieldimensionale Ausgangskonstellation aufbereitet. Dementsprechend kann versucht werden, die Dimensionen unter Berücksichtigung der Inertia zu interpretieren.
- Punkte, die nahe am Nullpunkt des Koordinatensystems liegen, stehen für Merkmale, die eher durchschnittlich verteilt sind. Je weiter ein Merkmal vom Nullpunkt entfernt ist, desto stärker weicht es vom Durchschnittsprofil ab.
- Es ist zu berücksichtigen, dass die Zeilen- und Spaltenprofile unterschiedlich skaliert sind und daher die Projektion in einen gemeinsamen Raum nicht unproblematisch ist. Unabhängig von diesem Skalierungsproblem kann jedoch die Situierung in den durch den Nullpunkt gebildeten vier Quadranten interpretiert werden.
- Merkmale, die räumlich nahe beieinander liegen, weisen eine gewisse Ähnlichkeit auf. Dabei ist jedoch zu berücksichtigen, ob die verglichenen Punkte auf Zeilen- oder Spaltenprofile zurückgehen (s.o.).
- Schließlich ist darauf zu verweisen, dass das von Korrespondenzanalysen gelieferte grafische Abbild einer Zusammenhangskonstellation stets ein wenig ‚zuspitzt'. Das ist für einen ersten Überblick hilfreich; für detailliertere Analysen sollte aber immer auch auf die Kreuztabellierung einzelner Zusammenhänge und die entsprechenden Maßzahlen zurückgegriffen werden, um Vereinfachungen zu entgehen.

Über die Konsummuster wird eine Ein-Viertel-Gesellschaft erkennbar. Das heißt, 1,4 % sind dem komfortablen bzw. luxuriösen und 21,4 % dem gehobenen Konsum zuzurechnen; umgekehrt sind es mehr als Drei-Viertel (77,1 %) der Haushalte, wo es nur für den Grundbedarf reicht. Mehrheitlich gehören diese Haushalte dem ernährungsorientierten Typ an, wo etwa 56 % in Nahrungsmittel fließt und die Gesamtausgaben zwischen 900 und 1550 Mark liegen.

In der Darstellung werden zum einen die großen Unterschiede in den Lebensbedingungen verschiedener sozialer Gruppen und die engen Zusammenhänge mit der beruflichen Positionierung deutlich. Zum anderen wird erkennbar, dass Gesellschaften schon in früheren Phasen immer auch soziokulturell differenzierte Gesellschaften waren. Dabei verfügen jedoch die einen kaum über die hinreichenden Mittel, um Grundbedürfnisse abzusichern. In den mittleren Lagen kann bereits ein Teil der Einkünfte für den kulturellen Konsum verwendet werden. In der Oberschicht spielen schließlich die materiellen Nöte keinerlei Rolle und man kann in Freizeit und Kultur investieren.

Soziale Lage und Schulbesuch

Der Zusammenhang zwischen der sozialen Lage der Eltern und dem Schulbesuch der Kinder liefert gute Einblicke in die soziokulturellen Differenzierungsprozesse um die Wende zum 20. Jahrhundert. Zudem liefern diese Daten eine erste Vorstellung von den Mechanismen der Reproduktion sozialer Ungleichheiten zwischen den Generationen (Tab. 2.5).

Tab. 2.5 Schulbesuch und soziale Lage

Beruf der Eltern Einkommensgruppe	Medianeinkommen	Höhere Schulen	Mittelschulen	Bürgerschulen
unter 700, z. B.				
Arbeiter und Taglöhner o. näh. Bez.	480	0 %	1 %	99 %
Maurer	530	0 %	2 %	98 %
Näher-, Flicker-, Sticker-, Strickerinnen	540	2 %	3 %	96 %
Häusliche Dienste	640	4 %	8 %	88 %
700–1000, z. B.				
Schneider, Modistinnen u. a.	740	7 %	11 %	82 %
Schreiner	780	2 %	5 %	93 %
Schriftgießer	900	2 %	5 %	93 %
Hutmacher u. Kürschner	940	6 %	9 %	85 %
1000–2000, z. B.				
Wäschereien, Büglerinnen, Putzfrauen	1060	1 %	2 %	97 %
Bäcker u. Konditoren	1140	18 %	17 %	66 %
Beamte u. Bedienstete aller Art	1500	19 %	13 %	68 %
Künstler, Musiker, Literaten, freie Berufe	1500	36 %	13 %	51 %

(Fortsetzung)

2.2 Sozioökonomisch-soziokulturelle Ansätze

Tab. 2.5 (Fortsetzung)

Beruf der Eltern Einkommensgruppe	Medianeinkommen	Höhere Schulen	Mittel-schulen	Bürgerschulen
mehr als 2000, z. B.				
Kaufleute im Geld- u. Kredithandel	2840	81 %	10 %	9 %
Rentiers, Privatiers, Pensionäre	3720	67 %	11 %	22 %
Ärzte, Zahnärzte, Chirurgen, Hebammen	4800	72 %	9 %	19 %
Rechtsanwälte u. Notare	22500	86 %	12 %	3 %

Daten für Frankfurt 1893 (Einkommensangaben) bzw. 1900 (Schulbesuch)
Eigene Berechnungen nach Rothenbacher (1989, S. 355 ff. und S. 361 ff.)

Die Verteilung des Schulbesuchs der Kinder zeigt in den beiden unteren Einkommensgruppen unter 1000 Mark (22 bzw. 27 % der Steuerzahlenden) eine Konzentration in der Bürgerschule; allenfalls in der oberen Gruppe wird eine leichte Öffnung für mittlere und höhere Schultypen erkennbar. In der Einkommensgruppe zwischen 1000 und 2000 Mark (35 % der Steuerzahlenden) steigt sowohl der Anteil in den mittleren wie in den höheren Schulen deutlich an; es wird am Beispiel der künstlerischen Berufe aber auch deutlich, dass es neben dem Einkommen vermutlich auch die ‚Bildungsaffinität' der elterlichen Berufe ist, die den Schulbesuch prägt. In der obersten Einkommensgruppe (17 % der Steuerzahlenden) dominiert schließlich der Besuch höherer Schulen.

Der sozial differenzierte Besuch verschiedener Schulen ist sozialstrukturell in einem doppelten Sinne bedeutsam: zum einen fungieren die schulischen Abschlüsse weit mehr als heute als Eintrittskarten für anschließende Ausbildungsgänge und Berufsfelder. Zum anderen sollte man die Schulen als Teil von Lebens- und Erfahrungswelten begreifen; d. h. eine höhere Schule stellt über die Zusammensetzung der Schüler:innen, ihre Ausstattung und ihren Lehrkörper eine ganz andere Erfahrungswelt dar als eine Bürgerschule.

Soziale Lage und politisch-kulturelle Orientierung
Der Soziologe Rainer Maria Lepsius hat sich im Rahmen einer historisch orientierten politischen Soziologie für die Entwicklung des Wahlverhaltens im deutschen Reich interessiert. Das Wahlverhalten kann über die Wahlstatistik rekonstruiert werden, indem Lepsius Konservative, Liberale, Zentrum, Sozialisten und Übrige unterscheidet. Zum Verständnis der Veränderungen betrachtet er

verschiedene sozialmoralische Milieus, nachdem deutlich wurde, dass kaum eine dieser politischen Lager als klassenhomogen begriffen werden kann. Auch der sozial homogensten Gruppe (den Sozialisten) gelang es nicht, eine Mehrheit der Arbeiterschaft zu erreichen.

Das Konzept des sozialmoralischen Milieus ist weiter gefasst als das der Klasse. Lepsius begreift sozialmoralische Milieus als „soziale Einheiten, die durch eine Koinzidenz mehrerer Strukturdimensionen wie Religion, regionale Tradition, wirtschaftliche Lage, kulturelle Orientierung, schichtspezifische Zusammensetzung der intermediären Gruppen, gebildet werden. Das Milieu ist ein sozio-kulturelles Gebilde, das durch eine spezifische Zuordnung solcher Dimensionen auf einen bestimmten Bevölkerungsteil charakterisiert wird" (1993, S. 38). An anderer Stelle verweist er auch auf die „wertvermittelnden und verhaltenssteuernden sozialen Institutionen" (S. 72): kirchliche Organisationen, weltanschaulich unterschiedene Gewerkschaften, Interessenverbände, Hilfsorganisationen etc. Vor diesem Hintergrund unterscheidet Lepsius (mit gewissen begrifflichen Variationen)

- ein katholisches Milieu
- ein agrarisch-protestantisches (eher konservatives) Milieu,
- ein bürgerlich-protestantisches (eher städtisches und liberales) Milieu
- ein sozialistisches Milieu.

In diesen Milieus kommt es zu einer Überformung gesellschaftlicher Konflikte. „Durch die Ausbildung von vier politisch dominanten Sozialmilieus, die sich durch symbolisch dramatisierte Moralgrenzen scharf abgrenzen, und auf die hin das politische System organisiert ist, werden die jeweiligen Konfliktgegenstände auf höchst komplexe Weise subkulturell überformt. Sie befreien sich nicht aus dieser multidimensionalen Einbettung in die Sozialstruktur und artikulieren sich daher auch nicht in klare politische Frontstellungen" (S. 49).

2.2.3 Soziokulturen der klassischen Industriegesellschaft

Bereits im 19. Jahrhundert waren vielerlei Studien entstanden, die sich mit den Arbeits- und Lebensverhältnissen einzelner Berufs- bzw. Sozialgruppen befassten. Neben staatlichen Institutionen gingen diese Untersuchungen auch auf wissenschaftliche Vereine, Kirchen, Gewerkschaften oder universitäre Einrichtungen

2.2 Sozioökonomisch-soziokulturelle Ansätze

zurück. Während diese Studien zunächst oft nur auf der Befragung von Experten basierten, entstanden nach und nach differenziertere und wissenschaftlich reflektierte Ansätze der Erhebung und Analyse. Exemplarisch sei auf zwei Studien verwiesen, die kurz vor der Machtübernahme durch die Nationalsozialisten entstanden: Die in Österreich durchgeführte Studie über die Arbeitslosen von Marienthal (Jahoda et al. 1975) befasste sich mit der Erfahrung längerer Arbeitslosigkeit. Die am Frankfurter Institut für Sozialforschung entstandene Studie (Fromm 1980) untersuchte die Lage von Arbeitern und Angestellten in sozialpsychologischer Perspektive.

Studien zu Gesellschaftsbildern einzelner Sozialgruppen
Die skizzierten Entwicklungslinien setzten sich in den 1950er bis 1970er-Jahren fort. So entstanden viele quantitativ wie qualitativ angelegten Studien zu einzelnen Sozialgruppen, die neben sozioökonomischen Charakterisierungen auch die Frage verfolgten, wie diese Sozialgruppen sich selbst wahrnehmen, wie sie sich gesellschaftlich verorten und wie sie die Gesellschaft als Ganzes wahrnehmen.

Zu einem Klassiker wurde die von Heinrich Popitz und Hans Paul Bahrdt verantwortete Studie zum ‚Gesellschaftsbild des Arbeiters', die auf 600 qualitative Befragungen (von Männern) in einem Hüttenwerk zurückging. Der Begriff des Gesellschaftsbildes bezieht sich auf jene Phänomene (ein ‚Mehr'), die außerhalb des eigenen Erlebnisbereiches liegen. Dabei „wird in der Regel ein Vorstellungsschema bereitliegen, das dieses ‚Mehr' gleichsam abdeckt und durch das es jeweils – der eigenen gesellschaftlichen Verortung gemäß – in eine bestimmte Ordnung eingefügt wird". So dient „ein mehr oder minder differenziertes Gesamtbild zur Interpretation und Bewertung unserer gesellschaftlichen Erfahrungen. Dieses Gesellschaftsbild muß zwar nicht ein für alle Mal festliegen, – es muß auch nicht zu einer systematischen und reflektierten Konzeption werden, – aber es muß doch, um seine Funktion erfüllen zu können, den Charakter des Dauerhaften haben, eine gewisse Stimmigkeit einzelner Vorstellungen innerhalb eines Ganzen besitzen und jeweils ein ‚Mehr' gegenüber dem unmittelbar Erfahrenen enthalten" (1957, S. 8 f.).

Die Ergebnisse der Befragung werden zunächst entlang verschiedener Themenbereiche (Arbeit und technischer Fortschritt, wirtschaftspolitische Probleme, Mitbestimmung) ausgeführt und dann zu einer Typologie von sechs Grundtypen von Gesellschaftsbildern verdichtet (Tab. 2.6).

Tab. 2.6 Typologie von Gesellschaftsbildern

	Befragte	in %	Typen in %
Typus 1: statische Ordnung	60	10	14
Typus 2: progressive Ordnung	150	25	34
Typus 3: Dichotomie als kollektives Schicksal	150	25	34
Typus 4: Dichotomie als individueller Konflikt	60	10	14
Typus 5: Reform der Gesellschaftsordnung	12	2	3
Typus 6: Klassenkampf	6	1	1
Kein Gesellschaftsbild	120	20	
Protokoll unzureichend	12	2	
Nicht berücksichtigte Zwischenformen	30	5	
	600	100	

Eigene Darstellung nach Popitz et al. (1957, S. 233)

Die ersten beiden Typen stehen für Befragte mit Gesellschaftsbildern, in denen eine Gesellschaft als soziale Ordnung begriffen wird, mal in einer statischen, mal in einer dynamischen Variante. „‚Ordnung' bedeutet hier also nicht nur Zufriedenheit mit den Umständen auf Grund guter Erfahrungen – es ist alles ‚in Ordnung' -, sondern auch die Anerkennung verschiedenartiger gesellschaftlicher Funktionen" (S. 188).

„Vor dem Krieg wurde jeder Meister, der ein guter Antreiber war; der brauchte noch nicht einmal seinen Namen schreiben zu können. Heute werden nur Leute Meister, die eine besondere Schule absolviert haben und besondere Fachkenntnisse haben. Die Antreiberei ist vorbei. Es ist auch nach dem Krieg viel mehr gebaut und geplant worden als vor dem Krieg. (Mitbestimmung?) Da sollen die Arbeiter durch ihre Vertreter mitreden und mitplanen und sagen: ‚Das gibt es nicht – und das ist in Ordnung!' Und wenn es dann ganz gerecht zugehen soll, bekommen am Jahresende die Arbeiter auch etwas von dem Profit ab, den man im Jahre herausgeschuftet hat, und nicht alles die Aktionäre … (Es folgen genaue Angaben über den Aufsichtsrat) … Aber die meisten wissen das nicht. Die sind das selbst in Schuld, wenn uns die anderen auf dem Kopf herumtanzen, obwohl wir die Macht haben, das zu verhindern. Man muß eben seine Rechte kennen!" (S. 194).

Bei dem dritten und vierten Typ steht eine dichotomische Vorstellung von gesellschaftlichen Gruppen (Oben und Unten) im Vordergrund.

2.2 Sozioökonomisch-soziokulturelle Ansätze

> „‚Das Kapital ist darauf bedacht zu verdienen. Die gehen über Leichen. Sie werden ihre Produktion immer zu steigern suchen ...' (178) ‚Im allgemeinen hat der Arbeiter nicht viel davon. Es wird immer nur mehr gehetzt, je weiter der technische Fortschritt geht ... Wie es wird, können wir nicht beurteilen. Dazu sind wir viel zu kleine Leute.' (796) ‚Der technische Fortschritt macht uns ja arbeitslos ... Von dem technischen Fortschritt hat nur das Kapital einen Vorteil ... Ja, wenn der Arbeiter dann auch entsprechend verdient. Aber meistens ist es anders, nämlich daß das Kapital allein den Nutzen davon hat ... Wie das zustande kommt, können wir nicht beurteilen, dazu sind wir viel zu kleine Leute.' (891)" (S. 203).

Bei dem vierten und fünften Typ gehen die Befragten von einer Klassengesellschaft aus, die im Sinne von Reformen oder weiterreichenden Umbrüchen zu verändern sei.

> „Soviele Millionen, wie die besitzen, kann man gar nicht auf ehrliche Weise verdienen. Entweder hat man das Geld den Arbeitern weggenommen, die man zu schlecht bezahlt hat, oder man hat die Sachen zu teuer verkauft. Wahrscheinlich beides! Und so geht das immer weiter. Man sieht das ja an der Währungsreform. Die Aktien sind 1:1 oder sogar noch besser umgestellt worden, die kleinen Sparer aber kriegten das Geld abgenommen. Nach einem verlorenen Krieg braucht man eben eine Inflation. Das kennen wir schon: einer muß den verlorenen Krieg bezahlen. Dann macht man kurzerhand eine Inflation. Man hat wohl nicht eher Ruhe, als bis die großen Industrien verstaatlicht sind. (Mitbestimmung?) Das ist auch so eine Sache. Die Mitbestimmung ist von vornherein so eingerichtet, daß die Arbeiter nicht viel zu sagen haben. Wenn man eine richtige Mitbestimmung will, muß man die Werke der Stahlindustrie und den Bergbau verstaatlichen. Dann werden Beamte als Direktoren eingesetzt, und der Gewinn kann unter der Arbeiterschaft verteilt werden, soweit man ihn nicht für die notwendigen Reparaturen und Verbesserungen braucht. Das hat viele Vorteile. Vor allem den, daß mehr gearbeitet wird, denn jeder Arbeiter sagt sich dann, das ist unser Werk" (S. 218).

Derartige Studien zu Bewusstsein und Gesellschaftsbildern wurden seit den 1980er-Jahren, von wenigen Ausnahmen abgesehen, nicht weitergeführt. Erst in den 2010er-Jahren wird dieser Typ von Fragestellung erneut aufgenommen (vgl. exemplarisch Schultheis et al. 2010; Dörre et al. 2013 oder Mayer-Ahuja und Nachtwey 2021).

Bourdieus Modell des Sozialen Raums

Das von Bourdieu Anfang der 1980er-Jahre vorgelegte Modell des sozialen Raums, die Daten beziehen sich auf Frankreich, hat die Vorstellung soziokultureller Differenzierungen nachhaltig geprägt; dabei spielte nicht zuletzt die visuelle Aufbereitung eine Rolle. Der Entwicklung des Modells gingen umfangreiche qualitative und quantitative Analysen voraus. So wurden seit den 1960er-Jahren fast 1200 Intensivinterviews und ethnografische Beobachtungen durchgeführt; daneben wurden standardisierte Daten über kulturelle Praktiken genutzt, die auf eigene Erhebungen und Sekundäranalysen des INSEE (z. B. zu Freizeitverhalten, kulturellen Praktiken, Medienkonsum) zurückgingen.

Für die Analyse der quantitativen Daten wurden häufig Korrespondenzanalysen genutzt, die es ermöglichen, die Informationen, die in der Zeilen- und Spaltenstruktur von komplexen Kreuztabellen zu finden sind, zu visualisieren. Als Rohmaterial dieser Analysen fungierten Tabellen, in denen die sozioökonomische Positionierung mit kulturellen Praktiken verknüpft wurde. Dementsprechend ist in dem Sozialraumbild einerseits ein Raum der Positionen (schwarz) und andererseits ein Raum der Lebensstile (rot) zu erkennen. Die folgende Darstellung (Abb. 2.7), die hier in einer vereinfachten Form wiedergegeben ist, orientiert sich an den Befunden solcher Korrespondenzanalysen (Bourdieu 1987, S. 214).

Für die Interpretation wurde das entwickelte Kapitalkonzept genutzt. In der Vertikalen ist die Verteilung des Gesamtkapitals, die Summe von ökonomischem und kulturellem Kapital, zu erkennen. In der Horizontalen ist die Zusammensetzung des Gesamtkapitals dargestellt; auf der linken Seite finden sich Gruppen, bei denen das kulturelle Kapital überwiegt; auf der rechten Gruppen, bei denen das ökonomische Kapital im Zentrum steht.

Eine dritte (nicht dargestellte) Dimension des sozialen Raums ist die Zeit; d. h. die hier dargestellten Unterschiede zwischen den sozioökonomischen Gruppen und den soziokulturellen Praktiken sind in Bewegung: soziale Gruppen (z. B. die Kulturvermittler) gewinnen in den 1960er-Jahren an Bedeutung, die Gruppen des Kleinbürgertums verlieren an Einfluss. Auch die kulturellen Praktiken verändern sich, indem neue Praktiken entstehen; vor allem aber indem die Gruppen aufeinander reagieren – Bourdieu hebt stets hervor, dass man es mit einem relationalen Raum zu tun hat. Eine Sportart, die anfangs eher von den höheren Gruppen betrieben wurde, wird später auch in anderen Gruppen ausgeübt, verliert also an Exklusivität. In der Originaldarstellung wird deutlich, dass es bei den Positionen nicht nur um Berufe geht, sondern auch um das Einkommen, die soziale Herkunft oder den Wohnort.

2.2 Sozioökonomisch-soziokulturelle Ansätze

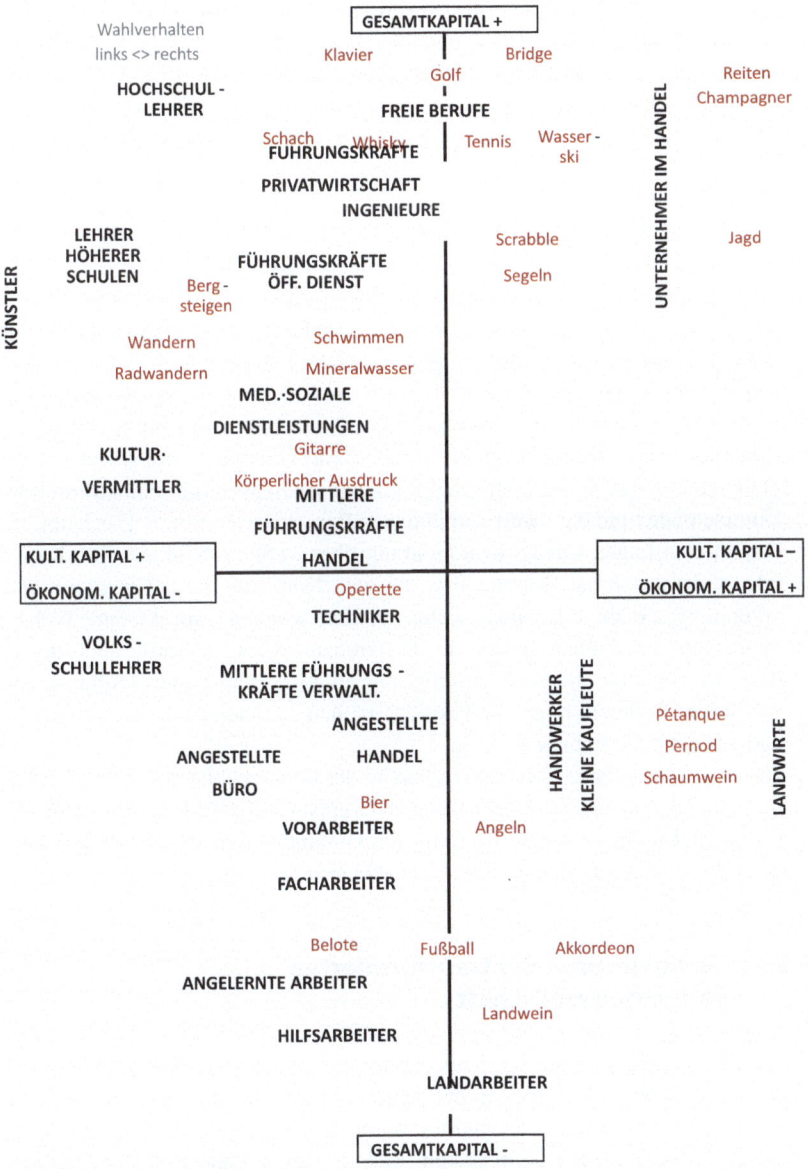

Abb. 2.7 Sozialraummodell – Bourdieu (vereinfacht). Eigene Darstellung nach Bourdieu (1998, S. 19)

Auf den ersten Blick könnte man sagen, diese Darstellung bilde den sozialen Raum des Frankreichs der 1960er- und 70er-Jahre ab; so tauchen in der Originaldarstellung (1987, S. 212 f.) viele Praktiken auf, die heute im Lexikon nachgeschlagen werden müssen. Es geht aber vielmehr um die in der Darstellung erkennbar werdenden Prinzipien und Zusammenhänge; die könnte man etwa so umreißen:

- Entgegen der landläufigen Wahrnehmung („jede:r habe seinen eigenen Geschmack') zeigt sich, dass kulturelle Praktiken und die damit verbundenen Einstellungen (z. B. Geschmack, Ästhetik) eng mit den sozioökonomischen Positionierungen zusammenhängen. Bourdieu spricht von einer Homologie (einer Gleichgestalt) der Räume der Positionen und der Lebensstile.
- Damit kommt den unterschiedlichen Lebensstilen eine komplexe Funktion zu. Sie dienen der Abgrenzung gegenüber ‚anderen' und sind zugleich ein Erkennungszeichen der ‚eigenen' Gruppe. Sie verdoppeln die sozialen Ungleichheiten, indem neben die sozioökonomischen auch die soziokulturellen Unterschiede (und die damit verbundenen Bewertungen) treten. Das heißt, in den unteren Lagen verfügt man nicht nur über weniger ökonomisches Kapital, sondern man hat Hobbies bzw. besucht Konzerte, die auf weniger Anerkennung stoßen oder man wohnt in den weniger ‚attraktiven' Wohnquartieren. Schließlich führen die Differenzen der Lebensstile auch dazu, dass die sozialräumliche Positionierung als eine ‚natürliche' Ordnung erscheint, z. B. indem reiche und arme Personen zugleich auch als ‚irgendwie andere' wahrgenommen werden.
- Die dritte wesentliche Erkenntnis steckt in der Relationalität des sozialen Raumes; d. h. die Prozesse der Zuordnung zu Gruppen und der Abgrenzung von anderen spielen eine wichtige Rolle für die Gesamtkonfiguration; dazu gehören auch Prozesse des Erstrebens und Nachahmens.

2.2.4 Soziokulturen der transformierten Industriegesellschaft

In den 1980er-Jahren erfährt das Milieukonzept in den Sozialwissenschaften eine Renaissance. In der Politikwissenschaft hängt dies z. B. damit zusammen, dass die über Jahrzehnte erfolgreiche Prognose des politischen Verhaltens (z. B. bei Wahlen) über soziodemografische Eckdaten (Einkommen, Bildung und Beruf) sowie die Religion, die sich ja auch in den sozialmoralischen Milieus ausdrückte, an Er-

2.2 Sozioökonomisch-soziokulturelle Ansätze

klärungskraft verliert (vgl. Marg 2022, S. 13). In der Soziologie gestaltet sich die Situation noch ein wenig komplexer; grob vereinfacht lassen sich drei Wirkfaktoren ausmachen:

- die Rezeption der theoretischen Konzepte Bourdieus bzw. des Centre for Contemporary Cultural Studies (CCCS) in Birmingham
- die unbefriedigenden Ergebnisse der sozioökonomisch fundierten Klassenanalysen der 1970er-Jahre
- die wiederentstehende und sich kanonisierende qualitative Sozialforschung.

Im Kontext der Sozialstrukturanalyse können derzeit mindestens drei unterschiedliche Ansätze der Konzeptionierung sozialer Milieus unterschieden werden: der für die Marktforschung entwickelte Milieuansatz des Sinus-Instituts, die von Vester u. a. entwickelten Ansätze zur Verknüpfung von Milieuforschung und Sozialstrukturanalyse und die auf Bohnsack u. a. zurückgehende mehrdimensionale Milieuforschung.

Darüber hinaus wird der Milieuansatz auch in anderen Feldern der Sozialwissenschaften eingesetzt: so z. B. in der eher kultursoziologisch orientierten Milieuforschung, wo die Ansätze von Schulze (Erlebnisgesellschaft) oder Otte (Lebensstilforschung) eine wichtige Rolle spielen; so z. B. in dem auf Joachim Renn zurückgehenden sozialtheoretischen Ansatz, der den Begriff des sozialen Milieus „als eine besondere Sprachform der Formatierung und Koordination des Handelns" (2018, S. 211) begreift, der eine „Scharnierfunktion für die Verbindung zwischen der Theorie multipler Differenzierung und der empirischen Gesellschaftsanalyse erfüllen kann" (S. 223); so z. B. die in verschiedenen Sozialwissenschaften zu findende essenzialisierende Milieuforschung, die soziale Milieus als einen „Mittelweg zwischen Klassen- bzw. Schichtanalyse auf der einen und Lebensstilansätzen auf der anderen Seite" begreift (Frankenberger und Frech 2017, S. 9).

Marktforschung als Milieuforschung
Das Marktforschungsinstitut Sinus hat in den 1980er-Jahren einen spezifischen Ansatz der Analyse sozialer Milieus entwickelt. Dabei werden Erkenntnisse aus qualitativen Befragungen für die Identifizierung von alten und neuen Milieus genutzt. Im zweiten Schritt wird dann mit verschiedenen statistischen Verfahren ein standardisiertes Befragungsinstrument entwickelt, das es ermöglicht, Personen diesen vorab definierten Milieus zuzuordnen (vgl. Flaig und Barth 2023, S. 6 f.). Die Verfahren der Identifizierung und Abgrenzung der Milieus werden jedoch nur bedingt offengelegt. Die zur Analyse dieser Milieus durchgeführte standardisierte Befragung dient dann dazu, die Größe und bestimmte Charakteristika dieser Mi-

lieus (z. B. das Wahlverhalten oder das Umweltbewusstsein) zu ermitteln. Vor diesem Hintergrund wird das SINUS-Modell im Bereich der Konsumforschung, aber auch für die Beratung von politischen, zivilgesellschaftlichen oder administrativen Organisationen genutzt. Auf der Website des Instituts wird die jeweils aktuelle Milieustruktur als ‚Kartoffelgrafik' räumlich dargestellt.

Innerhalb der drei Schichten werden die zuerst genannten dem Pol der traditionalen Grundorientierung und die zuletzt genannten dem der Neuorientierung zugerechnet; die mittlere Lage wird als Modernisierung bezeichnet. Für die einzelnen Milieus wird jeweils eine kurze Skizzierung angeboten. So heißt es zum postmateriellen Milieu: „Engagiert-souveräne Bildungselite mit postmateriellen Wurzeln: Selbstbestimmung und -entfaltung sowie auch Gemeinwohlorientierung; Verfechter von Post-Wachstum, Nachhaltigkeit, diskriminierungsfreien Verhältnissen und Diversität; Selbstbild als gesellschaftliches Korrektiv" (www.sinus-institut.de, 15.9.23). Zudem wird grafisch ein hypothetischer Wohnraum eines solchen Milieus dargestellt; eine in der Schichtungs- und Milieuforschung häufig verwendete Form der Illustrierung. Die Altersdurchschnitte zeigen an, dass die Zurechnung der Milieus zu Graden der Traditionalität bzw. Neuorientierung in erheblichem Maße mit dem Alter zusammenhängt.

Die Vorteile des Milieukonzepts gegenüber einfachen sozioökonomischen Variablen wie Alter, Bildung, Einkommen und Geschlecht werden deutlich, wenn man die Antworten der Milieuangehörigen auf die Fragen der Studie zum Naturbewusstsein analysiert (Tab. 2.7). So variiert der Anteil derer, denen der Zustand des Klimas bedenklich erscheint, zwischen 38 und 84 %; demgegenüber liegen die (bivariaten) Unterschiede nach Bildung (64–70 %), Einkommen (65–71 %), Alter (63–70 %) und Geschlecht (63–71 %) deutlich niedriger. Da jedoch die für die Milieuermittlung genutzten Items nicht einsehbar sind, kann nicht geklärt werden, ob nicht ähnlich gelagerte Fragen auch für die Milieubestimmung genutzt wurden.

Aus wissenschaftlicher Perspektive ist zunächst zu kritisieren, dass die Verfahren der Milieuidentifizierung sowie die Konstruktion des standardisierten Instruments zur Milieubestimmung nicht offengelegt werden. Das ist angesichts des kommerziellen Einsatzes vielleicht nachzuvollziehen; das Modell kann dann jedoch nicht mehr als ein wissenschaftlich fundiertes Modell begriffen werden, weil es nicht transparent und damit kritisierbar ist. Die innerhalb weniger Jahre häufig wechselnden Bezeichnungen und Abgrenzungen der Milieus werden gleichfalls nicht transparent gemacht und begründet; auch die vom Sinus Institut erstellten Studien zu migrantischen oder jugendlichen Milieus sind nicht mit der jeweiligen bundesweiten Milieukonstellation vereinbar. Diese Praktik mag im Kontext der Marktforschung (und der Bindung von Kunden) sinnvoll sein, wenn sich ‚Moden'

2.2 Sozioökonomisch-soziokulturelle Ansätze

Tab. 2.7 SINUS Milieus 2021

		Anteil	Altersdurchschnitt	Klimawandel*	Artenvielfalt*
eher Oberschicht/ obere Mittelschicht	Konservativ-Gehobenes M.	11 %	55	77	73
	Postmaterielles Milieu	12 %	50	84	81
	Milieu der Performer	10 %	46	70	62
	Expeditives Milieu	10 %	37	81	73
eher mittlere Mittelschicht	Traditionelles Milieu	10 %	70	72	63
	Nostalgisch-Bürgerliches M.	11 %	56	60	68
	Adaptiv-Pragmatische Mitte	12 %	44	57	55
	Neo-Ökologisches Milieu	8 %	44	68	71
eher untere Mittel-/ Unterschicht	Prekäres Milieu	9 %	61	58	62
	Konsum-Hedonistisches M.	8 %	45	38	34

*Anteil der Personen, die diesen Bereich als eher oder sehr bedenklich einschätzen
Eigene Darstellung nach Angaben auf https://www.sinus-institut.de 15.9.23 und BMUV (2023)

und ‚Hypes' schnell verändern; für ein sozialstrukturelles Verständnis von Milieus ist dies nicht dienlich. Marg kritisiert zurecht, dass die für sozialwissenschaftliche Analysen wichtige Verschränkung von sozioökonomischer Positionierung und soziokultureller Praxis im Prozess der Operationalisierung verschwindet; „die Orientierungen und soziökonomischen Bedingungen gehören in der Konzeptualisierung des Milieus nicht mehr zwingend zusammen, sondern reichern sich lediglich gegenseitig illustrativ an" (2022, S. 25). Zudem macht sie auf den unliebsamen Effekt aufmerksam, dass der Anspruch solcher ‚Milieulandkarten' die Forschenden dazu drängt, alle Gruppen irgendwie zuzuordnen.

Milieuforschung und Sozialstrukturanalyse

Die um Michael Vester in den 1980er-Jahren in Hannover entstandene Forschungsgruppe steht für eine systematische Verknüpfung von Milieuforschung und Sozialstrukturanalyse. Wesentliche theoretische Bezüge werden aus der Beschäftigung mit dem britischen Sozialhistoriker Edward P. Thompson und aus den Konzepten Bourdieus gewonnen. Vester wendet sich gegen die These, dass der Aufschwung der Milieuforschung als Reaktion auf eine sozioökonomische Engführung der klassischen Ungleichheitsforschung zu begreifen sei, indem er deutlich macht, dass sich Marx, Durkheim, Weber und Geiger stets auch für die soziokulturellen Aspekte und „die relativ autonomen Eigenlogiken" der verschiedenen Gruppen interessiert hätten (2014, S. 222).

Vester spricht von „*gesellschaftlichen* Milieus als einer Gliederungseinheit des gesamtgesellschaftlichen Zusammenhangs" (S. 254). Er betont, dass „die heutigen sozialen Milieus (…) als die Nachfahren der historischen Klassen und Stände angesehen werden" könnten (2009, S. 38). Für die Frage der Reproduktion von Sozialstrukturen spielen Milieus eine wichtige Rolle, indem sie „Möglichkeitsräume sozialisatorischer Praktiken" umreißen. Sie „fungieren als Sozialisationskontexte", die sich über die „materielle wie immaterielle Grundausstattung im Herkunftsmilieu" (Bauer und Vester 2008, S. 196) unterscheiden.

In einer 2006 erschienenen Darstellung wird der Ansatz als „typenbildende Mentalitäts- und Milieuanalyse" bezeichnet. In der Anfangszeit wurde für die empirische Milieuanalyse auch der Ansatz des SINUS-Instituts genutzt; in dem Maße, wie sich der SINUS-Ansatz von einer auch sozialstrukturell deutbaren Etikettierung der Milieus entfernte, wurde diese Verknüpfung aufgegeben (vgl. Bremer und Lange-Vester 2006, S. 18). Daneben stützten sich die ursprünglichen Untersuchungen und vor allem die verschiedenen Weiterentwicklungen auf qualitative Einzel- bzw. Gruppeninterviews, die mit Angehörigen spezifischer sozialer oder regionaler Milieus oder verschiedener Generationen geführt wurden. Die dabei eingesetzten Designs und Analyseverfahren werden mit Bezug auf die Bourdieuschen Konzepte als Habitus-Hermeneutik bezeichnet. Dabei müssen „die alltäglichen Selbstverständlichkeiten der Akteure (…) daraufhin hinterfragt werden, welche anderen Sicht- und Handlungsweisen auch möglich gewesen wären. Beispielsweise reflektieren weder privilegierte soziale Gruppen, mit welcher Mitgift sie durch ihre soziale Herkunft ausgestattet wurden und welche Entwürfe ihnen das ermöglicht. Ebenso wenig reflektieren unterprivilegierte soziale Gruppen, wie sehr sie sich in ihren Lebensentwürfen mit dem bescheiden, was ihnen gesellschaftlich zugewiesen wird" (Bremer und Teiwes-Kügler 2013, S. 102).

Die im Kontext der Forschung entstandenen Modelle stellen soziale Milieus in einem zwei bzw. dreidimensionalen Raum dar (Abb. 2.8). Zum einen wird eine vertikale Ordnung unterstellt, indem entlang einer Herrschaftsachse untere (unterprivilegierte Volksmilieus), mittlere (respektable Volks- und Arbeitnehmermilieus) und obere (obere bürgerliche Milieus) unterschieden werden; die Größe der Milieus wird auf mehr als 10 % (untere), ca. 70 % (mittlere) und ca. 20 % (obere) geschätzt. Als vertikale Abgrenzung fungieren eine Trennlinie der Respektabilität und eine der Distinktion. Diese werden auch als *moral boundaries* begriffen, die Privilegierte und weniger Privilegierte trennen.

2.2 Sozioökonomisch-soziokulturelle Ansätze

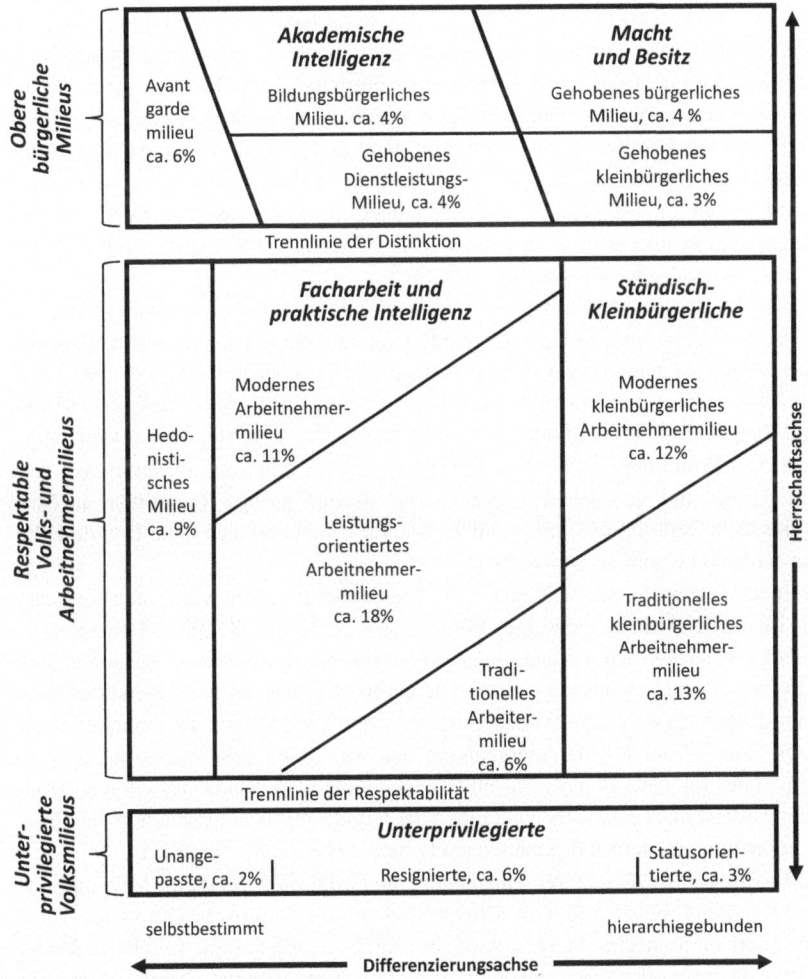

Abb. 2.8 Soziokulturelle Milieus und Habitus. Quelle: Vester (2015, S. 149)

Die oberen Milieus zeichnen sich durch „einen gesicherten Status, gehobene Berufsstellungen und einen distinktiven Lebensstil und Geschmack" aus. So „beanspruchen sie eine ‚führende' bzw. ‚hegemoniale' Rolle in der Gesellschaft" ((2015, S. 150)). Es sind die Milieus des Eigentums, der institutionellen Herrschaft und der höheren Bildung. Der Bourdieuschen Unterscheidung von zwei herrschenden Gruppen folgend unterscheidet Vester dann Gruppen, die sich eher durch Bildung und eher durch Besitz bzw. die Verfügung über institutionelle Macht auszeichnen.

Während die vertikale Hierarchie als eher statisch dargestellt wird, habe sich die horizontale Differenzierung sehr dynamisch entwickelt: „Seit den 1950er-Jahren hat sich besonders die große Arbeitnehmermitte durch die Kompetenzrevolution (…) und den parallelen Wertewandel horizontal erheblich aufgefächert" (ebd.). Von zentraler Bedeutung ist neben dem gestiegenen Bildungsstandard auch ein wachsendes Streben nach Autonomie. Es gehe darum, „in Lebensführung und Beruf ein möglichst großes Stück Unabhängigkeit von äußeren Zwängen und Autoritäten zu erlangen, und zwar nicht als Geschenk oder Gnade, sondern durch eigene, methodische Anstrengung" (ebd.).

Die unteren sozialen Lagen werden recht summarisch beschrieben, indem ein geringes Maß an Ausbildung und Qualifikation unterstellt wird. „Ihre Angehörigen bevorzugen Strategien der Anlehnung und der Gelegenheitsnutzung, die einer Lage der Unsicherheit und Machtlosigkeit angepasst sind. Den Ausschluss von Macht und Respektabilität verarbeiten sie nicht (wie erwartet werden könnte) mit Militanz. Die Erfahrung sozialer Ohnmacht hat sich bei ihnen seit Generationen verfestigt. Sie sind sich dessen bewusst, dass sie nur geringe Ressourcen an ökonomischem, kulturellem und sozialem Kapital haben und sich ohne fremde Hilfe nur schlecht behaupten können" (S. 175).

In der Summe spricht Vester von einer „pluralisierten Klassengesellschaft" (S. 180). „Die Milieuangehörigen bringen also durch ihre alltägliche Lebenspraxis selber die soziale Abgrenzung (,Distinktion') und den sozialen Zusammenhalt (,Kohäsion') hervor, aus der sich die Gliederung der Gesellschaft in eine Pluralität von Milieus ergibt. (…) Aus den Beschreibungen der Milieus ist vielmehr abzulesen, dass es um soziale Anerkennung und Akzeptanz geht, insbesondere nach dem Status im vertikalen Macht- und Chancengefälle, und auch nach den horizontalen Unterschieden zwischen eher modernen und selbstbestimmten und eher konventionellen und autoritätsgebundenen Lebensauffassungen" (S. 181).

Das in den 1990er-Jahren entstandene und empirisch fundierte Milieumodell wurde in den folgenden Jahren ‚fortgeschrieben'; die empirische Grundlage dieser quantitativen Fortschreibungen wird aber nicht deutlich (vgl. Fn. 15 in Vester 2015). Daher sollte dieses Modell eher der frühen Phase der transformierten Industriegesellschaft zugerechnet werden. Sicherlich sind nicht wenige der beschriebenen Trends weiterhin bedeutsam, umgekehrt können aber wesentliche Entwicklungen der letzten beiden Jahrzehnte nicht mehr angemessen dargestellt werden; das betrifft z. B.

- die Herausbildung einer komplexen Migrationsgesellschaft, in der sich die aufsteigenden Gruppen vergangener Migrationsgenerationen mit einer sehr heterogenen Migrationsstruktur seit den 2000er-Jahren treffen.

2.2 Sozioökonomisch-soziokulturelle Ansätze

- die hohe (aber nach Arbeitsvolumina und Branchen spezifische) Erwerbsbeteiligung von Frauen;
- oder die nicht zu vernachlässigende Bedeutung prekärer Beschäftigung.

Mehrdimensionale Milieuforschung

Der im Kontext der Milieuforschung der 1980er-Jahre von Ralf Bohnsack entwickelte Ansatz weist auf den ersten Blick große Nähen zu den Konzepten und Verfahren der Vester-Gruppe aus; auch die theoretischen Bezüge auf Bourdieu spielen eine wichtige Rolle. Dennoch bestehen wichtige Unterschiede, die sich im Milieukonzept und seiner sozialstrukturellen Einbindung aber auch in den Analyseverfahren zeigen.

Neben Bourdieu spielt bei Bohnsack der Bezug auf die Konzepte Karl Mannheims eine wichtige Rolle. „Gesellschaftliches Sein im Sinne von Milieubindungen konstituiert sich überhaupt erst auf der Grundlage von Gemeinsamkeiten resp. Strukturidentitäten der Sozialisations- und Lebensgeschichte, also des gemeinsamen Schicksals, d. h. auf der Grundlage und im Medium konjunktiver Erfahrung" (2018, S. 23). Das bei Mannheim entwickelte Konzept des konjunktiven (gemeinsamen) Erfahrungsraums umreist recht gut, was soziale Milieus ausmacht. In der 1924/5 entstandenen ‚Soziologischen Theorie der Kultur und ihrer Erkennbarkeit' wendet sich Mannheim gegen Ansätze, die das isolierte Individuum an den Anfang sozialer Entwicklungen stellt; er betont demgegenüber die Bedeutung von Gemeinschaften und Sprachen. So stehe fest, „daß es auf den Urstufen des Denkens nicht nur kein individualisiertes und momentanes Erfassen der Umwelt gibt, sondern, gerade umgekehrt, ein völlig stereotypisiertes Erfahrungsfeld vorhanden ist. In diesem Erfahrungsfelde gibt es sozusagen vorgeschriebene Bahnen der obligaten Erlebnisse, in denen alle wichtigen Ereignisse des Gemeinschaftslebens ‚ritualisiert' und ‚magisch' stereotypisiert werden" (Mannheim 1980, S. 229). Auf Basis dieser konjunktiven Erfahrungen entwickeln sich Kollektivvorstellungen. Diese seien „mehr als Erlebniszusammenhänge; sie sind diesen gegenüber Objektivitäten, weil sie die Bedeutsamkeiten der Objekte möglicher Erfahrungen überindividuell und überpsychisch festlegen (…). Das vergemeinschaftete Individuum richtet sich ja nach diesen Vorstellungen, unterwirft sich ihnen; sie üben auf ihn einen Zwang aus" (S. 231).

In Anlehnung an Mannheims Unterscheidung von Generationszusammenhängen und Generationseinheiten spricht Bohnsack von *Milieuzusammenhängen*, die sich durch den konjunktiven Erfahrungsraum und Muster eines kollektiven Habitus einer Gruppe auszeichnen. Wenn eine solche „strukturidentische Erlebnisschichtung (im Bereich von Bildung, beruflicher und genderspezifischer Sozialisation etc.)" (2018, S. 26) mit einer gemeinsamen Kommunikations- und Handlungspraxis einhergeht, bilden sich *Milieueinheiten* heraus, die sich nicht nur durch ein strukturidentisches, sondern auch durch ein gemeinsames Erleben auszeichnen.

Indem mit diesen Überlegungen jedoch auf ganz unterschiedliche Felder der strukturidentischen Erlebnisschichtung verwiesen wird, verlieren soziale Milieus ihre an einer sozioökonomischen Differenzachse ausgerichtete Eindimensionalität. Zwar hatte auch Vester neben einer vertikalen auf horizontale Differenzierungen verwiesen; Bohnsack verfolgt einen mehrdimensionalen Ansatz. Es gehe nicht nur um Berufserfahrungen oder die Stellung im Produktionsprozess, sondern auch um Bildungs-, Geschlechts- Generationenerfahrungen oder auch Migrations- und Diskriminierungserfahrungen.

Der Forschungsansatz, der in diesem Kontext entstanden ist, wird auch als praxeologische Wissenssoziologie bezeichnet. Dabei werde im Unterschied zu der unmittelbar an Bourdieu ansetzenden Forschung, „nicht davon ausgegangen, dass sich diese impliziten oder habitualisierten Wissensbestände in erster Linie aufgrund der ‚objektiven' Position im sozialen Raum entwickeln, die über die Analyse der Kapitalverteilung bestimmt werden kann. Ursächlich sind vielmehr Gemeinsamkeiten oder Strukturidentitäten der Sozialisations- und Lebensgeschichte, die entsprechende Gemeinsamkeiten in habitualisierten oder impliziten Wissensbeständen konstituieren, denn das implizite und kollektive Erfahrungswissen" werde erlebt, und lasse sich daher „nur über empirische Rekonstruktionen identifizieren" (Amling und Hoffmann 2018, S. 87). Bohnsack hebt hervor, dass es im Unterschied zu Vester und Bremer nicht um eine Vermittlung zwischen objektivistischer und subjektivistischer Perspektiven gehe, sondern um deren Überwindung. Als Forschungsmethode wird typischerweise die auf Bohnsack zurückgehende Dokumentarische Methode eingesetzt. Dieser Ansatz zielte ursprünglich auf die Analyse von Orientierungsmustern; dabei spielten jedoch Prozesse der Habitualisierung eine wichtige Rolle (vgl. Nohl et al. 2013, S. 27 f.).

Aufgrund der recht universellen Grundlegung von Milieus als konjunktiven Erfahrungsräumen eröffnet sich wie bereits angedeutet ein weites Feld der Anwendung dieses Ansatzes: „Milieus als Kontexte der Habitualisierung werden (…) gegenwärtig u. a. in Forschungen zu Kindheit und Jugend, Bildungsinstitutionen und Kontexten Sozialer Arbeit, Migration, Geschlecht, Organisationen, Medien, Prozessen der Bildung und des Kompetenzerwerbs, Medizin und Religion untersucht" (Weller und Pfaff 2013, S. 59). Dieses weite Feld von Anwendungen der Milieuforschung macht deutlich, dass die Erträge des so konzipierten Milieuansatzes für eine Sozialstrukturanalyse im engeren Sinne begrenzt sind; umgekehrt

2.2 Sozioökonomisch-soziokulturelle Ansätze

bietet es jedoch für die Frage der Genese und Reproduktion von Sozialstrukturen (z. B. in Bildungs- und Sozialisationsprozessen) und für Fragen nach intersektionalen Zusammenhängen zwischen Sozialstrukturen und Geschlechterverhältnissen bzw. Migrationsprozessen und die damit verbundenen Anerkennungsprozesse ein großes Potenzial.

Milieus als Wertegemeinschaften
Olaf Groh-Samberg u. a. machen deutlich, dass die seit den 1980er-Jahren in Deutschland geführte Debatte um soziale Milieus im internationalen Kontext nur wenig wahrgenommen wurde. Das liege neben Problemen der Übersetzung (so wird der Durkheimsche Begriff des Milieus oft eher vage als *environment* übersetzt) vor allem an den Überschneidungen des Milieuansatzes mit dem international diskutierten Konzept der sozialen Klasse im Weberschen Sinne.

Die Autor:innen schlagen vor, soziale Milieus als latente Großgruppen, mit ähnlichen sozioökonomischen Positionierungen und ähnlichen kulturellen Werthaltungen zu begreifen. „As socioeconomic positions and cultural values are meaningfully combined in social milieus, they can be considered as collectivities. They emerge and develop historically, often in conjunction with cultural and/or political organizations" (Groh-Samberg et al. 2023). Für die empirische Operationalisierung des Milieukonzeptes nutzen die Autor:innen die Sekundärdaten des European Social Survey 2016; dieser enthält einen von Schwartz entwickelten Item Block mit 21 Fragen, die zehn Wertetypen erfassen (vgl. Schmidt et al. 2007); diese können wiederum zu vier übergeordneten Wertegruppen zusammengefasst werden.

Mit Hilfe einer Latent Class Analysis werden die sozioökonomischen Variablen (Einkommensquintile und Bildungsabschlüsse) und 21 Fragen zu Werthaltungen zu neun Gruppen zusammengefasst. Diese sind in den beiden folgenden Grafiken dargestellt (Abb. 2.9). Die Größe der Kreise symbolisiert die Größe der Gruppen. Die vertikale Lagerung bildet (in beiden Grafiken) die sozioökonomische Positionierung der Gruppe ab; die horizontale Positionierung steht für die Lagerung in Bezug auf die vier Wertgruppen. In der linken Grafik werden die Pole der horizontalen Achse durch die Wertgruppen *conservation* und *openess* markiert. Zum besseren Verständnis werden diese durch die entsprechenden Werttypen repräsentiert. In der rechten Grafik werden die Pole über die Wertgruppe *Self-transcendence* und *Self-enhancement* markiert; auch hier wurden die zugrunde liegenden Werttypen eingesetzt.

Das sozioökonomisch obere Milieu (1) rangiert auf der *Conservation-Openess*- bzw. der *Selfenhancement-Selftranscendence*-Achse eher in der Mitte. Die unterste Lage nimmt das Milieu 9 ein, das sich durch eine ‚konservierende' Grundorientie-

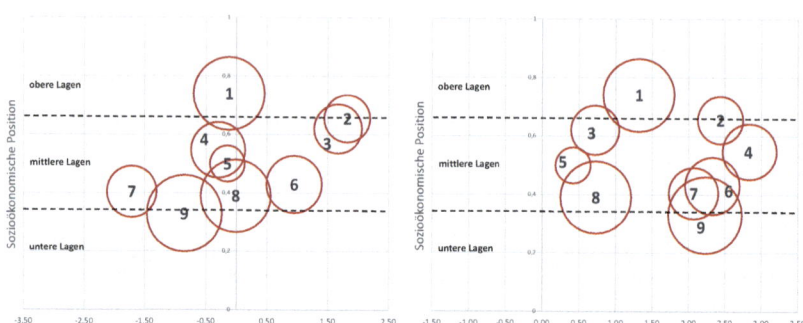

Abb. 2.9 Sozioökonomische Positionierung und Wertvorstellungen. Eigene Darstellung nach Groh-Samberg et al. (2023)

Tab. 2.8 Soziodemografische Eckdaten der Milieus

Milieu	1	2	3	4	5	6	7	8	9	Ges.
Größe %	17,0	7,2	7,8	9,9	4,2	10,4	8,4	16,6	18,6	100,0
Frauenanteil %	50,2	49,0	34,7	64,3	39,7	62,4	61,2	32,9	58,4	50,7
Durchschnittsalter	44,7	41,9	31,5	53,2	55,9	45,9	54,2	43,1	63,3	48,9
Anteil Ostdeutsche %	14,1	9,8	12,0	8,0	14,6	20,5	25,2	16,9	27,0	17,5

Quelle: Groh-Samberg et al. (2023)

rung auszeichnet; die Orientierung an Macht und Leistung spielt nur eine untergeordnete Rolle. Das Durchschnittsalter und der Anteil der Ostdeutschen sind in diesem Milieu am höchsten (Tab. 2.8).

Während die von Groh-Samberg u. a. ausgeführten theoretischen Überlegungen die Lage der internationalen Sozialstrukturforschung treffend wiedergeben, muss der unterbreitete Vorschlag einer Milieuanalyse mit standardisierten Massendaten zu denken geben. So wird die Entscheidung, die kulturellen Differenzierungsprozesse über Werte (und nicht z. B. über Praktiken) zu operationalisieren, nicht angemessen begründet.

Wenn für die Rekonstruktion von Milieus Items aus der sozialpsychologischen Forschung genutzt werden, wie bei den SINUS-Milieus oder den Forschungen von Groh-Samberg u. a. stellt sich ein systematisches Problem. Man erhält vermeintliche Milieus, deren soziodemografischen Charakteristika aber erahnen lassen, welche Rolle die Bildung (als positionierende wie als distinktive Instanz), das Geschlecht, das Alter, die Ost-West-Struktur etc. spielen, ohne dass diese jedoch als mögliche ‚Wirkfaktoren' identifiziert werden. Diese Probleme wurde z. B. bei den Studien Gerhard Schulzes deutlich, wenn die über „alltagsästhetische Schemata"

2.2 Sozioökonomisch-soziokulturelle Ansätze

und „milieuspezifische Anschauungsweisen" aufwendig konstruierte Milieustruktur am Ende durch eine sehr grobe Kategorisierung nach Alter und Bildung zu 88 % (1992, S. 674) erklärt werden kann (vgl. dazu Weischer 2022a, S. 543). Man kann diesen Befund auch als eine Infragestellung der sozialpsychologisch orientierten Milieuforschung lesen.

2.2.5 Fazit: Sozioökonomisch-soziokulturelle Ansätze

In diesem Unterkapitel ging es um das Zusammenspiel von sozioökonomischen und soziokulturellen Differenzierungsprozessen. In den theoretischen Überlegungen liegen alle Forschenden eng beieinander, wenn sie sich auf die Ansätze von Durkheim, Weber, Veblen und vor allem Bourdieu beziehen. Heterogener wird das Bild, wenn diese Konzepte im Sinne von Sozialstrukturanalysen empirisch umgesetzt werden sollen.

Oftmals wird versucht, diese Konzepte zu substanzialisieren, indem soziale Milieus als Großgruppen begriffen werden, die dann abgegrenzt und vermessen werden können. So entstehen dann Milieulandkarten, wie sie das SINUS-Institut aber auch viele andere anbieten. Solche Gesamtschauen sind natürlich verlockend, zumal die Großgruppenkonstrukte der wissenschaftlichen Sozialstrukturanalyse (Klassen, aber auch Geschlechter und Ethnien) in Frage stehen. So begreifen nicht wenige die so konstruierten Milieus als eine neue Ordnung und Strukturierung der komplexen Welt sozialer Ungleichheiten. Solche Ordnungsangebote mögen jenseits der wissenschaftlichen Welt in der Marktforschung oder Politikberatung sinnvoll sein; der wissenschaftlichen Analyse von Sozialstrukturen sind sie aber kaum dienlich.

Zur Begründung dieser Einschätzung sei noch einmal an die theoretische Einbettung der hier favorisierten Konzepte (Milieu, aber auch Habitus oder konjunktive Erfahrung) erinnert. Besonders deutlich wird dies bei Durkheim; er benutzt das Konzepte des Milieus, um gegen eine individualistische Perspektive auf Prozesse des sozialen Wandels zu argumentieren. Ganz ähnlich bei Mannheim, der von konjunktiven Erfahrungen spricht, um zu verdeutlichen, dass die „Gruppe früher war als das Individuum" (1980, S. 228). Das Bourdieusche Konzept des Habitus zielt darauf, Grundmuster der Reproduktion von sozialen Ungleichheiten zu verstehen. Diesen Theoretiker:innen ging es um ein grundlegendes Verständnis von Gesellschaften, von Prozessen des sozialen Wandels oder von Prozessen der Reproduktion von Ungleichheiten; es ging aber nicht darum, Nationalgesellschaften (im Querschnitt) zu katalogisieren und differente soziale Gruppen zu identifizieren. Auch Bourdieu, der häufig von einem Klassenhabitus spricht, verweist daneben bereits früh auf Varianten des Gruppenhabitus (1976, S. 189) oder spricht z. B. von weiblichem und männlichem Habitus (2005, S. 185). Wichtig ist es auch daran zu erinnern, dass alle diese Autoren, neben Personen und sozialen Gruppen immer auch über die Bedeutung von Institutionen (z. B. Familien oder Schulen) und Dingen (z. B. bewerteten Kulturgütern) reflektiert haben, um die Genese und Reproduktion soziokultureller Phänomene zu verstehen.

Es ist in jedem Falle sinnvoll, die soziokulturellen Konzepte für die Analyse von Sozialstrukturen zu nutzen; sie sollten aber im Sinne einer Forschungs- und Erkenntnisstrategie verstanden werden, z. B. um ein Verständnis für die Stabilität und die Mechanismen der Reproduktion sozialer Ungleichheiten zu gewinnen. Es stellt sich das auch bei Bohnsack angesprochene Problem der ‚Mehrdimensionalität' von Instanzen, die sozialisierende und gruppierende Effekte haben können (z. B. Bildung, Berufe, oder Geschlechter). Lahire verweist darauf „that actors are *multi-socialized* and *multi-determined*, and that it is for this very reason that they are not in a position to ‚feel' or have a practical intuition of the weight of these determinisms" (2011, S. XVIII). Diese Erkenntnisse führen sicherlich zu einer Komplizierung von wissenschaftlichen Sozialstrukturanalysen und erschweren die Kommunikation ihrer Befunde, vor diesem Problem stehen aber alle Wissenschaften der sozialen Welt.

2.3 Intersektionale Ansätze

Die heute unter dem Begriff Intersektionalität zusammengefassten Forschungsansätze sind seit den 1970er-Jahren insbesondere in Europa und den USA entstanden; sie waren kaum mit den im akademischen Raum betriebenen Sozialstrukturanalysen vermittelt. In diesem Unterkapitel geht es weniger darum, die Diskurse um Intersektionalität zu rekonstruieren; im Zentrum steht vielmehr die Frage, wie sich die intersektionale Perspektive im Rahmen von Sozialstrukturanalysen nutzen lässt.

> Intersektionale Ansätzen analysieren das Zusammenwirken verschiedener Ungleichheitskategorien (wie *gender*, *race* und *class*) bzw. verschiedener Ungleichheitsregime (wie Sexismus, Rassismus und Klassismus). Neben materiellen Faktoren steht vor allem die Frage von Diskriminierungen, von Verletzungen und schließlich von Rechten im Vordergrund. Für eine Sozialstrukturanalyse, die sich jenseits von Strukturkategorien immer auch für die strukturierenden Prozesse und Mechanismen interessiert, sollte diese Formel als ein Auftrag verstanden werden, den Blick auf soziale Ungleichheiten zu erweitern.

2.3 Intersektionale Ansätze

Intersektionale Ansätze der Sozialstrukturanalyse fokussieren auf soziale Ungleichheiten, die mit Prozessen der Kategorisierung und Bewertung von Personengruppen zusammenhängen. Das heißt, es geht bei sozioökonomischen Konflikten um Einkommen und Arbeitsbedingungen z. B. von ‚Reinigungskräften' immer auch darum, wie die Personen, die diese Arbeiten typischerweise ausüben, kategorisiert und bewertet werden. Das lässt sich auf einer materiellen Ebene analysieren, indem man untersucht, ob und wie die Einkommenshöhe in einer Branche mit der Zusammensetzung der dort Beschäftigten z. B. nach vergeschlechtlichenden oder ethnisierenden Merkmalen zusammenhängt.

Der Begriff der Intersektion soll verdeutlichen, dass diese Zusammenhänge häufig mehrdimensionaler Art sind. Die Markierungen nach Geschlecht wirken mit anderen Markern zusammen und tragen dazu bei, dass neben sexistischen z. B. auch rassistische oder ableistische Stereotype mobilisiert werden. Das heißt, die Situierung weiblicher Reinigungskräfte unterscheidet sich z. B. auch danach, wie sie mit einer nationalisierenden, migrantisierenden, kulturalisierenden oder phänotypisierenden Brille wahrgenommen werden. Erfahrungen der Diskriminierung äußern sich oftmals nicht nur im Geldbeutel, es sind auch Erfahrungen der versagten Anerkennung oder der Abwertung, die mit Kolleg:innen, Vorgesetzten oder Kund:innen gemacht werden und die sich vielleicht auch in einer Gewerkschaft oder in politischen Öffentlichkeiten fortsetzen.

Jenseits der Arbeitssphäre geht es aber auch um Erfahrungen der Gewalt, und um Verletzungen, die im Kontext von kriegerischen Auseinandersetzungen, von Pogromen und ethnischen Säuberungen, aber auch im öffentlichen und privaten Raum von (vermeintlich) zivilisierten Gesellschaften gemacht werden. Eine intersektionale Perspektive verbietet die in Sozialstrukturanalysen nicht seltenen Abspaltungen, die Phasen der Gewaltherrschaft, der Gewaltexzesse oder des Krieges und Sphären der Gewalterfahrung (z. B. im häuslichen oder öffentlichen Raum) ausblenden, um sich dann den feinen oder groben Unterschieden der Sozialstruktur zuwenden zu können. Die Geschichte der nationalsozialistischen Gewaltherrschaft, des Zweiten Weltkrieges bzw. der Nachkriegsjahre (vgl. Lowe 2014) und des Lagersystems lässt sich auch als eine Geschichte intersektionaler Teilungen lesen. So zeigt die Entwicklung der Konzentrationslager (Wachsmann 2016), dass es insbesondere in den ersten Jahren um ganz unterschiedliche Opfergruppen ging: um politisch Verfolgte, um ‚Kriminelle', ‚Asoziale', Zuhälter, Prostituierte, homosexuelle und transsexuelle Frauen und Männer, um Sinti und Roma und schließlich um 6 Mio. jüdische Männer und Frauen mit verschiedenen Nationalitäten und aus verschiedenen sozialen Lagen. Die Funktionsweise der Verfolgungs-, Lager- und Vernichtungssysteme lassen sich ohne intersektional wirkende Wechselbeziehungen nicht begreifen.

Besonderheiten der intersektionalen Perspektive

Das Besondere an der intersektionalen Perspektive in der Sozialstrukturanalyse wird deutlich, wenn man betrachtet, welche Typen von Ungleichheit die einzelnen Ansätze in den Blick nehmen. Im Zentrum der sozioökonomischen wie der soziokulturellen Perspektive stehen Ungleichheiten der verfügbaren Ressourcen, also Ungleichheiten, die sich an Einkommen und Vermögen, aber auch an Bildung, sozialen Netzwerken oder Lebensstilen festmachen – Göran Therborn (2006, 2013) spricht von *resource inequalities*. Er verweist aber auch auf Ungleichheiten in den Persönlichkeitsrechten, in der sozialen Anerkennung oder in der Autonomie (*existential inequalities*) und auf Ungleichheiten, die sich an den Körpern, den Chancen des Überlebens und der Lebenserwartung festmachen (*vital inequalities*). Die intersektionale Perspektive in der Sozialstrukturanalyse bezieht sich grundsätzlich auf alle drei Typen von Ungleichheiten. Das wird deutlich, wenn man die Genese des Konzepts der Intersektionalität im Kontext der Frauenbewegungen und der rassismuskritischen Bewegungen betrachtet; hier standen Gewalterfahrungen, Erfahrungen der Ausschließung und Erfahrungen der sozialen Abwertung und Stereotypisierung im Zentrum. Es ging aber dann immer auch um die materiellen Folgen dieser Ausschließungen.

Auch in der Geschichte der wissenschaftlichen Ungleichheitsforschung wird deutlich, wie sich diese zunächst vor allem auf die Ungleichheiten in den Ressourcen konzentrierte und andere Typen von Ungleichheiten und die davon betroffenen Personengruppen ausgrenzte und damit dem Zeitgeist der Jahrzehnte nach dem Zweiten Weltkrieg folgte. Man fokussierte auf die hauptberufliche Erwerbsarbeit (insbesondere die Industriearbeit), wie sie mehrheitlich von (weißen) Männern ausgeführt wurde. Das stand im Kontext ganz spezifischer Fortschrittsmodelle, im Sinne des *new deal*, der Modernisierung oder der Entwicklung von Sozialstaatlichkeit; es war aber eben auch mit systematischen blinden Flecken verbunden. Die intersektionale Perspektive macht deutlich, dass all diese Fortschritte (Entproletarisierung) mit dem Fortbestand von sexistischen und rassistischen Strukturen koexistierten.

Das Konzept der Intersektionalität erweitert den (oft sozioökonomisch dominierten) Blick auf soziale Ungleichheiten in ganz verschiedener Weise,

- indem es weitere Ungleichheitsmomente und -mechanismen (Othering) und deren Zusammenspiel (Intersektion) benennt,
- indem es auf weitere Ebenen sozialer Ungleichheit (Anerkennung und Legitimation von Ungleichheiten, Normalitätsvorstellungen) verweist
- indem es weitere Arenen (Sozialpolitik, Haushalte, Wohnquartiere, aber auch Körper) und Akteur:innen sozialer Ungleichheit einbezieht und einfache Ordnungen (z. B. Kapital und Arbeit) durchkreuzt.

2.3 Intersektionale Ansätze

Die Begriffe Intersektionalität und Othering sind eher jüngerer Natur, die damit analysierten sozialen Probleme und ihre politische wie wissenschaftliche Thematisierung haben aber eine lange Vorgeschichte. Immanuel Wallerstein bringt diese Entwicklung mit dem Gleichheitsversprechen nach den bürgerlichen Revolutionen in Zusammenhang. Auf der einen Seite gewinnt eine Gleichheitsrhetorik an Bedeutung; zugleich finden sich jedoch vielerlei Versuche, einzelne Gruppen davon auszuschließen (z. B. über das Wahlrecht oder über Staatsbürgerrechte) und Ausschließungen in einer neuen Weise (z. B. biologisch oder medizinisch) zu begründen. „In Ländern mit Bürgern, die gleiche Rechte genossen, versuchten die dominanten Gruppen, den Rest auszuschließen, während die dominierten Gruppen danach trachteten, mit einbezogen zu werden. Die Auseinandersetzung wurde sowohl auf politischem als auch auf intellektuellem Feld geführt" (2012, S. 172). Es verändern sich aber auch die Begründungen für solche kategorialen Ausschlüsse. Man versuchte „ein theoretisches Gerüst zu errichten, das die Übersetzung solcher Unterschiede in rechtliche Kategorien rechtfertigen konnte, damit diese Kategorien die Verwirklichung der eben verkündeten Gleichheit aller Bürger einschränken konnten" (ebd.).

2.3.1 Zentrale Argumentationen und Konzepte

Zum Verständnis der intersektionalen Perspektive auf soziale Ungleichheiten ist es erforderlich, die zentralen Argumentationen genauer auszuleuchten. Man kann es auf drei einfache Fragen bringen: Wie sind Veranderungen entstanden, wie werden sie in Prozessen der Arbeitsteilung und der sozialen Schließung genutzt und wie kann man die erstaunliche Stabilität dieser Teilungen verstehen.

Sexismus, Rassismus, Klassismus
Die Strategien des Othering sollen in dieser Einführung an den Konzepten Sexismus, Rassismus und Klassismus festgemacht werden. Es geht um die Entstehung verandernder Wissenssysteme und um ihre Verwendung in Prozessen der Teilung von Arbeit (z. B. Teilung von häuslicher Arbeit und Erwerbsarbeit, Teilung der Erwerbsarbeit nach Branchen, Hierarchiestufen), der Teilung von Territorien und Weltregionen (z. B. die ‚zivilisierte' vs. die ‚wilde' Welt) und der Teilung von sozialen Gruppen in den Nationalstaaten (z. B. Mehrheitsgesellschaft und ‚Minderheiten'). Darüber entstehen dann unterschiedliche Machtverhältnisse ökonomischer, politischer und symbolischer Art.

Sexismus: Susan Arndt (2020, S. 23 f.) betont, dass es um ein System des Sexismus gehe und nicht um individuelle Praktiken und Erfahrungen, dass es nicht um

‚Frauenfeindlichkeit', sondern um Geschlechterverhältnisse gehe, dass sich Sexismus nicht auf Gewaltverhältnisse reduzieren lasse und dass auch die Heteronormativität einbezogen werden müsse.

> Arndt schlägt vor, „*Sexismus* als System zu verstehen, in dem sich Wissen und Ideologie, Moral und Ethik sowie Macht und Herrschaft (samt betreffender Strukturen und Institutionen) wechselseitig erschaffen und legitimieren – und dadurch Diskriminierung und Privilegien im Kontext von Unterdrückung und sozialer Ungleichheit erzeugen" (2020, S. 26 f.).

In dem System des Sexismus geht es

- um die (vermeintlich auf biologischem bzw. medizinischem Wissen gegründete) Ideologie heterosexueller Zweigeschlechtlichkeit: Bedeutsam ist dabei die Nahtstelle zwischen Wissens- und Seinsordnungen. „Obgleich das zweigeschlechtliche *Mann-und Frau* Modell ein biologisches Konstrukt ist, ist die binäre Unterteilung in Mann versus Frau bzw. Männlichkeit versus Fraulichkeit ökonomisch, politisch und juristisch ebenso praktisch wie praktikabel" (S. 32).
- um den Einsatz dieses Wissens in patriarchalen Macht-, Herrschafts- und Gewaltverhältnissen: Machtstrukturen begreift Arndt im Sinne Foucaults als eine Maschinerie, die durch Gesetze, Wissen und Moral legitimiert, gestützt und institutionell stabilisiert sei (S. 34). Herrschaft etabliert sich auf Basis solcher Macht und greift, wenn diese gefährdet sei, auf Gewalt zurück. So versteht sie den Nationalsozialismus als ein von Rassismus und Sexismus gestütztes Herrschaftssystem, das zwar 1945 niedergerungen wird, ohne dass jedoch die Macht von Rassismus und Sexismus gebrochen wurde.
- um die daraus erwachsenden Diskriminierungen und Privilegierungen: Diskriminierung versteht sie als ein Zusammenspiel von ungleicher Verteilung ökonomischer und politischer Ressourcen mit verschiedenen Formen der physischen, psychischen und symbolischen Gewalt. Die Allgegenwart von Diskriminierung, die nur die wenigsten explizit befürworten, gehe vor allem auf die damit verbundenen Privilegierungen zurück, die allen Privilegierten ohne eigenes Zutun zur Verfügung stehen. „Nicht nur Diskriminierte, sondern auch Diskriminierende sind auf jeweils spezifische Weisen mit Sexismus verbandelt. Alle sind von den WissensDiskursen (sic!) gleichermaßen geprägt, bewohnen die gleichen Strukturen und müssen sich den gleichen Institutionen stellen – die einen werden dabei von diesen privilegiert, die anderen diskriminiert" (S. 48).

2.3 Intersektionale Ansätze

„Sexismus beschreibt letztlich den gesamten Aufwand, welchen menschliche Gesellschaften ökonomisch, sozial, politisch, kulturell, religiös und ethisch betreiben, um Männer, Heterosexualität und Cis-Geschlechtlichkeit mit Macht, Herrschaft und Privilegien auszustatten" (S. 49 f.). Arndt benennt schließlich wichtige Felder, in denen sich Sexismus manifestiert: in Form von sexistischer und sexueller Gewalt, im Bildungs- und Erwerbsleben, in Sprache und Kommunikation, in Körpern und ihrer Bekleidung und schließlich in der Diskriminierung von Homo- und Intersexualität oder von Transgeschlechtlichkeit.

An verschiedenen Stellen macht sie deutlich, dass das System Sexismus durchaus variabel und auch veränderbar ist. So verweist sie auf die lange Geschichte von feministischen Kritiken und Widerständen, auf die Veränderung von Gesetzen und Konventionen, auf Strategien des Empowerments und des mainstreaming, auf Kämpfe um die Sprache und schließlich auf individuelle Entscheidungsspielräume. Arndt zeigt auf, dass Sexismus stets intersektional zu begreifen sei und die Verknüpfung mit anderen Macht- und Diskriminierungsformen zu analysieren seien; dazu gehören dann auch Machtstrukturen, die auf Rassismus zurückgehen.

Bereits im Rahmen der Aufklärung und der französischen Revolution werden Frauenrechte diskutiert und eingefordert. Olympe de Gouges veröffentlicht 1791 eine ‚Erklärung der Rechte der Frau und Bürgerin'; sie wurde 1793 hingerichtet. In Großbritannien verfasste Mary Wollstonecraft 1792 ‚A Vindication of the Rights of Woman'. In der zweiten Hälfte des 19. Jahrhunderts entsteht die erste (zumeist bürgerliche) Frauenbewegung. 1849 erscheint die Deutsche Frauenzeitung (Louise Otto) und es werden demokratische Frauenvereine, Bildungs- und Erziehungsvereine gegründet. In den 1890er-Jahren kommt es zu einem Aufschwung der Frauenbewegung, bei dem es vorrangig um das Wahlrecht geht. Es werden aber auch Fragen der Bildung, des Zugangs zu Bildungseinrichtungen oder Probleme des Familienrechts thematisiert. Parallel entstehen Gegenbewegungen, z. B. der Vaterländische Frauenverein (1866), der Katholische Frauenbund (1903) oder der Bund Deutscher Mädel (1930).

Seit den 1970er-Jahren bildet sich eine zweite Frauenbewegung heraus, die mit dem Slogan ‚Das Private ist politisch' den Blick auf Empfängnisverhütung und Gewalterfahrungen richtet, die aber Geschlecht auch als soziales Phänomen begreift und auf die Ausschlüsse, Benachteiligungen und Diskriminierungen im Bildungssystem, Erwerbssystem und im Sozialsystem aufmerksam macht. In diesem Kontext entwickelt sich dann auch die Frauen- und Geschlechterforschung und kann sich im akademischen Betrieb in verschiedenen Disziplinen verankern.

Seit den 1990er- und 2000er-Jahren wird von einer dritten Frauenbewegung gesprochen, in der die Anliegen und Perspektiven der zweiten Frauenbewegung weitergeführt aber auch kritisiert werden. So geht es um den latenten Ethnozentrismus, um die Kritik an binären Geschlechter- und Sexualitätskonzepten, um dekonstruktive und queere Perspektiven. Mehr noch als in den 1970er-Jahren formiert sich aber auch ein massiver Antifeminismus.

Rassismus: Rassismus wird bei Arndt als eine „Macht- und Herrschaftsstruktur" begriffen, „die vermittels Privilegierung und Diskriminierung Leben bewertet, beeinflusst, beeinträchtigt und beendet" (2021, S. 22). Das Konzept lasse sich auf die einfache Formel der ‚white supremacy', der Vorherrschaft und Privilegierung von *Weißsein* bringen. Im Rahmen dieses Konzepts können dann rassistisch Veranderte dämonisiert, erotisiert, exotisiert, zivilisiert oder paternalisiert werden. Rassismus wirke als physische Gewalt (z. B. Genozide und Pogrome, aber auch als alltägliche Gewalt), als strukturell-institutionelle Gewalt (z. B. Verweigerung von Rechten, Eugenik, Vertreibungen und Betätigungsverbote) und durch Diskriminierung (z. B. am Wohnungs- und Arbeitsmarkt oder bei Polizei und Behörden). Ausgehend von der obigen Grundformel lassen sich verschiedenste Formen des Rassismus unterscheiden, die sich an verschiedenen Orten zu verschiedenen Zeiten herausgebildet haben: Antisemitismus, Rassismus gegenüber Schwarzen, Sinti und Roma, Indigenen Menschen bzw. Slaw:innen, aber auch Orientalismus und Ethnozentrismus.

Wenngleich keine ‚Rassen' im biologischen Sinne existieren, gebe es diese als eine soziale Position, die durch Rassismus erzeugt werde. Analog der Argumentation, dass Frauen und Männer zu solchen gemacht werden, „werden Menschen beispielsweise in Schwarze oder weiße Positionen hineinsozialisiert – ob sie das nun (so) möchten oder nicht" (S. 24). Diese Positionen werden überindividuell durch Macht- und Herrschaftskonstellationen hervorgebracht, „unabhängig davon, ob sie wahrgenommen oder reflektiert werden. Daraus wiederum ergeben sich Perspektiven, Standpunkte und Erfahrungen, aus denen Identitäten erwachsen, die kollektiv geprägt und individuell gelebt werden" (S. 24 f.).

Der in der Definition verwendete Begriff des *Weißseins* ist im Sinne einer Konstruktion zu verstehen, die eine privilegierte und mächtige Position im Rassismus garantiere. Zu den Privilegien gehört auch, sich dieser nicht bewusst sein zu müssen, sich als ‚ortlos' begreifen zu können. Demgegenüber gehört zur Geschichte der rassistisch Diskriminierten „sich die rassistischen Zuschreibungen anzueignen und sie widerständig zu unterwandern und neu aufzustellen" (S. 29).

Ausgehend von der Zentrierung des Rassismuskonzepts auf die Abgrenzung eines *weißen*, christlich konstruierten Europas schlägt Arndt vor, in außereuropäischen Konstellationen von Diskriminierung zu sprechen, um einen inflationären Gebrauch von Rassismus zu vermeiden. Den Colorismus, der in vielen kolonisierten Ländern zur Hierarchisierung entlang von ‚Hautfarben' führe und sich z. B. in Kosmetika zur Bleichung von Haut oder zur Glättung von Haaren zeige, solle als eine Strömung des Rassismus begriffen werden, die sich weiterhin an ras-

2.3 Intersektionale Ansätze

sistischen Konstrukten (wie z. B. der ‚Hautfarbe') orientiere. Schließlich verweist Arndt auf den verinnerlichten Rassismus, der oftmals mit einer Abwertung der eigenen Person verbunden sei. „Das Gift des rassistischen Herrschaftssystems und seiner Gesetze hat es von jeher darauf abgesehen, durch die Adern und Gedanken der Diskriminierten zu fließen. Rassismus wurde verinnerlicht und gegen das eigene Ich gewandt" (S. 49).

Die von Arndt vorgeschlagene Bindung von Rassismus an das weiße, christliche Europa kann durchaus hinterfragt werden; ihre grundlegenden Einsichten werden dadurch aber nicht entkräftet. So geht Bourdieu davon aus, dass es nicht einen Rassismus gebe, „sondern viele Rassismen: so viele, wie es Gruppen gibt, die eine Rechtfertigung dafür brauchen, daß sie existieren, wie sie existieren, denn das ist die invariante Funktion von Rassismen" (1993, S. 252). Alastair Bonnett schlägt vor, Rassismus als ein globales Phänomen zu begreifen und auch Ethnizität einzubeziehen. „Denn obwohl in den meisten offiziellen Definitionen von Rassismus anerkannt wird, dass ethnische Ungleichheit ein Grund für Rassismus ist, nimmt diese viel zu häufig nur die Form eines Zusatzes ein. Die Analyse von Rassismus wird noch weiter verengt, indem der weiße anti-Schwarze Rassismus als dessen paradigmatische Form präsentiert wird" (2024, S. 193).

Trotz dieser langen Vorgeschichte und der wechselnden Konjunkturen von *Rassismus* diagnostiziert El-Mafaalani für die Gegenwart eine neue Konstellation. „Heute ist Rassismus nicht mehr so offensichtlich, nicht so brutal, es kommt kaum noch zu Exzessen. Vieles ist heute ganz anders und sicher besser als in den vergangenen Jahrhunderten, aber es ist auch komplexer. Dass das Geburtsland eines Menschen für seine Lebenschancen die entscheidende Rolle spielt, ist eine Folge der rassistischen und kolonialen Vergangenheit. Entsprechend lassen sich Migration und Globalisierung in der postkolonialen Welt nicht ohne die Geschichte des Rassismus begreifen" (2021, S. 37). So habe die lange Geschichte von Rassismus eben auch über Generationen zur Kumulierung von Ungleichheiten geführt, sodass Effekte des Rassismus und Klassismus in engem Zusammenhang stehen.

El-Mafaalani konstatiert, dass Ungleichheiten nach der sozialen Herkunft zwar „wichtiger als ‚Rasse'" (S. 47) seien. „Wenn man jedoch berücksichtigt, dass in der Unterklasse PoC deutlich überrepräsentiert sind (und in der Oberklasse noch deutlicher unterrepräsentiert), wird klar, dass sich rassistische und klassistische Geschichte derart überlagern und vermengen, dass man (…) Klassismus und Rassismus gar nicht mehr ohne Weiteres voneinander trennen kann" (S. 47).

Für die Analyse rassistischer Diskriminierungen schlägt er eine 3+1-Regel vor: So sei der ‚Dreiklang' von *Kategorisierung* (Verknüpfung von biologisch kulturellen Merkmalen mit bestimmten Eigenschaften, Charakterzügen, Begabungen, Stärken und die damit verbundenen Homogenisierungen), *Abwertung* (Hierarchisierung, Exotisierung, Othering) und *Ausgrenzung* (im Bildungssystem, an Arbeits- und Heiratsmärkten, in Wohnquartieren) stets um den Faktor *Macht* zu erweitern. „In Einzelfällen oder aufgrund von Antipathien kann also jede:r Opfer von Diskriminierung werden, aber nicht jede:r wird es aufgrund biologischer und kultureller Merkmale (…). Selbst für eine systematische Etablierung von Vorurteilen, also lediglich von Denkmustern, bedarf es Macht" (S. 67 f.). Neben strukturellem Rassismus, der sich in den rassistischen Wissens- oder Glaubenssystemen ausdrücke, spielen individueller bzw. interaktionaler Rassismus und vor allem institutioneller Rassismus eine wichtige Rolle: in schulischer und beruflicher Ausbildung, im Arbeitsleben, aber auch in der öffentlichen Verwaltung und bei Polizei und Gerichten.

Auf der persönlichen Ebene sind Betroffene mit einem verwirrenden Zusammenspiel von Rassismen konfrontiert: auf der Makroebene mit dem kumulierten rassistischen Wissen, auf der Mesoebene mit institutioneller Diskriminierung und schließlich auf der Mikroebene mit alltäglichen Mikroaggressionen. Mit der auch in Deutschland veränderten Wahrnehmung von Rassismus stelle sich ein Diskriminierungsparadox ein: „Eine zunehmend offene Gesellschaft ermöglicht benachteiligten Gruppen in immer stärkerem Maße Teilhabe; dadurch gibt es auch immer mehr privilegierte Personen aus ehemals benachteiligten Gruppen; diese Privilegierten haben hohe Erwartungen an Anerkennung, Teilhabe und Zugehörigkeit (…); diese Differenz zwischen Erwartungen und Wirklichkeit bildet die Grundlage der Bewertung (…); illegitime Zustände werden als Diskriminierung wahrgenommen; dies geschieht immer häufiger, weil vieles besser geworden ist (aber eben noch nicht perfekt)" (S. 94).

Bereits im Verlauf der französischen Revolutionen setzt eine Debatte darum ein, welche Bedeutung die politischen und wirtschaftlichen Freiheitsrechte für die von Frankreich kolonisierten Länder haben (vgl. Wallerstein 2012, S. 181). Im deutschsprachigen Raum war die jüdische Bevölkerung mit sehr unterschiedlichen Entwicklungen konfrontiert. Während es seit der Aufklärung zu Prozessen der Emanzipation, ‚Assimilation' und ‚Integration' kam und die Hardenbergschen Reformen (1812) sowie ein für den Norddeutschen Bund (1869) und das Deutsche Reich (1871) geltendes Recht, die Beschränkung der bürgerlichen Rechte zurücknahm, bestanden Berufsverbote fort; der Antisemitismus nahm im 19. und frühen 20. Jahrhundert deutlich zu.

2.3 Intersektionale Ansätze

Seit den 1920er-Jahren wird der Begriff Rassismus auch in kritischer Absicht verwendet. 1934 verfasste Magnus Hirschfeld eine kritische Analyse der nationalsozialistischen Rassenkonzepte; sie erschien 1938 posthum in Großbritannien unter dem Titel *racism*. Nach der nationalsozialistischen Gewaltherrschaft und dem Holocaust wird der Begriff Rassismus im Nachkriegsdeutschland selten gebraucht, um rassistische Praktiken und Orientierungen zu markieren. Stellvertretend wird von Fremdenfeindlichkeit, Ausländerfeindlichkeit oder Xenophobie gesprochen. Auch in den Organisationen von Migrant:innen, die seit den 1960er- und 1970er-Jahren entstanden, wurde nur indirekt über Rassismus gesprochen, „da sich die Ziele oder Anlässe gesellschaftlicher Auseinandersetzungen jener Zeit nicht aus einem Kampf gegen Rassismus speisten", obwohl man sich auf der organisationalen Ebene wie im Alltag alltäglich gegen Rassismen zur Wehr setzen musste (Bojadžijev 2012, S. 94).

Einen wichtigen Anstoß für die Herausbildung einer explizit antirassistischen Bewegung lieferten die Pogrome in Rostock und die Mordanschläge in Mölln und Solingen zu Beginn der 1990er-Jahre. Der sich entwickelnden rassismuskritischen Bewegung gelang es jedoch nicht, die Verschärfung des Asylrechts zu verhindern und „eine gesellschaftliche Auseinandersetzung über Rassismus und Migration in Gang zu setzen" (S. 249). Einen neuen Schub erfahren rassismuskritische Bewegungen im Kontext der sogenannten ‚Flüchtlingskrise' von 2015, der Black-Lives-Matter-Bewegung und der Erstarkung rechter, nationalistischer und rassistischer Gruppierungen. Zudem spielt die kritische Auseinandersetzung mit dem Thema Rassismus und Kolonialismus im akademischen Raum eine wichtige Rolle.

Klassismus: Ähnlich wie Sexismus und Rassismus steht Klassismus für ein Machtverhältnis, bei dem soziale Schließungen, Bewertungen und Selbstverortungen, die mit der sozialen Herkunft einer Personengruppe verknüpft werden, zusammenspielen. Es geht also auch hier um verandernde Wissenssysteme (Klassierungen, Bewertungen, Selbstverortungen) und ihre gesellschaftliche Verwendung in Prozessen der sozialen Schließung. Kemper und Weinbach (2016) machen darauf aufmerksam, dass sich das im angloamerikanischen Raum entstandene Konzept des *classism* auf ein eher weites soziales Verständnis von Klassen bezieht. Jenseits der ökonomischen Positionierung spielen „Aberkennungsprozesse auf kultureller, institutioneller, politischer und individueller Ebene" (S. 13) eine wichtige Rolle. Es geht um Arbeitskräfte, die neben Unsicherheit, mangelhafter Entlohnung und belastenden Arbeitsbedingungen mit gesellschaftlicher Geringschätzung konfrontiert sind; es geht um Erwerbslose und Arme, die mit immer wechselnden Zuschreibungen aus einem bewährten Fundus von Unterstellungen und Abwertungen bzw. mit variierenden Programmen der ‚Besserung' konfrontiert sind; es geht aber auch um soziale Aufsteiger:innen, denen vermittelt wird, eigentlich nicht ‚dazu zu gehören'. All diese Zumutungen und Verletzungen werden oft auch inkorporiert; d. h. Selbstbild und Außenbild wirken auf eigentümliche Weise zusammen.

Prozesse der *sozialen Schließung* wurden bereits bei Max Weber präzise analysiert; er beschreibt, wie in Konkurrenzsituationen z. B. im Erwerbsleben, das Interesse wächst, „irgendein äußerliches feststellbares Merkmal eines Teils der (aktuell oder potenziell) Mitkonkurrierenden: Rasse, Sprache, Konfession, örtliche und soziale Herkunft, Abstammung, Wohnsitz" (1972, S. 201) zu nutzen, um Gruppen auszuschließen. Soziale Schließungen finden sich aber auch im Zugang zu Wohnquartieren, wenn es gilt, den Wert des dort eingesetzten Kapitals oder das Sozialprestige zu schützen (z. B. indem man die Unterbringung von Wohnungslosen oder Geflüchteten verhindert). Solche Schließungen finden sich im Bildungssystem, wenn neben vermeintlich objektiven Kriterien wie der Leistung auch soziale und kulturelle Passungen eine Rolle spielen, oder hohe ‚Eintrittsgelder' erforderlich sind. Soziale Schließungen finden schließlich auch an Partnerschaftsmärkten oder in sozialen Netzwerken statt. Wenn solche Schließungen wirksam werden, dann haben diese auch monetäre (Kapitalien) und materielle (räumliche und bauliche) Konsequenzen, die über lange Zeiträume fortbestehen können. Solche Schließungen können eher formeller Art (z. B. Regeln) sein; meist haben sie aber eher informellen Charakter (z. B. als Konventionen) und sind im Normalbetrieb von Institutionen (z. B. Bildungseinrichtungen) tief verankert.

Die *Bewertung* von sozialen Gruppen erfolgt über die Zuschreibung von positiv oder negativ bewerteten Eigenschaften, die in Symbolen und Narrativen fixiert und dann mündlich oder medial weitergegeben werden. Für Bewertungen können dann aber auch Zuschreibungen von ‚Genie', ‚Begabung', ‚Talent' oder ‚Intelligenz' genutzt werden. Indem solche Bewertungen in Schließungsprozesse eingehen, werden sie für die so Bewerteten auch als Unterschiede in der Entlohnung, in den Arbeitsbedingungen oder in der sozialen Sicherung erfahrbar.

Die gesellschaftliche Bewertung einer Gruppe schlägt sich schließlich auch in der Art und Weise nieder, wie sich die so Auf- oder Abgewerteten selbst wahrnehmen. Das heißt, Bewertungen werden immer auch inkorporiert, indem sie als Habitus die Wahrnehmung von Welt, die eigene Verortung in der Welt und schließlich das Agieren in dieser Welt prägen. Inkorporierte Bewertungen können sich dann im Lebensverlauf verfestigen und auch an nachwachsende Generationen weitergegeben werden.

Die im Kontext des Rassismus beschriebenen Normalitätsvermutungen (*whiteness*), die es den so Privilegierten ermöglichen, sich als ‚ortlos' zu begreifen, finden sich auch im Klassismus wieder. Hier ist es die in ökonomischen und kulturellen Kapitalien durchschnittlich positionierte Mitte einer Nationalgesellschaft, die

2.3 Intersektionale Ansätze

dann bestimmen kann, wer einer ‚Rand-' oder ‚Problemgruppe' zugerechnet wird, die integriert, assimiliert oder gebildet werden muss.

Klassismus wirkt auf verschiedenen Ebenen (soziale Schließungen, externe und interne Bewertungen) und drückt sich auf unterschiedliche Weise aus: in materieller und räumlicher Form, in Symbolen und Geschichten und schließlich in Regeln, Konventionen und Habitus. Das gilt es zu berücksichtigen, wenn eingangs Klassismus als ein Machtverhältnis bezeichnet wurde. Es geht (in einem pluralen Sinne) um Macht, die sich mehr oder weniger materialisiert in Dingen (z. B. Kapitalien, Gebäuden und Örtlichkeiten), in Hierarchien (z. B. in Unternehmen und Verwaltungen), in Institutionen (z. B. im Bildungs- und Rechtssystem), in Sprache (z. B. ‚Unterschicht' oder ‚bildungsferne Schicht'), in Symbolen, aber auch in den Körpern (Identitäten und Habitus) ausdrückt.

> Bourdieu analysiert, wie *Klassismus* in der Bewertung von kulturellen Praktiken einerseits und Personengruppen andererseits funktioniert. „Nicht genug damit, daß sie nahezu keine Kenntnisse und kein Betragen ihr Eigen nennen können, die auf dem Markt der schulischen Examina oder der Salongespräche Geltung besitzen (…), sind sie zudem noch abgestempelt als jene, ‚die nicht zu leben verstehen', die das meiste für ihr leibliches Wohl hergeben, (…) die (…) aufgrund all dieser so erbärmlich geglückten Entscheidungen den Klassenrassismus in seiner Überzeugung bestätigen, daß sie lediglich haben, was sie verdienen" (1987, S. 292). Das heißt, Klassismus funktioniert im Sinne einer Naturalisierung und Kulturalisierung sozialer Differenz, indem er sich an Körpern (Natur) und ihrem Verhalten (Kultur) festmacht.

Liu u. a. schlagen vor, von einem modernen Klassismus zu sprechen: „For example, it is possible for individuals in perceived ‚lower social class' or ‚similar social class' groups to display classist behaviors and attitudes as, perhaps, a way to keep people ‚out' or to keep people ‚in' an economic culture (…). These upward and lateral forms of classism, when combined with downward classism, contribute to a network of oppressions that need to be addressed. This is not to say that all classism is alike or that power is equal among the different groups, but rather to argue that there is a network of discriminatory and prejudicial attitudes and practices" (2004, S. 107). Während sich *upward classism* und *downward classism* auf Klassismen entlang einer sozialen Hierarchie beziehen, wendet sich *lateral classism* gegen soziale Gruppen, die eher auf gleicher Stufe stehen. Von *internalized clas-*

sism sprechen sie, um jene Verletzungen zu benennen, die mit der ökonomischen, kulturellen und sozialstrukturellen Weltsicht eines Individuums verbunden sind (S. 109).

Die (nicht unbedingt explizite) politische Thematisierung von Klassismus setzte spätestens mit den Anfängen der Arbeiterbewegung ein. Einerseits wurde die Arbeiterschaft mobilisiert und organisiert, um wesentliche Forderungen zur Verbesserung der Arbeits- und Lebenssituation durchzusetzen; andererseits ging es aber immer auch um Fragen der Anerkennung, der Arbeiterschaft als ganzer, aber auch verschiedener Teilgruppen: Fabrikarbeiterinnen, sozialistische Arbeiterschaft, ausländische Arbeitskräfte. Die Arbeiterschaft wurde politisch (Sozialisten) und nationalistisch (vaterlandslose Gesellen) diskreditiert. Dabei standen gerade in Krisenzeiten die Kultur der Arbeit und die Kultur der Armut in einem Spannungsverhältnis (Schmidt 2015, S. 141 f.). Auch die kulturellen Zusammenschlüsse der Arbeiterschaft hingen eng mit Erfahrungen der Diskriminierung und Exklusion zusammen; exemplarisch sei auf die Gründung des Arbeiter-Turnerbund 1893 verwiesen, dessen Mitglieder nicht länger der kaisertreuen Deutschen Turnerschaft angehören wollten.

Die Zerschlagung und Verfolgung der Arbeiterbewegung im Nationalsozialismus hatte fatale Folgen, da versucht wurde, gewisse Ideen und Symboliken aufzunehmen und umzudeuten. So wurde aus dem immer auch wertschätzend verstandenen Konzept der ‚Proletarier' die ‚Soldaten der Arbeit' (vgl. Marszolek 2014). Mit dem (materiellen) Ende der Proletarität in den ersten beiden Nachkriegsjahrzehnten kommt es zu einem erneuten Umbruch. „Proletarität, (…) die große Teile der Arbeiterschaft bis ins frühe 20. Jahrhundert hinein prägte, wurde in den Wohlstandsjahren der Bundesrepublik Deutschland in Randbereiche der Arbeiterschaft gedrängt und in der DDR trotz Mangelwirtschaft in einer ersten Konsumkultur abgefangen. (…) Andrerseits sind die mit der ‚Proletarität' verbundenen Lebenssituationen keineswegs verschwunden" (Schmidt 2015, S. 144).

Erst in den 1990er- und 2000er-Jahren wird Klassismus als ein Phänomen der systematischen Diskriminierung thematisiert. Dabei kommt es zu einer eigentümlichen Melange von sozialen Bewegungen und literarischen bzw. feuilletonistischen Darstellungen; erst nach und nach bilden sich Organisationen heraus, die sich für Empowerment einsetzen und klassistische Strukturen kritisieren.

Intersektionalität

Das Konzept der Intersektionalität steht für das Zusammenspiel verschiedener Diskriminierungen und Machtverhältnisse. Dem in den 1990er-Jahren in den USA durch Kimberlé Crenshaw geprägten Begriff geht in den USA wie in Europa eine lange Vorgeschichte intersektionaler Analysen voraus (vgl. dazu Meyer 2017,

2.3 Intersektionale Ansätze

S. 27 f.). In den folgenden Jahrzehnten wird das Konzept treffend als *travelling concept* beschrieben, das in ganz verschiedenen politischen, fachlichen und wissenschaftlichen Kontexten genutzt wird.

Bereits im 19. Jahrhundert werden die spezifischen Formen der Unterdrückung, die Schwarze Frauen in den USA erfahren, von Frauenrechtler:innen (z. B. Sojourner Truth) thematisiert. Im Kontext der zweiten Frauenbewegung der 1970er-Jahre nehmen Schwarze Feministinnen dieses Thema auf und grenzen sich von den Kämpfen der weißen Frauen bzw. der Schwarzen Männer, die ausschließlich Sexismus bzw. Rassismus thematisieren, ab. So sei die Situation der Schwarzen Frauen sowohl in der Phase der Sklaverei, in der zur ökonomischen Ausbeutung auch sexuelle Gewalt und der Missbrauch ihres reproduktiven Potenzials getreten sei, wie auch in späteren Phasen eine ganz besondere gewesen. Auch in der Frage des Wahlrechts verlief die Entwicklung sehr unterschiedlich. Man hat es mit einer verschränkten Unterdrückungskonstellation zu tun; als Norm fungieren demgegenüber Personen, die „white, thin, male, young, heterosexual, Christian, and financially secure" (Lorde 1984) sind. Im deutschsprachigen Diskurs spielt zum einen die in der Geschlechterforschung geführte Debatte um Verhältnisse von Klasse und Geschlecht eine wichtige Rolle; zum anderen finden sich aber auch Diskussionszusammenhänge (Meyer 2017, S. 37), in denen Migrantinnen, Schwarze und jüdische Frauen zusammenfinden.

Die Juristin Crenshaw analysiert am Beispiel arbeitsrechtlicher Verfahren eine Konstellation, in der deutlich wird, dass die Interessen von Schwarzen Frauen weder durch die geschlechtsbezogenen Antidiskriminierungsregeln (für weiße Frauen) noch durch die antirassistischen Regeln (für Schwarze Männer) angemessen geschützt werden. Der Begriff der Intersektion steht als Metapher für die Verletzungen, die Schwarzen Frauen an einer Kreuzung drohen, wenn sie sowohl sexistischer wie rassistischer Diskriminierung ausgesetzt sind. In einem späteren Papier wird das dann z. B. an den unzureichenden Beratungs- und Unterstützungsmöglichkeiten verdeutlicht, die entweder für weiße Frauen der Mittelschicht oder für Schwarze Männer konzipiert sind.

Das eher den sozialen Bewegungen entstammende Konzept der Intersektionalität wird in der folgenden Zeit im Bereich der institutionellen Antidiskriminierungspolitik z. B. im Rahmen der UN und der EU eingesetzt; es geht aber auch in die akademische Welt ein, indem spezifische Studiengänge und Forschungszweige entstehen. Im wissenschaftlichen Bereich wird das Konzept der Intersektionalität in ganz unterschiedlichen Fächern genutzt; das Handbuch Intersektionalitätsforschung (Biele Mefebue et al. 2022) verweist auf verschiedene Felder der Sozial- und Erziehungswissenschaften, auf Psychiatrie und Soziale Arbeit, auf die Rechtswissenschaften oder auf Ingenieur- und Naturwissenschaften.

Erweiterte Perspektive auf soziale Ungleichheiten

Die intersektionale Perspektive ist wie eingangs erwähnt mit einem erheblich erweiterten Verständnis von ungleichheitsrelevanten Phänomenen verknüpft. Es geht nach Therborn um *resource*, *existential* und *vital inequalities*.

- *Resource inequalities* umfassen z. B. die von Bourdieu unterschiedenen ökonomischen, kulturellen und sozialen aber auch die symbolischen Kapitalien. Neben diesen personalisierten Kapitalien sollten auch jene Kapitalien (und Risiken) berücksichtigt werden, die in den Institutionen und Infrastrukturen z. B. eines Nationalstaats stecken.
- *Existential inequalities* stehen für Ungleichheiten, die mit Persönlichkeitsrechten und mit der Würde bzw. Anerkennung von Personen und ihren Handlungsmöglichkeiten bzw. Verwirklichungschancen zusammenhängen. Diese Ungleichheiten drücken sich z. B. in unterschiedlichen (zivilen, politischen und sozialen) Rechten, in unterschiedlichen Stufen der (ökonomischen, politischen und sozialen) Handlungsfreiheit und schließlich in Graden der gesellschaftlichen Wertschätzung (von Geringschätzung zu Hochachtung) aus. Die in der Allgemeinen Erklärung der Menschenrechte der UN formulierten Rechte sind zum großen Teil diesem Typ von Ungleichheiten zuzurechnen.
- *Vital inequalities* verweisen auf Ungleichheiten, die mit der physischen und psychischen Verfassung von Menschen zusammenhängen und die schließlich mit unterschiedlichen Lebenschancen einhergehen. Sie drücken sich z. B. in der Lebenserwartung, der Sterblichkeitsrate, dem Gesundheitszustand oder in den Lebenschancen von Kindern (Kindersterblichkeit, Gewicht bei der Geburt, Mangelernährung) aus. In der Sprache der Menschenrechte geht es vor allem um das Recht auf Leben (Artikel 3 der UN-Charta) und auf Unversehrtheit (Artikel 3 der EU-Charta).

Man kann diese Unterscheidungen auch an der Art und Weise verdeutlichen, wie diese Ungleichheiten erfahren werden: als Mangel (*resource inequalities*), als Zurücksetzung und Verachtung (*existential inequalities*) und als Verletzung (*vital inequalities*).

Um diese verschiedenen Typen von Ungleichheiten haben sich unterschiedliche Felder der Politik, Administration und Rechtsprechung herausgebildet. Parallel

2.3 Intersektionale Ansätze

sind unterschiedliche Typen von Akteuren entstanden, die diese Ungleichheiten thematisieren, die Betroffene beraten und unterstützen und die in Verhandlungssysteme eingebunden sind, in denen (national, international oder transnational) um eine Verringerung von Ungleichheiten gerungen wird: z. B. soziale Bewegungen oder Selbsthilfeorganisationen, Gewerkschaften und Arbeiterparteien, Menschenrechtsorganisationen, Gleichstellungs- und Antidiskriminierungsstellen.

Die verschiedenen von Therborn benannten Ungleichheitssphären lassen sich zum einen im Sinne von einander bedingenden Sphären begreifen, indem Arbeit und politische Handlungsfähigkeit eine körperliche Mindestverfassung voraussetzt. Zum anderen ist aber auch zu beobachten, wie Menschen Abwägungen treffen, wenn sie z. B. im Kontext von Migrationen einen Gewinn an politischer Freiheit oder den Schutz körperlicher Unversehrtheit anstreben und dabei Einbußen bei materiellen Ressourcen hinnehmen.

Reflexion von Begriffen und Kategorien
Anerkennung und Diskriminierung, soziale Inklusion und Exklusion drücken sich immer auch in der öffentlichen, der amtlichen, aber auch der wissenschaftlichen Sprache aus. Ein nicht unwichtiges Thema sozialer Bewegungen war damit auch die Sprachkritik bzw. der Vorschlag von nicht- oder weniger diskriminierenden Termini. Das wird dann auch für die wissenschaftliche Analyse von Intersektionalitäten zu einem Problem: „Die Sprache der Intersektionalitätsforschung ist darum in komplexer Weise mit Macht verstrickt. Sie ist nicht neutral, sondern aufgrund ihrer machtförmigen Dimensionen politisch aufgeladen und umstritten" (Meyer 2017, S. 16). Ein zusätzliches Problem stellt sich durch die in den verschiedenen Sprachkontexten variierende Bedeutung von Begriffen wie z. B. *race*. In dieser Einführung wird zum einen versucht, Begrifflichkeiten zu vermeiden bzw. (in einer nicht diskriminierenden Weise) zu umschreiben; zum anderen werden möglichst Begrifflichkeiten verwendet, die von (kritischen) sozialen Bewegungen favorisiert werden.

Die Probleme des kategorisierenden Denkens sind in der Geschlechterforschung, in der Ethnizitätsforschung und in der rassismuskritischen Forschung in den letzten Jahrzehnten zunehmend thematisiert worden. Exemplarisch sei hier auf die Überlegungen von Rogers Brubaker verwiesen, der sich in seiner Studie ‚Ethnizität ohne Gruppen' immer wieder auch mit dem Problem der Kategorien und der Kategorisierung befasst.

> Brubaker kritisiert einen in den Sozialwissenschaften allgegenwärtigen *Gruppismus*. Für sein Forschungsfeld konstatiert er das Problem, „dass man bei der Untersuchung von Ethnizität, Rasse (sic!) und nationaler Identität – und ganz besonders bei der Untersuchung ethnischer, rassischer und nationaler Konflikte – meist wie selbstverständlich von der Existenz von Gruppen" ausgehe. Dahinter werde die allgemeinere Tendenz erkennbar, „einzelne, abgegrenzte Gruppen als Grundkonstituenten des gesellschaftlichen Lebens, als Hauptprotagonisten sozialer Konflikte und als fundamentale Einheiten der Gesellschaftsanalyse zu betrachten, (…) die Tendenz, ethnische Gruppen, Nationen und Rassen als substantielle Einheiten aufzufassen, denen Interessen und Handeln zugeschrieben werden können" (2007, S. 17). In einer Fußnote schließt er dann auch Begrifflichkeiten wie Klasse, Geschlecht, sexuelle Orientierung oder Religion in seine Gruppismuskritik ein.

Er favorisiert kognitive Sichtweisen, um „einen analytischen Gruppismus (groupism) zu vermeiden (…) und das hartnäckige Festhalten am Gruppismus in der Praxis zu erklären. Außerdem liefern sie gewichtige Gründe dafür, Rasse, Ethnizität und Nationalismus gemeinsam zu behandeln statt als getrennte Teilbereiche" (S. 97). Bei der Reflexion von Kategorisierungen gilt es jedoch zu bedenken, dass die ‚radikale Variante', solche Kategorien durchgängig als soziale Konstrukte zu begreifen, in die Irre führt. Sobald solche Kategorien von der Administration genutzt werden, um Zurechnungen und Ausschließungen zu vollziehen, sobald sie von sozialen Gruppen im Sinne der Selbst- oder Fremdzurechnung genutzt werden, werden sie wirkmächtig.

Doing difference
Im Kontext der Geschlechterforschung wurde das Konzept des *doing gender* entwickelt, dass den analytischen Blick von der Konstatierung von Strukturen (z. B. der Zwei- oder Mehrgeschlechtlichkeit) auf die strukturierenden Prozesse, also das Herstellen (*doing*) von Geschlecht, lenken soll.

Das auf West und Zimmerman zurückgehende Konzept des *doing gender* zielt darauf, Geschlechtern und Geschlechtszugehörigkeiten den objektiven Status zu entziehen. Demgegenüber gelte es, „soziales Handeln und damit vor allem jene Prozesse in den Blick zu nehmen, in denen derartige Unterschiede erst entstehen. Nicht eine vorgängige, basale Differenz führt aus dieser Perspektive zu – ‚weiteren' – Unterschieden, sondern Differenzen werden als relevante Unterscheidungen sozial erst hergestellt, elaboriert, mit Bedeutungen versehen und verfestigt: eben

2.3 Intersektionale Ansätze

‚gemacht'. Die im konventionellen ‚Sex-Gender-Modell' gegebene Sichtweise wird auf diese Weise kritisiert und ‚umgedreht'. Geschlecht erscheint nun nicht mehr als quasi natürlicher Ausgangspunkt, sondern als Ergebnis sozialer Praxis und Konstruktion" (Gildemeister und Robert 2022, S. 130).

In einer erweiterten Perspektive nutzen Fenstermaker und West das Konzept *doing difference* für ihre ethnomethodologischen Analysen des Zusammenspiels der Beziehungen zwischen gender, race und class. Sie plädieren jedoch dafür, derartige Analysen an die je spezifischen Kontexte einer Situation zu binden. „While sex category, race category and class category are potentially omnirelevant to social life, individuals inhabit many different identities, and these may be stressed or muted, depending on the situation" (1995, S. 30). Ihre Analysen zeigen, dass die Effekte der kategorialen Diversität auch eintreten, wenn Angehörige der gleichen Kategorie ‚unter sich' sind (S. 31), dass Situationsdeutungen zwischen den Interagierenden variieren und prozessabhängig sind. „Foreground and background, context, salience, and center shift from interaction to interaction, but all operate interdependently" (S. 33).

Humankategorisierungen
Insbesondere seit dem 19. Jahrhundert werden Menschen und Menschengruppen systematisch kategorisiert und diese Konzepte werden genutzt, um Prozesse der Teilung von Arbeit und die Teilung der Welt zu organisieren und zu legitimieren. Auch die Art und Weise wie Kategorisierungen begründet werden verändert sich, aus religiösen werden (vermeintlich) wissenschaftliche Erklärungen.

Stefan Hirschauer schlägt vor, diese kulturellen Unterscheidungen von Menschen bzw. Menschengruppen als Humankategorisierungen zu bezeichnen. Als Beispiele für Humankategorisierungen führt Hirschauer die Zurechnung zu Ethnien, Religionen, Nationen, ‚Rassen' oder Geschlechtern an; aber auch mit dem Leistungskonzept, das für sich in Anspruch nimmt, ‚ohne Ansehen der Person' zu klassifizieren, sind solche Kategorisierungen verbunden. Kategorisierungen führen auf individueller Ebene dazu, dass einzelnen Menschen (auf Basis verschiedener Indizien) schematisch gewisse Merkmals- oder Eigenschaftsbündel zugerechnet werden. Auf der Aggregatebene entstehen damit „‚Menschensorten'" (S. 8), mit „mehr oder weniger stabilen und ‚werkseitig' gegebenen Eigenschaften".

Jenseits dieser gemeinsamen Effekte von Humankategorisierungen lassen sich aber auch vielerlei Unterschiede beobachten:

- Sie machen sich an unterschiedlichen Ansatzpunkten fest. Sie beziehen sich auf den Körper von Menschen oder ihren Geist (Normen, Einstellungen), auf Tätigkeiten (z. B. Arbeitstätigkeiten oder kulturelle Praktiken); sie können sich aber auch auf Güter (z. B. Objekte, Gebäude, Kultgegenstände) beziehen.

- Die Verknüpfung mit Personen ist von unterschiedlicher Dauer. So wird zumeist davon ausgegangen, dass Unterschiede der geschlechtlichen oder rassifizierenden Zuordnung lebenslang wirksam sind; Merkmale wie die ‚Hautfarbe' können sogar vererbt werden. Demgegenüber verändert sich das Alter im Lebensverlauf. Bei anderen Merkmalen wird erwartet, dass sie sich über Bildungsmobilität verändern (Klasse) oder in Prozessen der ‚Assimilation' oder der ‚Integration' an Bedeutung verlieren (,kulturelle' Unterschiede)
- Auch die Trennschärfe und Stabilität von Kategorien variiert. Es finden sich dichotome oder polytome Merkmale; andere sind wie die Leistung skalierbar und veränderbar. Schließlich gibt es auch Möglichkeiten der Transition (z. B. von Geschlecht, vgl. Brubaker 2016) und des *passing*, wenn Personen z. B. als Angehörige einer anderen ethnischen Gruppe wahrgenommen werden.
- Auch die Größe der über diese Kategorisierungen entstehenden sozialen Einheiten variiert. Leistungszurechnungen machen sich an Individuen fest. Geschlechtliche Zurechnungen spielen in Paarzusammenhängen, Interaktionen und Netzwerken eine wichtige Rolle. Über religiöse, nationale und ethnische Zurechnungen werden eher soziale Großgruppen abgegrenzt.
- Schließlich sind mit diesen Kategorisierungen vielfältige, mehrdeutige und oft bewertende Konnotationen verknüpft; so z. B. vertraut-anders, heimisch-fremd, besser-schlechter, wertvoll-wertlos, würdig-unwürdig, sauber-unsauber, rein-unrein/gemischt, sympathisch-unsympathisch, normal-anormal, gesund-krank, gläubig-ungläubig, rechtgläubig-fehlgläubig, zivil-wild, männlich-weiblich, normal-behindert, legal-illegal/kriminell etc.

Humankategorisierungen lassen sich zunächst als soziale Konstruktionen begreifen; sie werden dann aber über ihre gesellschaftliche Verwendung wirkmächtig; sie stecken in gesellschaftlichen Diskursen (z. B. über Arbeitslose), in kognitiven Schemata (der Selbst- und Fremdzurechnung), in Praktiken (z. B. der Arbeit), in amtlichen Klassifizierungen (z. B. Geschlecht, Staatsangehörigkeit), in Institutionen (z. B. Bildungseinrichtungen), in sozialen Infrastrukturen (z. B. Organisation der Kinderbetreuung) und schließlich materialisieren sie sich in Körpern, Artefakten, Technologien oder Architekturen. Dies soll an einigen Beispielen ausgeführt werden:

Organisation von Gewalt: Auch die größten uns bekannten Grausamkeiten sind auf die eine oder andere Weise sozial organisiert. Dabei werden nicht selten entlang von Humankategorien Gruppen ausgemacht, die dann zum Opfer von systematischer Ermordung (Genozide wie Holocaust oder Porajmos), von Kriegshandlungen (z. B. der Vernichtungskrieg des deutschen Militärs in ‚slawischen' Ländern), von kollektiven Gewaltexzessen (z. B. Pogrome, Lynchmorde, organisierte

2.3 Intersektionale Ansätze

sexualisierte Gewalt, Folter), von Versklavung (Maafa) und Zwangsarbeit (z. B. im Zweiten Weltkrieg), von (vermeintlich) individueller Gewalt (z. B. Femizide, Vergewaltigungen), von Vertreibungen oder von ethnischen ‚Säuberungen' werden.

Organisation von Arbeit: In Prozessen der Arbeitsteilung spielen die über Humankategorisierungen plausibilisierten Veranderungen eine zentrale Rolle, wenn häusliche und außerhäusige oder bezahlte und unbezahlte Arbeit geteilt wird, wenn Arbeit entlang von typischen Praktiken (herstellen, verwalten, disponieren, betreuen, bilden etc.) in Branchen organisiert werden, wenn ausführende, bearbeitende, planende und leitende Arbeiten unterschieden werden und mit entsprechenden Auswahlverfahren verknüpft werden.

Organisation von Bildungsprozessen: Dem System der schulischen und beruflichen Bildung kommt eine zentrale Bedeutung in Sorting-, Presorting- und Selfsorting-Prozessen zu. Allein die Gliederung solcher Bildungseinrichtungen, deren Geschichte und nationalen Variationen lässt sich als eine Geschichte von Veranderungen lesen. So wurden Bildungseinrichtungen zunächst entlang von Geschlecht oder Religion organisiert. Das in Deutschland lange Zeit vorherrschende System der schulischen Bildung hatte eine viergliedrige Struktur (Hauptschulen, Realschulen, Gymnasien und schließlich sogenannte Sonderschulen), die auf eigentümliche Weise mit der sozialen Herkunft und ihrer Reproduktion verbunden war. Hinzu kommt das Nebeneinander von öffentlichen und privaten Bildungseinrichtungen. All diese Einrichtungen unterscheiden sich nach den Rahmenbedingungen (z. B. Baulichkeiten, Ausstattung), nach der Finanzierung der Lehrenden und Ausgebildeten und immer auch nach der Reputation der Einrichtungen und ihrer Absolvent:innen. Die nach Geschlecht und sozialer Herkunft organisierten Veranderungen stehen mit der Konstatierung unterschiedlicher Begabungen in enger Wechselbeziehung, wobei das Begabungskonzept wiederum ein- (hoch-niedrig) oder mehrdimensional (technisch, musisch, emotional etc.) angelegt sein kann. Wesentlich ist, dass Begabungen als etwas in den Menschen Angelegtes und kaum Veränderbares begriffen werden. Das System der gegliederten schulischen Bildung setzt sich dann in der beruflichen Bildung fort: im dualen Ausbildungssystem, in Schulberufssystem, im Hochschulsystem, aber auch im sogenannten Übergangssystem. All diese Systeme sind als Instanzen der Einordnung und Einübung zu begreifen: man und frau erfährt, wo man hingehört, und man übt mit den anderen dort Eingeordneten, sich in diesen Minder- oder Höherprivilegierungen einzufinden.

Humankategorisierungen funktionieren immer auch als *self-fulfilling prophecies*. Indem Muster der Veranderung in der Organisation von Gewalt, in Prozessen der Teilung von Arbeit oder in Prozessen das Grenzmanagements genutzt werden, entstehen genau jene Bilder und Fakten, die in dem verandernden Denken bereits angelegt waren: Lagerinsassen, Flüchtende, Gewaltopfer, die unter elenden Umständen um ihr Überleben kämpfen müssen. Arbeitskräfte, die unter entmenschlichenden Bedingungen versuchen durchzuhalten. Diese Schleifen finden sich aber auch, wenn Arbeit heroisiert (z. B. von Männern ausgeübte schwere körperliche Arbeit), kulturalisiert (z. B. abgewertete Arbeit, die von abgewerteten Gruppen zugewiesen wird) oder biologisiert (z. B. von Frauen ausgeübte Sorgearbeit) oder idealisiert (z. B. schöpferische Arbeit, die von ‚Kreativen' oder ‚Genies' geleistet wird) wird.

Humankategorisierungen sollten zunächst als ein historisch entstandener kultureller Fundus verstanden werden, der jedoch im Weltmaßstab vielerlei Ähnlichkeiten aufweist. Dieser Fundus wird dann in spezifischen Phasen, an spezifischen Orten und in spezifischen Kontexten genutzt. Michelle Alexander zeigt für die USA auf, wie ‚Rassenschablonen' nicht bloß als Teil des bewussten, rationalen Denkens funktionieren, sondern immer auch unbewusst. „Die Darstellung von Verbrechen ist in den Medien derart standardisiert und auf ein Rassenstereotyp zugeschnitten, dass sich bei den Zuschauern das Bild eines schwarzen Täters auch dann im Kopf einstellt, wenn es gar nicht gezeigt wurde" (2016, S. 153). Diese mehrfache Verankerung von Kategorisierungen und den damit verbundenen Stereotypen, in Köpfen, in Geschichten oder in Medien aller Art, macht es schließlich auch sehr schwer, einmal etablierte Stereotype wieder zurückzudrängen. Man kann versuchen, über Rassismus und Sexismus aufzuklären; man kann durch Trainings dazu beitragen, Diskriminierungen bewusst zu machen; man kann mit Antidiskriminierungsgesetzen die Verwendung in der öffentlichen Rede oder bei Auswahlprozessen regulieren; aber man kann dieses Repertoire an diskriminierenden Stereotypen kaum auslöschen.

Double consciousness
Der US-amerikanische Sozialwissenschaftler und Bürgerrechtler W.E.B. Du Bois hat sich im ausgehenden 19. und im 20. Jahrhundert eingehend mit den Sozialstrukturen der US-amerikanischen Gesellschaft befasst; ein Schwerpunkt lag dabei auf dem Zusammenspiel von *race* und *class*. Zu den populärsten Arbeiten von Du Bois zählt die 1903 erschienene Sammlung von Essays ‚The Souls of Black Folk'. An einer zentralen Stelle zu Beginn des Buches erklärt Du Bois, dass ein Afroamerikaner „mit einem Schleier geboren wird". Er lebe in einer amerikanischen Welt, „die ihm kein wahres Selbstbewusstsein gibt, sondern ihn sich nur durch die Offenbarung der anderen Welt sehen lässt. Es ist ein eigenartiges Gefühl, dieses doppelte Bewusstsein, dieses Gefühl, sich selbst immer mit den Augen der anderen zu sehen, die eigene Seele am Maßband einer Welt zu messen, die mit amüsierter Verachtung und Mitleid zusieht. Man spürt immer sein Zweisein, ein Amerikaner,

2.3 Intersektionale Ansätze

ein Neger, zwei Seelen, zwei Gedanken, zwei unversöhnte Bestrebungen, zwei sich bekämpfende Ideale in einem dunklen Körper, dessen zähe Kraft allein ihn davor bewahrt, auseinandergerissen zu werden" (o.S.).

Das Konzept des doppelten Bewusstseins ist kontrovers diskutiert worden. Ibram Kendi konstatiert, dass Du Bois viele Schwarze dort abholte, „wo sie sich befanden, an der Kreuzung zwischen assimilationistischen und antirassistischen Ideen. Du Bois glaubte sowohl an das antirassistische Konzept des Kulturrelativismus – dass jeder sich selbst durch die Augen seiner eigenen Gruppe sieht – als auch an das assimilationistische Konzept, dass sich Schwarze aus der Perspektive der Weißen wahrnehmen. In Du Bois' Vorstellung und der vieler anderer führte dieses doppelte Streben oder doppelte Bewusstsein zu einem inneren Konflikt, einem Kampf zwischen dem Stolz, schwarz und den Weißen gleichgestellt zu sein, und dem Bemühen, sich den überlegenen Weißen anzupassen" (2017, S. 317).

Ganz anders wird in einführenden Darstellungen zur Soziologie Du Bois' argumentiert: „But the theory of double consciousness (…) is central to the analysis of subjectivity under racialized modernity (…). The theory points to something that other theorists of the self and identity who were Du Bois's contemporaries, such as William James, Charles Horton Cooley, and George Herbert Mead, did not comprehend: the significance of the color line as the central social structure organizing lived experiences under racialized modernity" (Itzigsohn und Brown 2020, S. 27)

2.3.2 Entwicklung der verandernden Arbeitsteilung in Deutschland

Für ein Verständnis intersektionaler Ungleichheiten muss man sich für die Geschichte von verandernden Arbeitsteilungen interessieren. Es gibt eine lange Vorgeschichte solcher Veranderungen und ihrer Verquickung mit der Teilung von Arbeit. Das lässt sich am Beispiel von Geschlechterdifferenzen aufzeigen. So wurde bereits in vorindustriellen Zeiten die Arbeit in den kleinbäuerlichen und handwerklichen Wirtschaften geschlechtsspezifisch geteilt. Das ging mit einer vor allem religiös gegründeten Geschlechterordnung einher. Diese Geschlechterordnung war alles andere als gewaltfrei, wenn man z. B. häusliche Gewaltverhältnisse betrachtet, wenn man Hexenverfolgung untersucht oder wenn man den vielfachen Ausschließungen von Frauen nachgeht.

Ganz ähnliche Prozesse der Veranderung und ihrer Nutzung in Prozessen der Arbeitsteilung lassen sich entlang von kulturalisierenden (ethnischen, religiösen, regionalen) Veranderungen beobachten, wie die Geschichte der jüdischen Bevölkerung, der Sinti und Roma oder nationaler ‚Minderheiten' zeigt. Auch hier gehen die Prozesse der Veranderung mit dem Ausschluss aus Berufsgruppen oder politischen Gliederungen und einer sich damit einstellenden Arbeitsteilung einher. Auch dies ist eine Geschichte von Gewaltverhältnissen, wie sich an wiederkehrenden Pogromen oder Vertreibungen zeigt.

Umbrüche der Arbeitsteilung im 19. und 20. Jahrhundert

Im 19. und 20. Jahrhundert kommt es im Kontext der Industrialisierung und der Herausbildung von Nationalstaaten zu einer weitreichenden Transformation intersektionaler Ungleichheitsverhältnisse. Diese ökonomischen, politischen und sozialen Umbrüche waren, wie bereits erwähnt, von Prozessen der Formalisierung (z. B. das Geburtsregister und der Pass), der Ideologisierung (wachsender Sexismus, Antisemitismus, Nationalismus) und Verwissenschaftlichung (in Biologie und Medizin, aber auch in Sozialwissenschaften) von Veranderungen begleitet.

Die industrialisierte und meist in den Städten angesiedelte Erwerbsarbeit revolutioniert die bisherigen Verhältnisse der kleinbetrieblichen eng mit den Haushalten verflochtenen Produktion in Landwirtschaft und Handwerk. Es kommt zu einer räumlichen Teilung von Betrieb und privatem Haushalt. Das hohe Gefährdungspotenzial, die Verdichtung und Rationalisierung der betrieblichen Arbeit, wiederkehrende Krisenphasen stellen jedoch hohe Anforderung an die Flexibilität der Haushalte, die aber im städtischen Kontext von den klassischen Sicherungssystemen (Selbstversorgung, feudale oder kommunale Fürsorge) der traditionalen ländlichen Gesellschaften abgeschnitten sind.

Indem die Nationalstaaten zunehmend komplexere Binnenordnungen ausbilden, verändern sich der Charakter und die Effekte von Veranderungen. Das Personenstandsrecht, das Staatsbürgerrecht etc. schreiben Veranderungen fest und regulieren die Beziehungen zwischen den Veranderten bzw. die Zugänge zum Territorium bzw. zur Staatsbürgerschaft. So wird Frauen aber auch Nicht-Staatsbürger:innen lange Zeit das Wahlrecht versagt. Die sich ausdifferenzierenden sozialstaatlichen Leistungen beinhalten immer auch Ausschließungen (z. B. von Bildungseinrichtungen, Berufstätigkeit und spezifischen Berufen) bzw. Benachteiligungen (z. B. im Bildungssystem oder am Arbeitsmarkt) von Veranderten.

Das wird in vielen Ländern von einem wachsenden Nationalismus begleitet. „Das teilweise anfangs integrative, neue nationale Bewusstsein wandelte sich in ausgrenzenden (chauvinistischen) Nationalismus (…). Die nationale Identität von Frauen folgte derjenigen von Männern, des Vaters oder Ehemannes; die Arbeiterklassen erhielten, außer der Pflicht zum Militärdienst, nur eingeschränkte politische Beteiligung; anderskulturelle Bevölkerungsgruppen wurden marginalisiert. Die traditionell vorhandene Akzeptanz der Anderen, lang angesiedelter oder

2.3 Intersektionale Ansätze

zugewanderter, als Untertanen wandelte Sich zur Ausgrenzung alles Fremden als minderwertig. (...) Alteingesessene kleinere Gruppen wie auch mehr oder weniger akkulturierte Zuwanderergruppen wurden durch die Definitionsmacht der Mehrheit zu ‚Minderheiten' degradiert" (Hoerder 2010, S. 73).

Innerhalb von Betrieben und Verwaltungen kommt es zu geschlechtsspezifischen Hierarchisierungen aber auch zu Ausschließungen, wenn z. B. Berufsfelder für Frauen verschlossen bleiben. Lenz spricht von einer neopatriarchalen Geschlechterordnung; sie ruhte „auf der Herrschaft von Männern – insbesondere der Eliten – in Gesellschaft und Politik, die durch ihre familiale Autorität als Gatten und Väter über ihre Frauen und Kinder abgestützt wurde" (2017, S. 203).

In Phasen wirtschaftlicher und politischer Krisen wandern im 19. Jahrhundert insbesondere Angehörige unterer Schichten aus Deutschland aus; zugleich ist Deutschland jedoch auch ein wichtiges Transitland (z. B. für Geflüchtete aus Osteuropa) und es gibt einen nicht geringen Bedarf an migrantischen Arbeitskräften z. B. in der Landwirtschaft und im Bergbau. Später sind es die Kriegswirtschaften, die die Arbeit von Migrant:innen und insbesondere Zwangsarbeiter:innen erfordern. Ulrich Herbert (1986, S. 175 f.) zeigt auf, dass sich in Deutschland im gesamten 20. Jahrhundert eine Geschichte der Unterschichtung durch freiwillige und erzwungene Migrationen beobachten lässt.

In den industrialisierten Nationalstaaten wächst das militärische Potenzial (große Heere von männlichen Wehrpflichtigen mit technisch entwickelten und industriell hergestellten Waffen) und wird in zwischenstaatlichen, in imperialen bzw. kolonialen Konflikten eingesetzt. Dabei spielen Effekte der Veranderung eine wichtige Rolle. Mit der Zurechnung zu Geschlechtern, Nationen, Ethnien oder Religionen gehen nunmehr Fragen von Leben und Tod und spezifische Gewalterfahrungen einher. Mit Vertreibungen, Pogromen, Genoziden und schließlich mit dem Holocaust erreichen diese Prozesse ein bislang nicht vorstellbares Niveau.

Verandernde Arbeitsteilung in der klassischen Industriegesellschaft
In der ersten Hälfte des 20. Jahrhundert hatte sich nach und nach eine differenzbegründete Geschlechterordnung (Lenz 2017) herausgebildet. Das implizierte den Zugang zum Wahlrecht und zu Bildungseinrichtungen und die zunehmende Einbindung in den Arbeitsmarkt. Umgekehrt blieben aber im Bildungs- und Erwerbssystem wesentliche Ungleichheiten bestehen; die vormaligen Schließungen lebten als differente Wahrscheinlichkeiten fort. „Während die Bedeutung der männlichen Überlegenheit und der väterlichen Autorität gegenüber Frau und Familie zurückging, wurde nun die ‚biologische Geschlechterdifferenz' zum Strukturierungsprinzip der neuen Geschlechterordnung" (S. 205).

In der westdeutschen Gesellschaft waren erstmals die materiellen Voraussetzungen entstanden, die das Modell des männlichen Alleinernährers auch außerhalb des Bürgertums ermöglichten; dennoch ist ein stetiger Anstieg der Frauenerwerbsbeteiligung zu verzeichnen. In Ostdeutschland entstand eine neue/alte Variante, in der einerseits eine hohe Frauenerwerbsbeteiligung erforderlich und gewünscht war, in der andererseits aber (wie im Westen) die Muster der Arbeitsteilung in der Erwerbsarbeit (bezüglich der Branchen bzw. der hierarchischen Positionierung) und in der haushaltlichen Arbeit fortbestanden; allein die Möglichkeiten der Kinderbetreuung hatten sich verändert.

Die soziale Unterschichtung durch migrantische Arbeitskräfte setzt sich in den Nachkriegsgesellschaften fort. In Deutschland verlassen viele der sogenannten *displaced persons* das Land. Dann sind es zunächst Vertriebene (aus Osteuropa) und Teile der Flüchtlinge (aus der DDR), die in der Landwirtschaft wie in der expandierenden industriellen Produktion die belastenden und gering entlohnten Arbeiten übernehmen. Später sind es dann Arbeitsmigrant:innen, die diese Rolle einnehmen und als ein wichtiger Puffer in Zeiten des konjunkturellen Einbruchs oder der wirtschaftlichen Strukturveränderungen (in Landwirtschaft und Industrie) fungieren. Das ermöglicht nicht wenigen autochthonen Beschäftigten berufliche Sicherheit und soziale Aufstiege.

Verandernde Arbeitsteilung in der transformierten Industriegesellschaft
Lenz konstatiert für diese Phase den Übergang zu einer flexibilisierten Geschlechterordnung. Das macht sie an Flexibilisierungsprozessen fest, die sich in der Geschlechterkultur (intersektionale, diversitätsorientierte und queere Perspektiven, gestaltbare Geschlechternormen), an den Arbeitsmärkten, in den Familien und schließlich in geschlechtlichen Machtverhältnissen beobachten lassen. Der rapide Anstieg der Frauenerwerbstätigkeit geht aber auch mit einem hohen Anteil von Teilzeit- und atypischen Beschäftigungen einher. Die großen Unterschiede in den von Frauen und Männern gewählten Branchen und in den Aufstiegsmöglichkeiten bleiben bestehen oder können nur sehr langsam abgebaut werden.

Die mit Migrations- und Integrationsprozessen zusammenhängenden Arbeitsteilungen gestalten sich im Kontext superdiverser (Vertovec 2007) Migrationen komplex. Das Konzept der Superdiversität beschreibt Migrationsgesellschaften, in den sich nicht länger einzelne Großgruppen von Migrierenden ausmachen lassen; typisch ist eher eine Vielzahl von kleineren und sozial heterogenen Gruppen mit je unterschiedlichen Migrationsgeschichten. Auf der einen Seite sind weiterhin Prozesse der Unterschichtung zu beobachten; der Fokus verschiebt sich aber von der (technisch und organisational) reorganisierten Industriearbeit auf die einfache

2.3 Intersektionale Ansätze

Dienstleistungsarbeit und die Arbeit in Haushalten (z. B. *Inhouse*-Pflege oder Reinigung). Auf der anderen Seite kommt es aber auch durch die verbesserte (und weniger diskriminierende) Ausbildung von Migrant:innen wie auch durch die Zuwanderung von Höherqualifizierten zu einer neuen Konkurrenzkonstellation. Aladin El-Mafaalani (2018) spricht von einem ‚Integrationsparadox', das mit den relativen Erfolgen der Integration zusammenhänge. Wenn gut Ausgebildete Migrant:innen nicht länger in den unteren Lagen verbleiben und wenn sie Rechte einfordern, so entstehen ‚neue Konflikte um Migration'. Ganz ähnliche Effekte haben die beruflichen Aufstiege von Frauen in leitende Positionen.

2.3.3 Modelle und Analysen

Die folgenden Beispiele sollen illustrieren, wie sich intersektionale Ansätze in der empirischen Sozialstrukturanalyse nutzen lassen.

Analyse von Arbeitsmärkten

Degele und Winker gehen in ihrer Untersuchung der Frage nach, welche Effekte verschiedene Typen der Veranderung für die „gesamtgesellschaftliche Verbilligung der Ware Arbeitskraft" (2009, S. 52) haben. Sie unterscheiden dabei drei Faktoren, die zu einer Verbilligung von Arbeitskraft beitragen (Tab. 2.9). Ein flexibilisiertes Arbeitskräfteangebot ermöglicht es Unternehmen, die Risiken, die z. B. aus konjunkturellen oder saisonalen Schwankungen erwachsen, auf die Beschäftigten zu verlagern. Dabei funktionieren prekär Beschäftigte, Erwerbslose oder Frauen als stille Reserve; so kann das Angebot an Arbeitskraft gesteuert werden. Eine ähnliche Funktion erfüllen Migrant:innen, deren Zu- oder Rückwanderung oder deren Arbeitsrechte gefördert oder unterbunden werden können, oder Ältere, denen entweder die Frühverrentung oder die Ausdehnung der Erwerbsphase nahegelegt werden kann. Desgleichen können alle vier Differenzkonstrukte auch zur Verringerung von Lohnkosten beitragen. Schließlich bedingt auch die gesellschaftliche Nicht-Entlohnung der häuslichen Arbeit oder das geringe Entlohnungsniveau von häuslichen Angestellten eine Verbilligung von Arbeitskraft.

In all diesen Fällen erbringen die verschiedenen Kategorien der Veranderung einen Beitrag, die z. B. bei Lohndifferenzierungen entstehenden Konflikte zu reduzieren, weil es eher diejenigen trifft, die sich ohnehin schlechter organisieren und durchsetzen können (Prekäre, Frauen, Migrant:innen und Ältere) und denen eine geminderte ‚Leistungsfähigkeit' zugeschrieben wird.

Tab. 2.9 Intersektionale Analyse von Arbeitsmärkten

	Flexibilisierter Zugang und Zugangsbarrieren zum Arbeitsmarkt	Lohndifferenzierungen	Kostenlose bzw. kostengünstige Reproduktionsarbeit
Klasse	Erwerbslose als Ausgleich für Nachfrageschwankungen auf dem Arbeitsmarkt	Normalbeschäftigte versus Prekariat, Erwerbslose als LohndrückerInnen	Inanspruchnahme von Dienstleistungen zur Erziehung, globale Betreuungsketten
Geschlecht	Frauen als stille Reserve	Differenzierte Arbeitsbewertungsmaßstäbe, Steuern und Sozialabgaben	Zusätzliche und unbezahlte Haus und Pflegearbeit von Frauen
‚Rasse'*	Arbeitserlaubnis als Flexibilisierungspotenzial	Bad jobs als Einstieg in den Arbeitsmarkt	Migrantinnen als günstige ‚Dienstmädchen'
Körper	Alter und Krankheit als Ausgrenzungsmöglichkeit	Abwertung der Kompetenz von älteren und nicht vollständig fitten Menschen	Individualisierte Krankheitsprävention, Pflicht zur Gesundheits- und Altersvorsorge

*Die Autorinnen plädieren dafür, den Begriff nicht in Anführungszeichen zu setzen
Quelle: Winker und Degele (2009, S. 52)

Intersektionale Zusammensetzung von Eliten

In der Untersuchung von Heger und Heft (2022) geht es um die Frage, wie soziale Positionen in verschiedenen deutschen ‚Eliten' in intersektionaler Perspektive besetzt sind – die Anführungszeichen sollen daran erinnern, dass der oft unhinterfragte Begriff der Elite (die ‚Auserwählten') einer offenen Gesellschaft nicht angemessen ist. Die Daten gehen auf eine Vollerhebung von öffentlich zugänglichen Daten zu 3057 Elitepositionen zurück. Zur politischen Elite zählen z. B. 480 Positionen: das sind die Angehörigen der Exekutive auf Landesebene (Staatssekretär:innen), der Legislative in Bund (Bundesbeauftragte) bzw. Land (Geschäftsführer:innen) und der Parteien auf Bundes- (Mitglieder der Parteivorstände) und Landesebene (Parteivorsitzende) sowie die Vorsitzenden der parteinahen Stiftungen. Diese Positionen werden von 2783 Personen besetzt; d. h. einzelne Personen können auch mehrere Positionen innehaben. Für diese wurden dann 2018 aus öffentlich zugänglichen Informationen wichtige soziodemografische und biografische Daten ermittelt. Das Vorgehen und die dabei auftretenden Probleme werden bei Heger et al. (2020, 2022) genauer dargestellt.

In der folgenden Grafik (Abb. 2.10) werden zentrale Informationen der Studie verdichtet. Der Frauenanteil in der deutschen Elite lag bei 23,6 %; der Anteil

2.3 Intersektionale Ansätze

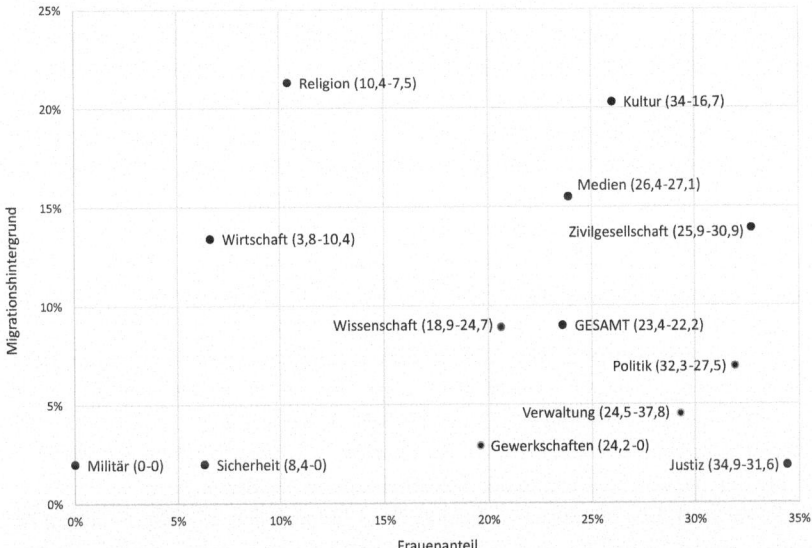

Abb. 2.10 Intersektionale Zusammensetzung von Eliten Lesehilfe: Bei Eliten aus dem Bereich der Wirtschaft liegt der Frauenanteil bei 6,6 %; der Anteil von Menschen mit Migrationshintergrund beträgt 13,4 %. Bei Personen ohne Migrationshintergrund liegt der Frauenanteil bei 3,8 %, mit Migrationshintergrund sind es 10,4 %. Da dem migrationsspezifischen Frauenanteil wegen fehlender Angaben eine kleinere Bezugsgröße zu Grunde liegt, können die Angaben in den Klammern anders ausfallen als die horizontale Lage des Punktes vermuten lässt. Eigene Berechnung und Darstellung nach Heger und Heft (2022, S. 15)

von Eliteangehörigen mit Migrationshintergrund bei 9,0 % – die Erhebung des Migrationshintergrunds folgte soweit möglich der Definition des Statistischen Bundesamtes.

Diese beiden Informationen geben in einer zunächst additiven Perspektive, die Zusammensetzung der Eliten nach Geschlecht bzw. Migrationshintergrund (Mh) wieder. Eine intersektionale Analyse, die auch die Wechselwirkungen beider Faktoren berücksichtigt, kann auf Basis einer bivariaten Auszählung erfolgen; so stellt man fest, dass sich die Elite zu 2,0 % aus Frauen mit Mh, zu 21,3 % aus Frauen ohne Mh, zu 7,0 % aus Männern mit Mh und schließlich zu 69,7 % aus Männern ohne Mh zusammensetzt. In der Grafik wurden die verschiedenen Sektoren entsprechend der beiden univariaten Werte positioniert; in der Klammer wurden die Frauenanteile für die Gruppen der Menschen mit und ohne Mh getrennt (also die bivariate Information) ausgewiesen.

Wenn man zunächst die horizontale Lage, also die unterschiedlichen Frauenanteile, untersucht, wird deutlich, dass der Frauenanteil in den Eliten den an der Bevölkerung (50,7 %), den Erwerbstätigen (47,9 %) oder den Vollzeitbeschäftigten (35,1 %) in keinem Sektor erreicht. Es lässt sich ein Segment mit Frauenanteilen von mehr als 25 % (Kultur, Politik Verwaltung, Justiz, Zivilgesellschaft), eines mit Anteilen zwischen 15 und 25 % (Gewerkschaft, Wissenschaft, Medien) und schließlich eines mit 10 % und weniger (Religion, Wirtschaft, Sicherheit, Militär) ausmachen. Auch beim Migrationshintergrund wird der Bevölkerungswert von 2018 (25,5 %) nicht erreicht. Hohe Werte finden sich in Kultur, Medien und Religion. Bei Verwaltung, Justiz, Militär und Sicherheit, aber auch bei den Gewerkschaften liegen die Anteile von Elitepersonen mit Mh bei weniger als 5 %.

Die intersektionalen Effekte lassen sich schließlich unter Berücksichtigung der Angaben in den Klammern erschließen. Die relativ höchsten Frauenanteile an den Elitepersonen mit Mh finden sich in Wirtschaft, Verwaltung und Wissenschaft. Unterdurchschnittlich sind die relativen Frauenanteile unter den Elitepersonen mit Mh in den Gewerkschaften, in der Sicherheit und in der Kultur.

Wenn man die geografischen Bezüge der Elitepersonen mit Migrationshintergrund mit der Verteilung im Mikrozensus 2018 vergleicht, wird deutlich, dass in der Elite bestimmte Migrationsgruppen deutlich überrepräsentiert sind (vgl. Heger und Heft 2022, S. 14); so machen Elitemitglieder aus den EU-28 Ländern und Nordamerika 63 % der Elite aus; der Bevölkerungsanteil liegt nur bei 36,7 %. Umgekehrt sind Personen mit einem Migrationshintergrund aus Asien stark unterrepräsentiert; etwas geringer fällt die Unterrepräsentation bei Personen aus Mittel- und Südamerika, Afrika und dem sonstigen Europa (inklusive der Türkei) aus.

Eine Analyse der Ursachen der hier beobachteten intersektionalen bzw. sektoralen Unterschiede ist nicht ganz einfach. Die Elitemitglieder treten ihre Positionen in der Altersspanne zwischen 47 und 53 Jahren an; nur in der Religion liegt das Einstiegsalter bei 59 Jahren; d. h. hinter ihnen liegt ein langer Bildungs-, Lebens- und Erwerbsweg und möglicherweise eigene Migrationserfahrungen. Einige Überlegungen sollen die Komplexität einer solchen ursächlichen Analyse verdeutlichen; dabei lassen sich idealtypisch drei Grundtypen von Wirkfaktoren unterscheiden:

- Effekte der schulischen und beruflichen Bildungswege: die Anteilswerte für ein (Fach)abitur variieren je nach Geschlecht (M/F) und Migrationshintergrund (oMh/mMh) zwischen 85 % (M.mMh) und 96 % (F.oMh), die Anteile von höheren Hochschulabschlüssen (z. B. Promotionen) liegen aber bei Männern bei etwa 38, bei Frauen bei nur 24–25 %, unabhängig vom Mh (S. 32).

2.3 Intersektionale Ansätze

- Effekte der sozialen Schließung von Erwerbswegen: die Ausbildungsanfängerquote nach Geschlecht (M/F) und Staatsangehörigkeit (dt/ndt) variierte 2018 zwischen 28,2 (F.ndt), 43,5 % (F.dt), 46,2 (M.ndt) und 68,8 % (M.dt) (Quelle: Berufsbildungsbericht 2022 des BIBB, S. 88).
- Effekte der Erschwerung von Erwerbswegen, z. B. Vereinbarkeit von Karriere und privaten Lebensumständen: Der Anteil der Eliteangehörigen in Ehen und Lebenspartnerschaften variierte zwischen 89 % (M.oMh) und 74 % (F.mMh).

Schließlich sei auf mögliche Effekte der negativen Diskriminierung (z. B. in Auswahlprozessen, bei Wahlentscheidungen) und der positiven Diskriminierung (z. B. Gleichstellungsgesetze und Quotierungen), aber auch auf Effekte der Resilienz (trotz schlechter Startbedingungen und erfahrener Diskriminierungen) verwiesen; solche Einflüsse können aber mit einer standardisierten Erhebung (von öffentlich zugänglichen Daten) kaum erschlossen werden.

An diesem Beispiel lassen sich einerseits die Potenziale einer standardisierten Analyse von intersektionalen Effekten der Benachteiligung beim Zugang zu Elitepositionen aufzeigen. So kann die ungleiche Verteilung im Zugang zu Eliten recht deutlich nachgewiesen werden; zudem ließe sich im Zeitverlauf klären, ob sich die Zugänglichkeit dieser Positionen verändert oder nicht. Andererseits wird aber auch deutlich, dass man es mit komplexen ursächlichen Zusammenhängen zu tun hat.

Es mögen in letzter Instanz immer auch Effekte direkter Diskriminierung sein, die den Zugang zu einer Eliteposition versperren. Weitaus bedeutsamer sind aber die Effekte der Fremd- und Selbstselektion im Kontext jener langen Laufbahnen, die ausgehend von verschiedenen sozialen Herkunftspositionen zu durchlaufen sind: in der schulischen und beruflichen Bildung, beim Einstieg in ein Berufsfeld, bei Prozessen der Bewährung und des Aufstiegs, bei der Entscheidung, Führungsverantwortung zu übernehmen etc. In diesem Geflecht von Wirkfaktoren spielen gesellschaftliche Makro-, Meso- und Mikroebenen (z. B. individuelle, institutionelle und gesamtgesellschaftliche Faktoren) und verschiedene Zeitebenen (z. B. der Biografie, der Institutionengeschichte oder der Zeitgeschichte) und Raumebenen (z. B. im Kontext von Migrationsprozessen und grenzüberschreitenden Karrieren) zusammen.

2.3.4 Fazit: Intersektionale Ansätze

Die Konzepte der intersektionalen Ungleichheitsanalyse (wie auch die im Folgenden behandelten transnationalen Ansätze) hinterfragen die klassische (an Erwerbsarbeit, Einkommen und Nationalstaat orientierte) Sozialstrukturanalyse grundsätzlich. Es wird deutlich, dass die Vorstellung von national gefassten Leistungsgesellschaften, die sich oftmals auch in sozialreformerischen und gewerkschaftlichen Perspektiven findet, trügerisch ist, indem sie bestimmte Typen von Ungleichheiten ausblendet: national betrachtet z. B. Ungleichheiten, die mit ‚Geschlecht', ‚Ethnie' und sozialer ‚Herkunft' zusammenhängen; transnational betrachtet z. B. Ungleichheiten, die mit den Nationalstaaten und mit Migrationschancen verknüpft sind. Die daraus erwachsenden Herausforderungen lassen sich an verschiedenen Punkten verdeutlichen:

- Soziale Ungleichheiten drücken sich neben Kapitalien auch in Rechten und Anerkennungsverhältnissen aus; mithin spielen Fragen der Diskriminierung und der sozialen Schließung und die damit verbundenen Glaubens- und Machtsysteme (z. B. Sexismus, Rassismus und Klassismus) für Sozialstrukturanalysen eine zentrale Rolle.
- Das impliziert, dass neue Felder bzw. Arenen in den Blick der Ungleichheitsforschung geraten: z. B. die Haushalte, die prekären Sphären des Arbeitsmarktes, die blinden Flecken der Produktion (die prekären Seiten der Lieferketten, die Sweatshops, die Plantagen) und die diskriminierenden Effekte einer klassischen (an männlicher Normalarbeit ausgerichteten) Sozialpolitik.
- Die Techniken des Othering fungieren aber auch als eine wichtige Form der Legitimierung von Ungleichheiten, wie die lange (nationale und weltweite) Geschichte des Zusammenspiels von Arbeits- bzw. Weltenteilungen und Othering zeigt.
- Man hat es immer auch mit einer Intersektion von Ungleichheitsmomenten zu tun: z. B. mit geschlechtlich, rassistisch und klassistisch geordneten Arbeitsmärkten.
- Es geht um arenenübergreifend korrespondierende Ungleichheiten: so finden sich z. B. die Strukturen der geschlechtsspezifischen Arbeitsteilung in den Haushalten, in der Sozialpolitik aber auch im beruflichen Leben wieder.
- Sexistische, rassistische und klassistische Strukturen werden auch in den emanzipatorisch orientierten sozialen Bewegungen (und sehr vielmehr noch bei ihren Antipoden) offenbar.
- Schließlich sei auch auf die blinden Flecken der Sozialwissenschaften und die oft unzureichende Reflexion ihres Beobachtungsortes verwiesen.

In vielen offenen Gesellschaften ist zu konstatieren, dass sich die Art und Weise, wie Veranderungen und soziale Ungleichheiten zusammenhängen, verändert hat. Sexismus und Rassismus sind geächtet, es gibt Antidiskriminierungsgesetze,

Förderprogramme etc. Dennoch sind Sexismus, Rassismus und Klassismus (und auch die damit verbundene Gewalt) keinesfalls verschwunden. Die von El-Mafaalani am Beispiel des Rassismus getroffene Einschätzung kann auf intersektionale Ungleichheiten im Ganzen übertragen werden. Die neue Konstellation ist weitaus komplexer als die bisherige.

Es geht nicht länger um den Ausschluss bestimmter Gruppen, sondern um mehr oder weniger systematische Chancenunterschiede. Die Erfahrung der alltäglichen und institutionellen Diskriminierung ist keinesfalls verschwunden, aber sie ist kritisierbar und einklagbar. Sie zeigt weiterhin Wirkung, aber die ist eine andere. Einige Formen der Diskriminierung sind vielleicht auch zurückgegangen. Das von El-Mafaalani beschriebene Diskriminierungsparadox trägt dazu bei, dass sich die wahrgenommene Diskriminierung sogar erhöht hat. Die in Wissenssystemen eingelagerte epistemische Gewalt hat kaum ihre Wirksamkeit verloren, aber ihre Legitimität.

Obwohl die Ausschließungen an Bedeutung verlieren, bleiben die kumulativen Effekte. So konstatiert El-Mafaalani, dass die Folgen des in der Vergangenheit erfahrenen ausschließenden Rassismus zunehmend als Klassismus erscheinen.

2.4 Transnationale Ansätze

Transnationale Ansätze der Sozialstrukturforschung hinterfragen das lange Zeit vorherrschende und selbstverständliche Modell, Sozialstrukturen ausschließlich im nationalstaatlichen Horizont zu begreifen. Damit geraten die weltweiten Ungleichheitsverhältnisse (Ungleichheiten zwischen Nationalstaaten und Weltregionen) in den Blick; es geht aber auch um die grenzüberschreitenden Praktiken von Unternehmen wie von Migrierenden und die dabei wirksamen Regulierungen (Grenzregime).

Die verschieden verfassten Nationalstaaten haben vor allem im 19. und 20. Jahrhundert neue Wirklichkeiten geschaffen, indem sie Nationen und ihre Staatsbürger:innen abgrenzten, indem sie Infrastrukturen, staatliche Institutionen und militärische Apparate aufbauten, indem sie politische und wirtschaftliche Beziehungen neu strukturierten und Kriege führten; auch die Geschichte der ethnischen Säuberungen und der Genozide gehört dazu. Diese Entwicklungen waren oftmals mit Fortschritts-, Modernisierungs- und Entwicklungsgeschichten verknüpft. So kam es im 20. Jahrhundert im globalen Norden zu wachsender Prosperität und einem Ausbau des Sozialstaats. Im globalen Süden ging es um Prozesse der Dekolonisierung, um den Aufbau staatlicher Institutionen und Prozesse der wirtschaftlichen und sozialen Entwicklung.

Die Entstehung der Sozialwissenschaften ist eng mit der Entwicklung der Nationalstaaten verknüpft. Wie auch die Geschichtswissenschaft waren sie in das Programm der ‚Fundierung' von Nationen und der Entwicklung einer nationalen Perspektive auf die soziale Welt eingebunden. Die Sozialwissenschaften sind zwar autonom, sie stehen aber mit den Nationalstaaten im Zusammenhang, indem akademische Forschung und Lehre in hohem Maße in öffentlichen Institutionen organisiert und ein großer Teil der Infrastrukturen und Forschungsmittel aus öffentlichen Quellen stammt. In diesem Rahmen hat sich insbesondere in der zweiten Hälfte des 20. Jahrhunderts (oft im Kontext von Modernisierungstheorien) eine Nationalisierung der Perspektive auf die soziale Welt eingestellt. Gesellschaften wurden in den Sozialwissenschaften oft unhinterfragt als Nationalgesellschaften begriffen. Die Datenbestände der amtlichen Statistik aber auch der Umfrageforschung waren an die Einwohner:innen bzw. die Staatsbürger:innen eines Nationalstaats gebunden. Auch die entstehende Sozialberichterstattung war von einer nationalstaatlichen Perspektive auf soziale Probleme geprägt.

Indem die Einwohner:innen als Rechtsgleiche begriffen wurden, gerieten die rechtlichen Unterschiede, die mit der Staatsbürgerschaft, den verschiedenen Aufenthaltstiteln und -rechten (z. B. Arbeitsrecht, Sozialrecht, politisches Recht) verbunden waren, aus dem Blick. Dementsprechend wurden Migrationen auf seltsame Weise umgedeutet, indem man die Migrierenden temporal betrachtet als (möglichst rotierende) Gastarbeiter und national betrachtet als Ausländer externalisierte und auf (männliche) Arbeitskräfte (ohne familiäre Zusammenhänge) reduzierte.

2.4.1 Zentrale Argumentationen und Konzepte

Seit den 1990er-Jahren zeichnet sich ein Umbruch der sozialwissenschaftlichen Perspektive ab, der sich an zwei Schlüsselbegriffen festmachen lässt; man kritisierte das Denken in nationalstaatlichen Containern und den damit verbundenen methodologischen Nationalismus.

2.4 Transnationale Ansätze

> *Methodologischer Nationalismus* steht für eine Denkweise, in der „die Konturen der Gesellschaft (...) als weitgehend deckungsgleich mit den Konturen des Nationalstaats gedacht" (Beck 1997, S. 46) werden. „Gesellschaften und Staaten [wurden] als territoriale, gegeneinander abgegrenzte Einheiten vorgestellt, organisiert und gelebt" (S. 47). An anderer Stelle macht Beck die politischen Implikationen des latenten Nationalismus deutlich. „Im ‚Container-Modell' wird die Definition der nationalstaatlichen Gesellschaft als Forschungsgegenstand mit mehr oder weniger exklusiven Bezügen auf nationale Akteure (Regierungen, politische Parteien, Gewerkschaften, Klassen, Eliten, soziale Bewegungen usw.) kurzgeschlossen. Diese dienen als Hauptobjekte der Theoriebildung und empirischen Forschung (...) und als Adressaten praktischer Empfehlungen und Interventionen" (2010, S. 208).

Diese Kritiken wurden zum einen durch die zeitgeschichtlich erfahrbaren Entwicklungen der zweiten Globalisierung, die fortbestehenden weltweiten Ungleichheiten und schließlich die Gewahrwerdung der globalen Risiken von Klimawandel und Artensterben befördert. Zum anderen war es aber auch der politischen und wissenschaftlichen Reflexion geschuldet, indem die blinden Flecken einer eurozentristischen, nationalistischen, androzentrischen und weißen Perspektive thematisiert wurden. Im politischen Raum wurden die ökologischen Risiken und die Herausforderungen von Einwanderungsgesellschaften zunehmend thematisiert. Im wissenschaftlichen Raum gewann eine transnationale Perspektive auf die soziale Welt an Bedeutung. Dabei flossen ganz unterschiedliche (politische und wissenschaftliche) Ansätze zusammen; man könnte von transnationalen Ansätzen im weiteren Sinne sprechen, wenn z. B. aus einer postkolonialen, einer globalisierungskritischen, aber auch einer feministischen und antirassistischen Perspektive die Engführungen der vorherrschenden politischen wie sozialwissenschaftlichen Diskurse benannt wurden. Demgegenüber lassen sich transnationale Ansätze im engeren Sinne abgrenzen, bei denen im wissenschaftlichen Kontext eine einschlägige Begrifflichkeit, z. B. Transnationalisierung, Transnationalismus und Transnationalität entwickelt und präzisiert wird.

Dabei sind die Veränderungen der *Forschungsperspektive* sorgfältig von den diagnostizierten Veränderungen in der *realen Welt* (z. B. Globalisierungsprozesse im Finanzwesen, in Produktion, Konsum oder Prozesse der Europäisierung von politischen, wirtschaftlichen und ökologischen Entscheidungen) zu unterscheiden. Das betrifft insbesondere die Rolle der Nationalstaaten. So wird in transnationaler Perspektive deutlich, dass die Rolle der Nationalstaaten differenziert zu betrachten ist. Entgegen der zunächst populären These von einem Bedeutungsverlust der Nationalstaaten deuten viele Hinweise eher auf einen Bedeutungsgewinn, wenn man z. B. an die Bewältigung von Finanzkrisen, Pandemien oder die Umsetzung von sozialökologischen Transformationsprozessen denkt. Auch die Globalisierungsprozesse im Wirtschafts- und Finanzsystem hängen mit starken Nationalstaaten zusammen, die Regeln setzen und (unter Umständen auch militärisch) durchsetzen.

Die kritische Reflexion bzw. der Bruch mit der lange vorherrschenden Fokussierung auf die Nationalstaaten ging mit einer Vielzahl neuer Begrifflichkeiten einher. Nicht selten waren diese aber auch politisch aufgeladen, wie sich am Begriff der Globalisierung zeigt, der im Sinne eines Zukunftskonzepts oder eines unausweichlichen Gesetzes genutzt wurde, der aber auch im Sinne der Kritik im linken und rechten Lager verwandt wurde.

Die Frage nach Prozessen der *Transnationalisierung* soll hier – ungeachtet der verschiedenen durchaus sinnvollen Versuche der Differenzierung und Präzisierung – im Sinne eines Forschungsprogramms begriffen werden, das sich (jenseits von territorial- bzw. nationalstaatlichen Setzungen) mit den variierenden räumlichen und politischen Bezügen von sozialen u. a. Praktiken befasst. Der gemeinsame Nenner ist demnach zunächst nur die Hinterfragung eines methodologisch gesetzten Nationalismus. Welche Rolle die Nationalstaaten jeweils spielen und wie sich soziale Praktiken räumlich betrachtet organisieren, kann dann (ausgehend von spezifischen Forschungsanliegen) nur empirisch geklärt werden.

Im Kontext der Sozialstrukturanalyse wird das transnationale Forschungsprogramm zum einen genutzt, um die Genese und Entwicklung globaler Ungleichheiten zu analysieren (Abschn. 2.4.2). Zum anderen geht es um die Frage, wie sich Menschen in diesen Ungleichheitsverhältnissen einrichten, also um Prozesse der globalen Migration und der Herausbildung transnationaler Sozialgruppen (Abschn. 2.4.3). Vorab müssen jedoch die spezifischen Herausforderungen einer transnationalen Analyse von Sozialstrukturen erläutert werden; so gilt es, die klassischen Konzepte von Sozialstrukturanalysen, aber auch die Frage ihrer Adressaten zu überdenken.

Erweiterungen der klassischen Konzeption
Die transnationale Perspektive verändert die Konzeption von Sozialstrukturanalysen in verschiedener Weise.

2.4 Transnationale Ansätze

- Die erheblichen ökonomischen, politischen und sozialstaatlichen Unterschiede zwischen den Nationalstaaten sind als soziale Ungleichheiten zu begreifen. Vereinfacht könnte man sagen, dass die Nationen nunmehr die Rolle gesellschaftlicher Großgruppen einnehmen, wie es z. B. Klassen oder Schichten im nationalen Kontext waren. Die Zugehörigkeit zu einem Nationalstaat, die sich in der Staatsbürgerschaft ausdrückt, wird zu einem wesentlichen Ungleichheitsmoment; das gilt auch für Länderunterschiede bzw. regionale Unterschiede innerhalb der EU. So wird die ‚Vererbung' der Staatsbürgerschaft an nachwachsende Generationen zu einem wesentlichen Faktor der Stabilisierung von Ungleichheitsverhältnissen.
- Damit geht eine veränderte Perspektive auf Migrationen und transnationale Lebensweisen einher. Vereinfacht könnte man sagen, dass Migrationen nunmehr im Sinne sozialer Mobilitäten zu begreifen sind. Das heißt, vor dem Hintergrund der großen Unterschiede zwischen den Nationalstaaten entscheiden sich Menschen für temporäre, längerfristige oder auch mehrfache Migrationen. Sie finden so eine individuelle Lösung für die aus der nationalstaatlichen Konstellation erwachsenden Ungleichheiten. Dabei kann es um eher ökonomische Motive oder eher um politische und zivile Sicherheiten und Freiheiten gehen, aber auch private Motive spielen eine Rolle.
- Alle Politiken, die auf die länderspezifischen Unterschiede und die verschiedenen Typen von Migration und Integration Einfluss haben, bekommen damit auch den Charakter von ‚Sozialpolitiken', indem sie die Lage einzelner Gruppen verbessern und möglicherweise die einer anderen Gruppe verschlechtern. Damit entstehen völlig neue Interessenlagen und Konfliktkonstellationen, wenn z. B. die ‚erfolgreiche' Handelspolitik eines Exportlandes nicht nur die Unternehmen, sondern auch die abhängig Beschäftigten in diesem Land besserstellt, während sie sich für ein anderes Land eher nachteilig auswirken. Auch die Migrationspolitik kann zu neuen Konfliktkonstellationen führen, wenn z. B. die Zugewanderten als Konkurrent:innen am Arbeits- oder Wohnungsmarkt wahrgenommen werden.
- All diese Erweiterungen der Perspektive bedingen, dass die klassische Sozialstrukturanalyse auf die Wissensbestände benachbarter Forschungsfelder und Disziplinen zurückgreifen muss. So z. B. auf Forschungen und theoretische Konzepte zu globalen oder weltregionalen Ungleichheiten, wie sie z. B. im Kontext der politischen Ökonomie oder der Wirtschaftsgeschichte zu finden sind; auf die zeitgenössische wie die historische Migrationsforschung; auf Forschungen zu Grenzregimen oder auf vergleichende Forschungen zu Wohlfahrtsstaaten.

Adressaten transnationaler Sozialstrukturanalysen
Reinhard Kreckel (2008) macht in seinen Überlegungen zur Analyse sozialer Ungleichheiten im globalen Kontext deutlich, dass der vielfach kritisierte methodologische Nationalismus nicht nur einem blinden Flecken oder einem Hang zur Selbstbezüglichkeit geschuldet sei. Vielmehr gehe es auch darum, dass die wissenschaftlichen Analysen von Sozialstrukturen stets mit Adressaten im politischen Feld verknüpft waren. Das heißt, Ungleichheitsverhältnisse und Sozialstrukturen werden historisch betrachtet erst dann thematisiert, wenn in den Nationalstaaten nach den bürgerlichen Revolutionen die Gleichheit auf dem politischen Programm steht. Das heißt, es ist erst die politische Thematisierung der ‚sozialen Frage' oder der ‚Arbeiterfrage', die im 19. Jahrhundert Sozialstrukturanalysen befördert. Im 20. Jahrhundert sind es dann die ‚Frauenfrage' oder Fragen des Rassismus.

Für transnationale Ungleichheiten stellt sich das anders dar: „Solange die sozialpolitischen Auseinandersetzungen und Verteilungskämpfe primär in nationalstaatlich verfassten Gesellschaften stattfinden und von Akteuren getragen werden, die sich ebenfalls innerhalb dieses Rahmens bewegen, ist ein breiter Resonanzboden für die Aufnahme von Ergebnissen der globalen Ungleichheitsforschung nicht gegeben" (S. 30). Am Ende seiner Analyse von Ungleichheitsdiskursen in verschiedenen internationalen Organisationen (z. B. UN-Organe, Weltbank, IWF oder NGOs) kommt Kreckel zu dem eher skeptischen Fazit, dass man es derzeit im Weltmaßstab noch nicht mit einer Konstellation zu tun habe, „in der bereits ernsthafte weltsozialpolitische Korrekturen des globalen Pauperismus und Strategien zu einer erfolgversprechenden Weltmarktintegration der exkludierten Regionen zu erkennen wären" (S. 58). Heute würde eine solche Bestandsaufnahme eher noch skeptischer ausfallen. Es finden sich zwar sehr viele sozialwissenschaftliche Analysen (z. B. Faist 2021, 2019; Breman et al. 2019) und sozialphilosophische (z. B. Habermas 2004; Nagel 2005; Somek 2021) Debatten, die um eine transnationale soziale Frage des 21. Jahrhunderts kreisen; es lassen sich aber kaum politische Institutionen und die sie herausfordernden sozialen Bewegungen ausmachen, an die sich derartige transnationale Ungleichheitsanalysen richten könnten.

2.4.2 Entwicklung globaler sozialer Ungleichheiten

Für die Analyse globaler sozialer Ungleichheiten muss das Instrumentarium der Ungleichheitsforschung, das eher in prosperierenden und rechtsstaatlich verfassten Nationalstaaten entwickelt wurde, grundsätzlich überdacht werden. Das beginnt mit der elementaren Frage, was sind soziale Ungleichheiten und auf welcher Ebene

2.4 Transnationale Ansätze

sollten sie analysiert werden. So dann ist zu klären, wie sich globale Ungleichheiten herausgebildet und verändert haben. Dazu gehört auch die Frage, wie globale Ungleichheiten thematisiert und interpretiert werden bzw. welche Akteure es sind, die globale Ungleichheiten diagnostizieren oder zu ihrer Verringerung beitragen wollen. Resümierend sollen schließlich die Möglichkeiten und Unmöglichkeiten der Erklärung globaler Ungleichheiten erörtert werden.

Die bereits eingeführte Unterscheidung Therborns (*vital inequalities, existential inequalities, resource inequalities*) bietet eine gute Strukturierung wichtiger Faktoren, die die Überlebenschancen und Gestaltungsmöglichkeiten von Menschen (und sozialen Gruppen) in globaler Perspektive prägen. Diese Ungleichheiten hängen einerseits mit der ökonomischen, politischen und sozialen Entwicklung von Regionen bzw. Nationalstaaten zusammen, andererseits sind dann aber auch die sich in diesem räumlichen Rahmen ausbildenden sozialen und kulturellen Ordnungen von Bedeutung. Das heißt, die in letzter Instanz interessierenden sozialen Lagen einzelner Personen oder Personengruppen hängen sowohl von eher globalen Entwicklungen ab als auch von ihrer Situierung innerhalb solcher weltregionalen, nationalen oder lokalen Einheiten. Am Beispiel von Einkommen wären das zunächst die Unterschiede der durchschnittlichen Einkommen von Nationalstaaten oder Weltregionen; zudem interessieren dann die positionalen Unterschiede innerhalb von Nationalstaaten, wie sie z. B. über die Daten einer Einkommensverteilung dargestellt werden können.

Ein grundlegendes Verständnis der Genese globaler Ungleichheiten kann über Forschungsansätze gewonnen werden, die sich in ökonomischer und politischer Perspektive mit der Entwicklung von Kolonialismus und Kapitalismus oder mit Prozessen der Globalisierung befassen. Für eine zeitgenössische Perspektive kann an Forschungen angeschlossen werden, die die Entwicklungspolitik und -ökonomie analysieren.

Kolonialismus und die Herausbildung eines globalen Kapitalismus
Die lange Geschichte des Kolonialismus eröffnet einen guten Einblick in die Entwicklung globaler Ungleichheiten. Kolonialismus sollte im Sinne Osterhammels als ein spezifisches Herrschaftssystem begriffen werden; es geht mithin weniger um eine Geschichte von ‚Entdeckungen' und ‚Eroberungen', sondern um den „langsamen Aufbau von Herrschaftsstrukturen und Gesellschaftsformen und ihrer räumlichen Ausdehnung oder auch Zurücknahme innerhalb nominell beanspruchter Gebiete" (Osterhammel und Jansen 2012, S. 32 f.); charakteristisch sind zudem höchst unterschiedliche Grade der (politischen, wirtschaftlichen oder infrastrukturellen) Durchdringung dieser Gebiete. Man hat es also in der zeitlichen wie in der räumlichen Perspektive mit Prozessen zu tun, deren Intensität variiert.

Kolonialismus: Osterhammel und Jansen (2012) begreifen *Kolonialismus* als „eine Herrschaftsbeziehung zwischen Kollektiven, bei welcher die fundamentalen Entscheidungen über die Lebensführung der Kolonisierten durch eine kulturell andersartige und kaum anpassungswillige Minderheit von Kolonialherren unter vorrangiger Berücksichtigung externer Interessen getroffen und tatsächlich durchgesetzt werden" (S. 20). Diese Herrschaftsbeziehung wird typischerweise von einem Sendungsbewusstsein begleitet, indem sich die Kolonialherren in verschiedener Weise als höherwertig begreifen und damit Politiken der Bekehrung, der Assimilierung, der Zivilisierung und Bildung aber auch der Segregation, Unterdrückung und Vernichtung legitimieren.

Mit der Expansion der europäischen Mächte, der USA und Japans entstanden drei unterschiedliche Typen von Kolonien (vgl. S. 17 f.):

- *Beherrschungskolonien* (z. B. in Indien, Indochina, Ägypten) dienten den wirtschaftlichen (Handelsmonopole, Bodenschätze, Abgaben) und politischen (imperialen und nationalen) Interessen der Kolonialmächte. Die Herrschaft wurde typischerweise von entsandten Bürokraten, Soldaten oder Geschäftsleuten ausgeübt; die autokratische Regierung erfolgte z. B. durch Gouverneure aus dem jeweiligen Mutterland.
- In den militärisch abgesicherten *Siedlungskolonien* war die Kolonialmacht über weiße Siedler präsent, die meist in der Agrarwirtschaft tätig waren und bereits früh Ansätze der Selbstverwaltung praktizierten, dabei aber die Lage der indigenen Bevölkerung ignorierten. Es ging vor allem um die Nutzung des Landes und den Zugriff auf billige Arbeitskräfte. Dabei lassen sich unterscheiden: ein ‚neuenglischer' Typ (z. B. in Nordamerika und Australien), bei dem die indigene Bevölkerung verdrängt oder gar vernichtet wurde; ein ‚afrikanischer' Typ (z. B. Algerien, Südrhodesien, Namibia, Südafrika), bei dem Siedler die einheimische Arbeitskraft nutzten und schließlich ein ‚karibischer' Typ (z. B. Haiti, Jamaika, Brasilien), wo der Import von versklavten Arbeitskräften eine zentrale Rolle spielte.
- Schließlich dienten *Stützpunktkolonien* (z. B. Batavia, Hongkong, Singapur) vor allem der Logistik und dem Machterhalt oder dem kommerziellen Zugang zum Hinterland.

Damit korrespondierten auch unterschiedliche Typen der Herrschaft. In den *formal empires* wird koloniale Herrschaft direkt ausgeübt, indem einheimische Herrschaftsstrukturen durch Vertreter der Kolonialmächte ersetzt werden. In den *informal empires* bleiben vorhandene Macht- und Verwaltungsstrukturen bestehen, werden jedoch durch die Kolonialmächte in entscheidenden Politikbereichen

2.4 Transnationale Ansätze

überformt, sodass es zu einer quasi-kolonialen Herrschaft kommt. Die Grade der Kontrolle bzw. Autonomie der lokalen Instanzen variieren dabei erheblich. Längerfristig sind insbesondere Herrschaftsformen bedeutsam, die nicht mehr im engeren Sinne als kolonial begriffen werden können. „Die wirtschaftliche Überlegenheit des stärkeren staatlichen Partners bzw. seiner privatwirtschaftlichen Institutionen (z. B. multinationaler Konzerne) und/oder seine militärische Schutzfunktion verleiht ihm (…) Einwirkungsmöglichkeiten auf die Politik des schwächeren Partners (…). Dies ist ein typisches Beziehungsmuster internationaler Asymmetrie in der nachkolonialen Welt" (S. 26).

Plantagenwirtschaft: Die frühen Formen der Kolonisierung, die mit der ‚Entdeckung' der Amerikas einsetzten, gingen neben politischen Machtinteressen mit einem militärisch abgesicherten Handelskapitalismus einher; im Vordergrund stand der Handel mit Edelmetallen und Luxuswaren (z. B. Gewürze, Tee, Seide). Ein Scheidepunkt stellt das Zusammenspiel von transatlantischem Handel mit versklavten Menschen und Plantagenwirtschaft dar. Das Zentrum lag in der Karibik; das Modell der Plantage wurde aber auch andernorts zu einem ‚Erfolg'. „Plantagenamerika erstreckte sich von Brasilien (Zucker, dann Kaffee und Baumwolle) bis in die späteren Südstaaten der USA (Reis, Indigo, später vor allem Baumwolle) und schloss auch die tropischen Küsten Spanisch-Amerikas ein (Zucker, Kakao). Plantagenamerika war das Modell späterer kolonialer Plantagenwirtschaften und das erste großmaßstäbliche kapitalistische Agrobusiness der Weltgeschichte" (Reinhard 2016, S. 434). Die Plantage steht zunächst für ein Modell der vorindustriellen großbetrieblichen Produktion. „Zugleich waren die kolonialen Gesellschaften der Karibik, als Kunstprodukte neu entstanden auf entvölkertem Land, das radikalste sozialtechnische Experiment der Epoche" (Osterhammel und Jansen 2012, S. 36).

Aus sozialstruktureller Sicht ist die Plantagenwirtschaft von besonderem Interesse, weil die massenhafte Deportation, die Versklavung und schließlich der Handel mit versklavten Menschen die Sozialstrukturen aller beteiligten Länder fundamental veränderten. Zudem entstehen neue weltumspannende soziale Verflechtungen, indem der Konsum der auf den Plantagen hergestellten Rohstoffe bzw. Waren in Europa durchaus breitere Bevölkerungsgruppen erreicht, nachdem es mit der *industrious revolution* in Europa und Asien zu deutlichen Produktivitätszuwächsen gekommen war (vgl. Lenger 2023, S. 89). Mit der beginnenden Industrialisierung der Textilwirtschaft gewinnt dann neben Genussmitteln auch die Produktion von Baumwolle an Bedeutung.

Kolonialismus und Industriekapitalismus: Die Erfindung und allmähliche Perfektionierung der Dampfmaschine eröffnete neue Möglichkeiten der Gewinnung von Erzen (z. B. Kupfer) und Energieträgern (z. B. Kohle), des Transports (Schifffahrt und Eisenbahnen) und der Produktion von Investitions- (z. B. Maschinenbau) und Konsumgütern (z. B. Textilien). Jenseits einer technozentrischen Perspektive gilt es aber, die spezifischen Kalküle zu analysieren, die in den ganz unterschiedlichen Branchen und Weltregionen zum Einsatz (oder Nichteinsatz) dieser kapitalintensiven Technologien führten. Dementsprechend werden in der wirtschaftsgeschichtlichen Forschung verschiedene Wirkfaktoren diskutiert, die dann zu einem Auseinanderdriften der Weltregionen führten. Allen (2011, S. 40 f.) verweist auf die relativ hohen Arbeitskosten in Europa; Plumpe (2019, S. 185 ff.) rückte die Effekte des einsetzenden Massenkonsums (z. B. von Textilien) in den Vordergrund; Lenger streicht heraus, dass es vor allem der Preis und die Qualität des Garns bzw. der Textilien waren. „Denn nur aufgrund der erreichten Qualitätsstufe eroberten britische Baumwollstoffe (…) im frühen 19. Jahrhundert die Märkte Westafrikas und des östlichen Mittelmeerraums. Etwas früher schon hatten sie sich in Nord- und Südamerika durchgesetzt" (2023, S. 165).

An diesem Beispiel wird zum einen deutlich, dass Handelskapitalismus und Industriekapitalismus nicht als Phasenfolge, sondern als Zusammenhang betrachtet werden müssen; zum anderen wird am Beispiel der Textilproduktion und -wirtschaft deutlich, wie eng die globale Vernetzung bereits zu diesem Zeitpunkt ist. „Schließlich war gerade die Industrielle Revolution stark vom atlantischen Dreieckshandel geprägt und von der Protektion der beiden gleichwohl hochinnovativen Schlüsselbranchen [Montan- und Textilindustrie C.W.] abhängig, die (…) stellvertretend für die Bedeutung der Kohle und der Kolonien für die britische Entwicklung stehen" (S. 176).

Auf längere Sicht stieg in den sich industrialisierenden Ländern Europas auch der Lebensstandard; es dauerte jedoch bis weit ins 19. Jahrhundert, bis das wirtschaftliche Wachstum auch die Ernährungslage und den Lebensstandard verbesserte. In dieser Phase beginnen sich die Prokopfeinkommen in den verschiedenen Weltregionen deutlich auseinander zu entwickeln; in der wirtschaftsgeschichtlichen Literatur wird von einer *great divergence* gesprochen (Pomeranz 2000). Während die Einkommen in Europa (im Vergleich zu 1820) mehr als das Doppelte, in Nordamerika mehr als das Dreifache des Welteinkommens erreichen, fallen die Länder in Ostasien (z. B. China, Japan) und in Süd- und Südostasien (Indien, Indonesien) deutlich zurück. Ihr Prokopfeinkommen lag 1820 noch 84 bzw. 62 % des Welteinkommens; es geht bis 1950 auf 29 bzw. 25 % zurück. Danach setzt in diesen Weltregionen zeitlich versetzt ein Aufholprozess ein (vgl. Chancel und Piketty 2021, S. 303f).

Hochphase des Kolonialismus: Die fünf Jahrzehnte zwischen 1880 und 1930 lassen sich (aus der Sicht der Kolonisierenden) als eine ›Hochphase‹ des Kolonialismus begreifen. Am Anfang dieser Entwicklung stand die Okkupation des afrikanischen Kontinents; auch innerhalb der stets von Gewalt geprägten Ge-

2.4 Transnationale Ansätze

schichte der Kolonisierung war dies „ein einzigartiger Vorgang der zeitlich konzentrierten Enteignung" (Osterhammel und Jansen 2012, S. 39). Nachdem die führenden Kolonialmächte zunächst auf dem Papier Absprachen getroffen hatten, kam es nach und nach zur effektiven Inbesitznahme des Kontinents; dabei entstanden dann auch die bis heute gültigen Grenzziehungen der inzwischen unabhängigen Nationalstaaten. Reinhard konstatiert, dass die großen wirtschaftlichen Unterschiede zwischen den afrikanischen Staaten auf diese „willkürlichen und bisweilen absurden Grenzen" zurückgehen. „Nicht nur sprachlich und kulturell zusammenhängende Räume wurden zerschnitten, sondern auch auf gegenseitige Ergänzung angewiesene Wirtschaftsräume und Handelssysteme. Traditionelle Loyalitäten wurden durch solche Grenzen untergraben" (2016, S. 981).

Nach dem Ende des Ersten Weltkriegs kam es zu gewissen Umstrukturierungen der Kolonialherrschaft; das Grundprinzip blieb jedoch erhalten und wurde auch durch den neu entstandenen Völkerbund getragen. Die Kolonisierung der Welt erreichte ihren (territorialen) Höhepunkt. Es kam aber auch zu einer Intensivierung der Kolonialherrschaft. „Die Kolonialmächte bemühten sich um Systematisierung, Methodisierung, gar ,Verwissenschaftlichung' ihrer Administrationen. Nach der Phase eines kämpferischen Imperialismus sollte nun die Epoche eines ruhigen Genusses der kolonialen Früchte anbrechen" (Osterhammel und Jansen 2012, S. 42).

Es entstanden neue Verkehrsinfrastrukturen für Eisenbahnen und Automobile. Damit verbesserten sich auf der einen Seite die Überwachungsmöglichkeiten, zum anderen konnten nun auch entlegenere Gebiete wirtschaftlich genutzt werden. „Das vielleicht wichtigste Merkmal (…) war der Ausbau der kolonialen Exportwirtschaft. Neue Sektoren wurden entwickelt und bestehende Enklaven der Exportproduktion ins Binnenland hinein ausgeweitet. Europäische Konzerne von neuartiger Größe und Macht (…) bemächtigten sich beträchtlicher Teile des Außenhandels" (S. 42 f.). Mit der Weltwirtschaftskrise von 1929 findet der Exportboom aber auch ein jähes Ende.

Erbschaften des Kolonialismus: Angesichts der Tatsache, dass die große Mehrheit der weniger prosperierenden Länder eine koloniale Vorgeschichte hat, drängt es sich auf, die derzeit beobachtbaren globalen Ungleichheiten mit dieser Vorgeschichte in Zusammenhang zu bringen. Jansen und Osterhammel (2013) konstatieren jedoch, dass es „keine direkte Korrelation zwischen kolonialer Lage, Dekolonisierungsprozess und der heutigen Situation gebe" (S. 27). So finden sich unter den heute sehr armen und sehr reichen Länder Staaten mit sehr unterschiedlichen Kolonial- und Dekolonisierungserfahrungen, einige waren niemals kolonisiert worden. „Weder eine besonders repressive Kolonialherrschaft (…) noch ein auffallend gewaltsamer Dekolonisationsprozess führten zwangsläufig zu außergewöhnlichen Belastungen in der Zeit der Unabhängigkeit" (S. 28).

Diese summarische Einschätzung sollte jedoch mit der Einsicht verknüpft werden, dass die gewaltsamen kolonialen und imperialen Unternehmungen, denen sehr viele heutige Nationalstaaten unterworfen waren, dennoch gravierende Auswirkungen auf ihre politische, wirtschaftliche, kulturelle und soziale Verfasstheit hatten; dabei geht es auch um das kollektive Wissen und Erinnern. Nur lassen sich diese Wirkungen nicht zu einer schlüssigen Kausalkette verdichten. Das hängt mit den langen Zeiträumen der Kolonisierung und Dekolonisierung, mit den oben angesprochenen Typen der Kolonisierung (Beherrschungs-, Siedlungs-, Stützpunktkolonien) und der politischen Verwaltung (formal, informal, nachkolonial), mit den Unterschieden und Graden der wirtschaftlichen Einbindung (z. B. Rohstoffextraktion, Agroproduktion) zusammen. Nicht zuletzt hatte dann die mehr oder weniger lange nachkoloniale Geschichte erheblichen Einfluss auf die gegenwärtige Konstellation.

Zudem ist hervorzuheben, dass der Kolonialismus ein wesentlicher Faktor der globalen Vernetzung gewesen ist. „Die neuzeitlichen Kolonialimperien bildeten Gebiete großräumiger Herrschaftsausübung. Sie schlossen verschiedene Weltteile in weitgespannte Interaktions- und Kommunikationsräume ein. Koloniale Herrschaft förderte – und kanalisierte – die weltweite Zirkulation von Gütern unterschiedlichster Art: von Handelsgütern und Kapital über Pflanzen, Tiere und Krankheiten bis hin zu Ideen und kulturellen Praktiken. Nicht zuletzt bildeten Kolonialimperien häufig den Rahmen für die weltweite Mobilität von Menschen, sowohl in ihren freiwilligen (etwa Arbeitsmigration) als auch ihren unfreiwilligen (etwa Exil, Deportation, Sklavenhandel) Varianten" (Osterhammel und Jansen 2012, S. 29).

Betz (2022) konstatiert, dass bereits der transatlantische Handel mit versklavten Menschen, die personalintensive Landwirtschaft in den betroffenen afrikanischen Ländern schwächte, militante Konflikte förderte und die Herausbildung einer Territorialherrschaft behinderte. Die wirtschaftlichen Effekte (vgl. 40 f.) des später intensivierten Kolonialismus sieht er in dem Abzug beträchtlicher finanzieller Mittel (z. B. in Form von Gewinnen, Zinsen, Gehältern, Steuerlasten), in den monopolistischen Strukturen sowohl in der Agrarwirtschaft wie im Erzabbau und in der handelspolitischen Orientierung auf die Kolonialmächte. Auch die beträchtlichen infrastrukturellen Investitionen waren weniger der wirtschaftlichen Erschließung des Landes als den speziellen Interessen der Kolonialmächte geschuldet. Zu den politischen Folgen des Kolonialismus gehören neben den bereits angesprochenen Problemen der Staatenbildung und Grenzziehung vor allem die herrschaftliche Indienstnahme von lokalen Herrschaftsgruppen und Eliten. Die weltmarktorientierte Plantagenwirtschaft und die extraktiven Ökonomien trugen zur Entstehung einer „kleinen, ausbeuterischen Elite von Kolonialbeamten, aus- und inländischen Profiteuren" (S. 41) bei. Zu den sozialen Folgen gehört insbesondere der niedrige Lebensstandard, das geringe Human-

2.4 Transnationale Ansätze

kapital der Mehrheit der Kolonialgesellschaft, die Enteignung von Landbesitz und in den Siedlerkolonien die gesellschaftliche Spaltung entlang rassistischer Grenzziehungen. Das verweist auf die massiven kognitiven Hinterlassenschaften sowohl im Denken der vormals Kolonisierten wie der Kolonisierenden.

Dekolonisierung und Rethematisierung globaler Ungleichheiten
Mit der einsetzenden Dekolonisierung kommt es nicht nur zu politischen, ökonomischen und sozialen Umbrüchen. Es kommt auch zu einem Perspektivwechsel auf globale Ungleichheiten; aus der ‚Kolonie' wird das ‚Entwicklungsland'.

Dekolonisierung: Die Prozesse der Dekolonisierung erstrecken sich über einen langen Zeitraum; zwischen 1945 und 1975 werden sie dann aber zu einem globalen Phänomen, das nicht nur den globalen Süden, sondern auch den Norden nachhaltig prägt. Osterhammel und Jansen bezeichnen die Phase der Dekolonisation, als „einen der dramatischten Vorgänge der neueren Geschichte" (2013, S. 7). Die Dramatik geht auf die recht unterschiedlich verlaufenden Prozesse der Ablösung von den Kolonialmächten, auf die erheblichen Probleme der oft am Reißbrett entstandenen Nationalstaaten und schließlich auf die Auflösung bzw. Transformation der Imperialstrukturen zurück.

Während zunächst noch im Kontext einer panarabischen oder panafrikanischen Solidarität immer auch über Alternativen zum Nationalstaat nachgedacht wurde, setzt sich dieses Modell schließlich durch. Die Dekolonisierung trug somit zu einer „Globalisierung des Nationalstaatsmodells" (Jansen und Osterhammel 2013, S. 111) bei. Diese waren dann jedoch im Kontext der sich zuspitzenden Blockkonfrontation in einen der Machtblöcke (West-Ost) eingebunden oder sie rechneten sich der Gruppe der Blockfreien zu. Nationalstaaten (und Staatenbünde) fungierten als neue Einheiten der globalen Ordnung.

Eine zentrale Rolle im Dekolonisierungsprozess spielen die vor allem im 20. Jahrhundert entstandenen antikolonialen und nationalen Bewegungen; dabei waren die Formen des Kampfes sowie die soziale Zusammensetzung und die Ziele der Bewegungen sehr heterogen. Nationalismus spielt eine wichtige Rolle, aber er stand „in Konkurrenz zu einer Vielfalt alternativer Formen von Zugehörigkeit: Lokale, ‚tribale', religiöse, regionale, sogar imperiale Solidarität und Loyalität verschwanden nicht einfach" (S. 38)

Differenzen in der Verfasstheit der Nationalstaaten: In der historischen Perspektive wird deutlich, dass die Grundlagen, auf denen seit dem 19. Jahrhundert überall auf der Welt Nationalstaaten entstanden waren, kaum vergleichbar waren. In jedem Falle werden Nationen erfunden und nach und nach durch verschiedenste Politiken stabilisiert und legitimiert. Es gibt jedoch große regionale Differenzen (vgl. Reinhard 2016, S. 1280 f.) je nachdem, ob die nachkolonialen Eliten europäische Institutionen übernahmen (z. B. in südamerikanischen Ländern), an vormoderne Reiche anschließen konnten (z. B. in ost-, südost- und südasiatischen Ländern), mit willkürlichen Grenzziehungen konfrontiert waren oder an antikoloniale Bewegungen anknüpfen konnten (z. B. in afrikanischen Ländern). Die neuen Nationalstaaten werden dann auch zu einer zentralen Einheit, an der ‚Entwicklung' beobachtet wird, in Form von Sozialprodukten, Wachstumsraten oder verschiedenen Entwicklungsindices.

Viele der modernen Staaten stehen in mehrfacher Konkurrenz und können ihr Gewaltmonopol nur schwer durchsetzen. So gibt es „traditionelle Oberhäupter oder die Nachfolger von der Kolonialmacht geschaffener Amtshäuptlinge" (S. 1285). Das äußere Gewaltmonopol wird meist vom Militär wahrgenommen, das über einen umfangreichen Apparat verfügt, das Aufstiegschancen bietet, das aber auch die Macht übernehmen kann. Den schwachen Nationalstaaten gelingt es nur bedingt, Widerstandsbewegungen verschiedener Art oder gar die organisierte Kriminalität wirksam zu kontrollieren; schließlich stellen auch NGOs, die in besonders armen Ländern über erhebliche Ressourcen und Infrastrukturen verfügen, für diese Staaten eine Konkurrenz dar.

Entwicklung von internationalen Organisationen und Menschenrechten: Neben den Schrecken von Faschismus, Genozid und Weltkrieg spielen die einsetzenden Dekolonisierungsprozesse eine zentrale Rolle für die verstärkte Entwicklung neuer Strukturen und Regeln der Weltgemeinschaft. Bereits seit dem 17. Jahrhundert waren internationale Verhandlungssysteme und Institutionen entstanden, die zu einer Einhegung kriegerischer Konflikte und später zur Regulierung der technischen, infrastrukturellen aber auch der wirtschaftlichen und sozialen Probleme der Industrialisierung beitragen sollten. In Folge des Zweiten Weltkriegs entwickelt sich (nach dem Scheitern des Völkerbunds) mit der UNO ein neues System der kollektiven Sicherheit, ergänzt durch regionale Organisationen der Friedenssicherung (z. B. KSZE bzw. OSZE) sowie durch Militärbündnisse (NATO und Warschauer Pakt). Im wirtschaftlichen Feld ging es um die Organisation des Handels (GATT, später WTO) und des Währungs- und Finanzsystems (IWF). Zudem entstehen Organisationen, die sich mit der Finanzierung und Organisation von ‚Entwicklung' befassen, z. B. die Organisationen der Weltbankgruppe und das UN-Entwicklungsprogramm (UNDP). Viele dieser Organisationen spielen für die Beobachtung und Analyse globaler Ungleichheiten eine wichtige Rolle, indem sie Berichte vorlegen und Daten bereitstellen bzw. indem sie Programme finanzieren, die Armut verringern, Entwicklungsprozesse fördern und Ungleichheiten begrenzen sollen.

Eine zentrale Bedeutung für die hier interessierenden Fragen der globalen Ungleichheit kommt der Charta der Vereinten Nationen (1945) und der Allgemeinen

2.4 Transnationale Ansätze

Erklärung der Menschenrechte (1948) zu. Diese stellen erstmals einen normativen Bezugsrahmen her, „welcher bürgerliche und politische Freiheitsrechte einerseits sowie wirtschaftliche, soziale und kulturelle Rechte andererseits" zusammenführt. Sie waren „in vielerlei Hinsicht ein Kompromiss zwischen den menschenrechtlichen Vorstellungen des liberal-demokratischen Westens unter Führung der USA und des kommunistischen Ostens unter Führung der UdSSR" (Rittberger et al. 2013, S. 68).

In rechtshistorischen Einschätzungen werden die Charta der Vereinten Nationen und die Allgemeine Erklärung der Menschenrechte als der Beginn einer kopernikanischen Wende im Völkerrecht bezeichnet. Dabei stellten sich wichtige Effekte eher mittelfristig ein (vgl. Tams und Joetten 2012, S. 121). Mit der UN-Charta entsteht der Wirtschafts- und Sozialrat als Kommission zur Förderung der Menschenrechte; 1993 wird schließlich ein hoher Kommissar für Menschenrechte berufen. In diesem Rahmen konstituieren sich viele Unterorganisationen, die mit der Ausarbeitung menschenrechtlicher Standards und nach und nach auch mit ihrer Überwachung (zumeist ausgehend von Beschwerden) befasst sind.

Rethematisierung von Ungleichheiten: Seit den Anfängen von Kolonialismus und Weltwirtschaft werden die weltweiten Unterschiede in den Arbeits- und Lebenspraktiken und in den damit verbundenen Orientierungsmustern thematisiert. Sie werden von Handeltreibenden, von Reisenden verschiedener Art, von Missionaren oder von Militärs und Kolonialbeamten beobachtet und aufgezeichnet. Im Kontext der entstehenden Wissenschaften von der sozialen Welt wird dieses Wissen gesammelt und entlang verschiedener ‚Theorien' systematisiert. Darin spiegeln sich die jeweils vorherrschenden Modelle und Sehnsüchte der (pseudo)-wissenschaftlichen Welterklärung, indem die Kolonisierten als ‚Wilde', ‚Unzivilisierte', ‚Gottlose', ‚Ungebildete' begriffen wurden, indem sie aber auch exotisiert (‚Naturmenschen', ‚edle Wilde') und sexualisiert wurden.

Auch die politische Thematisierung globaler Ungleichheiten ist alles andere als neu. Schon früh wird die Versklavung und die Ausbeutung auf den Plantagen kritisiert und die damit verbundenen imperialen und kolonialen Politiken werden problematisiert. Dennoch spielen diese Themen in der politischen und kulturellen Welt der Kolonialmächte des globalen Nordens keine bedeutende Rolle. Im Zentrum der Aufmerksamkeit stehen eher die sozialen Binnenverhältnisse, z. B. die ‚soziale Frage' oder die Rivalität zwischen den prosperierenden und hochgerüsteten Nationalstaaten.

Nach dem Zweiten Weltkrieg verändert sich der Blick auf globale Ungleichheiten fundamental. Sowohl im wissenschaftlichen wie im politischen Raum rücken Prozesse der Modernisierung und Entwicklung in den Vordergrund. „In den Gesellschaftstheorien der fünfziger Jahre setzte sich das Bild einer sich im Modernisierungsprozess zusehends integrierenden und homogenisierenden Welt durch. Man unterschied traditionale, nichtindustrielle Gemeinschaften von modernen, industrialisierten, komplex ausdifferenzierten Gesellschaften und postulierte einen Normalweg sozialer Entwicklung (…) zu einer weltweiten Moderne. Arme, nicht industrialisierte Gesellschaften wurden nun als ‚Entwicklungsländer' beschrieben, die noch einige Stadien auf dem vorgegebenen Pfad zum National- und Industriestaat zu durchschreiten hatten" (Osterhammel und Petersson 2019, S. 100).

Messung globaler Ungleichheiten: Mit der Etablierung der europäischen Nationalstaaten hatte auch die amtliche Statistik an Bedeutung gewonnen, die aus verschiedenen Perspektiven ein Gesamtbild dieser historisch neuen Formation lieferte. Die heutzutage selbstverständlich erscheinende Berechnung von Bruttoinlandsprodukten und das dahinterstehende System der volkswirtschaftlichen Gesamtrechnung setzten sich jedoch erst nach dem Zweiten Weltkrieg durch. Die Entwicklung solcher Berechnungen wurde zunächst durch die Weltwirtschaftskrise und die folgende Depressionsphase angestoßen; von entscheidender Bedeutung war dann aber die Verwendung solcher Gesamtrechnungen in der Kriegswirtschaft (vgl. Lepenies 2013, S. 108).

Im Kontext dieser Debatten entstanden dann aber auch Ansätze, die die Berechnung solcher Gesamtprodukte für den internationalen Vergleich nutzten. So veröffentlicht der Ökonom Colin Clark 1940 eine Studie ‚The Conditions of Economic Progress', die thematisch an das zentrale Werk Adam Smiths (1973) ‚Wealth of Nations' anschließt. Clark hatte statistische Daten aus vielen Ländern zusammengeführt und die Währungseinheiten im Sinne von Kaufkraftparitäten (IU) vergleichbar gemacht. Er konstatiert, dass die Welt in der Zusammenschau als ein erbärmlich armer Ort erscheine. Nur 19 % der Weltbevölkerung verfügen über ein Arbeitseinkommen, das über dem Weltdurchschnitt (500 IU) liegt; mehr als 53 % der Weltbevölkerung erreichen nur 200 IU und weniger (vgl. S. 2 f.). Die Interpretation der Durchschnitte müsse aber durch die Analyse der Verteilung und der Stetigkeit der Einkommen ergänzt werden.

In den USA nutzt Simon Kuznets (1955) ähnliche Daten für historische Analysen und zeigt für England, die USA und Deutschland, dass mit steigendem Wirtschaftswachstum die Einkommensungleichheiten zunächst zunehmen, sich dann aber wieder verringern. Er wehrt sich aber auch gegen eine Verallgemeinerung solcher Befunde zu Gesetzmäßigkeiten und plädiert dafür, stets die politischen Rahmenbedingungen solcher sozioökonomischen Befunde zu untersuchen.

Nachdem Zweiten Weltkrieg wird das Bruttosozialprodukt und der damit verbundene Wachstumsimperativ zu einer zentralen Größe für die Nationalstaaten des globalen Nordens; man stand vor der Aufgabe, „die wirtschaftliche Situation unterschiedlichster Volkswirtschaften Westeuropas einzuschätzen, den Finanzbedarf für

2.4 Transnationale Ansätze

den Wiederaufbau zu berechnen und die Folgen der Hilfeleistungen zu überprüfen" (Lepenies 2013, S. 158). In diesem Kontext entsteht dann auch die OEEC bzw. OECD; sie zielt darauf, die Entwicklung von Wirtschaft, Beschäftigung und Lebensstandard zu fördern, zu einem Wachstum in den Entwicklungsländern und einer Ausweitung des Welthandels beizutragen.

Entwicklungstheorien und -politiken: Mit der Harmonisierung der Messinstrumente und der Perspektiven (Wachstum) ging ein veränderter Blick auf globale Ungleichheiten einher. Während diese im 19. Jahrhundert im Lichte eines gradlinigen Zivilisierungsprozesses betrachtet wurden und man von den Kolonisierten eine Anpassung an die kulturellen und sozialen Standards der westlichen Zivilisationen erwartete, wurden diese Ungleichheiten nun in einem eher ökonomischen Sinne als Entwicklungsunterschiede begriffen: „Die Idee der aufholenden Entwicklung war die einer Angleichung des Bruttosozialprodukts" (S. 161). Erst in zweiter Instanz interessierte die kulturelle und soziale Dimension. Diese Denkweise prägte ab den 1950er-Jahren die Entwicklungspolitik. „Man ging davon aus, dass gerade in den Ländern der sogenannten Dritten Welt die Wachstumsprozesse durch großvolumige Infrastruktur- und entsprechende Industrieprojekte angestoßen werden könnten, und zwar von außen. Dabei übertrug man die positiven Erfahrungen des Marshallplans auf den Rest der Welt" (S. 165).

Die Ergebnisse dieser Entwicklungsprojekte erscheinen zunächst vielversprechend. „Die 1950er- und 1960er-Jahre waren in vielen Ländern Asiens und Afrikas eine Periode moderaten, aber stabilen Wirtschaftswachstums, das gewisse Spielräume beim Ausbau des staatlichen Bildungs- und Gesundheitswesens ließ; in dieser Zeit entstanden allerdings auch finanzielle Verpflichtungen", die später zu einer hohen Belastung führten. Mit diesen Entwicklungsmodellen verband sich „das Ideal des eingreifenden Staates, das in der Zeit unmittelbar nach der Unabhängigkeit von Indien bis Westafrika durch sozialistische Modelle gestärkt wurde. ‚Entwicklung' unter staatlicher Führung und technokratisch-wissenschaftlicher Planung blieb bis in die 1970er-Jahre hinein ein Ideal" (Jansen und Osterhammel 2013, S. 97).

Zusammenfassend wird deutlich, wie sich in der Dekolonisierungsphase der Blick auf globale Ungleichheiten verändert hat. Wenngleich der Umgang mit sozialen Ungleichheiten auf der nationalen Ebene bis heute nur schwerlich mit dem auf einer globalen Ebene zu vergleichen ist, lassen sich doch eine Reihe von Ähnlichkeiten beobachten. Am Anfang steht eine gewisse Gleichheits- oder zumindest Vergleichbarkeitsnorm. Das zeigt sich auf der Individualebene in der Erklärung der Menschenrechte und der daran anschließenden Rechtsgeschichte; das findet sich aber auch auf einer Aggregatebene, indem souveräne Nationalstaaten zum Standard der weltgesellschaftlichen Ordnung und der Thematisierung von Ungleichheiten werden. Mit den internationalen Organisationen und Institutionen entstehen neue Akteure, die globale Ungleichheiten beobachten, die Missstände kritisieren, die mitunter auch als Fürsprecher der benachteiligten Regionen, Länder und Gruppen auftreten und die schließlich (in bescheidenem Maße) auch Programme auflegen, die zur Begrenzung oder Verringerung von Ungleichheiten beitragen sollen. Neben Regierungsorganisation sind es auch NGOs und soziale Bewegungen, die solche Aufgaben wahrnehmen. Darüber bildet sich auch eine ‚Sprache' heraus, mit der globale Ungleichheiten beschreibbar werden, und es entwickeln sich Institutionen, die entlang dieser Sprache Daten zusammenstellen und für die Beobachtung bzw. kritische Analyse verfügbar machen.

Globaler Kapitalismus in einer nationalstaatlichen Welt
Nach diesem Durchgang durch die Geschichte globaler Vernetzungen und der damit verknüpften Ungleichheiten soll der Blick nun auf die gegenwärtige Konstellation gerichtet werden, die sich in dieser Form seit den 1980er-Jahren herausgebildet hat.

Osterhammel und Petersson schlagen vor, den Begriff der *Globalisierung* als einen Prozessbegriff zu verstehen. „Fasst man Globalisierung als den Aufbau, die Verdichtung und die zunehmende Bedeutung weltweiter Vernetzung auf, so verliert der Begriff seinen statischen und totalisierenden Charakter. Die Frage ist nun nicht mehr, ob sich mit dem Begriff der ‚Globalisierung' eine adäquate Zustandsbeschreibung der Welt der Gegenwart geben läßt. Vielmehr wird die Aufmerksamkeit auf die Geschichte weltweiter Verflechtungen, ihres Aufbaus und ihrer Erosion, ihrer Intensität und Auswirkungen gelenkt" (2019, S. 24).

Nach der vielfältigen Vorgeschichte transnationaler Unternehmungen lässt sich an der Wende zum 20. Jahrhundert (ca. 1880 bis 1914) eine erste Verdichtung von Globalisierungsprozessen diagnostizieren, die dann aber mit der Weltwirtschaftskrise endet. Für die Zeit nach dem Zweiten Weltkrieg sprechen Osterhammel und Petersson von einer halbierten Globalisierung. Sie diagnostizieren umfassende und in dieser Intensität einmalige Transformationen von Wirtschaft, Gesellschaft und Kultur sowie die Entstehung neuer Verflechtungen und Institutionen; diese hätten aber vor allem aufgrund politischer Entscheidungen keine globale Reichweite erlangt. Das ändert sich erst in den 1980er-Jahren. Politische Entscheidungen und

2.4 Transnationale Ansätze

technologisch-ökonomische Entwicklungen haben zu einer neuerlichen Welle der Globalisierung geführt, die die globalen Ungleichheitsverhältnisse verändert und verschiedene Typen von Gewinnern und Verlierern hervorgebracht hat.

Zunächst ist auf wichtige *politische Veränderungen* zu verweisen, ohne die die unten skizzierten ökonomischen Umbrüche nicht denkbar gewesen wären. Mit dem Zusammenbruch der um die Sowjetunion gruppierten sozialistischen Staatenwelt bzw. mit der Transformation des Wirtschaftsmodells in China (und vergleichbaren Ländern) kommt es zu wesentlichen Weichenstellung in Richtung von marktwirtschaftlichen bzw. kapitalistischen Ordnungen. Ähnliches gilt für die etablierten Marktwirtschaften des globalen Nordens; auch hier vollziehen sich weitreichende Prozesse der Privatisierung (z. B. von vormals öffentlich erbrachten Leistungen) und Deregulierung (z. B. von Wohnungsmärkten, Arbeitsmärkten und Finanzwesen). Das wird von einem Paradigmenwechsel in den sozialen Sicherungssystemen (z. B. Leistungsabbau und mehr Eigenverantwortung) begleitet. In politischen Diskursen werden diese Veränderungen nicht selten zu einer ‚neoliberalen Wende' verdichtet. Dazu ist zum einen anzumerken, dass diese Wende auch auf erhebliche wirtschaftspolitische Probleme in den 1970er-Jahren zurückgig; zum anderen muss betont werden, dass trotz einer gewissen Konvergenz der wirtschaftspolitischen Grundsätze und Maßnahmen nach wie vor ganz erhebliche Pfadunterschiede zu beobachten sind (vgl. Betz und Hein 2022, S. 51), die vor allem mit Unterschieden in den wirtschaftlichen Schwerpunkten, in den regulierenden Institutionen und in der politischen bzw. zivilgesellschaftlichen Verfasstheit der Nationalstaaten zusammenhängen.

Eine zentrale Rolle spielen die technologisch und infrastrukturell bedingten *ökonomischen Veränderungen* in der global arbeitsteiligen Produktionsweise, in den Produkten bzw. Dienstleistungen und im globalen Rechnungs- und Finanzwesen. Diese gehen im engeren Sinne auf technologische Entwicklungen (z. B. in der Informations- und Kommunikationstechnik) zurück; es sind aber auch die Veränderungen von Verkehrstechniken, Logistiken und Infrastrukturen und schließlich die weitreichenden Veränderungen in der Finanzwirtschaft (z. B. neue Akteure, Finanzprodukte und Geschäftsmodelle), die diese Entwicklung überhaupt erst ermöglichen. Es entstehen völlig neue Produkte und Dienstleistungen, die auf eine weitgehend neue Weise arbeitsteilig und global vernetzt hergestellt (und ‚kreativ' verbucht) werden. Auch die Art und Weise, wie Gewinne erwirtschaftet, wie Unternehmen und Rentabilitäten bewertet werden, wandelt sich; exemplarisch sei auf das *mergers and acquisitions*-Geschäft oder auf die *shareholder-value*-Orientierung verwiesen. Staab macht deutlich, dass es im Zusammenspiel von Digitaltechnik und Finanzwirtschaft zu einem neuen Produktionsmodell gekommen sei, „in dessen Zentrum die Kontrolle von Distributionsprozessen durch die Positionierung marktgleicher Plattformen und letztlich die Besteuerung von Markttransaktionen durch die Eigentümer:innen solcher proprietärer Märkte steht" (2023, S. 312).

Auch die regulatorisch erfahreneren und durchsetzungsfähigeren Nationalstaaten sind mit diesen Entwicklungen nicht selten überfordert. Das betrifft die Regulierung von neuen Produkten und Dienstleistungen (insbesondere im Finanzwesen aber auch in der Kommunikations- und Informationswirtschaft), die Regulierung und Besteuerung von grenzüberschreitenden Geschäftsmodellen und schließlich die Regulierung der komplexer werdenden Arbeitsbeziehungen (z. B. Plattformarbeit). Regeln wurden schon immer unterlaufen; relativ neu ist die Systematik, mit der dies geschieht, wenn z. B. in den vier führenden Wirtschaftsprüfungsgesellschaften eine große Zahl von akademisch qualifizierten Fachkräften mit der ‚Optimierung' der Steuerlast eines Unternehmens befasst ist. Auf vielen Ebenen (z. B. supranationale Organisationen, Nationalstaaten, NGOs) wird an einer (Re)-Regulierung dieser neuen und sich stets verändernden Konstellation gearbeitet. Auch wenn hier Erfolge erzielt werden können, unterscheidet sich das Regulationsniveau deutlich vom Industriekapitalismus in den Ländern des globalen Nordens. Vielerorts wird die Welt der Nationalstaaten auch perforiert, indem Inseln verschiedenster Art (z. B. Stadtstaaten mit eigenem Recht, Sonderwirtschaftszonen oder Steueroasen) entstehen (vgl. Slobodian 2023).

Summarisch betrachtet kann durchaus von einer „Umgestaltung der Weltwirtschaftsordnung" gesprochen werden. Dabei löst sich eine „klare räumliche Gliederung der Welt in Zentrum, Semiperipherien und Peripherien (…) zunehmend auf, ohne dass deshalb Asymmetrien und Abhängigkeiten verschwunden wären" (Lenger 2023, S. 434).

Langfristige Entwicklung von transnationalen Ungleichheiten
Für die folgende Skizze der langfristigen Entwicklung globaler Ungleichheiten wird Therborns Unterscheidung von *vital*, *existential* und *ressource inequalities* genutzt; angesichts der Übersetzungsprobleme werden die englischen Begriffe beibehalten.

Vital Inequalities: Wichtige Hinweise zur Entwicklung der *vital inequalities* liefern Indikatoren, die über die Lebenserwartung sowie die Sterblichkeit von Kindern und Müttern informieren. Hier ist zu konstatieren, dass der gesundheitliche Fortschritt „beachtlich war und deutlich schneller voranschritt als in den traditionellen Industriestaaten bei vergleichbarem Entwicklungsstand. Beispielsweise hat sich die Kindersterblichkeit seit 1990 mehr als halbiert, die Lebenserwartung in Afrika ist um 20 Jahre auf durchschnittlich 61 gegenüber 1960 gestiegen, in Südasien von 42 auf 70 Jahre, die restlichen Entwicklungsländer haben sich den Werten im Wes-

2.4 Transnationale Ansätze

ten stark angenähert" (Betz 2022, S. 105). Die globale Konvergenz ist bei Lebenserwartung und Gesundheit deutlich stärker als bei den Einkommen. Insbesondere in den ärmsten Ländern bzw. Sozialgruppen kommt es mit einfachen Mitteln (z. B. Verbesserungen von Trinkwasser und Hygiene oder Vitamin- und Nahrungszugaben) zu relativ großen Fortschritten. Die Zahl der Unter- und Mangelernährten ist „bis 2010 deutlich gefallen, seither stagniert aber der Rückgang" (Betz 2022, S. 112). Vor der Corona-Krise (2019) waren davon 26,6 % der Weltbevölkerung betroffen, im Folgejahr steigt der Anteil auf 28,1 %. Deutlich oberhalb des Weltdurchschnitts liegen die Anteile 2019 in Subsahara-Afrika (59,5 %), aber auch in Südasien (37,4 %), Lateinamerika (31,9 %) und Nordafrika/Mittlerer Osten (29,1 %). Auch die langfristige Entwicklung der Geburtenzahlen weist auf eine materielle wie soziale Besserstellung von Frauen; so gingen die endgültigen Geburtenziffern weltweit von ca. 5 (1950) auf 2,3 (2021) zurück.

Umgekehrt bleiben in den ärmeren Ländern jedoch wichtige Probleme bestehen. Betz (S. 107) verweist hier auf die noch immer unzureichenden Mittel für eine gesundheitliche Basisversorgung, auf die mangelnde Effizienz gesundheitlicher Leistungen, auf hohe regionale und soziale Disparitäten und auf den angesichts der Behandlungskosten unzureichenden Versicherungsschutz. Schließlich besteht ein enger Zusammenhang zwischen Unter- bzw. Mangelernährung und dem Gesundheitszustand.

Existential Inequalities: Die Entwicklung der *existential Inequalities* in verschiedenen Weltregionen lässt sich summarisch an dem Liberal Democracy Index (LDI) aufzeigen. Er erfasst verschiedene Stufen der Demokratisierung eines Landes (vgl. Manow 2024, S. 34 f.). Dabei werden zum einen die Qualität der Wahlen, die Wahrung individueller Rechte, die Medien- und Vereinigungsfreiheit und zum anderen die Kontrolle der Exekutive, die Achtung bürgerlicher Freiheiten, die Rechtsstaatlichkeit und die Unabhängigkeit von Gesetzgebung und Justiz berücksichtigt. Die Indices für die Weltregionen gehen auf bevölkerungsgewichtete Länderdurchschnitte zurück (Abb. 2.11).

Im Weltmaßstab wird in den letzten 60 Jahren ein zunächst deutlicher Anstieg des LDI bis zur Jahrtausendwende erkennbar; nach einer Phase der Stagnation von Demokratisierungs- und Liberalisierungsprozessen setzt dann 2010 sogar ein Rückgang ein. 2023 ist der Index auf den Stand der frühen 1980er-Jahre zurückgefallen. In der weltregionalen Perspektive werden recht unterschiedliche Entwicklungen erkennbar. In Zeitverlauf wird deutlich, dass die autokratisch regierten Länder einen stets wachsenden Anteil am globalen Bruttoinlandsprodukt erwirtschaften; er stieg von 24 % im Jahr 1992 auf 46 % im Jahr 2022 (vgl. V-Dem-Democracy Report 2023, S. 33). Der im Kontext von Modernisierungstheorien häufig postulierte Zusammenhang von Demokratisierung und wirtschaftlicher Entwicklung ist im Lichte dieser Daten nicht haltbar.

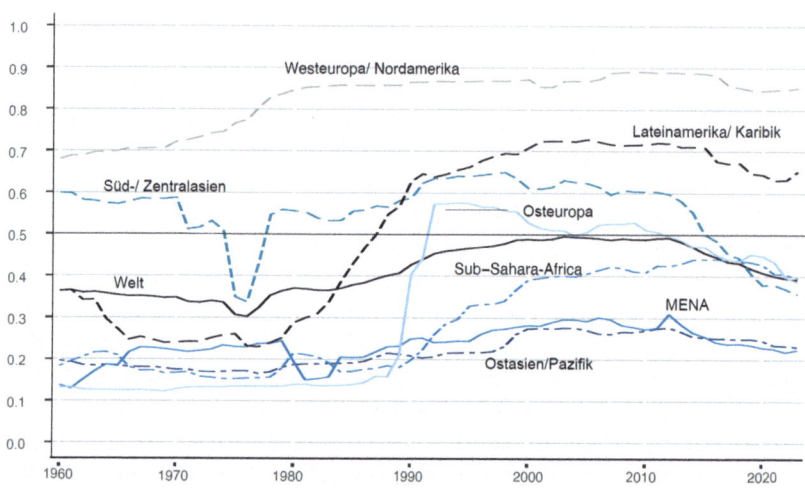

Abb. 2.11 Entwicklung von Demokratisierungs- und Liberalisierungsprozessen. Quelle: V-Dem-Democracy Report (2024, S. 53)

Resource Inequalities – global: Die absolute Armutsrate, der Bevölkerungsanteil mit weniger als 2,15 $ (in PPP 2017) pro Tag, lag nach Angaben der Weltbank (World Development Indicators 2024) 2020 bei 9 %. Dabei werden die Einkommen bzw. der Konsum über Haushaltsbefragungen ermittelt; Leistungen aus der Selbstversorgung und dem informellen Sektor werden geschätzt. Weit oberhalb des Durchschnitts liegt die Armutsquote jedoch in Subsahara-Afrika (35,4 %); leicht überdurchschnittlich sind die Werte aber auch in Südasien (10,5 %) und in Nordafrika bzw. im mittleren Osten (9,6 %). Die Armutslücke hat sich jedoch deutlich verringert; dies gilt auch für Subsahara-Afrika.

Betz macht die Ursachen des nur allmählichen Armutsabbaus im subsaharischen Afrika vor allem an der Geschwindigkeit – wohlgemerkt nicht am Wachstum an sich – des Bevölkerungswachstums, an der schlechten Versorgung mit Bildungs- und Gesundheitsleistungen und an den unzureichenden Infrastrukturen, die die Einkommenschancen mindern, fest. „Auch die Abhängigkeit afrikanischer Volkswirtschaften von der Produktion und dem Export von Rohstoffen ist paradoxerweise nicht armenfreundlich, obwohl sie Deviseneinkünfte sichert. In der kapitalintensiven Rohstoffproduktion werden nur begrenzt Arbeitskräfte benötigt und das Vorhandensein üppiger Rohstoffressourcen fördert empirisch politisch autoritäre Tendenzen, Korruption und Instabilität bis hin zu Bürgerkriegen" (S. 67).

Betrachtet man die langfristigen globalen Ungleichheitsverhältnisse allein durch die ‚Einkommensbrille' kommt man zu recht unterschiedlichen Befunden.

2.4 Transnationale Ansätze

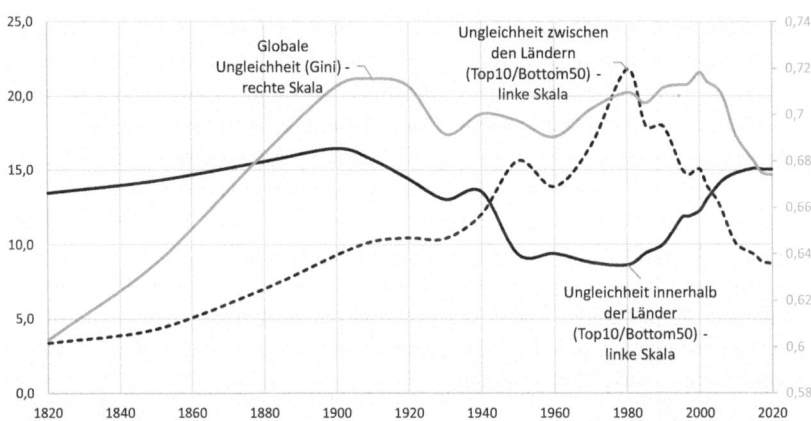

Abb. 2.12 Entwicklung monetärer Ungleichheiten – global. Eigene Darstellung mit Daten aus Chancel und Piketty (2021, S. 3039 f.)

Das hängt davon ab, ob man monetäre Ungleichheiten an der Weltbevölkerung, an den (bevölkerungsgewichteten) Ungleichheiten zwischen den Nationalstaaten oder an den (durchschnittlichen) Unterschieden innerhalb der Nationalstaaten festmacht (vgl. Abb. 2.12).

- Der Gini-Index der *globalen Ungleichheit* nimmt im 19. Jahrhundert zunächst kontinuierlich zu und erreicht in der ersten Globalisierungsphase um die Wende zum 20. Jahrhundert seinen Höchststand. Er verbleibt dann mit leichten Einbrüchen auf einem hohen Niveau, bis zu Beginn des 21. Jahrhunderts ein deutlicher Rückgang einsetzt, der vor allem der Einkommensentwicklung in bevölkerungsreichen Ländern wie China und Indien geschuldet ist. Die beiden anderen Graphen lassen sich im Sinne einer Spezifizierung dieser globalen Entwicklung lesen.
- Die *Ungleichheiten zwischen den Ländern* nehmen über einem langen Zeitraum kontinuierlich zu. Chancel und Piketty nehmen die These der Great Divergence (Pomeranz 2000) zwischen den europäisch/nordamerikanischen und den asiatischen Regionen auf und sprechen von einer sich zuspitzenden Zentrum-Peripherie-Beziehung. Auch nach dem Ende des Kolonialismus nehmen die Nord-Süd-Ungleichheiten weiter zu, bedingt durch den Nachkriegsboom im globalen Norden und die instabile nachkoloniale Konstellation und die nur allmählich wirksamen Entwicklungsstrategien in vielen Ländern des globalen Südens. Ab Mitte der 1980er-Jahre gehen die Ungleichheiten zwischen den Ländern deutlich zurück.

- Die *Ungleichheiten innerhalb der Nationalstaaten* nehmen im 19. Jahrhundert im Kontext der Industrialisierung im Norden und der Kolonialwirtschaft in vielen Ländern des globalen Südens allmählich zu. Dann ist zwischen 1910 und 1980 eine Trendwende erkennbar. Chancel und Piketty verweisen auf eine zunehmende politische Mobilisierung, die russische Revolution, die Entstehung sozialstaatlicher Institutionen und veränderte Kräfteverhältnisse zwischen Kapital und Arbeit. Den anschließenden Wiederanstieg der Binnenungleichheit bringen die Autoren mit dem Zusammenbruch bzw. der Transformation der sozialistischen Staaten und mit einer „konservativen Revolution" im Westen zusammen, die zu einem Abbau der progressiven Besteuerung und sozialstaatlicher Leistungen, einem Bedeutungsverlust der Gewerkschaften und einer Zunahme von Niedriglöhnen führten.

Resource Inequalities – Europa: Auf der europäischen Ebene hat man es nach dem Zweiten Weltkrieg mit erheblichen regionalen Einkommensunterschieden zu tun. Das hängt zum einen mit langfristig entstandenen Disparitäten zusammen. So unterscheidet Stein Rokkan (2000, S. 198) wichtige Handelszentren und die darum entstehenden Stadtstaaten sowie eher see- und eher landgerichtete Nationen bzw. Imperien; zudem differenziert er europäische Zentren und Peripherien. Zum anderen sind es Disparitäten, die vor diesem Hintergrund in der Phase der Industrialisierung entstehen. Nachdem Zweiten Weltkrieg waren weite Teile Europas noch agrarisch geprägt; „nur Belgien, Großbritannien, Deutschland, Österreich, die Schweiz, Schweden und Böhmen waren damals schon Industrieländer geworden" (Kaelble 2007, S. 58). Erst in den 1960er-Jahren wird die Industriearbeit zur dominanten Beschäftigungsform. Neben diese wirtschaftlichen Disparitäten treten politische Disparitäten, die sich mit der West-Ost-Teilung Europas einstellen.

All dies schlägt sich in der regionalen Einkommensentwicklung nieder. Während die Einkommenspositionen der nördlichen und westlichen Länder Europas (vgl. Abb. 2.13) stets relativ ähnlich sind, kommt es in den Ländern des südlichen Europas zunächst zu einem Annäherungsprozess, sodass in den 1970er bis 1990er-Jahren die regionalen Unterschiede (westlich des Eisernen Vorhangs) nur gering sind. In den Ländern des östlichen Europas liegt das Einkommen im Durchschnitt nur zwischen 50 und 60 % des europäischen Durchschnitts; der Sprung im Jahr 1970 geht darauf zurück, dass ab diesem Zeitpunkt anstelle der Tschechoslowakei und Jugoslawiens, die rekonstruierten Daten der später daraus hervorgegangenen neuen Nationalstaaten genutzt werden. Zu Beginn der 1990er-Jahre sind dann die starken wirtschaftlichen Einbrüche erkennbar, die mit den politischen, wirtschaftlichen und sozialen Umbrüchen nach dem Ende des sozialistischen Gesellschaftsprojekts einhergehen. Danach setzt jedoch ein kontinuier-

2.4 Transnationale Ansätze

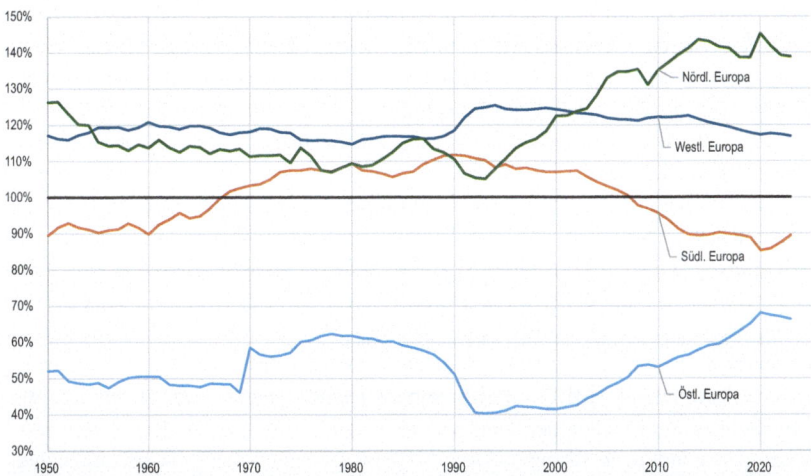

Abb. 2.13 Entwicklung monetärer Ungleichheiten – Europa Regionales Durchschnittseinkommen im Vergleich zum europäischen Durchschnittseinkommen (kaufkraftbereinigt, Basis 2023). Eigene Berechnungen mit Daten der World Inequality Database (WID.world). Die Gruppierung der Länder geht auf Blanchet et al. (2019) zurück

licher Annäherungsprozess ein, bis 2020 fast 70 % des europäischen Durchschnittseinkommens erreicht wird. Die Unterschiede in der wirtschaftlichen und institutionellen Verfasstheit können nur allmählich überwunden werden.

Im 21. Jahrhundert verändern sich die regionalen Relationen recht deutlich; die vormals recht ähnlichen Entwicklungen in den nördlichen, westlichen und südlichen Ländern streben auseinander. Als mögliche Ursachen der gegenläufigen Entwicklung, die sich im 21. Jahrhundert in den südeuropäischen und den osteuropäischen Ländern beobachten lässt, wurden verschiedene Hypothesen diskutiert (vgl. Heidenreich 2022, S. 64 f.). Heidenreich plädiert dafür, dass es eher wirtschaftsstrukturelle und institutionelle Faktoren gewesen seien, die diese unterschiedlichen Wachstumspfade bedingt haben. „Mittel- und Osteuropa hat nach dem Zusammenbruch der sozialistischen Volkswirtschaften auf einen *peripheren industriellen Entwicklungspfad* gesetzt und konnte sich dank relativ niedriger Arbeitskosten (…), schwacher Gewerkschaften und beträchtlicher Zuflüsse ausländischer Direktinvestitionen und EU-Mittel (…) und industriell qualifizierter Arbeitskräfte erfolgreich in die europäischen und globalen Wertschöpfungsketten integrieren" (S. 79). Dieser Weg habe den meisten südeuropäischen Ländern angesichts von Unterschieden in der technologischen Kompetenz und der Qualifizierung der Arbeitskräfte nicht offen gestanden. „Viele südeuropäische Regionen haben daher eher auf *personenbezogene Dienstleistungen und auf eine Dualisierung der Wirtschaft* und der Arbeitsmärkte gesetzt. Die Wirtschaft ist zum einen durch geschützte Tätigkeiten etwa in der norditalienischen oder nordspanischen Industrie oder in öffentlichen Dienstleistungen (…) und zum anderen durch weniger gut abgesicherte Arbeitsverhältnisse etwa im Einzelhandel oder im Tourismus gekennzeichnet" (ebd.).

Im Zusammenspiel dieser Trends kommt es im 21. Jahrhundert zunächst zu einem Rückgang der europäischen Einkommensungleichheiten; so geht der bevölkerungsgewichtete Gini-Index (EU-28, Schweiz, Norwegen) zwischen 2006 und 2018 von 0,35 auf 0,32 zurück (Heidenreich 2022, S. 214); auch in den Corona-Jahren ist es eher zu einem Rückgang der Gini-Indices in den EU-27 Ländern gekommen (Eurostat, tessi190). Wenn anstelle des Gini-Index die mittlere logarithmische Abweichung (MLD) als Ungleichheitsmaß genutzt wird, lassen sich die Ungleichheiten zwischen den Bürgern eines Landes und die Ungleichheiten zwischen den Ländern in Bezug setzten. So geht der Anteil der zwischenstaatlichen Ungleichheiten in den EU-28 Ländern sowie Schweiz und Norwegen von 38,9 % (2006) auf 23,5 % (2018) zurück (S. 217). Das heißt, die Unterschiede zwischen den europäischen Ländern haben sich, wie auch im globalen Maßstab beobachtet, deutlich verringert.

Wenn man die Entwicklung der nationalen Ungleichheiten nach den Ländergruppen aus Abb. 2.13 analysiert, zeigt sich, dass sich der bevölkerungsgewichtete Gini-Index zwischen 2012 und 2023 unterschiedlich entwickelt. Die hohen Einkommensungleichheiten in den südlichen Ländern gehen von 0,334 auf 0,317 zurück. Auch in Osteuropa bzw. Westeuropa kommt es ausgehend von einem niedrigeren Ausgangsniveau zu einem Rückgang von 0,306 auf 0,285 bzw. von 0,294 auf 0,288 – der Rückgang der Einkommensungleichheiten in Westeuropa hängt allerdings auch mit den seit 2019 fehlenden Angaben für Großbritannien zusammen. In Nordeuropa, das sich über einen langen Zeitraum durch niedrige Einkommensungleichheiten ausgezeichnet hatte, kommt es dagegen zu einem Anstieg von 0,254 auf 0,277 (eigene Berechnungen nach Daten aus Eurostat, tessi190). Im Vergleich von Nord- und Osteuropa wird deutlich, dass die Verbesserung der relativen Einkommensposition in einem Fall mit einem Zuwachs, im anderen mit einem Rückgang von Ungleichheit verbunden ist.

(Un)Möglichkeiten der Erklärung globaler Ungleichheiten
Seit Adam Smith gibt es eine lange Debatte um die Ursachen globaler Ungleichheiten, an denen Wissenschaftler:innen verschiedenster Disziplinen beteiligt waren; dementsprechend waren diese Debatten immer auch von den sich verschiebenden disziplinären Grenzziehungen bestimmt. In den vorherrschenden öko-

2.4 Transnationale Ansätze

nomischen Ansätzen der Neoklassik spielten (globale) Ungleichheiten kaum eine Rolle; in politökonomischer Sicht wurden hingegen der globale Kapitalismus und die Abhängigkeitsverhältnisse im Weltsystem analysiert; in politisch-institutioneller Perspektive hat man Modernisierungstheorien verschiedener Art entwickelt oder sich mit der Entwicklung von Institutionen befasst; in einer postkolonialen bzw. kulturell-epistemischen Perspektive wurden Wissensbestände und Anerkennungsverhältnisse untersucht. Grob vereinfachend könnte man resümieren, dass all diese Versuche unzureichend bleiben, wenn man an sie den Anspruch einer ‚Welterklärung' richtet; dennoch lassen sich eine Reihe von entscheidenden Faktoren benennen, die zum Verständnis globaler Ungleichheiten beitragen können. Drei Einsichten sind dabei hervorzuheben: das Zusammenspiel von wirtschaftlicher und politisch-sozialer Entwicklung, die Bedeutung von globalen Machtverhältnissen bzw. Hegemonialstrukturen und die Bedeutung von Anerkennungsverhältnissen.

Wirtschaftliche und politisch-institutionelle Entwicklung: Die relative Erfolgsgeschichte des globalen Nordens ist im Sinne einer Koevolution (Plumpe 2019, S. 176) zu begreifen; die ökonomische und technische Entwicklung ist nicht ohne die sich entwickelnden (staatlichen und zivilgesellschaftlichen) Institutionen denkbar. Zunächst ging es darum, durch Prozesse der Liberalisierung die traditionale Wirtschafts- und Gesellschaftsordnung zurückzudrängen und Kapitalismus überhaupt erst zu ermöglichen; später stand die Absicherung (z. B. von Eigentumsrechten) und Regulierung der zunehmend komplexeren Produktions- und Reproduktionsprozesse und die Bereitstellung von Infrastrukturen im Zentrum der Entwicklung.

Lenger verweist in seiner Geschichte des globalen Kapitalismus auf einige Konstanten der kapitalistischen Dynamik, aber auch auf die wiederkehrenden Versuche ihrer Regulierung. So habe die Erwartung künftiger Gewinne stets die nationalen oder kontinentalen Grenzen gesprengt. Sie machte sich an den hohen Preisdifferenzen von Gewürzen, an den Absatzchancen von Automobilen oder an den Lohndifferenzen zwischen Zentrum und Peripherie fest; dabei wird die Kapitalrechnung immer komplexer. Durchgängig ging es immer auch um Monopolprofite; das zeige sich „im frühneuzeitlichen Gewürzhandel ebenso wie in der Marktbeherrschung industrieller Großunternehmen oder der Kontrolle des Marktzugangs durch digitale Plattformen". Schließlich waren „Zwang und Gewalt wiederkehrende Merkmale kapitalistischer Profitgenerierung" (2023, S. 520). Neben der freien Lohnarbeit, die im globalen Norden zu einer vorherrschenden Form wurde, finden sich alle Formen der Zwangsarbeit – oft entlang rassistischer bzw. ethnischer Grenzziehungen.

Zugleich finden sich aber auch viele Ansätze, diese Probleme auf der nationalen oder internationalen Ebene zu regulieren oder zumindest ihre Folgen einzugrenzen.

So werden Zölle und Handelsbeschränkungen erlassen (oder gelockert); es entstehen Kartellgesetze und -behörden; Märkte werden reguliert; unfreie Arbeit und Rassismus werden geächtet. Auch die Begrenzung von Klimawandel und Artensterben wurde inzwischen zum Gegenstand nationaler und internationaler Politiken. Viele dieser Regulierungen werden dann aber auch nur bedingt umgesetzt oder enden an den Grenzen der Nationalstaaten, weil sich internationale Organisationen kaum gegenüber multinationalen Unternehmen durchsetzen können, weil internationale Organisationen oft von einigen mächtigen Nationalstaaten dominiert werden oder weil Nationalstaaten die Deregulierung (von Steuern oder Umweltstandards) als Geschäftsmodell entdecken.

In den entwicklungspolitischen Debatten hat sich seit längeren die Einsicht durchgesetzt, dass Institutionen eine wichtige Rolle für die wirtschaftliche Entwicklung spielen. So heißt es in einer Publikation der Weltbank aus den 1990er-Jahren: „Institutions matter for development because they determine the efficiency and existence of both markets and organizations, public or private" (Burki und Perry 1999, S. 21). Das Problem besteht jedoch darin, dass Institutionen nicht einfach geschaffen oder transferiert werden können. Wenn man genauer untersucht, wie sich Rechte und Freiheiten aber auch regulierende Instanzen entwickelt haben, wird deutlich, welch wichtige Rolle sozialen Bewegungen (und darüber entstehenden politischen Organisationen) sowie den dazu erforderlichen Rahmenbedingungen (Organisations- und Versammlungsfreiheit, Medienfreiheit, Pluralismus) bei der Entwicklung von Nationalstaaten zukommt. Man denke an die historische Rolle der Arbeiterbewegung, der Frauenbewegung, der LGBTIQ-Bewegungen oder antirassistischer Bewegungen. Das heißt, es gilt, auch die zivilgesellschaftliche Entwicklung zu analysieren, um etwas über globale Ungleichheiten aussagen zu können.

Ganz eigene Probleme der institutionellen Entwicklung stellen sich in den post-sozialistischen Gesellschaften. Szelényi und Mihályi (2020) unterscheiden drei Modelle von postkommunistischen Kapitalismen:

- eine spezifische Variante des Liberalismus in den osteuropäischen Ländern, wo es zu einer schnellen Liberalisierung der Wirtschaft, einem marktorientierten Umbau der Staatsbetriebe und zu ausgeprägten ausländischen Direktinvestitionen kommt
- ein patrimoniales Regime in den Ländern der ehemaligen Sowjetunion, wo man nach einer Phase der Liberalisierung wieder stärker auf historisch bewährte Muster zurückfällt: „Former communist political actors retained a great deal of power, mainly through the process of privatisation" (S. 101).

2.4 Transnationale Ansätze

- eine ‚Transformation von unten' in Ostasien (China und Vietnam): „China began to build capitalism from the ‚bottom-up', starting with small businesses in agriculture and gradually opening up to larger, initially domestically owned businesses before embracing multinationals and large private corporations" (S. 115 f.).

Machtverhältnisse und Hegemonialstrukturen: Die Geschichte des Kolonialismus war wie oben dargestellt eine Geschichte von Herrschaftsverhältnissen. Das setzt sich auch in der postkolonialen Phase fort. So ist auf die lange Geschichte militärischer Interventionen zu verweisen, wenn vor allem die USA und Großbritannien „so manchen Putsch im Nahen und Mittleren Osten, in Afrika und nicht zuletzt in Lateinamerika [unterstützten], der im Interesse der ausländischen Kapitalinteressen und der nicht selten mit diesen kooperierenden lokalen Eliten zu sein schien" (Lenger 2023, S. 523).

In der zweiten Hälfte des 20. Jahrhunderts werden solche Interventionen in stärkerem Maße auch über die Einflussnahme auf internationale Organisationen (Weltbank, IWF, WTO) vorgenommen. Das über lange Zeit von IWF und Weltbank propagierte eher deregulierende Wirtschaftsprogramm festigte „Strukturen einer internationalen Arbeitsteilung, wie sie sich im Zeichen von Kolonialismus und Freihandelsimperialismus im 19. Jahrhundert herausgebildet hatten, zumal die Dominanz der genannten Organisationen durch die westlichen Industriestaaten institutionell garantiert war. Gleichwohl blieben den weniger entwickelten Ländern Spielräume" (S. 523); die Gewinne und wichtiges Knowhow verblieben aber bei den Konzernen. Babić (2025, S. 53) schlägt vor, für die jüngste Zeit von einer „Geoökonomisierung der globalen Ordnung" zu sprechen.

Der Blick auf Hegemonialstrukturen, Machtverhältnisse und Dependenzen ist für ein Verständnis globaler Ungleichheiten unabdingbar; aber man hat es mit einer Vielfalt von variierenden Dependenzen und postkolonialen Machtverhältnissen zu tun. Die verschiedenen Vereinfachungen Nord-Süd-/West-Ost-Konflikt, Erste/Zweite/Dritte Welt, Zentrum/Semiperipherie/Peripherie, Kolonialmächte/Kolonisierte können das allenfalls rudimentär erfassen; die Kosten solcher Verallgemeinerungen sind hoch.

Nachhall kolonialer Denkmuster: Bisher war nur am Rande auf die Logiken kolonialen Denkens und deren weitreichende Folgen auf der kulturellen und epistemischen Ebene verwiesen worden. Osterhammel u. a. machen drei Grundelemente kolonialen Denkens aus: „die Konstruktion von inferiorer ‚Andersartigkeit'" (2012, S. 112), die sich z. B. in den verschiedenen Spielarten des Rassismus ausdrückte; ein „Sendungsglaube" und damit verbunden eine „Vormundschaftspflicht" (S. 114) und schließlich die „Utopie des politikfreien Verwaltens". Das beinhaltete

„die organisatorische Erneuerung und Durchformung der Kolonien" und erforderte ein koloniales Wissen, „ein Aggregat von Daten und Denkschemata, das dazu diente, die kolonisierten Territorien, Bevölkerungen und Kulturen zu erfassen, zu ordnen und zu kodifizieren" (S. 118). Vor diesem Hintergrund stellte sich in den Prozessen der Dekolonisierung immer auch das Problem, mit diesen immateriellen Hinterlassenschaften des Kolonialismus umzugehen.

Damit haben sich die verschiedenen postkolonialen Theorieansätze befasst. Nach Stuart Hall steht das Konzept des Postkolonialen im wörtlichen Sinne für alles, was noch im „Windschatten des Kolonialismus" geschieht. Dies sei eine Phase, in der alles „auf die kolonisierende Dominante, den Westen referiert, dem man zwar Widerstand entgegenbringen mag, dessen Präsenz als aktive Macht, als Gesprächspartner, jedoch nicht geleugnet werden kann, da die für die vorherige Epoche charakteristischen Konfigurationen sichtbar und wirksam bleiben" (2018, S. 120). Castro Varela und Dhawan verweisen auf die normative Macht des Westens, die Gewalt und Ausbeutung „im Namen von Moderne, Fortschritt, Emanzipation, Vernunft, Recht, Gerechtigkeit und Frieden" verstand. „Postkoloniale Subjekte, Gemeinschaften und Staaten, die als zivilisiert und modern gelten wollen, müssen sich diesen Normen anpassen, riskieren sie sonst doch, gegen ihren Willen ‚zivilisiert' und ‚modernisiert' zu werden. Als überlegen dargestellt, scheinen europäische Normen es wert zu sein, von den (ehemalig) Kolonisierten nachgeeifert zu werden, auch wenn sie immer nur, so wird behauptet, ‚schlechte', ‚schwache' oder ‚versagende' Kopien des Originals hervorbringen können" (2020, S. 45 f.).

So sehr es zum Verständnis der postkolonialen Konstellation erforderlich ist, sich der epistemischen und kulturellen Hinterlassenschaften des Kolonialismus gewahr zu werden, birgt die postkoloniale Perspektive aber auch die Gefahr, die Kolonisierten ausschließlich als Passive oder als Opfer zu begreifen. Reinhard verweist demgegenüber zum einen darauf, dass die Kolonialherrschaft neben der allgegenwärtigen Unterdrückung immer auch Freiräume eröffnet habe. „Neue wirtschaftliche Chancen wurden genutzt, Frauen fanden neue Rollen, neues religiöses Leben blühte auf, weltweite Kontakte und Mobilität wurden möglich, sogar eine erfolgreiche antikoloniale Bewegung und eine kritische postkoloniale Denkschule konnten entstehen" (S. 1320). Zum anderen verweist er auf die vielfältigen Prozesse der Aneignung. „Deswegen ist es nicht mehr sinnvoll, entweder zu betonen, eine bestimmte Errungenschaft, z. B. die Menschenrechte oder der moderne Staat, sei westlichen Ursprungs, oder aber alternativ darauf zu bestehen, es habe sie längst gegeben, bevor die Europäer kamen (…). Stattdessen ist anzuerkennen, dass sich die Anderen schon unter dem Kolonialismus und erst recht danach all diese Importartikel vollständig angeeignet haben" (ebd.).

2.4.3 Globale Mobilität und transnationale Sozialgruppen

Während bislang die Frage im Vordergrund stand, wie und warum sich globale Ungleichheiten entwickelt haben, geht es in diesem Abschnitt um die Frage, wie sich Menschen in einer solchen Welt globaler Ungleichheiten positionieren. Im Fokus stehen zunächst die sozialstrukturellen Effekte globaler Migration; anschließend wird gefragt, ob sich analog zur nationalen Perspektive auch transnationale Sozialgruppen ausmachen lassen.

Globale Mobilität
Mit der Durchsetzung von Nationalstaaten als einem zentralen Ordnungsmuster verändert sich auch der Blick auf Migrationen und die Migrierenden.

Dekonstruktion eines nationalstaatlichen und migrantisierenden Blicks: Eine transnationale Perspektive auf Prozesse der Migration erfordert zunächst eine Dekonstruktion vorherrschender Begrifflichkeiten und Bilder, wie sie sich im alltagsweltlichen, im administrativen, politischen und (leider) auch im wissenschaftlichen Raum finden. Zunächst einmal sollten Migrationen als gesellschaftliche und historische Normalität begriffen werden. Mit der Entstehung von Nationalstaaten und ihrer Verankerung als einem zentralen Prinzip der territorialen Organisation verändert sich die Situation wesentlich.

Auf einer politisch-institutionellen Ebene werden Territorien in einer neuen Weise betrachtet und verwaltet. Es entstehen Grenzen, die kartografiert, markiert und gesichert werden und um deren Verlauf Kriege geführt werden. Das impliziert Regeln des Grenzübertritts von Personen, Waren, aber auch Ideen. Parallel entwickeln sich Institutionen, die Menschen mit den nunmehr national organisierten Territorien verknüpfen und die so generierte ‚Bevölkerung' verwalten. Es entstehen Melderegister, Ausweise, Pässe etc.; das beinhaltet dann auch eine Kategorisierung und Verwaltung der Migrierenden und Regeln des Umgangs mit Differenz (von der Ausweisung und Vernichtung über die Segregation bis zur Integration).

Auch auf einer diskursiven bzw. kognitiven Ebene wird am ‚Nationalen' gearbeitet. Es werden Herkünfte konstruiert, Nationalgeschichten geschrieben, Nationalsprachen gepflegt und Gedenken organisiert. In Bildungseinrichtungen wird dieses Wissen eingeübt; in der amtlichen Statistik wird ‚Nationales' kategorisiert bzw. gezählt und der Politik bzw. Öffentlichkeit gespiegelt. All dies geht mit einem anderen Blick auf Migrierende, aber auch auf alle anderen aus diesen nationalen Konstrukten Ausgeschlossenen einher. Dieses Material wird dann auch für die Konstruktion von Identitäten und Zugehörigkeiten bzw. die Abgrenzung und Bewertung von anderen genutzt und im Rahmen von Erinnerungspolitiken verarbeitet.

Daran ist auch die sozialwissenschaftliche ‚Migrationsforschung' beteiligt: bereits die Abgrenzung des Forschungsgebiets beinhaltet eine Besonderung von Migration und Migrierenden. Das impliziert häufig eine Vereinfachung von Migrationsprozessen (dauerhafte Migration von A nach B). Zumeist wird in ‚Wellen' und ‚Strömen' gedacht, die von *push-* und *pull-*Faktoren bestimmt werden. Eine ‚Wir-Die-Verallgemeinerung' bringt soziale Differenz, Intersektionalität, aber auch die Erratik von Lebensverläufen zum Verschwinden. Transnationale Arbeits- und Lebensweisen blieben oft unberücksichtigt. Über lange Zeit wurde das Konzept der Assimilation zu einem dominanten Paradigma.

Eine transnational orientierte Sozialstrukturanalyse bietet gute Voraussetzungen, diesen Tücken zu entgehen, weil sie die Gesamtheit von Arbeits- und Lebenspraktiken in den Blick nimmt und weil sie ‚Migration' nicht setzt, sondern in verschiedenen Kontexten und Perspektiven analysiert und weil sie Migrationen vergleichbar macht. Ein gutes Beispiel ist die auf Naika Foroutan (2018) zurückgehende, insbesondere im politischen Raum kontrovers diskutierte These, dass die Lebenserfahrungen verschiedener Generationen in den neuen Bundesländern durchaus mit der Erfahrung von Migrierenden vergleichbar seien.

In diesem Sinne fragt eine transnational orientierte Sozialstrukturanalyse nach den (individuellen bzw. haushaltlichen) Strategien, mit denen Akteure versuchen, ihr Leben zu verbessern, indem sie sich in einem transnationalen Raum bewegen. Sie suchen Schutz vor Krieg, Gewalt oder Verfolgung; sie suchen Freiheit und Sicherheit im öffentlichen und privaten Raum; sie suchen einen kalkulierbaren Unterhalt; sie suchen Arbeit und Wohlstand oder das private Glück. Dabei überlagern und verändern sich die Motive.

Sozialstrukturen und transnationale Migration – Herkunftsländer: Auch die hier vereinfachend genutzte Unterscheidung von Herkunfts- und Zielländern unterschlägt die Komplexität von Migrationsprozessen und nationalen Konstellationen, wenn z. B. Länder in kurzer Folge von Aus- zu Einwanderungsländern werden oder beides nebeneinander existiert. Thomas Faist konstatiert, dass ein angemessenes Verständnis von Migration „soziale Ungleichheiten zwischen Regionen, Staaten, Gruppen und Menschen und deren Konsequenzen ins Zentrum" (2022, S. 13) rückt. Er begreift die Süd-Nord Migration auch als „eine Folge der europäischen und später auch der nordamerikanischen Dominanz der Welt durch Kolonialismus und Imperialismus. Im weitesten Sinne ist ein Großteil transnationaler Migration ein postkolonialer Fluss in die umgekehrte Richtung von Süd nach Nord (…). Vorstellungen über kulturelle Verschiedenheit wie ‚Rasse' oder Ethnizität wurden entscheidend durch imperiale Expansion und damit einhergehende Ideologien wie die des Rassismus geprägt und werden auch heute noch in vielfältiger Weise auf Migrant:innen angewandt" (S. 31).

2.4 Transnationale Ansätze

Migration ist eine bewährte Strategie, um Armut und Unterdrückung zu entgehen. Sie verspricht „aufwärtsgerichtete soziale Mobilität, die es Individuen und Gruppen ermöglicht, die große Kluft zwischen ärmeren und reicheren Regionen relativ schnell zu überwinden" (S. 44). Die empirischen Befunde zur sozialen Ausgangslage von Migrierenden zeigen dann aber, dass die Migrationswahrscheinlichkeit eher einer umgekehrten U-Kurve entspricht; bei den ganz Armen ist sie recht gering, danach steigt sie zunächst an, während die Wohlhabenden wenig Anlass zur Abwanderung haben (vgl. Betz und Hein 2022, S. 234).

Wenn man nun versucht, die sozialstrukturellen Effekte von Auswanderung zu beschreiben, ergibt sich ein widersprüchliches Bild. Zunächst ist auf die große Bedeutung der laufenden Rückflüsse (*remittances*) von Migrierten an Angehörige zu verweisen. In weniger prosperierenden Ländern übersteigt die Summe solcher Rücküberweisungen inzwischen sowohl die ausländischen Direktinvestitionen wie die Mittel aus der Entwicklungszusammenarbeit (vgl. S. 233). Diese Rücküberweisungen lindern Armut, verringern die Verschuldung und ermöglichen eine Verbesserung des Lebensstandards, den Zugang zum Gesundheitssystem und den Besuch von Bildungseinrichtungen. Zudem werden ‚Sickereffekte', von denen dann auch andere profitieren, beschrieben. Insofern können sie Ungleichheiten verringern; die zentrale Frage ist jedoch, welche sozialen Gruppen davon profitieren.

Umgekehrt wird das Problem des *brain-drain* diskutiert; während zunächst von eindeutig negativen Effekten (Kostenverschiebung, Mangel an qualifizierten Arbeitskräften) ausgegangen wurde, werden inzwischen auch die Anreize diskutiert, die vom Erfolg der gebildeteren Migrierenden ausgehen oder es wird auf Länder verwiesen, in denen der Export von Gebildeten (und die damit verbundenen Rückflüsse) als eine Strategie gehandhabt wird.

Sozialstrukturen und transnationale Migration – Zielländer: Für die Zielländer lässt sich konstatieren, dass sie „gerade in wirtschaftlicher Sicht immens von Immigration" (Faist 2022, S. 77) profitieren. Die häufig angeführte These, dass in den Zielländern eher die Unternehmen und die höher qualifizierten Beschäftigten profitieren, zieht Faist in Zweifel, indem er auf die ausgeprägte Segmentierung der Arbeitsmärkte verweist; zudem hätten die (geringer qualifizierten) autochthonen Beschäftigten jene Bereiche bereits verlassen. Eher komme es zu einer Konkurrenz zwischen Migrierenden verschiedener Generationen. Zudem macht er deutlich, dass sich verschiedene Phasen der Migration unterscheiden lassen; während in Deutschland für die 1960er- und 70er-Jahre eher von einer Unterschichtung durch Arbeitsmigration auszugehen sei, ist es zeitweilig auch zu Prozessen der Aufwärtsmobilität gekommen, an denen sowohl Autochthone von Migrierende teilhatten. Das habe sich seit den 1980er-Jahren verändert, als soziale Mobilität insgesamt an Bedeutung verloren habe.

Zusammenfassend kann Migration als ein Pfad begriffen werden, „der soziale Aufwärtsmobilität für Migrant:innen im Immigrationsland, für deren Angehörige im Herkunftsland und zum Teil auch für die ansässige Mehrheitsbevölkerung im Zielland eröffnet. Gleichzeitig zementiert Migration allerdings dauerhafte Ungleichheiten. Tieferliegende Machtbeziehungen (…) werden in der Regel fortgeführt" (S. 85).

Transnationale Sozialgruppen
Die Benennung von sozialen Großgruppen gehörte zu den ‚Markenzeichen' der auf den nationalen Raum bezogenen Sozialstrukturanalysen. In diesem Sinne wurde dann auch versucht, solche Gruppen in transnationaler Perspektive auszumachen. Dabei lassen sich zwei Ansätze unterscheiden. Zum einen werden in einem eher deskriptiven Sinne Gruppen analysiert, deren Arbeits- und Lebenswelt regelmäßig und längerfristig quer zu nationalen Grenzziehungen verläuft. Zum anderen werden eher theoriegeleitet idealtypische Gruppen ausgemacht, die sich in ihren Mobilitätschancen unterscheiden. Im einen Fall fungiert Transnationalität als ein spezifisches Merkmal, im anderen eher als Variable.

Transnationalität als Gruppenmerkmal: Mau und Verwiebe (2013, S. 177) versuchen Sozialgruppen auszumachen, deren Arbeits- und Lebensweise mehr oder weniger europäisiert ist; dabei berücksichtigen sie auch indirekte Effekte, wenn z. B. die Arbeits- und Lebensweise von europäischen Fördermitteln abhängig ist. Dementsprechend unterscheiden sie:

- *europäische Eliten* bzw. *europäisierte Milieus*, wie z. B. die bei der EU Tätigen oder die auf die EU gerichteten Interessengruppen, wirtschaftliche Eliten oder Erasmus-Studierende;
- *transnationale Eliten* mit hohem Kapitalvolumen, der Arbeit folgende Transmigranten, Ruhestandsmigrant:innen und
- *europäische Transfergruppen*, die z. B. von Agrarsubventionen oder Mitteln des Strukturfonds abhängen.

Leslie Sklair (2010, S. 282) fragt nach transnationalen herrschenden Gruppen, und untersucht ihre wirtschaftlichen, politischen und kulturellen Merkmale. Er unterscheidet global agierende Führungskräfte transnationaler Unternehmen, Bürokraten und Politiker in supranationalen Organisationen sowie global ausgerichtete Experten, Geschäftsleute und Medienschaffende.
Beide Modelle weisen eine gewisse Plausibilität auf und erschließen Möglichkeiten der Analyse transnationaler Praktiken. Ihre Schwäche liegt darin, dass diese

2.4 Transnationale Ansätze

oft unzureichend mit der nationalstaatlichen Welt verknüpft sind. So sind es bei vielen dieser Gruppen eher einzelne Lebensphasen, in denen sie vorwiegend transnational agieren; der wesentliche Bezugspunkt ist aber weiterhin der Nationalstaat, dem sie ihre Ausbildung verdanken, der sozialstaatliche Leistungen und Sicherheiten bietet. Forschungen zu Führungskräften in global agierenden Unternehmen zeigen zudem, dass ein Zuviel an transnationalen Erfahrungen einer Karriere auch schaden kann, indem man z. B. aus nationalen Netzwerken herausfällt.

Transnationalität als Variable: In der von Anja Weiß entwickelten Perspektive wird die Möglichkeit bzw. Unmöglichkeit, transnational agieren zu können, zum einen im Bourdieuschen Sinne als eine Variante kulturellen Kapitals begriffen; zum anderen wird aber auch deutlich gemacht, dass die Anlage eines solchen Kapitals von sozial-territorialen Kontexten abhängig ist. So bedarf es z. B. bestimmter Qualifikationen (z. B. globale Sprache, transnational verwertbare berufliche Qualifikationen), um transnational beruflich tätig sein zu können. Es sind dann aber auch die jeweiligen nationalen Kontexte, in denen gearbeitet werden soll, von Bedeutung. Es bedarf des richtigen Passes und einer Aufenthalts- und Arbeitserlaubnis; bei qualifizierten Tätigkeiten geht es um die Anerkennung beruflicher Abschlüsse etc. Bezüglich der Transnationalität von kulturellen Kapitalien unterscheidet sie (2017, S. 310 f.):

- transnationales Kapital: z. B. naturwissenschaftliches, medizinisches oder ökonomisches Wissen, das global anerkannt und einsetzbar ist
- lokalisiertes glokales Kapital: z. B. Sprachkenntnisse, die sowohl lokal wie global (daher glokal) einsetzbar sind
- lokalisiertes marginales Kapital: z. B. firmen- oder nationalspezifisches Wissen, nicht-globale Sprachen
- essenzialisierende Kompetenzzuschreibungen: z. B. die Eignung zu Reproduktionsarbeit, die in sexistischer Weise einem bestimmten Geschlecht zugeschrieben wird oder die Eignung zu schwerer bzw. ‚unsauberer' Arbeit, die in rassistischer Weise mit bestimmten Ländern oder ethnischen Gruppen verknüpft wird.

Auch die sozial-territorialen Kontexte lassen sich klassifizieren:

- nicht territoriale Kontexte: z. B. wissenschaftliche Gemeinschaften, Finanzmärkte, Weltregionen, social media
- mehr oder weniger geschlossene Nationalstaaten, die ungleichheitsrelevante Infrastrukturen und Regularien bereitstellen

- transnationale Felder, wie z. B. berufliche Professionen, die weltweit nach ähnlichen Grundsätzen funktionieren
- lokale bzw. plurilokale Kontexte: kleinräumige Regionen bzw. Milieus, in denen Kopräsenz und face-to-face-Interaktionen dominieren, die aber oftmals auch in plurilokale Zusammenhänge eingebunden sind.

Indem Weiß die transnationalen Variationen des kulturellen Kapitals (also die Möglichkeiten, transnational zu agieren) mit den in verschiedenem Maße transnationalisierten Verwendungsräumen in Zusammenhang bringt, gelingt ein detailliertes, aber auch komplexeres Bild. So geraten transnationale Arbeits- und Lebensweisen in ganz unterschiedlichen Lagen in den Blick, vereinfacht gesprochen: transnationale Eliten, deren ökonomisches und kulturelles Kapital es ihnen ermöglicht, auch jenseits nationalstaatlicher Infrastrukturen und Ordnungen zu agieren; transnationale mittlere Lagen, die dem Nationalstaat viel verdanken, die dann aber ihre Qualifikationen global verwerten; transnationale Unterschichten, die über die Kompetenz verfügen, sich in den Nischen der nationalstaatlichen Welt durchzuschlagen.

2.4.4 Fazit: Transnationale Ansätze

Wenn man Sozialstrukturen in einer transnationalen (statt in einer nationalen) Perspektive analysiert, dann kommen jene Praktiken bzw. Akteure in den Blick, die über den nationalstaatlich abgesteckten Horizont hinausweisen. Darüber entstehen transnationale Verflechtungen (ökonomischer, politischer und sozialer Art), die dann aber auf die nationale Ebene zurückwirken. Zu diesen Akteuren gehören Nationalstaaten, die Weltsozialpolitik und Binnensozialpolitik betreiben, Unternehmen, die in transnationale Produktions-, Handels- oder Finanzbeziehungen eingebunden sind, und schließlich verschiedene Typen von zeitweilig oder längerfristig Migrierenden, die transnationale Lebens- und Arbeitsweisen ausbilden.

Eine transnationale Sozialstrukturanalyse steht noch am Anfang. Wenn schon auf der nationalen Ebene konstatiert werden muss, dass es keine zusammenhängende Theorie sozialer Ungleichheiten bzw. keine Entwicklungsgesetze oder Linearitäten gesellschaftlicher Entwicklung geben kann, dann gilt dies umso mehr für die Ebene globaler Ungleichheiten. Ziel einer transnationalen Sozialstrukturanalyse ist es vielmehr, die verschiedenen (z. B. ökonomischen, institutionell-politischen oder kulturell-epistemischen) Perspektiven auf globale Ungleichheiten in sozialen Zusammenhängen zu denken. Das ‚Soziale' entsteht, indem Menschen

2.4 Transnationale Ansätze

in räumlichen (nationalen oder transnationalen) Kontexten unter verschiedensten und variierenden Rahmenbedingungen agieren und indem sich dabei bestimmte Lebens-, Arbeits- und Sichtweisen herausbilden und verallgemeinern. Das heißt, es geht letztlich um die Frage, wie Menschen mit variierenden globalen Ungleichheiten umgehen, wie sie versuchen, in wandelnden Umwelten zu überleben und sich einzurichten.

Methoden der Sozialstrukturanalyse 3

Typischerweise werden Sozialstrukturanalysen mit der quantitativen Analyse großer Datenmengen verknüpft. Es scheint auf der Hand zu liegen, dass man auf ‚Strukturen' trifft, wenn man z. B. bei der Analyse von Arbeitseinkommen auf einen signifikanten Unterschied bei den Einkommen von Männern und Frauen (mit ähnlichen Merkmalen) stößt oder wenn man im Ländervergleich Einkommensunterschiede feststellt.

In diesem Kapitel geht es darum, wie man aus der theoretisch geleiteten Analyse von Daten zu belastbaren Aussagen über Sozialstrukturen kommt. Dabei soll die vorherrschende Vorstellung (quantitative Analyse von großen Datensätzen) irritiert werden. Es wird davon ausgegangen, dass Sozialstrukturanalysen

- auf das gesamte Spektrum von quantitativen und qualitativen Methoden zugreifen müssen
- einer theoretischen Einbettung bedürfen, die über das Level von Hypothesen hinausgeht
- auf der Mikroebene (z. B. Lebensverläufe) wie auf der Meso- und Makroebene (z. B. Institutionen und Nationalstaaten) der Verknüpfung von zeitgenössischen und historischen Perspektiven bedürfen.

3.1 Theorien und Methoden

Es mag als ein Gemeinplatz der Sozialforschung erscheinen, dass empirische Forschung ohne eine theoretische Anleitung und Reflexion haltlos ist, dennoch finden sich gerade in der Sozialstrukturforschung sehr viele Beispiele, in denen die Daten bzw. die Methoden der Datenanalyse ein oft kaum kaschiertes Eigenleben führen. Dabei gehören sozialstrukturell interessante Phänomene zu den komplexesten sozialwissenschaftlichen Phänomenen, die man sich vorstellen kann. Das lässt sich exemplarisch an einigen Forschungsproblemen aufzeigen:

- Mikro-Makro-Probleme: Die oben erwähnten Verdienstunterschiede zwischen Männern und Frauen hängen auf der einen Seite damit zusammen, wie Arbeiten in einer Gesellschaft (Makroebene) geteilt und bewertet werden, wie in Tarifkonflikten (Mesoebene) Entgelte ausgehandelt werden, wie schließlich einzelne Unternehmen aber auch Haushalte oder Personen (Mikroebene) agieren.
- Probleme der Zeitlichkeit: Auf den angeführten Akteursebenen sind zunächst die gegenwärtigen Praktiken zu untersuchen. Dieses lassen sich aber nicht ohne ihre Vorgeschichten begreifen: die Geschichte der gesellschaftlichen Arbeitsteilung, die Geschichte von Verhandlungssystemen und Regularien, schließlich die Geschichte von Branchen, Unternehmen und die biografischen Verläufe von einzelnen Beschäftigten. Darüber stößt man auch auf Ungleichzeitigkeiten, wenn z. B. eine traditionale Produktionsweise in Nischen fortbesteht oder wenn in Haushalten patriarchale Muster der Hierarchie und Arbeitsteilung überdauern.
- Probleme von Handlung und Struktur: Die skizzierten Probleme der Zeitlichkeit verweisen auf die klassischen Probleme von Handlung und Struktur. Das heißt, sowohl die arbeitsuchenden Frauen und Männer wie die Arbeit anbietenden Unternehmen agieren im ‚Hier und Jetzt'. Aber sie tun dies vor dem Hintergrund der geronnenen Ergebnisse vergangener Praktiken der geschlechtsspezifischen Arbeitsteilung, die sich z. B. in der Beschäftigten- und Entlohnungsstruktur einer Branche und in den damit verbundenen Konventionen und Habitusmustern niederschlagen.

Mit den in den ersten Kapiteln dieses Buches entwickelten Überlegungen und den dargelegten Forschungsansätzen bietet sich ein breites Angebot an theoretischen Argumentationen, die zu einem Verständnis der geschlechtsspezifischen Verdienstunterschiede beitragen können. Die ein wenig vorsichtige Formulierung macht aber auch deutlich, dass es kaum zu erwarten ist, die beobachteten Phänomene ‚vollständig' erklären zu können, es werden immer Lücken bleiben.

Entgegen dem in vielen methodischen Einführungen vermittelten Modell eines Erkenntnisgewinns qua fortschreitenden Hypothesentest wird hier für ein loseres Verhältnis von theoretischen Argumentationen und empirischen Operationen geworben. Ziel sollte es sein, theoretische Argumentationen zu entwickeln, die mit empirischen Beobachtungen ‚vereinbar' sind. Das heißt, der Idee, Theorien bzw. daraus abgeleitete Hypothesen bestätigen oder verwerfen zu können (und sei es auch nur vorläufig), ist mit Skepsis zu begegnen. Forschungspraktisch kann eine solche hypothesentestende Vorgehensweise durchaus sinnvoll sein, indem sie zu Präzisierungen, Zuspitzungen und Entscheidungen drängt; ein solcher Ertrag stellt sich aber auch durch die Entwicklung präziser Begriffe und Fragestellungen ein.

Auch die in dieser Einführung vorgeschlagene Vorstellung, die verschiedenen Forschungsansätze der Sozialstrukturanalyse im Sinne von Modellen zu begreifen, geht in diese Richtung. Theorien des Kapitalismus, Ansätze der Klassenanalyse oder der Intersektion von Ungleichheitsfaktoren lassen sich nicht ‚widerlegen'; zu fragen ist vielmehr, welchen Beitrag sie jeweils zu einem sozialwissenschaftlichen Verständnis der interessierenden Phänomene liefern.

Das erfordert es dann auch, den Anspruch sozialwissenschaftlicher Erklärungen zu überdenken. In dem Plural drückt sich bereits die hier favorisierte Perspektive aus. Wir haben es in den Sozialwissenschaften mit einer Pluralität von Erklärungsmodellen sozialer Phänomene zu tun; das hängt mit der Ausdifferenzierung von Disziplinen, aber auch der Pluralität von Ansätzen innerhalb der Disziplinen zusammen. So hat man es mit unterschiedlichen Typen von erklärenden Argumentationen eher historischer, ökonomischer oder soziologischer Art zu tun; es sind Unterschiede, die mit der Erklärungsebene (Mikro-, Meso-, Makroebene) und dem Theorietyp (z. B. eher praxeologisch oder eher systemisch) zusammenhängen.

Damit muss auch die Unterscheidung von deskriptiven und erklärenden Verfahrensweisen überdacht werden, weil mit der Art und Weise, wie und was deskribiert wird, bereits wesentliche immer auch theoretisch geprägte Entscheidungen verbunden sind.

3.2 Entwicklung der empirischen Sozialstrukturforschung

In der empirischen Sozialstrukturforschung werden verschiedene Typen von Daten genutzt.

> Es sollte mit einem weiten Verständnis von *Daten* gearbeitet werden. Es umfasst all jene Informationen, die in irgendeiner Weise zur wissenschaftlichen Sozialstrukturanalyse genutzt werden können, unabhängig davon, ob sie mehr oder weniger standardisierter Natur sind.

> Der Begriff der *Datengewinnung* soll verdeutlichen, dass Daten nichts Gegebenes sind, wie es der lateinische Begriff suggeriert, sondern dass sie für den Forschungsprozess gewonnen (also z. B. aufbereitet oder erhoben) werden müssen; dem lateinischen entsprechend müsste eigentlich besser von Fakten, also Hergestelltem, gesprochen werden.
> Von *Mikrodaten* wird im Kontext standardisierter Daten gesprochen, wenn die Daten der untersuchten Fälle, z. B. die Einkommensdaten einer Person oder eines Haushalts, den Forschenden zugänglich sind. *Aggregatdaten* bezeichnen demgegenüber Daten, die für die Forschenden nur in zusammengefasster Form (Aggregate), z. B. als Durchschnittseinkommen einer Berufsgruppe, verfügbar sind.
> *Datenanalyse* umfasst in einem weiten Sinne alle Verfahren der Analyse von standardisierten und nicht-standardisierten Daten, also z. B. statistische Verfahren, Verfahren der qualitativen Analyse, Fallanalysen etc.

Man kann die Geschichte der empirischen Sozialstrukturanalyse auch als eine Geschichte ihrer Datengewinnung und -analyse begreifen (vgl. Weischer 2025). Im Sinne der eingangs angemahnten Methodenpluralität sollte man sich der besonderen Potenziale quantitativer und qualitativer Methoden in der Sozialstrukturanalyse bewusst werden. Vereinfacht betrachtet liegt die Stärke quantitativer Analysen darin, dass sich die Konsequenzen von sozialen Differenzierungsprozessen für eine gewisse räumliche Einheit ‚repräsentativ' darstellen lassen. Strukturen, z. B. der geschlechtsspezifischen Arbeitsteilung können so in einer aggregierenden (z. B. Betrachtung von Durchschnitten) und temporal kumulierenden (über den Generationen- und Lebensverlauf) Perspektive analysiert werden. Die dahinterliegenden strukturierenden Prozesse und die Motive bzw. Sichtweisen der beteiligten Akteure und Institutionen bleiben eher im Dunkeln. Hier können nun qualitative Studien ansetzen, um über die Analyse von Fällen (eine überschaubare Zahl von Personen und Haushalten) oder einzelnen differenzierenden Kontexten (eine überschaubare Zahl von Ausbildungsstätten oder Unternehmen) weitere Einsichten über mögliche strukturierende Momente zu gewinnen.

3.2.1 Entwicklung standardisierter Analysen

In der standardisierten Entwicklungslinie standen zunächst vor allem die Daten der nationalen amtlichen Statistik im Vordergrund. In Deutschland waren es z. B. die

3.2 Entwicklung der empirischen Sozialstrukturforschung

Daten aus den Berufszählungen des kaiserlichen statistischen Amtes bzw. des statistischen Reichsamtes. Diese aggregiert bereitgestellten Daten zu einzelnen Berufsgruppen wurden dann z. B. von Gustav Schmoller oder Theodor Geiger für erste Gesamtdarstellungen der Sozialstruktur Deutschlands genutzt. Die amtliche Statistik hatte über lange Zeit eine Art Datenmonopol, wenn es galt, Aussagen über die gesamte Bevölkerung eines Nationalstaats zu treffen.

Eine neue Situation stellte sich ein, als nach dem Zweiten Weltkrieg zunehmend auf (Quasi-)Zufallsstichproben basierende Befragungen meist kommerzieller Befragungsinstitute zur Verfügung stehen. Das veränderte die Inhalte der Befragung und den Zugang zu den Daten. Während die amtliche Statistik vor allem auf gesetzlicher oder administrativer Grundlage arbeitete und lange Zeit nur aggregierte Daten weitergab, hatten nun sozialwissenschaftlich Forschende die Möglichkeit, den Prozess der Gewinnung und Analyse von Daten in eigener Regie zu gestalten. Das beinhaltete dann z. B. auch Fragen zur Wahrnehmung von sozialen Gruppen oder der eigenen Lage, Fragen nach Gerechtigkeitsvorstellungen oder Fragen, die sich für kulturelle Praktiken interessierten. Neben den harten sozioökonomischen Daten, auf die sich die amtliche Statistik beschränkte, waren nunmehr auch Daten über Einstellungen oder die Wahrnehmung sozialer Phänomene zugänglich. Das ermöglichte dann z. B. die Konstruktion von Indices der sozioökonomischen Lage, die Gegenüberstellung von objektiver und wahrgenommener sozialer Lage oder später auch die zusammenhängende Analyse von sozioökonomischen und soziokulturellen Praktiken.

Weitere Innovationen der Sozialstrukturforschung stellen sich mit der Entwicklung von internationalen Standardklassifikationen ein, mit denen Berufe (z. B. ISCO), aber auch Bildungsabschlüsse (z. B. ISCED) oder Regionalklassifikationen (z. B. NACE) erfasst und vergleichbar gemacht werden. Auch der Aufbau von Datenarchiven stellt eine wesentliche Innovation dar; seit langem gibt es solche für standardisierte Analysen; bei qualitativen Analysen gestaltet sich die Anonymisierung weitaus schwieriger.

In den 1980er-Jahren lassen sich weitere Umbrüche verzeichnen. Über lange Zeit hatten *Querschnittsbefragungen* die Sozialstrukturforschung dominiert; das waren Befragungen, die nur zu einem Zeitpunkt durchgeführt wurden. 1980 startete der ALLBUS (Allgemeine Bevölkerungsumfrage der Sozialwissenschaften), eine *Wiederholungs-* oder *Trendbefragung*, bei der in zweijährlichen Abständen mit demselben Befragungsinstrument jeweils neue Stichproben aus derselben Grundgesamtheit gezogen werden, sodass z. B. bestimmte Informationen im Zeitverlauf (Trend) darstellbar sind. Mit der Etablierung von *Panelbefragungen* wird neben dem Befragungsinstrument auch die Stichprobe konstant gehalten, d. h. in den jeweiligen Folgejahren werden dieselben Personen erneut befragt, sodass individuelle Verläufe z. B. von Einkommen rekonstruierbar sind. Zudem werden Individualbefragungen durch eine Befragung der zugehörigen *Haushalte* ergänzt, z. B. um die sich verändernde Konstellation der geschlechtsspezifischen Arbeitsverteilung und Einkommenserzielung rekonstruieren zu können. Exemplarisch sei hier auf das seit 1984 durchgeführte Sozioökonomische Panel (SOEP) verwiesen. Diese Daten lieferten z. B. einen wichtigen Impuls für die neue Armutsforschung seit den 1990er-Jahren, als erste Armutsberichte der Wohlfahrtsverbände und später die regelmäßigen Armuts- und Reichtumsberichte der Bundesregierung erschienen. Schließlich erweiterte sich in dieser Phase auch das Verständnis der Grundgesamtheit; so wurde in zunehmendem Maße versucht, die Lebensverhältnisse einer komplexen Migrationsgesellschaft abzubilden.

Zudem verbesserte sich in dieser Phase auch die Verfügbarkeit von *prozessproduzierten Daten* für die wissenschaftliche Sozialforschung, also von Daten, die z. B. im Regelbetrieb einer öffentlichen Verwaltung, wie der Bundesagentur für Arbeit oder einer Rentenversicherung anfallen. Wesentliches Charakteristikum prozessproduzierter Daten ist es, dass sie gewissermaßen als ein Nebenprodukt entstehen und nicht auf eine gezielte wissenschaftlich geleitete Erhebung zurückgehen Mit der Einrichtung von inzwischen mehr als 40 akkreditierten Forschungsdatenzentren bei wichtigen Datenlieferanten (z. B. den statistischen Ämtern oder der Bundesagentur für Arbeit) wird der Zugang zu Forschungsdaten für die Wissenschaft erleichtert. In einem weiteren Verständnis könnte man dann die mit der Entwicklung und Verbreitung des Internets anfallenden Daten, wie z. B. Log Files, Tracking-Daten oder Daten aus sozialen Netzwerken auch als prozessproduzierte Daten begreifen.

Schließlich sei auch auf die Datenbestände der historischen Statistik verwiesen, die zumeist als Zeitreihen von Aggregatdaten (z. B. die Bestände von histat am Leibniz-Institut für Finanzmarktforschung) mitunter aber auch als Rekonstruktion von Mikrodaten (z. B. Fischer 2011) zugänglich sind. Sie ermöglichen eine historische Analyse der Entwicklung von Einkommen und Vermögen oder von Haushaltsbudgets und Konsumverhalten.

Auf der transnationalen Ebene gab es bereits früh Versuche, die nationalen amtlichen Statistiken zu harmonisieren. Ein wichtiger Schritt lag dann aber wie bereits dargestellt in der Bereitstellung ökonomischer Konzepte der volkswirtschaftlichen Gesamtrechnung und der Berechnung von Sozialprodukten, die sich insbesondere nach dem Zweiten Weltkrieg durchsetzten. Das implizierte dann auch Verfahren zur Deflationierung, um Zeitverläufe rekonstruieren zu können, und die Ermittlung von Kaufkraftparitäten, um Währungen vergleichbar zu machen. Trotz dieser Fortschritte waren über einen langen Zeitraum lediglich Aggregatdaten auf der nationalen Ebene verfügbar. Das verunmöglichte die Analyse von Verteilung wie auch einen länderübergreifenden Vergleich auf der Mikroebene.

3.2 Entwicklung der empirischen Sozialstrukturforschung

In jüngerer Zeit hat die globale Aufbereitung und Harmonisierung von historischen Datensätzen aus den nationalen Einkommens- und Vermögensstatistiken einerseits und von nationalen Mikrodatensätzen andererseits erhebliche Fortschritte gemacht. Beides ist mit dem schrittweisen Aufbau einer World Inequality Database (WID.world) verbunden, an der viele Forschende mitwirkten; zu den prominentesten zählen vermutlich Anthony B. Atkinson und Thomas Piketty. Die Mikrodaten zu Einkommen und Vermögen werden (idealerweise) aus länderspezifischen Steuerdaten oder aus Erhebungen der Haushaltspanels gewonnen. Dieses Rohmaterial weist jedoch vielerlei Leerstellen auf; die Autoren merken dazu an: „But in general, these datasets will still miss many types of incomes that are traditionally absent from tax and survey data. This can be because these income flows lie outside of the household sector (e.g., undistributed corporate profits), because they are imputed rather actual income flows (e.g., imputed rents, imputed social contributions), because they correspond to tax-exempt income flows (e.g., certain tax-exempt savings accounts), or because the microdata has some deficiencies (e.g., surveys that only report post-tax incomes)" (World Inequality Lab 2024, S. 112). Eine Reihe dieser Probleme lässt sich über Imputationsverfahren verringern.

Parallel haben sich die Verfahren der Datenanalyse stetig verändert. Das betrifft zum einen die Entwicklung datenverarbeitender Maschinen, vom Rechenschieber, über Hollerithmaschinen, zu verschiedenen Generationen von leistungsfähigen und dezentral verfügbaren Computern. Zum anderen haben sich auch die statistischen Verfahren (z. B. Logistische Regressionen, Sequenzanalysen oder Neuronale Netzwerke) und ihre Verfügbarkeit (z. B. über Softwarepakete oder *Open-Source-Programme*) weiterentwickelt.

Die mit standardisierten Verfahren gewonnenen Einsichten sind für ein Verständnis von Sozialstrukturen in verschiedener Weise von Interesse:

- Zunächst bilden sie die Ergebnisse von differenzierenden Praktiken zumeist in einer Nationalgesellschaft ab. Das ermöglicht eine wissenschaftlich fundierte Beschreibung von sozialen Differenzen. Zugleich eröffnet dieses Standbild aber auch einen Zugang zur Situationswahrnehmung der zu diesem Zeitpunkt Agierenden.
- Das bereits erwähnte Problem, dass stets nur die Ergebnisse von Strukturierungen zugänglich sind und nicht die strukturierenden Momente selbst, lässt sich zum einen dadurch reduzieren, dass man durch die Analyse von Teilgruppen mögliche beeinflussende Momente kontrolliert. Zum anderen kann über die Einbeziehung von Kontexten oder von Fragen zu Einstellungen und Situationswahrnehmungen versucht werden, Hinweise auf weitere Einflussfaktoren zu gewinnen.

- Schließlich können die mit Mitteln der standardisierten Forschung beobachteten Differenzen als Ausgangspunkt weiterer Forschungen fungieren, die z. B. über Interviews mit verschiedenen Akteuren oder Beobachtungen in differenzierenden Institutionen weiteren Aufschluss versprechen.

3.2.2 Entwicklung qualitativer Analysen

Die Entwicklung qualitativer Sozialstrukturanalysen ist aus verschiedenen Gründen recht anders verlaufen. Das hängt zunächst mit dem Verlauf der Methodendiskurse insbesondere in der Soziologie zusammen, wo es in der Phase der Kanonisierung und akademischen Institutionalisierung in den 1960er- und 70er-Jahren zu einer weitgehenden Dominanz quantitativer Verfahren kam. Zudem war es die eigentümliche Kopplung von Sozialstrukturanalyse und Statistik, die bereits mit der Nutzung von Daten der amtlichen Statistik für Sozialstrukturanalyse begonnen hatte. Diese offenbarte sich auch in der Denomination von Professuren und in Lehrangeboten bzw. Lehrbüchern. Das prägte die landläufige Wahrnehmung, dass sich Sozialstrukturanalysen vor allem mit gesellschaftlichen Großgruppen befassen und Aussagen über Klassen, Schichten oder Milieus auf der Ebene von Nationalgesellschaften treffen.

Vor diesem Hintergrund ist eine Rekonstruktion der Geschichte qualitativer Sozialstrukturanalysen weitaus schwieriger, weil viele Forschungen zu sozialen Strukturen kaum unter dem erst spät entstandenen und sprachräumlich variierenden Label ‚Sozialstrukturanalyse' fungierten. Man muss sich daher auch für die Geschichte der industriesoziologischen Forschung, der Gender- und Migrationsforschung und der Lebensverlaufsforschung interessieren. Die zunächst geringe Kanonisierung von Methoden führte zudem dazu, dass nicht wenige Untersuchungen im heutigen Verständnis eher den *mixed methods* zuzurechnen wären.

Wenn man die Konstellation am Ende des 19. und Anfang des 20. Jahrhunderts betrachtet, so zeigt sich z. B. an der Erhebung des Vereins für Socialpolitik über die Lage der ostelbischen Landarbeiter, dass die Analyse von Sozialstrukturen recht differenziert angelegt war. So befasst sich Max Weber z. B. mit der Frage, welche Bedeutung die zunehmende Ersetzung von Natural- durch Geldlöhne für die Unternehmen wie die Arbeitskräfte hat. „Die kapitalistische Unternehmung strebt (...) aus dem Naturallohnsystem trotz seiner wirtschaftlichen Vorzüge heraus – die Arbeiter suchen den Geldlohn, weil er sie am meisten von der Abhängigkeit von der Wirtschaft und dem guten Willen des Herrn befreit, trotzdem sie sich dabei wirtschaftlich schlechter stehen. (...) Die Landarbeiterschaft opfert ihre materiell oft günstigere, immer aber gesichertere, abhängige Lage dem Streben nach persön-

3.2 Entwicklung der empirischen Sozialstrukturforschung

licher Ungebundenheit" (1894, S. 489). Zugleich gibt dieser kurze Auszug aber auch Hinweise auf die doch recht verallgemeinernden Argumentationsgänge, in die das empirische Material eingeordnet wird.

Methodisch wurde mit einer Art Fragebogen gearbeitet, der dann von örtlichen Berichterstattern (Landgeistlichen) ausgefüllt wurde, die sich zuvor mit den Arbeitern ihres Dorfes zusammengesetzt hatten. Die Untersuchung folgt dem Methodenverständnis des Vereins für Socialpolitik, der sich z. B. kritisch von dem quantifizierenden Mainstream der Nationalökonomie abgrenzte und eine monografische Arbeitsweise verfolgte. Umgekehrt begegnete man aber einer unmittelbaren Befragung der Landarbeiter mit großer Skepsis und setzte die Geistlichen als Mittler ein (vgl. Schmeiser 2004, S. 325). Zum Material merkt Weber an, dass es, „soweit es die Gestalt von ziffernmäßigen Zusammenstellungen angenommen hat, nicht den Charakter statistischer Zahlen für sich in Anspruch nimmt, und zwar schon deshalb nicht, weil der Erhebung das Streben nach erschöpfender Erfassung des gesamten Thatsachenkomplexes ihrer Natur nach fehlen und das Streben nach Gewinnung möglichst typischer Angaben an die Stelle treten und darnach die Fragestellung gewählt werden mußte" (Weber 1892, S. 886).

Theodor Geiger wählt für seine 1932 erschienene Sozialstrukturstudie einen typischen Mixed Methods-Ansatz, indem er die Daten der Berufszählung des Statistischen Reichsamtes von 1925 für die Analyse sozialer Lagerungen nutzt, um dann das mit diesen Lagen verbundene Sozialbewusstsein bzw. die schichtspezifischen Mentalitäten zu rekonstruieren. Er steht jedoch vor dem Problem, dass ihm hier eine konsistente Datenbasis fehlt. So greift er auf vorliegende Forschungen des Vereins für Socialpolitik, auf Erhebungen der Gewerkschaften und anderer Verbände, auf biografische Materialien oder auf journalistische Darstellungen zurück. Man müsse eben als Soziograf, als der er sich bezeichnet, im Gegensatz zur statistischen Analyse „das Handgelenk locker halten. Das Leben zieht keine klaren Grenzen" (1932, S. 82).

Ein anderer Weg, sich der Analyse von Sozialstrukturen anzunähern, lag darin, dass man das Untersuchungsfeld kleinräumiger fasste. So untersuchte Schnapper-Arndt (1883) ‚Dorfgemeinden auf dem Hohen Taunus'. Eine Forschungsgruppe (Jahoda et al. 1975) der Wirtschaftspsychologischen Forschungsstelle in Wien analysiert die Lage der ‚Arbeitslosen von Marienthal'. Dabei wird mit einer Vielzahl von meist nicht standardisierten Methoden untersucht, wie die von einer Werksschließung ausgelöste verbreitete Arbeitslosigkeit das Dorf und seine Bewohner:innen verändert. Ein weiterer Zugang zur Analyse von Sozialstrukturen erfolgte über die Sammlung und Analyse von Arbeiterbiografien (vgl. Göhre 1891).

Nach dem Zweiten Weltkrieg kann sich die qualitative Sozialstrukturanalyse zunächst behaupten. Einen Meilenstein bilden die beiden bereits erwähnten von

Popitz et al. (1957) geleiteten Studien ‚Das Gesellschaftsbild des Arbeiters' bzw. ‚Technik und Industriearbeit'. In der erstgenannten Studie werden auf hder Basis eines teilstandardisierten ‚Fragebogen', die Autoren betonen diese Anführungszeichen, 600 Gespräche in einem Hüttenwerk im Ruhrgebiet geführt, die kaum weniger als zwei Stunden dauerten. Auf der Basis von stenografischen Notizen werden dann Protokolle dieser Gespräche angefertigt. Die Ergebnisse der Studie werden in Form von Falldarstellungen, einigen Tabellen und vor allem in einer Typologie von sechs Gesellschaftsbilder (vgl. Tab. 2.6) dargestellt.

Die Studie von Popitz und Bahrdt inspirierte andere Forscher:innen zu einer Vielzahl weiterer Studien, die die soziale Lage und die Gesellschaftsbilder anderer Berufs- bzw. Beschäftigtengruppen (z. B. von Angestellten, Vorgesetzten) oder anderer Branchen (z. B. Bergbau, Chemie) analysieren. Auch die bei Popitz und Bahrdt zu findende Frage nach den Zusammenhängen von Arbeits- bzw. Technikerfahrungen mit dem Bewusstsein und der Lebenssituation wird in vielen industriesoziologischen Studien aufgenommen – exemplarisch steht dafür die Studie von Kern und Schumann (1985) ‚Industriearbeit und Arbeiterbewußtsein'. Ein anderer Typ von Studien arbeitete auf der Basis von biografischen Interviews an einer Rekonstruktion zeitgeschichtlicher Erfahrungen; so z. B. das von Lutz Niethammer (1983–1985) u. a. verantwortete Projekt ‚Lebensgeschichte und Sozialkultur im Ruhrgebiet zwischen 1930 und 1960', das u. a. auf die Frage nach Kontinuitäten und Brüchen im Übergang vom Nationalsozialismus zur frühen Bundesrepublik fokussiert. Später rekonstruierte Heinz Bude (1987) die Lebenswege sozialer Aufsteiger aus der Flakhelfer-Generation.

Wie erwähnt würden sich die meisten dieser Studien nicht im engeren Sinne als Sozialstrukturanalysen begreifen. Sie zielen eher auf größere oder kleinere Teilgruppen von Beschäftigten aber auch Selbstständigen. Ihre Stärke liegt darin, dass die Arbeitswelt auch als Lebenszusammenhang erkennbar wird. (Große) Betriebe sind ein zentraler Ort, an dem Vergesellschaftungen und damit auch Sozialstrukturen erfahrbar werden, indem diese zumeist hierarchisch, geschlechtsspezifisch und migrationsspezifisch strukturiert sind und indem diese den Logiken des Marktes oder der öffentlichen Verwaltung unterworfen sind.

3.2.3 Eigenlogik der Methoden

In der Zusammenschau der verschiedenen Entwicklungslinien der empirischen Sozialstrukturanalyse wird zunächst die große thematische und methodische Vielfalt der Forschungen deutlich. Es wird aber auch erkennbar, in welch hohem Grad die methodischen Möglichkeiten, also die Verfahren der Datengewinnung und -analyse, die Entwicklung der Sozialstrukturforschung im 20. Jahrhundert geprägt haben. Mit dem Zugang zu sozioökonomischen Aggregatdaten der Amtlichen Statistik, zu sozioökonomisch-soziokulturellen Mikrodaten (als Querschnittserhebungen oder als Panel- und Haushaltsdaten) haben sich immer auch die Bilder von Sozialstrukturen und die Art ihrer summarischen Darstellung verändert. Von erwerbsbezogen konstruierten Klassen, über nach Einkommen, Bildung und Beruf konstruierten Schichten zu Milieukonstrukten, die in stärkerem Maße auch die differenzierenden Effekte kultureller Praktiken berücksichtigen.

Es liegt zunächst nahe, dies auch als eine ‚reale' Entwicklung zu begreifen. Dafür spricht, dass die in prosperierenden Nationalstaaten durchschnittlich verfügbaren Einkommen stetig angewachsen sind und ein großes Potenzial der (kulturellen) Gestaltung von Arbeits- und Lebensweisen ermöglicht haben. Dagegen spricht, dass soziokulturelle Differenzierungen und Milieus bereits seit langem ein Charakteristikum komplexer Gesellschaften sind.

Die empirische Sozialstrukturanalyse muss sich gegenüber den Eigenlogiken ihrer Methoden emanzipieren und präzise zwischen Entwicklungen in der sozialen Welt (die Veränderung von Praktiken und gesellschaftlichen Thematisierungen) und den sich verändernden methodischen Möglichkeiten der wissenschaftlichen Analyse unterscheiden; nichts Anderes ist von einer Sozial-*Wissenschaft* zu erwarten.

Es werden in dieser Zusammenschau aber auch die erheblichen Begrenzungen erkennbar, die mit dem bereits skizzierten methodologischen Nationalismus einhergehen. Das zeigt sich an der Abgrenzung von Grundgesamtheiten, z. B. über die Staatsbürgerschaft oder durch den alleinigen Einsatz deutschsprachiger Fragebogen. Das zeigt sich aber auch an Forschungsdesigns und Fragestellungen, die grenzüberschreitende Arbeits- und Lebenspraktiken, aber auch Produktionsweisen, oft ausblenden.

3.3 Datengewinnung und Datenanalyse in der Sozialstrukturforschung

Um gegenüber der empirischen Sozialforschung im Allgemeinen die Spezifika der Sozialstrukturforschung verstehen zu können, soll nun geklärt werden, welche Aspekte von Sozialstrukturen beleuchtet werden, wenn man bestimmte methodische Zugänge wählt. Das bezieht sich auf die Auswahl von Grundgesamtheiten und von Erhebungs- und Analysemethoden. Um die Potenziale der verschiedenen Verfahren skizzieren zu können, wird hier ein stark vereinfachtes Grundmodell sozialstrukturell relevanter Praktiken angenommen: Grob vereinfacht bilden sich Sozialstrukturen heraus, indem *Unternehmen* Arbeits- und Produktionsprozesse organisieren, indem *Individuen und Haushalte* in einem jeweils gegebenen aber sich verändernden sozioökonomischen und soziopolitischen Möglichkeitsraum angesichts vorhandener Kapitalien und sozialer Einbindungen Qualifikations-, Arbeits- und Lebensentscheidungen treffen und indem *Nationalstaaten* ermöglichend (Bereitstellung von Infrastrukturen) und regulierend in diese Verhältnisse von Produktion und Reproduktion eingreifen.

Bereits an diesem sehr einfachen Modell wird deutlich, dass Sozialstrukturen koproduziert werden, indem verschiedene Akteure mit unterschiedlichen Sichtweisen und Motiven Entscheidungen treffen: Individuen und Haushalte versuchen, über die Runden zu kommen und in verschiedenem Sinne ein gutes Leben zu haben. Unternehmen sind in letzter Instanz daran interessiert, rentabel zu arbeiten und Gewinne zu machen. Die legislativen Instanzen der Nationalstaaten gestalten Gesellschaften (in einem begrenzten Rahmen), sind aber an den Willen ihrer Wählerinnen gebunden, müssen Kompromisse eingehen etc. Die exekutiven und judikativen Instanzen handeln weisungsgebunden, entfalten aber auch ein ‚Eigenleben'. Alle Akteure tragen zur jeweiligen Verfasstheit von Sozialstrukturen bei, aber dies geschieht, wenn man einmal von der Legislative absieht, eher unbeabsichtigt; und auch bei der Legislative sind die Möglichkeiten der Gestaltung stets indirekter Natur, man kann nur die rechtlichen Rahmenbedingungen des Handelns verschiedener Akteure verändern. Das heißt, Sozialstrukturen sind als ein wissenschaftliches Konstrukt zu begreifen, das sich einer direkten und zusammenhängenden Beobachtung entzieht.

Dieses hochgradig interdependente Handlungsgeflecht und die darüber entstehenden Strukturen können nun über verschiedene Strategien der Datengewinnung und -analyse erschlossen werden. Die folgende Darstellung ist alles andere als umfassend; vielmehr sollen exemplarisch verschiedene Verfahren und deren Potenziale und Grenzen aufgezeigt werden; auch einer Vertiefung sind enge Grenzen gesetzt.

3.3.1 Verfahren der Datengewinnung

Die empirische Sozialstrukturforschung nutzt eine Reihe typischer Datenquellen.

Amtliche Statistik
Die amtliche Statistik zählt zu den ältesten Datenlieferanten der Sozialstrukturanalyse. Ihre besonderen Stärken liegen in der Möglichkeit, Vollerhebungen, große Stichproben oder Meldepflichten anordnen zu können. In Deutschland hat sich der

3.3 Datengewinnung und Datenanalyse in der Sozialstrukturforschung

Schwerpunkt der amtlichen Statistik zunehmend in Richtung der Wirtschaftsstatistik verschoben; Sozialstatistiken werden insbesondere nach dem Zweiten Weltkrieg nur noch rudimentär erhoben.

Die Daten der amtlichen Wirtschaftsstatistik liefern wichtige wirtschaftliche Eckdaten und können die Veränderungen von Branchenstrukturen bzw. von Arbeits- bzw. Beschäftigungsverhältnissen erschließen. Amtliche Befragungen wie der Mikrozensus, bei dem eine Auskunftspflicht besteht, erschließen elementare demografische und sozioökonomische Daten auf der Individual- und Haushaltsebene.

Bei der Gewinnung dieser Datenbestände ergibt sich ein Dilemma: auf der einen Seite ist man mit einer sich wandelnden ökonomischen und sozialen Welt konfrontiert (z. B. sich verändernde Branchen, Berufe und Beschäftigungsverhältnisse); auf der anderen Seite sollen für die Analyse längerfristiger Entwicklungen Kategorisierungen (z. B. von Berufen) konstant gehalten werden. Zudem wird in solchen ‚amtlichen Daten' nur die legale Welt abgebildet; Menschen ohne Aufenthaltstitel oder die Aktivitäten der Schattenwirtschaft (z. B. nicht legale Unternehmen und Arbeitsverhältnisse, aber auch Haushaltsproduktion oder Subsistenzwirtschaft) erscheinen zumeist nicht in der Statistik.

Querschnitts- und Trendbefragungen
Trotz der geschilderten Vorzüge komplexerer Befragungsformen liefern (wiederholte) Querschnitts- und Trendbefragungen weiterhin ein wichtiges Datenmaterial für Sozialstrukturanalysen. Sie können flexibler auf Veränderungen reagieren und neue Entwicklungen erschließen. Auch für die Analyse der Wahrnehmung der eigenen Situation oder sozialer Differenzierungsprozesse und die Erhebung von ‚Einstellungen' sind sie nach wie vor ein gebräuchliches Instrument.

Panel- und Haushaltsbefragungen
Befragungen wie z. B. das sozioökonomische Panel liefern auf den ersten Blick ähnliche Informationen wie der amtliche Mikrozensus. Die Fallzahl der Befragten ist deutlich geringer, aber es steht mehr Befragungszeit zur Verfügung; z. B. für die differenzierte Abfrage verschiedenster Einkommenskomponenten. Dadurch kann z. B. die Einkommens- und Vermögenssituation weitaus differenzierter abgebildet werden. Das Haushaltskonzept ermöglicht es dann, die Verlinkung von Arbeits- und Lebensverhältnissen (zwischen Partner:innen) oder die eingegangen Sorgeverpflichtungen genauer darzustellen.

Der Panelcharakter bzw. ergänzende retrospektive Befragungsteile erschließen die biografischen Verläufe bzw. die Haushaltsgeschichte. Die Panel- und Haushaltsbefragungen informieren daher vor allem über die Frage, wie sich Männer und

Frauen in den ökonomisch-politischen Möglichkeitsräumen einrichten, indem sie einer Erwerbsarbeit nachgehen, in der Haushaltsproduktion tätig sind, private oder öffentliche Transfers beziehen etc., indem sie aber auch Verbindlichkeiten eingehen, wenn Beziehungen geschlossen (und gelöst) oder Kinder betreut werden. Auch Prozesse der Anlage von Kapitalien (z. B. Erwerb von Immobilien oder Finanzprodukten) lassen sich beobachten.

Biografische bzw. qualitative Interviews mit Personen
Zunächst erscheinen die aus der Lebensgeschichte einer kleinen Zahl von Personen zu gewinnenden Erkenntnisse nicht mit den Vorstellungen von eher makrosoziologisch verorteten Sozialstrukturanalyse vereinbar. Dem soll hier in verschiedener Weise widersprochen werden.

So sei auf die mit der objektiven Hermeneutik Ulrich Oevermanns (1981) verbundene These verwiesen, dass in den jeweils untersuchten Fällen eigentlich die ganze Welt repräsentiert sei. Das heißt, man befragt einzelne Personen, aber diese sind in Haushalten und sozialstaatlichen Einrichtungen aufwändig sozialisiert worden; sie sind Staatsbürger:innen, die vielerlei Rechte aber auch Verpflichtungen ererbt oder erworben haben; sie sind Zeitgenöss:innen, die über die Erfahrungen einer längeren Lebensspanne geprägt wurden etc. Das heißt, die Gesellschaft und deren Sozialstruktur steckt in den Befragten. Ganz ähnlich wird ja bei Bourdieu der Habitus als strukturierte Struktur begriffen, in der sich die längerfristigen sozialen Erfahrungen einer Personengruppe oder kleinerer sozialer Einheiten widerspiegeln.

Im Kontext des erwähnten Projekts zur ,Lebensgeschichte und Sozialkultur im Ruhrgebiet' spricht Niethammer von einem Enttypisierungsschock, der mit qualitativen Erhebungen verbunden sei. Dieser liege darin „daß der Forscher dann, wenn er nahe genug die Lebenswirklichkeit seiner Gesprächspartner und die Deutungen ihrer Erinnerungen wahrnimmt, in seinen mitgebrachten Fragen und Begriffen verunsichert und über sie hinausgeführt wird – und zwar in einem Prozeß zahlloser Rückkoppelungen und neuformulierter Fragen" (1985, S. 410). Das heißt, biografische Interviews können in verschiedener Weise als Korrektiv z. B. der bisherigen Denkmodelle der Wissenschaftler:innen fungieren oder sie können die Neuentwicklung von Konzepten inspirieren. Zudem können qualitative Befragungen auch dazu dienen, für ,abweichende' bzw. sich verändernde Sichtweisen und Praktiken zu sensibilisieren.

Schließlich sei neben diesen eher methodenkritischen Beiträgen auf die wesentlichen substanziellen Erträge von qualitativen Interviews verwiesen. Sie liefern neben der Schilderung verschiedener ,Sachverhalte' immer auch einen Zugang dazu, wie diese Sachverhalte, von den Befragten im Kontext ihrer Biografie,

3.3 Datengewinnung und Datenanalyse in der Sozialstrukturforschung

ihrer Lebenszusammenhänge und ihrer sozialen Positionierung wahrgenommen wurden. Sie machen damit die im gesellschaftlichen Kontext entwickelten Überlebensstrategien sowie die gesammelten Arbeits- und Lebenserfahrungen und ihre Verarbeitung zugänglich. Das können dann auch Erfahrungen der Gewalt, der Diskriminierung, der versagten Anerkennung im öffentlichen wie im privaten Bereich sein.

Zeitgenössische und historische Analysen von differenzierenden Institutionen
Während die Daten über Individuen und Haushalte eher über die Verteilung sozialstrukturell relevanter Ressourcen, über Strategien der Arbeits- und Lebensgestaltung oder über die Wahrnehmung von Differenzierungsprozessen informieren, rücken bei den hier skizzierten Verfahren die differenzierenden Institutionen selbst in den Blick. So wird z. B. im Rahmen von Fallstudien untersucht, wie sich Betriebe arbeitsteilig (aber auch einkommens- und anerkennungsteilig) organisieren, wie eine Bildungseinrichtung als Instanz der Förderung aber auch der Selektion und Bewertung fungiert oder wie im Kontext der Arbeitsverwaltung mit jenen umgegangen wird, die freiwillig oder unfreiwillig aus dem Erwerbssystem herausgefallen sind. In transnationaler Perspektive sind auch jene Institutionen bedeutsam, die sich mit Fragen der Migration und Integration oder der Grenzverwaltung und des Aufenthaltsrechts befassen. Solche Untersuchungen können eher in zeitgenössischer Perspektive die gegenwärtige Situation beschreiben oder in historischer Perspektive die Entwicklung dieser Institutionen rekonstruieren.

Fallstudien: Für Fallstudien zu einzelnen Institutionen, die soziale Differenzierungen managen, kann grundsätzlich die ganze Palette von offenen und standardisierten Erhebungstechniken genutzt werden; auch die Kombination von qualitativen und quantitativen Verfahren ist dabei gebräuchlich. Angesichts der Vielzahl der mit Fallstudien zu untersuchenden Felder und möglicher Fragestellungen ist die Methodik von Fallstudien recht offengehalten. Die im sozialwissenschaftlichen Bereich umfangreichsten Forschungserfahrungen finden sich im Kontext der industriesoziologischen Forschung (vgl. Pongratz und Trinczek 2010) und allgemeiner der organisationssoziologischen Forschung (vgl. Kühl et al. 2009); auch das Konzept der Expert:innen-Interviews (vgl. Bogner et al. 2009) liefert wichtige Hinweise auf die spezifische Forschungssituation in organisationalen Kontexten.

Historische Analysen: Wenn für zeitgenössische Fallstudien zu einzelnen Institutionen bereits eine relative konzeptionelle Offenheit konstatiert wurde, gilt dies umso mehr für die historische Analyse einzelner Institutionen. Exemplarisch sei hier lediglich auf zwei Studien verwiesen, die sich mit der Entwicklung der beruflichen Bildung (Thelen 2004) und der Verwaltung von Arbeitslosigkeit (Zimmermann 2006) in Deutschland befassen. Ein systematisches Verständnis der Bedeutung von Institutionen im Kontext der Arbeits- und Wirtschaftsgeschichte wird mit dem von Wischermann und Nieberding (2004) entwickelten Konzept der ‚Institutionellen Revolution' erschlossen. Dabei geht es um jene im 19. und frühen 20. Jahrhundert zu findenden Umbrüche, die das uns heute selbstverständlich erscheinende institutionelle Gefüge des Wirtschafts- und Sozialsystems nachhaltig geprägt haben.

3.3.2 Verfahren der Datenanalyse

Grundsätzlich sollten jeweils solche Analyseverfahren gewählt werden, die den Charakteristika der Daten (z. B. ihrer Zählbarkeit, ihrer Textstruktur oder ihrer narrativen oder visuellen Logik) gerecht werden. Es ist hier aber vor einer Dogmatik zu warnen. Im Sinne eines weitaus fluideren Verständnisses dessen, was qualitative und quantitative Verfahren sind, sei darauf verwiesen, dass es z. B. die Komplexität von gereiften Panel- und Haushaltsdatensätzen durchaus ermöglicht, diese auch auf einer fallanalytischen Ebene auszuwerten (vgl. Dorn 2018, S. 231 und Keck 2025); der durch die Standardisierung bedingte Informationsverlust wird durch die enorme Fülle an Zusammenhangs- und Verlaufsinformationen beinahe ausgeglichen. Auch bei der Analyse von Texten wird die Abgrenzung von ‚zählenden' und ‚verstehenden' Verfahren zunehmend unschärfer. In Zukunft wird ein an wissenschaftlichen Standards orientierter Einsatz von Verfahren der ‚künstlichen Intelligenz' zu gravierenden Veränderungen in den Möglichkeiten der Datengewinnung und -analyse führen; ansatzweise werden sie bereits in Programmpaketen zur qualitativen und quantitativen Datenanalyse eingesetzt.

Deskriptive Analysen
Deskriptive Analysen werden oft als einfache Beschreibungen bzw. als Vorstufe zu komplexeren statistischen Verfahren begriffen; dem ist zu widersprechen. Sie sind gerade im Kontext von Sozialstrukturanalysen als ein eigenständiges Instrument zu begreifen, das z. B. im Kontext der Armutsforschung genutzt wird, um Trends zu beschreiben oder um erste Hinweise auf einzelne Betroffenengruppen zu geben. Zudem bieten einfache deskriptive Analysen immer auch die Chance, den Bezug zu den Rohdaten und möglichen Erhebungsproblemen nicht zu verlieren.

In beschreibenden sozialstrukturellen Analysen spielen Einkommen eine wichtige Rolle, um summarisch die Arbeits- und Lebenssituation von Menschen darzustellen.

3.3 Datengewinnung und Datenanalyse in der Sozialstrukturforschung

> *Einkommen*: sind eine weit komplexere Größe als es auf den ersten Blick erscheint, sie setzen sich aus vielen Bestandteilen zusammen, ihnen stehen oft auch Abgaben gegenüber, es gibt einmalige und laufende Zahlungen etc. Schließlich werden Einkommen in den privaten Haushalten zumeist geteilt und es gibt Leistungen (wie Wohngeld), die an den Haushalt gehen. Die Haushalte sind aber auch unterschiedlich groß, haben vielleicht Kinder unterschiedlichen Alters etc.
>
> Für die in der Forschung oft genutzten *Nettoäquivalenzeinkommen* werden zunächst alle in einem Haushalt erzielten Einkommen zusammengerechnet (mitunter wird auch der fiktive Mietwert selbst genutzten Wohneigentums berücksichtigt) und dann durch das Bedarfsgewicht dividiert; in das Bedarfsgewicht geht die Größe und Struktur des Haushalts ein. Darüber werden die Einkommen von Personen in ganz unterschiedlich strukturierten Haushalten vergleichbar gemacht.

Die so aufbereiteten Einkommensinformationen können dann als Einkommensverteilung dargestellt oder zu Lagemaßen (z. B. Median oder arithmetisches Mittel), zu Verteilungsmaßen (z. B. Gini-Index) oder zu Beziehungszahlen (z. B. Armutsquoten) verdichtet werden. Am Beispiel der relativen Armutsquoten (Bevölkerungsanteil unterhalb von 60 % des Medians, s. S. 80) lassen sich dann, aber auch wesentliche Probleme der Kommunikation von Befunden der empirischen Sozialstrukturanalyse aufzeigen. Die in der wissenschaftlichen Forschung sinnvolle Berechnung von relativen Armutsquoten erweist sich in der öffentlichen und politischen Kommunikation als recht tückisch. Das hängt mit der Komplexität und Vielzahl von Einflussfaktoren zusammen; das Konzept der *relativen* Armut macht die Quote eher zu einem Verteilungsmaß. Das macht die medienöffentliche wie die politische Kommunikation über Armut nicht ganz einfach; scheinen doch die Armutsprobleme mit den vorgelegten Armutsquoten verschiedener Betroffenengruppen (und den dahinter zu vermutenden ‚Ursachen') auf der Hand zu liegen.

Eine andere Strategie der deskriptiven Analyse liegt in der Berechnung von Indizes, in denen verschiedene Informationen zusammengeführt werden. Indices der sozioökonomischen Lage sollen Faktoren, die die soziale Lage von Personen beeinflussen, bündeln. Zunächst wurden solche Indices eher additiv konzipiert, indem (aufbereitete) Einkommens-, Bildungs- und Berufsinformationen aufsummiert wurden. Komplexe Indices wie z. B. der Internationale Sozioökonomische Index des beruflichen Status (ISEI) verknüpften international vergleichend Einkommens- und Bildungsinformationen, um den Status von Berufen abzubilden.

Für die transnationale Forschung wurde in den 1990er-Jahren der Human Development Index (HDI) entwickelt, um die lange vorherrschende allein ökonomische Perspektive auf Entwicklungsprozesse zu erweitern. Dabei wird aus der Lebenserwartung (bei Geburt), dem (voraussichtlichen bzw. tatsächlichen) Schulbesuch und dem Bruttonationaleinkommen (pro Kopf) ein Indexwert zwischen Null und Eins ermittelt. Durch die Setzung von Grenzwerten werden von der UNDP vier Entwicklungskategorien abgegrenzt: Länder mit sehr hohem (über 0,80), hohem (über 0,70), mittlerem (über 0,55) und geringem Entwicklungsstand (unter 0,55).

Klassifikationsverfahren
Diese Verfahren ermöglichen eine empirisch geleitete Klassifikation von Fällen (Individuen, Haushalte oder Aggregate wie Berufsgruppen, Organisationen, Nationen) auf Basis einer Reihe von ausgewählten Merkmalen. Am Ende steht eine bestimmte Zahl von Gruppen, die sich dadurch auszeichnen, dass sie intern relativ homogen sind und dass zwischen den Gruppen aber eine größtmögliche Heterogenität vorliegt. Zu den bekanntesten Klassifikationsverfahren zählen Clusteranalysen.

Dabei wird eine gewisse Zahl von klassifikationsrelevanten Variablen ausgewählt und ein Ähnlichkeitsmaß bzw. ein Cluster-Algorithmus festgelegt. Die Frage, wie viele Cluster zu bilden sind, bleibt zunächst offen, wird dann aber entlang von statistischen Kriterien bzw. von Präferenzen der Forschenden (für eher einfache oder eher komplexe Modelle) entschieden. Clusteranalysen wurden insbesondere in der Lebensstilforschung eingesetzt, so z. B. bei Spellerberg (1996) oder Otte (2005).

Explorative multivariate Analyseverfahren
Zu den bekanntesten dieser Verfahren zählen Korrespondenzanalysen, die es ermöglichen, die Informationen aus den Zeilen und Spalten auch komplexer Kontingenztabellen grafisch und tabellarisch darzustellen (vgl. z. B. Abb. 2.6). So kann z. B. am Ende eine zwei- oder dreidimensionale Darstellung stehen, die dann von den Forschenden (nach bestimmten Regeln) zu interpretieren ist. In der empirischen Sozialstrukturanalyse sind Korrespondenzanalysen über die oben skizzierte Studie Bourdieus (vgl. Abschn. 2.2.3) zu den ‚Feinen Unterschieden' bekannt geworden; auch das von ihm skizzierte Sozialraummodell geht auf seine aus Korrespondenzanalysen gewonnenen Einsichten zurück. Bei Gerhard Schulze (1992) wird das Konzept verwandt, um den sozialen Raum der ‚Erlebnisgesellschaft' zu rekonstruieren.

Auch die von Tukey (1977) entwickelten Konzepte der explorativen Datenanalyse enthalten gute Instrumente zur tabellarischen und grafischen Verdichtung von sozialstrukturellen Informationen.

Strukturprüfende Verfahren

Strukturprüfende Verfahren, die fortgeschrittene Techniken der multivariaten Statistik für die Zusammenhangsanalyse nutzen, stehen in der empirischen Sozialstrukturanalyse hoch im Kurs. Das liegt daran, dass sie auch komplexere Zusammenhangsbeziehungen mit vielen unabhängigen und mehreren intervenierenden bzw. abhängigen Variablen modellieren und den Einfluss von Drittvariablen kontrollieren können. Es sei aber darauf hingewiesen, dass ihr Einsatz für Sozialstrukturanalysen nicht ganz unproblematisch ist. Jenseits von Problemen der Erhebung und der unzureichenden Handhabung des statistischen Instrumentariums durch Forschende, geht es darum, inwieweit das (eher mechanische) Modell, dass verschiedene Faktoren auf ein zu untersuchendes Phänomen einwirken, den in der Sozialstrukturforschung beobachtbaren Zusammenhängen angemessen ist. Der Einfachheit halber beziehen sich die folgenden Anmerkungen auf Modelle, wie sie in vielen Lehrbüchern zu finden sind, wo z. B. die Höhe von Einkommen auf verschiedene Faktoren (z. B. Ausbildung, Geschlecht, Berufserfahrung etc.) zurückgeführt werden soll (vgl. z. B. Wolf und Best 2010); nicht selten werden solche Wirkungsbeziehungen in Pfeildiagrammen dargestellt.

- Korrelation und Kausalität: Zunächst eine Erinnerung an den in jedem Statistik-Lehrbuch zu findenden Hinweis, dass Korrelationen nicht im Sinne von Kausalitäten zu verstehen seien. Man ist dennoch erstaunt, wie oft dann wieder implizit von Erklärungen gesprochen wird.
- Probleme der Indikatoren: Die meisten in den Modellen genutzten Merkmale fungieren als Indikatoren für nicht direkt erfassbare Wirkfaktoren. So wird z. B. das numerische Alter ermittelt; die Alterseffekte hängen aber eher mit dem sozialen bzw. wahrgenommenen Alter oder mit der Zurechnung zu Lebensphasen (z. B. Ruhestand) zusammen.
- Variierende Wirkungsweise von Variablen: Häufig werden die schulischen und beruflichen Abschüsse der Befragten zu einer Variable ‚Bildung' aufbereitet, z. B. indem man rechnerische Bildungsjahre konstruiert. Jenseits dieser Probleme der Aufbereitung stellt sich dann die Komplikation, dass sich die Wertigkeit von Bildungsabschlüssen im Lauf der Zeit verändert hat. Wenn nun ein Bevölkerungsquerschnitt auf Zusammenhänge zwischen Bildung und Einkommen untersucht wird, dann besteht das Risiko, nicht vergleichbares zu vergleichen. Auch die Wirkungsweise der Variable Geschlecht hat sich beständig verändert, indem die Frauenerwerbsquote wie auch die gesellschaftliche Akzeptanz anstieg. Zudem wirkt das Geschlecht in unterschiedlicher Weise, über die geschlechtsspezifisch gewählten Branchen, über die durchschnittlich unterschiedlichen Erwerbs- und Karriereverläufe von Männern und Frauen und möglicherweise auch im Sinne di-

rekter oder statistischer Diskriminierung. Ähnliches gilt für die Variable Migrationshintergrund. Zudem ist hier auf die große Heterogenität dieser ‚Gruppe' (Migrant:innen) zu verweisen, die u. a. auf verschiedene Qualifikationsniveaus, Herkunftsregionen und Zuwanderungszeitpunkte zurückgeht.

- Kontext- und Interaktionseffekte: Grundsätzlich wird in diesen Modellen von Wirkungszusammenhängen auf der Mikroebene ausgegangen. Das heißt, Kontexteffekte, die auf das soziale Milieu, den lokalen Kontext oder intersektionale Zusammenhänge zurückgehen, werden kaum erfasst. Nicht selten hat man es auch mit Effekten zu tun, die innerhalb verschiedener Teilgruppen unterschiedlich, wenn nicht sogar gegenläufig wirken; solche Interaktionseffekte lassen sich zwar statistisch aufzeigen, verkomplizieren aber die Interpretation erheblich.
- Interaktional und habituell geleitetes Handeln: Schließlich sei darauf verwiesen, dass die eher einer mechanischen Logik entstammende Vorstellung von Wirkfaktoren, Kräften oder Effekten mit soziologischen Handlungsmodellen kaum vermittelbar sind, die sich z. B. für Prozesse der symbolischen Interaktion, für die habituelle Prägung von Handlungen oder für die Pfadeffekte (im biografischen oder im generationellen Verlauf) interessieren.

Verfahren der qualitativen Datenanalyse
Grundsätzlich können ganz verschiedene Verfahren der qualitativen Datenanalyse für die empirische Sozialstrukturforschung genutzt werden. Am universellsten einsetzbar sind sicherlich die im Kontext der Grounded Theory entwickelten Konzepte zum Design von Forschungen, zur Datenanalyse und zur begleitenden Theoriebildung. Verfahren der objektiven Hermeneutik bieten den Vorteil, dass sie, wie der oben zu findende Verweis auf Oevermann zeigt, stets darauf zielten, sowohl eine Fallrekonstruktion wie eine Strukturgeneralisierung zu liefern. Der Ansatz der Dokumentarischen Methode wurde verschiedentlich für die Rekonstruktion von Habitusmustern eingesetzt.

Dabei ist es erforderlich, die Befunde von qualitativen Datenanalysen im Lichte sozialstruktureller Differenzierungen zu prüfen. Das sollte jedoch in einer ergebnisoffenen Weise erfolgen; so besteht ja gerade die Chance qualitativer Analysen auch darin, Strukturvermutungen möglicherweise zu enttäuschen, wie es bei Niethammer angedeutet wurde.

3.4 Fazit: Methoden der Sozialstrukturanalyse

Am Ende dieses kursorischen Durchgangs durch die Methoden der Sozialstrukturanalyse soll noch einmal auf das zentrale Problem verwiesen werden. Es liegt in der Übersetzung zwischen den mit den verschiedenen Methoden verbundenen For-

3.4 Fazit: Methoden der Sozialstrukturanalyse

schungslogiken und einer sozialwissenschaftlich argumentierenden Sozialstrukturanalyse, die auf ein Verständnis und eine Erklärung der Phänomene sozialstruktureller Differenzierung zielt. Solche Übersetzungsprobleme finden sich in allen Phasen der empirischen Forschung.

Am Anfang gilt es, substanzielle Fragestellungen und Begriffe zu entwickeln, die dann den Prozess der Datengewinnung und -analyse anleiten können. Wenn Forschende, wie im ‚Lehrbuchszenario' suggeriert, ein eigenes Erhebungsinstrument entwickeln und testen und eigene Stichproben ziehen, werden diese Probleme offensichtlich; wenn Forschende jedoch aus guten Gründen auf vorhandene Datensätze zurückgreifen und Sekundäranalysen betreiben, dann ist es weitaus aufwändiger, die Übersetzungsarbeiten der Primärforschenden (und die damit verbundenen Erfahrungen) zu rekonstruieren; das erfordert z. B. einen guten Methodenbericht. Ähnliches gilt für die Sekundärnutzung qualitativer Daten, wenn z. B. der Entstehungszusammenhang eines Leitfadens nicht zugänglich ist oder keine eigenen Interviewerfahrungen gemacht werden konnten.

Auch am Ende des Forschungsprozesses stellt sich das Problem, dass weder die Befunde komplexer statistischer Analysen noch die mit interpretativen Verfahren erzielten Verdichtungen einen umstandslosen Zugang zu ‚Sozialstrukturen' gewähren. Vielmehr gilt es auch hier, derartige Befunde im Lichte von Modellen und Konzepten der Sozialstrukturanalyse zu lesen und sie damit zu übersetzen. Das heißt, die Untersuchung ist nicht mit der Darlegung einer Typologie oder dem Bericht des letzten Koeffizienten und seiner Signifikanz abgeschlossen.

Insbesondere das oben skizzierte Problem, dass sich Sozialstrukturen eher hinter dem Rücken der Akteure einstellen, verlangt den Forschenden einiges ab. Exemplarisch sei hier auf eine Überlegung Oevermanns (1981, S. 8) verwiesen: „Von einer Struktur solcher Gebilde (…) kann in einem theoretisch erheblichen Sinne erst dann gesprochen werden, wenn mindestens eine Phase ihrer Reproduktion vollständig rekonstruiert und expliziert worden ist. (…) Diese Fassung des Strukturbegriffs (…) impliziert, daß die Rede von einer sozialen Struktur in der Soziologie (…) erst dann sinnvoll ist, wenn die Gesetze ihrer Reproduktion und wenn möglich auch ihrer Transformation bekannt sind. Der abstrakte Gebrauch dieses Strukturbegriffs verweist also immer auf die Notwendigkeit, die Reproduktion der Struktur des konkret gemeinten Gebildes angeben können zu müssen". Mehr noch gilt dies für statistische Analysen, weil die in einer numerisch-statistischen Welt rekonstruierten Zusammenhänge in Lichte von Zusammenhängen und Mechanismen der sozialen Welt gelesen werden müssen.

Empirische Sozialstrukturanalysen 4

Im Folgenden soll gezeigt werden, wie über die Analyse nationaler Datensätze Aussagen über Sozialstrukturen getroffen werden können. Im Zentrum soll dabei stets die Frage stehen, wie ausgehend von theoretischen Überlegungen und empirischen Analysen eine Argumentation entwickelt werden kann. Das heißt, es geht erst in zweiter Instanz um die Frage, wie es denn nun um ‚Sozialstrukturen in Deutschland' steht; in den Vordergrund rücken vielmehr Fragen des Zusammenspiels von theoretischen und empirischen Operationen.

> Den Gang der folgenden Argumentation kann man in einem archäologischen Sinne als schrittweises Freilegen von Strukturen verstehen. Es beginnt an der Oberfläche (Abschn. 4.1), wo die ungleiche Verteilung wichtiger Kapitalien erkennbar wird. Im zweiten Schritt geht es um eine erste biografische Erklärung (Abschn. 4.2), indem untersucht wird, wie die Entwicklung dieser Kapitalien mit den Logiken des Lebensverlaufs zusammenhängt. Im dritten Schritt wird eine sozioökonomische Erklärung (Abschn. 4.3) geliefert, indem aufgezeigt wird, welche Rolle soziale Positionen im Produktions- und Reproduktionsprozess bzw. die sich über Kumulationen einstellenden Lageeffekte spielen. Schließlich wird aus soziokultureller Perspektive (Abschn. 4.4) analysiert, wie sich diese Ungleichheitsstrukturen im Kontext verschiedener Sozialmilieus darstellen.

4.1 Phänomene sozialer Ungleichheit

Von Phänomenen der sozialen Ungleichheit wird gesprochen, um jenen ersten Eindruck von gesellschaftlichen Ungleichheitsverhältnissen zu benennen, der uns erscheint, wenn man mit den Daten eines Armuts- und Reichtumsberichts oder einer Schulleistungsstudie wie PISA konfrontiert ist. Diese Daten vermitteln einen ersten Zugang zu Armut und Reichtum in einem Land oder unterschiedlichen Bildungschancen. In der Berichterstattung über solche Studien werden dann nicht selten ‚Sozialgruppen' imaginiert, wenn von den Armen und Reichen, von armen Alleinerziehenden, Rentnern oder Migrantinnen, bzw. von Bildungsbenachteiligten und bildungsfernen Schichten gesprochen wird. Diese Gruppenkonstrukte werden typischerweise mit Bildern von Armen (z. B. Besucher einer Tafel oder Obdachlose) und Reichen, oder mit Bildern aus ‚sozialen Brennpunkten' illustriert.

Im Folgenden soll gezeigt werden, dass diese mitunter skandalisierenden Darstellungen durchaus einen ersten Zugang zu Phänomenen sozialer Ungleichheit bieten können, dass sie aber für eine Erklärung sozialer Ungleichheiten unterkomplex sind. Auch für die Frage, wie sozialpolitische Interventionen zur Verringerung von Ungleichheiten aussehen können, führen Sie in die Irre, wenn Sozialpolitik allein als eine Politik der Umverteilung oder der Förderung von Bildungsbenachteiligten begriffen wird. Beide Politiken sind ausgesprochen wichtig, sie müssen aber in offenen Migrationsgesellschaften in ein komplexeres Verständnis sozialer Ungleichheiten eingebunden werden.

Sozialstrukturen aus der monetären Perspektive von Einkommen und Vermögen zu betrachten, ist gar nicht so selbstverständlich; Christoph Deutschmann hatte gar angemerkt, dass für die Sozialstrukturanalyse „das Geld zu einem ‚blinden Flecken' geworden" sei (1999, S. 8). Dabei ist die Geldwirtschaft für die Entwicklung von Arbeitsteilung und gesellschaftlicher Differenzierung von zentraler Bedeutung. Simmel hatte verdeutlicht, dass die Existenz des modernen Individuums erst in einer entwickelten Geldwirtschaft möglich wird. So komme es zu einer „Atomisierung der Einzelpersönlichkeit". Die Herausbildung von Individuen setze voraus, „daß das Geld eine Anweisung auf die Leistungen Anderer ist" (1989, S. 463). Die „äußerst bedeutsame Kraft des Geldes" liege darin, „dem Individuum eine neue Selbständigkeit den unmittelbaren Gruppeninteressen gegenüber zu verleihen" (ebd.).

Die Geldwirtschaft habe zwar zunächst zur „Trennung des Arbeiters von seinem Arbeitsmittel" und damit auch zu „sozialem Elend" geführt. „Indem das Geld gleichsam einen Keil zwischen die Person und die Sache treibt, zerreißt es zunächst wohltätige und stützende Verbindungen, leitet aber doch jene Verselbständigung beider gegeneinander ein, in der jedes von beiden seine volle, be-

4.1 Phänomene sozialer Ungleichheit

friedigende, von dem andern ungestörte Entwicklung finden kann" (S. 455 f.). So betrachtet kann dem Geld eine emanzipative Funktion zukommen, indem es Lebenschancen eröffnet. Das gilt aber nur, wenn es relativ frei verwendet werden kann. Simmel merkt an: „Die Geldmittel des Armen sind nicht von dieser Sphäre unbegrenzter Möglichkeiten umgeben, weil sie von vornherein ganz unmittelbar und zweifellos in sehr bestimmte Zwecke einmünden. In seiner Hand sind sie also gar nicht in demselben reinen und abstrakten Sinne ‚Mittel', wie in der des Reichen, weil der Zweck schon sogleich in sie hineinreicht, sie färbt und dirigiert" (S. 278). Er spricht auch von den Zusatzleistungen (Superadditum) des Reichtums; neben den erweiterten Lebenschancen ist das z. B. auch die entgegengebrachte Wertschätzung oder die Freiheit, öffentliche Ämter bekleiden und Macht ausüben zu können.

Auf der Mikroebene kann man die verschiedenen monetären Größen auch als einen wichtigen Teil des sozialen Gedächtnisses begreifen – Bourdieu hatte vom Habitus bzw. vom Körper als einem solchen Gedächtnis gesprochen. Aber auch in der Verfügbarkeit von Geld und Vermögen (oder seinem Mangel) drückt sich der Lebens- bzw. Generationenverlauf von Personen aus. Diese Überlegungen verdeutlichen, dass es für Sozialstrukturanalysen sehr ertragreich sein kann, sich für monetäre Eckdaten wie Einkommen und Vermögen zu interessieren. Genauso wichtig ist es aber auch, die metrischen Befunde aus der statistischen Welt in die soziale Welt zu übersetzen. Das hatte Simmel ausgedrückt, indem er darauf verwies, dass sich Einkommen nicht automatisch in Freiheiten umrechnen lassen, sondern dies erst mit dem Erreichen eines gewissen Mindeststandards gelte. Auch für den oberen Einkommensbereich ist eine Anomalität zu vermuten, wenn weitere Einkommenszuwächse nicht unbedingt zu entsprechenden Freiheitszuwächsen führen.

4.1.1 Verteilung von Einkommen

In der folgenden Grafik (Abb. 4.1) ist die Verteilung der jährlichen Nettoäquivalenzeinkommen im Jahr 2020 dargestellt. Der Gipfel der Verteilung informiert darüber, dass in diesem Jahr 7,4 % der Befragten über ein Jahresäquivalenzeinkommen zwischen 22 und 24 Tsd. € verfügten; der Median liegt bei etwa 25.400 €. Etwa 0,7 % der Befragten erzielten aber auch Einkommen, die oberhalb von 100 Tsd. € liegen. Die Verteilung ist eingipflig und hat gewisse Ähnlichkeiten mit einer Normalverteilung. Beides ist für die Interpretation bedeutsam.

Die Eingipfligkeit steht der oftmals vertretenen Polarisierungsthese (im Sinne von zwei klar geschiedenen Einkommenssphären der Reichen und der Armen)

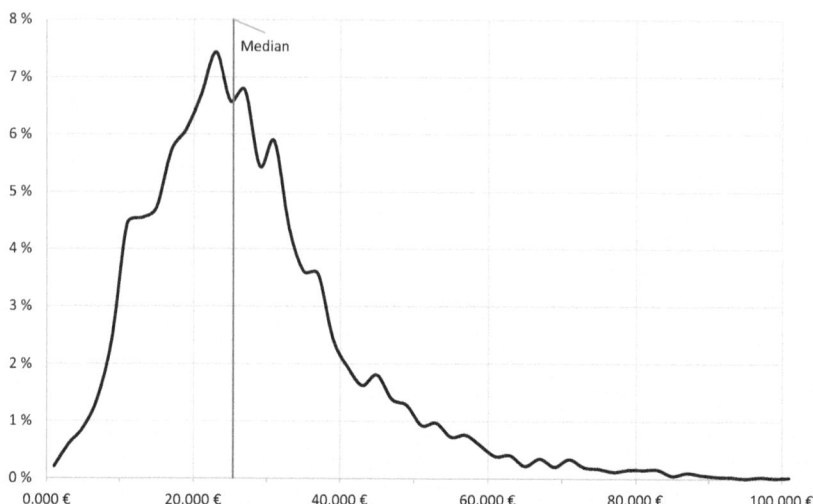

Abb. 4.1 Verteilung der Nettoäquivalenzeinkommen. Nettoäquivalenzeinkommen im Jahr 2020 in Klassen von 2000 €, eigene Berechnung mit SOEP V38.1

entgegen. Umgekehrt wird jedoch deutlich, dass wir es in Deutschland mit sehr großen Einkommensunterschieden zu tun haben; so verfügen nicht wenige über Einkommen, die ein Mehrfaches des Medians betragen. Der Gini-Index der Nettoäquivalenzeinkommen liegt bei 0,30; er hatte in den 1980er (Westdeutschland) und 1990er-Jahren noch bei etwa 0,25 gelegen und ist dann vor allem seit der Jahrtausendwende schrittweise angewachsen. So betrachtet ist mit der Transformation der Industriegesellschaft eine deutliche Zunahme der Einkommensungleichheit zu beobachten. Die längerfristige (1995–2020) Entwicklung der Einkommensdezile (vgl. Grabka 2024, S. 74) zeigt, dass die verschiedenen Dezile zwar auseinanderstreben; aber auch im untersten Dezil kommt es verglichen mit 1995 zu leichten Einkommenszuwächsen. Anstelle einer Polarisierung sollte besser von einer Aufspreizung der Einkommen gesprochen werden, damit neben den Polen auch die Vielzahl von mittleren Lagen in den Blick gerät.

Die Ähnlichkeit mit einer Normalverteilung lässt sich zunächst in einem statistischen Sinne deuten. Normalverteilungen entstehen, indem sich viele unabhängige Zufallseinflüsse additiv überlagern und keiner dieser Einflüsse die anderen dominiert. Inhaltlich heißt das, dass in die Nettoäquivalenzeinkommen sehr viele unterschiedliche Einkommensquellen und Abgabenarten der Haushaltsmitglieder eingehen, dass keine dieser Quellen die anderen dominiert und es in Haushalten auch zu Effekten der Umverteilung kommt. Sicherlich spielen die Arbeitseinkommen eine nicht unerheb-

4.1 Phänomene sozialer Ungleichheit

liche Rolle, aber auch diese sind typischerweise einer Normalverteilung nicht unähnlich, weil deren Höhe wiederum von sehr vielen individuellen (z. B. Ausbildung), branchenspezifischen (z. B. Ertragslage), berufsbiografischen (z. B. Dauer der Betriebszugehörigkeit) oder arbeitszeitbezogenen Faktoren (z. B. Arbeitsvolumen) abhängig sind. Diese Vielfalt von Einflussfaktoren lässt sich z. B. auch daran beobachten, dass die Verteilung der Äquivalenzeinkommen verschiedener Qualifikationsgruppen doch weitaus verschränkter ist, als man vermuten könnte (vgl. Abb. 4.3).

4.1.2 Verteilung kulturellen Kapitals

Die Verteilung des zertifizierten kulturellen Kapitals kann über die Bildungsjahre der Personen bzw. Haushalte abgeschätzt werden.

> *Bildungsjahre* werden rechnerisch aus den erreichten schulischen und beruflichen Abschlüssen ermittelt, indem man für die verschiedenen Abschlüsse eine fiktive Zahl von Bildungsjahren ansetzt und aufaddiert. Im Minimum werden 7 Bildungsjahre angesetzt. Das Maximum wird erreicht, wenn Personen die Schule mit einem Abitur (13 Bildungsjahre) und die berufliche Bildung mit einem Hochschulabschluss (5 Bildungsjahre) beendet haben.

Aufgrund der bildungssoziologischen Beobachtung, dass für den Schulerfolg von Jugendlichen auch höhere Abschlüsse eines Elternteils bedeutsam sein können, wurde neben der durchschnittlichen Zahl der Bildungsjahre auch das Haushaltsmaximum abgetragen (Abb. 4.2).

Die Verteilung der Haushaltsdurchschnitte kann näherungsweise als eine Normalverteilung gelesen werden; bei der Betrachtung des Haushaltsmaximums ergibt sich tendenziell eine zweigipfelige Gestalt. Ein Sechstel der Personen lebt in Haushalten, deren durchschnittlicher Bildungsstand maximal ein Hauptschulniveau (ohne weitere berufliche Abschlüsse) erreicht. Am oberen Rand lässt sich ein knappes Sechstel ausmachen, das im Haushaltsdurchschnitt über mehr als 16 Bildungsjahre verfügt. Bei Betrachtung des Haushaltsmaximums fällt gar ein Viertel in die obere Gruppe.

In der Bourdieuschen Perspektive lässt sich über die Bildungsabschlüsse lediglich das im Bildungssystem erworbene institutionalisierte kulturelle Kapital erschließen. Er hat aber stets deutlich gemacht, dass es für die sozialstrukturellen Effekte kulturellen Kapitals von Bedeutung ist, inwieweit es zu einer Inkorporierung

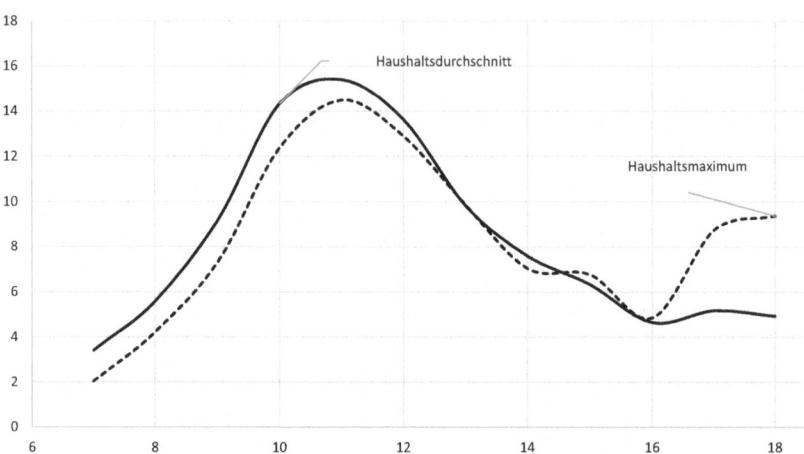

Abb. 4.2 Verteilung der Bildungsjahre in den Haushalten. Bildungsjahre auf Haushaltsebene, gleitender Durchschnitt, eigene Berechnung mit SOEP V38.1

gekommen ist. Dabei kommt den Elternhäusern eine wichtige Rolle zu, weil hier kulturelle Denk- und Handlungsmuster gleichsam spielerisch erworben werden können. Einen Hinweis auf diese Quellen der Ungleichheit kultureller Kapitalien liefert die in den PISA-Studien genutzte Frage nach der Anzahl der Bücher im elterlichen Haushalt. In 32 % der Haushalte mit 15-jährigen Schüler:innen gibt es maximal 25 Bücher; bei 46 % sind es bis zu 200 Bücher; die obere Gruppe (mehr als 200 Bücher) umfasst schließlich 22 % der Fälle. Ein Blick auf die Vertretung verschiedener Genres zeigt, dass eine gewisse Zahl von Büchern der zeitgenössischen Literatur oder zu wissenschaftlichen Themen nur in etwa 10–20 % der bücherärmeren Haushalte zu finden sind, während sie bei mehr als 80 % der bücherreicheren Haushalte im Regal stehen. Ähnlich verhält es sich bei Büchern der klassischen Literatur oder bei Büchern zu Kunst, Musik oder Design (eigene Berechnung mit Daten aus PISA 2022, ungewichtet). Das inkorporierte kulturelle Kapital lässt sich in Analogie zur monetären Perspektive als eine Art von kulturellem Vermögen begreifen, das zumeist nur über Generationen aufgebaut werden kann.

4.1.3 Zusammenspiel von ökonomischem und kulturellem Kapital

Die Bedeutung kulturellen Kapitals ist wie angedeutet vielgestaltig. Grundsätzlich spielt die schulische und berufliche Ausbildung eine wichtige Rolle für die Höhe

4.1 Phänomene sozialer Ungleichheit

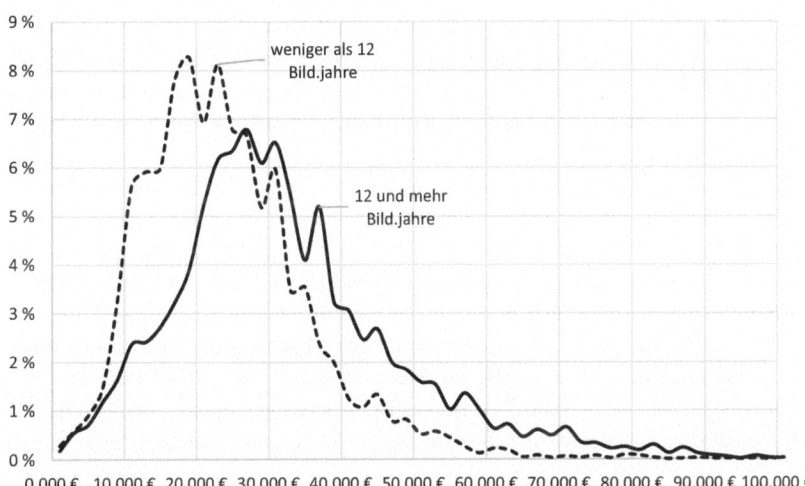

Abb. 4.3 Verteilung der Nettoäquivalenzeinkommen nach Bildungsjahren. Nettoäquivalenzeinkommen im Jahr 2020 in Klassen von 2000 €, eigene Berechnung mit SOEP V38.1

der Nettoäquivalenzeinkommen. So liegt der Median für Personen mit weniger als 12 Bildungsjahren bei ca. 22.600 €, wenn es mehr als 12 Bildungsjahre sind, werden über 30.000 € erreicht (Abb. 4.3).

Obwohl der Median der beiden Gruppen deutliche Unterschiede aufweist, wird in der Verteilungsdarstellung aber auch ein großer Überlappungsbereich erkennbar. So können auch mit ‚einfachen' Abschlüssen durchaus höhere Einkommen erzielt werden. Das gilt in besonderem Maße für Berufskarrieren, zu deren Beginn der durchschnittliche Ausbildungsstand noch nicht die heutigen Werte erreicht hatte. Umgekehrt führt ein hoher Abschluss nicht zwingend zu hohen Einkommen; der frühere recht enge Zusammenhang hat sich aus verschiedenen Gründen gelockert: so hat z. B. sich die Wertigkeit (Seltenheit) von hohen Bildungsabschlüssen verändert; Bildungsabschlüsse aus anderen Bildungssystemen werden in Deutschland nicht unbedingt anerkannt; weiter zurückliegende Abschlüsse werden entwertet und es bedarf oft hoher Anstrengungen, um das zertifizierte kulturelle in ökonomisches Kapital umzusetzen. Oft sind aber Menschen aus verschiedenen Gründen auch nicht in der Lage (z. B. gesundheitliche Gründe oder Einbindung in haushaltliche Verpflichtungen) oder nicht daran interessiert, höhere Abschlüsse auch in höhere berufliche Positionierungen umsetzen.

Jenseits des Zusammenhangs von Ausbildung und Arbeitseinkommen wirkt Bildung aber auch auf andere Weise: so kommt es z. B. über Ähnlichkeiten und

Unähnlichkeiten der Ausbildung zur sogenannten Bildungshomogamie; d. h. Menschen suchen sich Beziehungs- und Lebenspartner:innen im Durchschnitt eher in sozialen Gruppen mit einer ähnlichen Ausbildung. Die erfahrene Bildung beeinflusst in nicht unerheblichem Maße auch die Lebenserwartung und die gesundheitliche Verfassung etc.

Am Beispiel der Bildungsabschlüsse lassen sich einige typische Irritationen aufzeigen, wenn man empirische Daten zu möglichen sozial strukturierenden Faktoren untersucht: die vermuteten Unterschiede sind zwar beobachtbar, aber oft weitaus schwächer ausgeprägt als vielleicht gedacht. Man hat es mit weitaus komplexeren Wechselwirkungen zu tun und die Wirkungszusammenhänge gestalten sich für bestimmte soziale Gruppen (z. B. Männer und Frauen, Migrant:innen und Autochthone) und zu bestimmten Zeiten (z. B. im Zusammenhang von veränderten Arbeitsanforderungen oder demografischen Konstellationen) recht unterschiedlich. Schließlich variieren wie angedeutet auch die individuellen Lebensumstände und Präferenzen.

4.1.4 Verteilung von Vermögen

Die Erhebung von Vermögen ist ein recht komplexes Unterfangen; das hängt mit verschiedenen Vermögenskonzepten, mit Erhebungsproblemen und mit der Stichprobenziehung zusammen; dementsprechend variieren die Vermögensinformationen des SOEP, des Statistischen Bundesamtes und der Bundesbank. Die in Fünf-Jahresabständen im SOEP erhobenen Vermögensinformationen ermöglichen es, die Vermögensverteilungen auf individueller Ebene abzuschätzen. Der Durchschnittswert der Nettovermögen fällt angesichts der sehr unterschiedlichen ökonomisch-sozialen Entwicklung der beiden Landesteile auch mehrere Jahrzehnte nach der ‚Wiedervereinigung' deutlich auseinander. Der Durchschnittswert liegt in Westdeutschland bei 121.500 €, in Ostdeutschland bei nur 55.000 € (Grabka und Halbmeier 2019, S. 741); 22 % der deutschen Bevölkerung haben aber auch keinerlei Vermögen, weitere 7 % sind (in der Nettoperspektive) verschuldet (S. 738).

In diesen Vermögensunterschieden spiegelt sich zunächst die Einkommensunterschiede in Ost- und Westdeutschland; eine weit größere Rolle spielt dann aber die längerfristige politisch-ökonomische Entwicklung der beiden Landesteile. In Westdeutschland wurden bereits mit dem Ausbau des Sozialstaats in den 1960er-Jahren erste Programme zu einer breiteren Streuung von Vermögen und zum Aufbau von Wohneigentum implementiert; man sprach von ‚Vermögensbildung in Arbeitnehmerhand'. In der DDR wurden Vermögende zur Kollektivierung von Betriebsvermögen gedrängt oder verließen das Land; später spielten Vermögen angesichts von fehlenden Konsum- oder Anlagemöglichkeiten keine große Rolle.

Dementsprechend unterscheidet sich die Quote des Wohneigentums und die Höhe von Erbschaften in West und Ost erheblich.

Für ein sozialstrukturelles Verständnis von Vermögen ist es wichtig, verschiedene Funktionen von Vermögen zu unterscheiden. Kleinere Vermögen (z. B. Sparvermögen) fungieren für viele als Absicherung gegenüber Risiken oder als Einkommensersatz (z. B. selbst genutztes Wohneigentum); größere Vermögen werden in Immobilien oder Unternehmen investiert. Bei vielen Selbstständigen fungiert der Aufbau von Vermögen auch als Strategie der Alterssicherung. Vermögen können zudem an nachkommende Generationen übertragen oder vererbt werden und stabilisieren damit soziale Ungleichheiten. Schließlich haben Vermögen auch einen symbolischen Wert für die Vermögenden und für Andere.

Die Daten der Vermögensstatistik erlauben es nur bedingt, diese Funktionen zu unterscheiden. Zudem gibt es in Sozialstaaten Vermögensbestände, die nicht als Vermögen erscheinen: so zahlen Sozialversicherte in Rentenversicherungen ein bzw. erwerben Ansprüche auf Pensionen. Über diese Art von Rücklagen können die Versicherten zwar nicht selbstständig verfügen; dennoch erfüllen sie die Funktion der Alterssicherung weitaus besser, da sie bis ans Lebensende gezahlt werden. Unter Einbeziehung der in den Sozialversicherungen akkumulierten Ansprüche der abhängig Beschäftigten ist etwa von einer Verdoppelung der Vermögensbestände auszugehen (Bönke 2016, S. 18). Die Einbeziehung dieser Sozialvermögen reduziert die Vermögensungleichheiten deutlich; so sinkt der Gini-Index 2012 von 0,785 auf 0,594 (S. 4).

Diese Analysen verweisen auf einige grundsätzliche Probleme der Vergleichbarkeit von Vermögen im nationalen und internationalen Maßstab. Sie sind eng mit den biografischen und generationellen Verläufen verwoben und mit den verschiedenen Typen von Sozialstaaten (z. B. Organisation der Alterssicherung oder der Risikovorsorge) verknüpft. Schließlich sind Vermögen auch an die Stellung im Produktionsprozess gebunden; so stehen sie für die einen als Betriebsvermögen im Zentrum ihrer Existenz, für andere spielen sie nur in vermittelter Form eine Rolle, soweit ihre Arbeitsplätze von den Betriebsvermögen anderer abhängen oder als zusätzliche soziale Sicherung fungieren.

4.2 Einkommen und Vermögen im Lebensverlauf

Im Folgenden wird anstelle der Querschnittperspektive auf soziale Ungleichheiten eine Längsschnittperspektive eingenommen, indem kürzere Lebensphasen, Lebensabschnitte oder ganze Lebensverläufe betrachtet werden. Ein erster Einblick in die Bedeutung verschiedener Lebensphasen lässt sich gewinnen, wenn man die

Gesamtbevölkerung (einschließlich der Kinder und Jugendlichen) daraufhin untersucht, was die hauptsächlichen Quellen des Lebensunterhalts sind.

4.2.1 Überwiegender Lebensunterhalt

In vielen Modellen von Sozialstrukturen wird ausschließlich von Erwerbstätigen oder Personen im Erwerbsalter ausgegangen. In entwickelten Sozialstaaten (mit längeren Phasen der Ausbildung und des Ruhestands) muss diese Perspektive erweitert werden (Tab. 4.1).

46,5 % der Bevölkerung gingen 2018 vorwiegend einer selbstständigen oder abhängigen Erwerbsarbeit nach. 23,3 % lebten von privaten Transfers, darunter sind sowohl Kinder und Jugendliche (15,0 %) wie nicht erwerbstätige Hausmänner und -frauen und ältere Jugendliche (8,3 %). Mehr als 22 % beziehen verschiedene Formen von Ruhestandszahlungen. So betrachtet steht weniger als die Hälfte der Bevölkerung in unmittelbarem Bezug zur gesellschaftlichen Produktion. Die im Kontext der Haushalte organisierten privaten Transfers hängen jedoch von den aus dem Produktionsprozess stammenden Einkommen und Gewinnen ab. Auch die über den Sozialstaat organisierten sozialen Transfers und die Renten und Pensionen sind in hohem Maße an die spezifische Stellung im Produktionsprozess oder an die Einnahmen aus der Besteuerung dieser Prozesse gebunden.

In der Höhe der Nettoeinkommen lassen sich bereits erste Strukturmuster erkennen. Die höchsten Nettoeinkommen werden über selbstständige Tätigkeiten erzielt; demgegenüber liegen die durchschnittlichen Einkommen aus abhängiger Arbeit deutlich niedriger. Verglichen mit den abhängigen Erwerbseinkommen fallen die Ruhestandseinkommen mit 71 % deutlich geringer aus.

> Die Analyse von *Einkommen* mit Daten des *Mikrozensus* ist nicht ganz unproblematisch. Zum einen stellen sich Erhebungsprobleme, indem die Einkommen nur mit wenigen summarischen Fragen erhoben werden; auch die statistischen Ämter weisen darauf hin, dass damit vor allem unregelmäßige und geringere Einkommensbestandteile untererfasst werden. Für die folgenden Darstellung ist dies jedoch kein Problem, da es vor allem um eine relationale und weniger um eine absolute Perspektive geht. Zum anderen rühren Probleme aus der kategorisierten Erfassung von Einkommen. Bei geschlossenen Intervallen (von … bis …) wurde jeweils der mittlere Wert angenommen; bei offenen Intervallen (mehr oder weniger als …) wurde ein Mittelwert mit Hilfe des SOEP geschätzt.

4.2 Einkommen und Vermögen im Lebensverlauf

Tab. 4.1 Überwiegender Lebensunterhalt

	Bev.anteil	Ø-Nettoeinkommen*	Ø-Alter	Männer	Frauen	Autochthone	Migranten
Abhängige Arbeit	42,2 %	2072 €	42,3	45,7 %	38,8 %	43,1 %	39,6 %
Selbst. Arbeit	4,3 %	3481 €	49,6	6,0 %	2,7 %	4,6 %	3,6 %
Vermögen/Verm.	0,8 %	2601 €	58,7	0,8 %	0,7 %	0,9 %	0,4 %
Rente, Pension	22,0 %	1475 €	72,8	20,8 %	23,2 %	26,2 %	9,7 %
Priv. Transf. bis 18	15,0 %	34 €	8,9	15,5 %	14,6 %	13,1 %	20,9 %
Priv. Transf. über 18	8,3 %	319 €	42,5	3,7 %	12,7 %	7,3 %	10,9 %
Soziale Transfers	7,4 %	736 €	34,4	7,4 %	7,3 %	4,9 %	14,8 %
Insgesamt	100,0 %	1448 €	43,9	100,0 %	100,0 %	100,0 %	100,0 %

*Nur Personen mit Einkommen, bei selbstständigen Landwirten wurde kein Einkommen abgefragt
Eigene Berechnungen mit dem MZ-SUF 2018

4.2.2 Einkommen in verschiedenen Lebensabschnitten

Seebohm Rowntree (1901) hatte bereits zu Beginn des 20. Jahrhunderts die Armut im Kontext von Lebensverläufen untersucht, indem er das Zusammenspiel von möglichen Einnahmen und erforderlichen Ausgaben im Rahmen der sich im Lebensverlauf verändernden Haushaltsstruktur betrachtete. In der folgenden Grafik sind solche Lebensverläufe nach drei Gruppen mit unterschiedlichem Bildungsgrad unterschieden (Abb. 4.4).

Wenn man zunächst die Bildungsunterschiede ausklammert, so liegen die Äquivalenzeinkommen bis zum Alter von 25 Jahren mit 90 % deutlich unter dem gesellschaftlichen Durchschnitt. Das geht in der Phase des Heranwachsens darauf zurück, dass die Einkommen der elterlichen Haushalte auf weitere Köpfe verteilt werden müssen und zugleich die durchschnittliche Erwerbsbeteiligung sinkt; in Deutschland ist nach wie vor ein Eineinhalb-Ernährer:innenmodell vorherrschend. Daran schließt sich eine Ausbildungs- bzw. eine Berufseinmündungsphase an, in der die jungen Erwachsenen zunehmend in eigenen Haushalten leben; mögliche Ausbildungsvergütungen, elterliche Transfers oder erste eigene Erwerbseinkommen sind aber noch unterdurchschnittlich. Ab dem 26. Lebensjahr kommt es im Durchschnitt zu einem kontinuierlichen Anstieg, bis im Alter von 55 Jahren ein maximales Äquivalenzeinkommen von 120 % des Durchschnitts erreicht wird. Danach setzt ein allmählicher Rückgang der Einkommen ein, der durch verringerte Erwerbstätigkeit, mögliche gesundheitliche Einschränkungen, zunehmende Erwerbslosigkeit und schließlich die Ruhestandsphase bedingt ist.

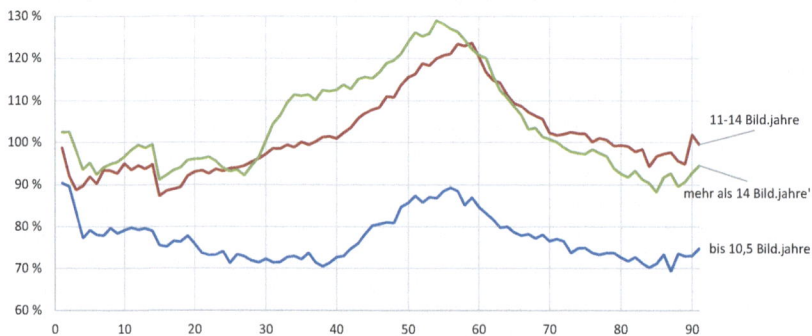

Abb. 4.4 Einkommensentwicklung im Lebenslauf nach Bildungsjahren. Nettoäquivalenzeinkommen aller Befragungsjahre, bei den Heranwachsenden wurden für die Bildungsjahre die Durchschnittswerte der Eltern angesetzt, eigene Berechnung mit SOEP V38.1

4.2 Einkommen und Vermögen im Lebensverlauf

In allen Bildungsgruppen zeigt sich grundsätzlich eine recht ähnliche Verlaufsstruktur, bedeutsam sind jedoch die Niveauunterschiede. So liegen die Einkommen in der Phase des Heranwachsens, der Ausbildung und des Berufseinstiegs bei den unterdurchschnittlich Qualifizierten nur zwischen 70 und 80 % und bewegen sich nach dem Auszug aus dem Elternhaus eher nach unten; angesichts der niedrigen Durchschnittswerte sind auch Phasen der Einkommensarmut (weniger als 60 %) recht wahrscheinlich. Erst in den späteren 30er Lebensjahren kommt es zu einem Anstieg, aber das Maximum erreicht nur 90 % des Durchschnittseinkommens. Danach setzt dann wie in den anderen Gruppen ein deutlicher Einkommensrückgang ein, der sich jedoch auf einem niedrigeren Niveau bewegt. Für diese Gruppe ist der von Rowntree beschriebene *poverty circle* durchaus noch erkennbar.

Die Verläufe der durchschnittlich bzw. der höher qualifizierten Gruppen liegen recht nahe beieinander und bewegen sich auf einem höheren Einkommensniveau. Die Phase der zunehmenden Einkommen in der Lebensmitte setzt deutlich früher ein und erreicht mit ca. 120 bzw. 130 % des gesellschaftlichen Durchschnitts erheblich höhere Werte. Die Unterschiede zwischen den durchschnittlich und den überdurchschnittlich Qualifizierten finden sich vor allem zwischen dem 35. und dem 55. Lebensjahr; danach liegen beide Verläufe recht nahe beieinander. In der Ruhestandsphase verfügen die mittleren Qualifikationsgrade sogar über eine etwas bessere Versorgung.

Wenn in den hier vorgelegten Analysen vom ‚*Lebensverlauf*' gesprochen wird, geht das auf ein Konstrukt zurück. So bergen auch die Verlaufsdaten des sozioökonomischen Panels das Problem, dass stets nur mehr oder weniger kurze Ausschnitte von Lebensverläufen verfügbar sind. Das heißt, das, was in diesen Darstellungen als Lebensverlauf erscheint, ist lediglich eine Auswertung nach Altersgruppen, die dann zu einem fiktiven Lebensverlauf zusammengefügt wird. Wenn wesentliche Rahmenbedingungen von Lebensverläufen konstant blieben, wäre ein solches Vorgehen unproblematisch; da man es jedoch mit fortwährenden Veränderungen wichtiger Rahmenbedingungen zu tun hat, sollte dies bei der Interpretation berücksichtigt werden.

Am Beispiel der Lebensverläufe lassen sich recht gut die verschiedenen Typen von Einflussfaktoren verdeutlichen, die auf die Höhe des Einkommens und damit auch auf soziale Ungleichheiten einwirken. Zum Ersten sind es, wie man erwarten würde, Einflussfaktoren, die mit der Qualifizierung und der beruflichen Positionierung zusammenhängen. Zum Zweiten sind es Einflüsse, die mit der biologisch-sozialen Entwicklung zusammenhängen: Phasen der Kindheit und Jugend, Phasen der Ausbildung und Berufseinmündung, unterschiedliche Grade der Erwerbsbeteiligung in der Erwerbs- und Familienphase und schließlich Phasen des Ruhestands. Zum Dritten sind es Faktoren, die mit der jeweiligen Haushaltskonstellation zusammenhängen: Aufwachsen im elterlichen Haushalt, Auszug in einen eigenen Haushalt, gemeinsamer Haushalt mit Lebenspartnern oder Kindern und schließlich eher kleinere Haushalte in der Phase des Ruhestands. Dazu gehören dann aber immer auch spezifische Risiken, die mit dem haushaltlichen Zusammenleben (z. B. Einkommensverluste nach Trennungen oder Erfordernisse der Sorge und Pflege) oder mit gesundheitlichen Einschränkungen zusammenhängen.

4.2.3 Einkommensschwankungen

Wenn man die Abfolge der Nettoäquivalenzeinkommen fallweise betrachtet, ist man erstaunt, in welchem Umfang die Einkommensdaten von Jahr zu Jahr variieren. Das hängt zum einen mit Veränderungen der Haushaltskonstellation zusammen, die sich z. B. im Kontext einer Ausbildungsphase, bei der Neugründung (z. B. eine zusammenlebende Partnerschaft) oder Auflösung (z. B. eine Trennung) von Haushalten oder bei der Veränderung der Haushaltsgröße (z. B. durch Geburt oder Auszug von Kindern) einstellen. Auch wenn Kinder bestimmte Altersgrenzen überschreiten, ändert sich vermittelt über das Äquivalenzgewicht die Höhe der Nettoäquivalenzeinkommen. Zum anderen spielen Veränderungen bei den Einkommensquellen eine wichtige Rolle. So variiert die Erwerbsbeteiligung der Haushaltsmitglieder (z. B. durch Vollzeit-, Teilzeittätigkeiten, Überstunden, Nebenjobs); Sonderzahlungen oder Abfindungen bedingen kurzfristige Einkommenssprünge; Erwerbstätige werden arbeitslos; sie finden eine neue Stelle oder treten in den Ruhestand ein.

Ein Teil dieser Einflüsse lässt sich rechnerisch berücksichtigen, indem man anstelle des jeweiligen Querschnitteinkommens mit einem gleitenden Durchschnitt der letzten (maximal) 5 Jahre arbeitet. Die über die kumulierten Einkommensangaben berechneten GINI-Indices fallen um 0,02 bis 0,03 geringer aus, als die aus den Querschnitten ermittelten. Im ersten Coronajahr 2020 beträgt der Querschnitts-GINI-Index 0,30; der Wert für die kumulierten Einkommen liegt bei 0,28. Die ungleichheitsreduzierenden Effekte der Kumulierung finden sich natürlich auch in den Vorjahren, sodass weiterhin von einer deutlichen Zunahme der Ungleichheit auszugehen ist, nur bewegt sich diese nach der Kumulierung auf einem um etwa 7 % geringeren Niveau. Der GINI-Index der kumulierten Werte für 1990 lag z. B. bei 0,22.

4.2 Einkommen und Vermögen im Lebensverlauf

Der ungleichheitsreduzierende Effekt solcher Kumulierungen verweist darauf, dass viele Haushalte die Möglichkeit haben, kürzere Phasen der Krise und der Knappheit zu kompensieren, indem sie auf Rücklagen oder die Unterstützung anderer zurückgreifen bzw. Investitionen verschieben. Das trifft aber keinesfalls für alle zu. So kann es eben auch dazu kommen, dass die Verteuerung von Energieträgern, Nahrungsmitteln oder Mieten das bisherige Überlebensmodell eines vulnerablen Haushalts in Frage stellt.

4.2.4 Vermögen im Lebensverlauf

Im Lebensverlauf entwickelt sich die Höhe des durchschnittlichen Vermögens schrittweise; mit 20 Jahren verfügen nur wenige über ein Vermögen. Erst allmählich gelingt es den zumindest auskömmlich Verdienenden, aus Erwerbseinkommen oder Gewinnen Rücklagen zu bilden; hinzu kommen Vermögensübertragungen zwischen den Generationen. Man sollte jedoch zwischen der faktischen Vermögenssituation und der sozialen Vermögenslage unterscheiden. Auch wenn die meisten jungen Menschen kaum über eigene Vermögen verfügen, haben die einen elterlichen Vermögenshintergrund, der z. B. in Krisensituationen, bei Bürgschaften oder nach einer späteren Erbschaft genutzt werden kann, während andere solche Sicherheiten nicht haben oder gar mit der Verschuldung von Eltern konfrontiert sind.

Wie die Grafik (Abb. 4.5) zeigt, verläuft dieser Prozess in West- und Ostdeutschland noch immer recht unterschiedlich; dabei spielen neben den weiterhin

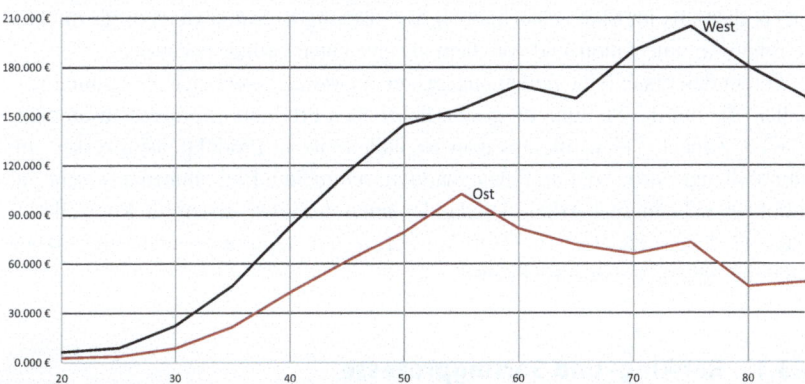

Abb. 4.5 Nettovermögen im Lebenslauf. Individuelle Vermögensangaben 2017, imputierte Werte, Daten aus Grabka und Halbmeier (2019, S. 740)

bestehenden Einkommensunterschieden vor allem die unterschiedlichen Erbschaften eine wichtige Rolle. Das heißt, die Vermögen spiegeln neben der individuellen Lebensgeschichte auch die politisch-ökonomische Geschichte wider. So können Krisen und Kriege, aber auch Flucht und Migration Vermögen zerstören oder entwerten.

4.3 Sozio-ökonomische und intersektionale Erklärungen

Nun soll untersucht werden, wie sich diese Ungleichheiten in der Verteilung von ökonomischen und kulturellen Kapitalien erklären lassen. Dabei wird zunächst ein eher sozio-ökonomischer Ansatz, später ein sozio-kultureller Ansatz verfolgt. Im ersten Kapitel dieser Einführung wurde ein konzeptioneller Rahmen zur Analyse sozialer Ungleichheiten entwickelt. Dementsprechend werden nun zunächst die sozialen Positionen (die Stellung im gesellschaftlichen Produktions- und Reproduktionsprozess) und die damit verbundenen Ranking- und Sortingprozesse (Abschn. 4.3.1) untersucht. Im nächsten Schritt werden dann die sozialen Lagen und die dahinterstehenden Prozesse der temporalen (Abschn. 4.3.2) und sozialen (Abschn. 4.3.3) Kumulierung analysiert.

Die Brauchbarkeit dieses Modells wird (exemplarisch) deutlich, wenn man Studien zur Genese von Vermögen betrachtet. So wurde in einer explorativen Studie zu hohen Vermögen den Vermögenden die Frage nach den Ursachen ihres Vermögens gestellt (Tab. 4.2). Da für eine solche Studie über Personen mit einem Geldvermögen von mehr als 1 Mio. € keine Zufallsauswahl möglich ist, sollten die folgenden Angaben allenfalls im Sinne einer groben Abschätzung begriffen werden; für die hier verfolgte Argumentation sind vor allem die genannten Gründe bedeutsam.

Die in den ersten vier Zeilen angegebenen Gründe lassen sich als Gründe verstehen, die mit der Stellung im gesellschaftlichen Produktionsprozess zusammenhängen. Zunächst Gewinne aus dem Kapitaleinsatz in Produktionsprozessen, im Immobiliengewerbe oder an Finanzmärkten; schließlich Einkommen aus (sehr gut entlohnter) abhängiger Arbeit. Die beiden unteren Zeilen stehen für Konstellationen, in denen die Genese von Vermögen auf temporale und auf soziale Kumulierungsprozesse zurückgeht.

4.3.1 Ranking- und Sortingprozesse

Wenn im Folgenden die Stellung in gesellschaftlichen Produktions- und Reproduktionsprozessen als ein zentraler Zugang zu Verhältnissen sozialer Ungleich-

4.3 Sozio-ökonomische und intersektionale Erklärungen

Tab. 4.2 Gründe für hohe Geldvermögen

	Relevante Gründe	Hauptgrund	Relevante Gründe		Hauptgrund	
	Insgesamt		Frauen	Männer	Frauen	Männer
Selbstständigkeit/ Unternehmertum	60 %	40 %	39 %	67 %	31 %	44 %
Immobilienbesitz	42 %	2 %	39 %	43 %	3 %	2 %
Finanzgeschäfte	35 %	5 %	45 %	32 %	6 %	4 %
Abhängige Erwerbstätigkeit	29 %	10 %	36 %	27 %	12 %	9 %
Erbschaft/Schenkung	67 %	35 %	61 %	69 %	27 %	38 %
Heirat	23 %	8 %	36 %	19 %	21 %	3 %
Zahl der Befragten	130	129				

Eigene Darstellung nach Daten aus Lauterbach et al. (2016, S. 35 f.)

heit begriffen wird, weckt das Erinnerungen an Marxsche Analysen und ihre dogmatisierte und politisierte Rezeptionsgeschichte. Hier wird ein solcher Ansatz gewählt, weil es nach wie vor sinnvoll erscheint, die gesellschaftliche Organisation von Arbeit und die Verhältnisse der gesellschaftlichen Arbeitsteilung (im weiteren Sinne) zum Ausgangspunkt sozialstruktureller Analysen zu machen. Darüber erschließt sich zum einen (in einer Makroperspektive) ein Verständnis wichtiger gesellschaftlicher Entwicklungsmomente, vor allem die Koevolution von Kapitalismen und Nationalstaaten. Zum anderen eröffnet dieser Ausgangspunkt in einer Meso- und Mikroperspektive Zugänge zu der Frage, wie sich soziale Gruppen und einzelne Individuen in dieser arbeitsteiligen Welt einrichten und Arbeit und Leben gestalten. Letzteres wird im Folgenden im Zentrum stehen.

Ranking sozialer Positionen in der Erwerbsphase
In der amtlichen Statistik werden die gesellschaftlichen Produktionsprozesse und die dort geleistete Arbeit in einer berufs- und einer branchenbezogenen Perspektive erfasst. Über die Stellung im Beruf (Tab. 4.3) lässt sich ein guter Überblick über die Struktur der Erwerbspersonen gewinnen. Die Analyse von Arbeitsverhältnissen im Kontext verschiedener Branchen (Tab. 4.4) vermittelt einen Einblick in die Entwicklung von verschiedenen Produktionsmodellen (agrarische, industrielle, transformierte industrielle Produktion) und den damit verbundenen Infrastrukturen (z. B. Verkehr, Versicherungen) und Regulierungen (z. B. öffentliche Verwaltung).

Zunächst soll die Differenzierung zwischen Selbstständigen, in der Marxschen Perspektive jene, die über die Produktionsmittel bzw. die Arbeitskräfte verfügen, und abhängig Beschäftigten untersucht werden. Der Gruppe der Soloselbst-

Tab. 4.3 Erwerbstätige nach beruflicher Stellung

Stellung im Beruf	% d. Erwerbspersonen	Nettoeinkommen	Bildungsjahre	Teilzeitanteil	Frauenanteil	Behinderungsanteil	Migrationsanteil
Auszubild./Mithelf.	6,5	773	11,4	39,5	50,7	4,6	28,6
Soloselbstständige	4,7	2249	13,8	33,4	39,9	4,4	22,8
Selbstständige 2–10 B.	3,3	3744	13,5	8,7	27,3	3,1	19,8
Selbstständige 11–50 B.	0,8	6205	14,3	9,2	21,6	2,6	15,0
Selbst. mehr als 50 B.	0,2	8730	14,6	14,9	23,5	3,2	18,2
Arbeiter: Helfer	4,6	1225	10,3	45,1	53,8	9,4	51,9
Arbeiter: Fachkraft	11,1	1764	11,0	15,5	19,0	6,9	30,8
Arbeiter: Spezialist	0,8	2088	11,8	10,4	16,4	7,7	23,5
Arbeiter: Experte	0,2	2145	12,5	16,6	23,7	6,0	29,9
Angestellte: Helfer	3,8	1140	10,9	59,3	67,0	7,1	44,4
Angestellte: Fachkraft	29,4	1695	12,0	33,9	57,5	4,9	22,6
Angestellte: Spezialist	9,3	2465	13,8	17,8	40,0	4,2	17,7
Angestellte: Experte	10,3	3340	15,6	14,9	34,1	3,2	20,3
Beamte*: Fachkraft	1,3	2638	12,6	10,1	30,3	5,7	8,2
Beamte: Spezialist	1,0	3028	14,8	14,3	39,5	5,9	5,7
Beamte: Experte	2,3	3359	17,3	22,7	60,3	4,3	7,1
Angest.ö.D.: Helfer	0,5	1203	11,2	66,5	77,6	11,4	31,7
Angest.ö.D.: Fachkraft	5,6	1838	12,6	35,0	71,7	8,7	14,2
Angest.ö.D.: Spezialist	1,4	2261	13,8	23,6	52,6	7,6	12,9
Angest.ö.D.: Experte	2,8	2663	16,5	30,4	55,6	4,3	17,8
Insgesamt	100,0	2095	12,8	28,1	46,6	5,3	23,8

*Die Gruppe der Beamten enthält auch Soldaten; Beamte im Helferstatus wurden wg. der geringen Fallzahl ausgeschlossen
Zur Einkommensberechnung vgl. Tab. 4.1. Die Angaben zur Stellung im Beruf beziehen sich auf die Haupterwerbstätigkeit; die Einkommen können auch Einkommen aus Nebentätigkeiten beinhalten
Eigene Berechnungen mit dem MZ-SUF 2018

4.3 Sozio-ökonomische und intersektionale Erklärungen

Tab. 4.4 Erwerbstätige nach Wirtschaftszweigen

Wirtschaftszweig	% d. Erwerbspersonen	Nettoeinkommen	Bildungsjahre	Teilzeitanteil	Frauenanteil	Behinderungsanteil	Migrationsanteil
Landw./Forstw./Fischerei	0,8	1496	11,8	25,6	31,4	5,4	8,1
Verarb. Gewerbe/Bergbau	19,4	2368	12,3	12,3	27,4	4,8	26,8
Energie, Wasser, Abfall	1,4	2492	12,7	12,2	24,3	6,0	15,6
Baugewerbe	6,7	2074	11,7	12,5	13,9	4,0	25,8
Handel/Gastgewerbe	17,7	1690	11,9	35,4	50,6	4,3	29,6
Verkehr/Lagerei/Kommunik.	8,3	2223	12,8	20,1	27,9	5,1	28,2
Finanzw./Versicherungen	3,0	2824	13,8	24,6	50,9	5,1	13,5
Immobilien; wirtsch. Dienste.	11,3	2274	13,4	32,6	49,5	4,5	24,6
Öffentliche Verwaltung u. ä.	7,0	2361	13,5	21,0	50,5	7,6	9,7
Öffentl./private Dienste	24,5	1885	13,6	43,9	73,2	6,7	21,3
Insgesamt	100,0	2095	12,8	28,1	46,6	5,3	23,8

Eigene Berechnungen mit dem MZ-SUF 2018

ständigen kommt eine gewisse Zwischenstellung zu; das wird auch an der nur wenig überdurchschnittlichen Einkommensposition dieser Gruppe erkennbar.

Strukturen der selbstständigen Arbeit: Bei den Selbstständigengruppen drücken sich die wirtschaftlichen Vorteile größerer Unternehmen recht deutlich aus, auch wenn ein einfacher Effekt der *economies of scale* in der wirtschaftswissenschaftlichen Literatur umstritten ist (vgl. Bontrup 2004, S. 183 f.). Während bei Soloselbstständigen das Einkommen nur 7 % über dem Durchschnitt liegt, sind es bei bis zu 10 Beschäftigten schon fast 80 % mehr als der Durchschnitt; bei bis zu 50 Beschäftigten ist es dann fast das Dreifache und bei mehr als 50 Beschäftigten mehr als das Vierfache des Durchschnitts. Angesichts der (selbst im Mikrozensus) geringen Fallzahlen konnten die höheren Betriebsgrößen nicht feiner ausdifferenziert werden.

Für eine sozialstrukturelle Aufschlüsselung der sehr heterogenen Gruppe der Selbstständigen bietet das Steuerrecht eine erste Unterscheidung, indem hier zwischen verschiedenen Einkommensarten unterschieden wird. *Gewinneinkommen* gehen entweder auf land- bzw. forstwirtschaftliche oder gewerbliche Betriebe zurück, in denen der Kapitaleinsatz im Vordergrund steht oder sie werden durch selbstständige (z. B. freiberufliche) Tätigkeiten erzielt, bei denen eher die persönliche Arbeitsleistung im Zentrum steht. Von zentraler Bedeutung ist bei all diesen Tätigkeiten die Gewinnerzielungsabsicht. Insbesondere die gewerblichen Betriebe sind dann ihrerseits durch eine Vielzahl von Einkommensquellen (idealtypisch z. B. Betriebs-, Markt-, Konjunkturgewinne) und Unternehmensformen (z. B. Einzelunternehmen, Mitunternehmerschaften) unterschieden. Zudem unterscheiden sich Unternehmenskonstellationen danach, in welchem Maße Produktions- und Vertriebsfunktionen arbeitsteilig auf verschiedene Unternehmen verteilt sind; so können z. B. die verschiedenen in einem Produktionsprozess anfallenden wertschöpfungsrelevanten Arbeiten (z. B. Produktion, Lagerhaltung, Verwaltung) jeweils über die Eigen- oder Fremdproduktion (z. B. durch Outsourcing und Offshoring) erbracht werden.

Überschusseinkommen gehen zum einen auf die Anlage von Kapital in Immobilien zurück. Dabei werden aus der Vermietung oder Verpachtung von Grundstücken und Gebäuden Einkommen erzielt, die eine Verzinsung des eingesetzten Kapitals darstellen. Zudem können solche Einkommen auch aus dem Verkauf zuvor erworbener oder ererbter Immobilien entstehen. Zum anderen sind Überschusseinkommen der Anlage von Kapital in verschiedenen Sphären des Finanzmarkts (oder in Unternehmen) geschuldet. Dabei geht es z. B. um Zinsen, Dividenden, Erträge aus Beteiligungen oder Termingeschäften, Veräußerungsgewinne etc.

4.3 Sozio-ökonomische und intersektionale Erklärungen

Schließlich sei darauf verwiesen, dass die Nettoeinkommen aus selbstständigen Tätigkeiten neben den Standardregeln des Steuerrechts immer auch durch (legale) Strategien der Steuervermeidung und (illegale) Strategien der Steuerhinterziehung geprägt sind. Die Liberalisierung globaler Wirtschaftsbeziehung hat auf der einen Seite zu Optimierungen entlang der Wertschöpfungskette geführt, indem z. B. arbeitsintensive Prozesse in Niedriglohnregionen ausgelagert wurden; auf der anderen Seite haben sich aber auch vielerlei Möglichkeiten der „Allokation und Reallokation von betrieblichen Funktionen und Risiken" ergeben, indem diese „geografisch so angeordnet werden, dass die Gesamtsteuerbelastung des Konzerns möglichst gering gehalten werden kann" (Brülisauer und Kuhn 2002, S. 81). Dabei werden solche Strategien z. B. durch die *Big Four* der international tätigen Wirtschaftsprüfungsgesellschaften angeleitet. Eine Bestandsaufnahme der daraus erwachsenden Probleme wurde 2019 von dem EU-Sonderausschuss zu Finanzkriminalität, Steuerhinterziehung und Steuervermeidung vorgelegt. Tørsløv et al. (2022, S. 25) schätzen, dass die entgangenen Steuern in Deutschland mindestens 28 % der Unternehmenssteuern bzw. 10 % der Gewinne ausmachen. Damit ist jedoch nur ein Teil des Problems erfasst. Cobham und Janský (2020, S. 172) unterscheiden systematisch vier Arten von illegitimen Finanzströmen (illicit financial flows): (1) legal erwirtschaftetes Kapital, das auf verschiedene Formen des Marktmissbrauchs (z. B. Missbrauch einer Monopolstellung, Nutzung von Gesetzeslücken) zurückgeht, (2) legal erwirtschaftetes Kapital, dessen Besteuerung über Strategien des Steuermissbrauchs (z. B. Steuervermeidung oder Steuerhinterziehung) minimiert wird, (3), das auf Machtmissbrauch (z. B. Diebstahl öffentlichen Eigentums) zurückgeht, (4) illegal erwirtschaftetes Kapital, das auf dem ‚Waschen' von Erträgen aus Straftaten basiert.

Der für Sozialstrukturanalysen zentrale Punkt all dieser Anlagen von Kapital liegt darin, dass darüber nicht nur die geschilderten Einkommen (und Einkommensunterschiede) generiert werden; viel bedeutsamer sind die so entstehenden Beziehungen und Abhängigkeiten zwischen Korporationen bzw. einzelnen Akteuren. Es sind komplexe (immer auch soziale) Netzwerke, die sich über Produktions- oder Finanzbeziehungen herausbilden; die darüber entstehenden Beziehungen sind als ein nicht unwichtiger Teil von Vergesellschaftungsprozessen zu begreifen. Am deutlichsten wird das, wenn in Produktionsnetzwerken abhängig Beschäftigte mit den ausdifferenzierten Akteuren konfrontiert sind, die im Sinne von Unternehmens- oder Kapitaleignern agieren. Was sich für die einen als Umschichtung in den Anlagesphären und -formen ihres Kapitals darstellt, kann von anderen als Verlust des Arbeitsplatzes oder gar als Niedergang einer Region erfahren werden.

Strukturen der abhängigen Arbeit: Die sehr heterogene Gruppe der abhängig Beschäftigten lässt sich zum einen nach verschiedenen Typen der sozialen Sicherung unterscheiden. So war in Deutschland die Zurechnung zur Sozialversicherung der Arbeiter und Angestellten über viele Jahrzehnte mit unterschiedlichen Rechten und Leistungen verbunden. Darüber hinaus spielte die Selbstzurechnung vor allem entlang der Scheidelinie von Hand- und Kopfarbeit eine wichtige Rolle, die sich z. B. auch in einer eigenen Angestelltengewerkschaft ausdrückte, die erst 2001 mit verschiedenen DGB-Gewerkschaften zur Vereinten Dienstleistungsgewerkschaft (ver.di) fusionierte. Auch wenn die rechtliche Unterscheidung 2005 mit dem Zusammenschluss der verschiedenen Sozialversicherungen zur Deutschen Rentenversicherung entfällt, lebt die Unterscheidung von ‚Arbeitern' und ‚Angestellten' fort und wird in Befragungen nunmehr im Sinne einer Selbstzurechnung erhoben. Die Gruppe der Beamten bezieht sogenannte Pensionen, die nicht über die Rentenversicherung finanziert, sondern direkt aus dem öffentlichen Haushalt entnommen werden.

Die Gruppe der Arbeiter, die 1950 noch die Mehrheit der Beschäftigten ausmachte und die bis in die 1980er-Jahre größer als die der Angestellten war, ist nicht nur zahlenmäßig geschrumpft. Auch ihr Einkommensniveau ist nach und nach zurückgegangen. Das betraf schon seit den 1960er Jahren die ungelernten Arbeiter, seit den 1980er-Jahren waren davon auch die angelernten Arbeiter und die Facharbeiter betroffen. Heute erreicht die Gruppe der Arbeiter im Durchschnitt weniger als 80 % des Einkommensniveaus aller Erwerbspersonen.

Das mit den Tätigkeiten verbundene Anforderungsniveau kann über die im Mikrozensus genutzte Klassifikation der Berufe von 2010 erfasst werden. Das Einkommensniveau liegt für Helfer-/Anlerntätigkeiten bei 54,1 %, für fachlich ausgerichtete Tätigkeiten bei 81,4 %, für komplexe Spezialistentätigkeiten bei 116,9 % und für hoch komplexe Tätigkeiten (Expert:innen) bei 162,3 %. Typischerweise werden diese erheblichen Verdienstunterschiede mit meritokratischen Prinzipien legitimiert, indem die Verdienste in Relation zu den erbrachten Aufwendungen bei der schulischen und beruflichen Qualifizierung oder in Relation zu erbrachten ‚Leistungen' für die Unternehmen bzw. Administrationen betrachtet werden. Wenn man diese durchschnittlichen Qualifikationsunterschiede mit den Unterschieden nach dem Versichertenstatus zusammenbringt, ergibt sich eine Einkommenspanne zwischen 1225 (Arbeiter:innen in Helfer- und Anlerntätigkeiten) und 3359 € (Beamte mit hoch komplexen Tätigkeiten).

Sozialstrukturell betrachtet geht es neben den Unterschieden in den qualifikatorischen Anforderungen (und den damit verbundenen Qualifikations- und Berufswegen) um die darüber im betrieblichen Zusammenhang entstehenden sozialen Konstellationen, die sich in Erfahrungen der Autonomie und der Abhängigkeit, in verschiedenen Typen der Verantwortung, in Kooperation und Konkurrenz ausdrücken, die sich dann aber stets auch in Weisungsbeziehungen

4.3 Sozio-ökonomische und intersektionale Erklärungen

und letztlich in Personalentscheidungen (Entlassungen oder Einstellungen, Ab- oder Aufstiege) manifestieren.

Arbeit zwischen marktlicher und staatlicher Logik: Unabhängig von der Organisation sozialer Sicherungssysteme lassen sich verschiedene Sozialversichertengruppen danach unterscheiden, ob sie dem öffentlichen Dienst angehören oder nicht. Der Anteil der öffentlich Beschäftigten beträgt bei den Arbeitern 4,8 %, bei den Angestellten 16,4 % und bei den Beamten 96,5 %; im Durchschnitt ist etwa ein Sechstel aller Erwerbspersonen im öffentlichen Dienst tätig. So betrachtet lässt sich eine andere Ordnung der Erwerbswelt zeichnen. Abgesehen von den Auszubildenden u. ä. (ca. 6,5 %), lassen sich 9,0 % als Selbstständige und 70,4 % als abhängig Beschäftigte der ‚freien Wirtschaft' zurechnen, während 14,1 % im öffentlichen Sektor beschäftigt sind. Diese Rechnung muss jedoch in verschiedener Hinsicht erweitert werden. So ist zum einen auf die Gruppe jener zu verweisen, die hauptamtlich bei den Wohlfahrtsverbänden beschäftigt sind; das waren 2020 mehr als zwei Mio., mithin also weitere 5,1 % der Erwerbspersonen. Diese Gruppe ist in hohem Maße von öffentlichen Mitteln (i.w.S.) abhängig, indem die Erbringung von öffentlich beauftragten Leistungen (z. B. in der Alten-, Jugend-, Gesundheits- und Eingliederungshilfe) über die Verbände erfolgt. In ähnlicher Weise wären selbstständige Tätigkeiten z. B. im Bereich der Gesundheitsversorgung zu überdenken, indem diese in hohem Maße von den Leistungen des öffentlichen Gesundheitssystems abhängen.

In sozialstruktureller Perspektive entstehen darüber in Unternehmen, Behörden oder Non-Profit-Organisationen verschiedener Größe ganz unterschiedliche Arbeits-, Konflikt-, Betriebs- und Unternehmenskulturen. Diese sind neben vielfältigen situativen Einflüssen in hohem Maße davon geprägt, ob Arbeitsorganisationen eher ökonomischen bzw. administrativen Logiken folgen oder eher im Sinne von weltanschaulichen Organisationen bzw. NGOs agieren.

Entlohnte und nicht entlohnte Arbeit: Die Verteilung der entlohnten Arbeit im Erwerbssystem und der nicht-entlohnten Arbeit im Haushaltssystem ist auch im 21. Jahrhundert ein wichtiges Strukturmoment der Organisation des Produktions- und Reproduktionsprozesses. In Tab. 4.1 wird ersichtlich, dass 8,3 % der erwachsenen Bevölkerung überwiegend von privaten Transfers lebt. Trotz der erheblich gestiegenen Erwerbsquote von Frauen bleiben deren Arbeitsvolumina deutlich unter dem der Männer, sodass sich in vielen Fällen ein Eineinhalb-Ernährermodell einstellt. Die unbezahlte Arbeit (z. B. Haushaltsführung, Kinderbetreuung, Sorgearbeit für Pflegebedürftige, ehrenamtliches Engagement) zumeist von Frauen ist nach wie vor ein wichtiges Strukturmoment des deutschen Erwerbs- und Produktionsmodells. Im Durchschnitt der über 18-jährigen Bevölkerung werden wöchentlich 19,8 h Erwerbsarbeit geleistet; dem stehen 25,4 h an unbezahlter Arbeit gegenüber (Zeitverwendungserhebung des Statistischen Bundesamtes 2022).

Sorting in soziale Positionen
Die sozialstrukturellen Effekte der Rankingprozesse werden verstärkt, wenn sich die ‚guten' und ‚schlechten' Positionierungen ungleich auf verschiedene Beschäftigtengruppen verteilen. Im Folgenden sollen zunächst einige in intersektionaler Perspektive interessierende Gruppen separat untersucht werden, um dann zusammenfassend nach intersektionalen Effekten, also den Wechselwirkungen, zu fragen.

Geschlecht: Wie Tab. 4.1 zeigt, gestaltet sich der überwiegende Lebensunterhalt von Frauen anders als der von Männern; sie sind in geringerem Maße als abhängig Beschäftigte oder Selbstständige in das Erwerbsleben eingebunden und sind umgekehrt in höherem Maße von privaten Transfers abhängig. Der durchschnittliche Nettoverdienst von erwerbstätigen Frauen beträgt weniger als zwei Drittel des männlichen Einkommens. Dabei spielen drei (miteinander zusammenhängende) Einflussfaktoren eine Rolle:

- An vorderster Stelle stehen die erheblichen Unterschiede im Arbeitsvolumen, die hier vereinfacht über die Teilzeitquote dargestellt werden; sie liegt bei den Männern bei 12 %, bei den Frauen bei 47 %. Darin spiegeln sich vor allem die im haushaltlichen Kontext getroffenen Arrangements zwischen den Geschlechtern und Generationen, die sich an der Aufteilung von Haushalts-, Sorge- und Pflegearbeit festmachen.
- Ein zweiter wichtiger Faktor hängt mit der Positionierung von Frauen in den Hierarchien der abhängigen Beschäftigung zusammen. In der untersten Anforderungsgruppe (Helfer) beträgt der Frauenanteil mehr als 60 % und auch in der Gruppe der Fachkräfte sind Frauen noch leicht überdurchschnittlich vertreten; demgegenüber liegt der Frauenanteil in den beiden Führungsgruppen mit ca. 40 % unter dem durchschnittlichen Frauenanteil von 47 %. Dabei unterscheidet sich die durchschnittliche Beschäftigungsdauer in der jeweiligen Position nur geringfügig.
- Ein weiterer wichtiger Unterschied geht auf die geringere Vertretung von Frauen im Feld der selbstständigen Tätigkeiten zurück. In der Gruppe der Soloselbstständigen sind sie noch zu etwa 40 % vertreten; diese Gruppe erreicht aber auch nur ein leicht überdurchschnittliches Einkommen. In den drei Gruppen mit den hohen Einkommen sind sie deutlich geringer vertreten (s. Tab. 4.3).

Die Tab. 4.4 zeigt, dass sich im Branchenvergleich typische Männer- wie Frauenbranchen herausgebildet haben, dass es aber auch einige Branchen mit einem eher

4.3 Sozio-ökonomische und intersektionale Erklärungen

ausgeglichenen Geschlechterverhältnis gibt. Die verschiedenen Arbeitsvolumina sind dabei nicht berücksichtigt. Die unterschiedliche Vertretung von Frauen in den Branchen hat jedoch keinen erheblichen Einfluss auf die Unterschiede in der Bezahlung von Frauen und Männern. Auf der Ebene der Wirtschaftszweige steht die eher unterdurchschnittliche Bezahlung im Bereich des Gesundheits- und Sozialwesens der eher überdurchschnittlichen Bezahlung im Bereich von Erziehung und Unterricht gegenüber; in beiden Bereichen beträgt der Anteil der Frauen an den Vollzeitbeschäftigten etwa zwei Drittel.

Die Daten der Zeitverwendungserhebung 2022 zeigen, dass 40 % der Erwerbsarbeit und fast 60 % der unbezahlten Arbeit von Frauen erbracht werden. Verglichen mit der Verteilung in der Erhebung 2012/2013 hat sich die geschlechtsspezifische Verteilung der Arbeit nur wenig verändert; damals waren es 39 % der Erwerbsarbeit und etwas mehr als 60 % der haushaltlichen bzw. zivilgesellschaftlichen Arbeit (Tab. 4.5).

Beim Zeitvergleich der Daten sind mögliche Effekte der Corona-Pandemie zu berücksichtigen; die Erhebung 2022 erstreckte sich jedoch über das gesamte Kalenderjahr.

Migrationshintergrund: Beim überwiegenden Lebensunterhalt (vgl. Tab. 4.1) wird deutlich, dass ein Migrationshintergrund gewisse Unterschiede in der Arbeits- und Lebenssituation bedingt. So ist die Erwerbsbeteiligung über selbstständige und abhängige Arbeit etwas geringer ausgeprägt. Bei der Transferzahlung über Renten und Pensionen sind Menschen mit einem Migrationshintergrund deutlich weniger repräsentiert; umgekehrt zeigt sich (bedingt durch eine höhere Arbeitslosigkeit und durch zusätzliche Ausbildungszeiten) ein höherer Anteil bei sozialen und privaten Transfers.

Beschäftigte mit einem Migrationshintergrund machen in Deutschland 24 % aller Beschäftigten aus. Im Durchschnitt erreichen sie ein Einkommen, das bei

Tab. 4.5 Entwicklung der geschlechtsspezifischen Arbeitsteilung

	Erwerbsarbeit	unbezahlte Arbeit	Insgesamt
2022			
Frauen	16,00	29,87	45,88
Männer	23,80	20,70	44,50
Insgesamt	19,82	25,38	45,20
2012/2013			
Frauen	16,15	29,48	45,63
Männer	25,22	19,35	44,57
Insgesamt	20,58	24,53	45,10

Wöchentliche Arbeitszeit der über 18-Jährigen in Stunden, Daten der Zeitverwendungserhebung (ZVE) 2022 des Statistischen Bundesamtes

84 % des Einkommens jener ohne Migrationshintergrund liegt. Von einer kleinen Teilgruppe (2 % aller Beschäftigten) vor allem aus Ländern des westlichen und nördlichen Europas sowie aus Nordamerika werden aber auch Einkommen erreicht, die deutlich über dem Durchschnitt von Menschen ohne Migrationshintergrund liegen. Der Lohnabstand von Migrant:innen unterscheidet sich nur geringfügig nach dem Geschlecht.

Wesentliche Einflussfaktoren scheinen zunächst bei der Positionierung dieser Gruppe in der betrieblichen Hierarchie zu liegen. So ist der Anteil von Migrant:innen in der unteren Anforderungsgruppe fast doppelt so hoch wie im Beschäftigtendurchschnitt. In den beiden höheren Anforderungsgruppen (Spezialist:innen, Expert:innen) sind es nur 16 % bzw. 19 %. Unter den Soloselbstständigen und den Selbstständigen mit bis zu zehn Beschäftigten findet sich mit 20–23 % ein annähernd durchschnittlicher Anteil von Menschen mit Migrationshintergrund. Weitaus geringer (15–18 %) ist ihre Vertretung unter den Selbstständigen mit einer höheren Zahl von Beschäftigten.

Beschäftigte mit Migrationshintergrund sind im Bereich des öffentlichen Dienstes deutlich unterrepräsentiert; so macht ihr Anteil, bei den verschiedenen Beamtengruppen nur zwischen 6 und 8 % aus; bei den Angestellten im öffentlichen Dienst werden große Unterschiede entlang der Anforderungsniveaus erkennbar. So sind sie bei den sogenannten Helferberufen mit 32 % deutlich überrepräsentiert; bei den Fachkräften und den disponierenden und leitenden Tätigkeiten sind sie mit 13–18 % eher unterrepräsentiert. Ein weiterer Unterschied gegenüber den Autochthonen findet sich bei der durchschnittlichen Beschäftigungsdauer von nur sieben Jahren, bei den übrigen sind es knapp 12 Jahre. Das kann sowohl mit der Aufenthaltsdauer in Deutschland zusammenhängen; es kann aber auch ein Hinweis auf prekärere Beschäftigungsverhältnisse sein.

Schließlich gilt es auch zu bedenken, dass die im Mikrozensus erfassten Menschen mit einem Migrationshintergrund biografisch betrachtet bereits einem rigiden Sortingprozess unterworfen wurden, indem es auf den verschiedenen Migrationswegen bzw. im Kontext des Grenz- und Integrationsregimes nur spezifischen Gruppen gelingt, ein Aufenthalts- und Arbeitsrecht in Deutschland zu erlangen. So konstatiert Vertovec, dass in den unterschiedlichen Migrationskanälen stets nach „Herkunftsland/Ethnizität, Gender und Alter" selektiert wird und dass diese „Migrationskanäle und ihre jeweiligen rechtlichen Bedingungen einen enormen Einfluss auf das soziale, wirtschaftliche und politische Leben der Migrant:innen haben" (2024, S. 141).

Menschen mit Behinderung: Menschen mit einer (amtlich bescheinigten) Behinderung machen ca. 5 % aller Beschäftigten aus. Ihr durchschnittliches Einkommen liegt bei 90 % des Einkommens derer ohne Behinderung. Der Beschäftigtenanteil in der unteren Anforderungsgruppe ist überdurchschnittlich; auch unter den Solo-

4.3 Sozio-ökonomische und intersektionale Erklärungen

selbstständigen und insbesondere denen mit Beschäftigten sind sie nur unterdurchschnittlich repräsentiert. Die Beschäftigungsdauer rangiert mit fast 16 Jahren deutlich über dem Beschäftigtendurchschnitt; das hängt vermutlich damit zusammen, dass bei älteren Beschäftigten das Risiko einer Behinderung größer ist. Es kann aber auch darauf zurückgehen, dass ein Wechsel der Stelle mit größeren Risiken behaftet ist.

In der Zusammenschau der Sortingprozesse wird erkennbar, dass formelle soziale Schließungen in der Gegenwart kaum mehr zu finden sind; die Spuren vergangener Schließungen sind jedoch nach wie vor deutlich erkennbar. So betrachtet ist auch die Gegenwartsgesellschaft in einem doppelten Sinne von den Spuren ihrer Geschlechter- und Migrationsgeschichte gezeichnet: zum einen über die ältere Bevölkerung, die in früheren Lebensphasen mit sozialen Schließungen und Diskriminierungen konfrontiert war; zum anderen über den Nachhall dieser Schließungen, der sich in der Beschäftigtenstruktur der Berufsfelder und Hierarchieebenen zeigt. Ein solcher Nachhall drückt sich schließlich auch in gesellschaftlichen Normalvorstellungen (z. B. von typischen Chefs und Chefinnen oder Untergebenen) aus.

Eine Positionierung in den unteren Rängen der Berufswelt kann mit ganz unterschiedlichen Lebenskonstellationen verknüpft sein: für manche ist es ein Einstieg, der einen späteren Aufstieg nicht ausschließt; für andere fungiert diese als eine schnelle, eine zusätzliche oder flexible Möglichkeit des Verdienstes; für wieder andere ist es aber auch ein Dauerzustand. Entgegen dieser Differenzierung nach unterschiedlichen Lebenszusammenhängen stellt sich in der öffentlichen Wahrnehmung allzu oft der Eindruck ein, dass die Arbeit in den unteren beruflichen Positionierungen eher weiblich und migrantisch geprägt ist.

4.3.2 Temporale Kumulationsprozesse

Es wäre fahrlässig, allein aus der Verteilung von Einkommen (im Querschnitt) auf soziale Strukturen zu schließen. Ein sinnvolles Verständnis von sozialen Gruppen oder Schichten setzt voraus, dass die darüber beschriebenen sozialen Lagen von einer gewissen Dauer sind. Dabei kann es um einzelne Lebensphasen, um das gesamte Leben oder um intergenerationale Entwicklungen gehen.

Kumulierungen im Lebensverlauf
Oben wurde bereits erwähnt, dass die Möglichkeiten zur Bildung von Vermögen sozial sehr ungleich verteilt sind. So unterscheidet sich die Höhe der Nettovermögen erheblich nach verschiedenen Sozialgruppen. Selbstständige verfügen mit

821.300 € über die höchsten Vermögen; bei Beamten bzw. Angestellten sind es 424.000 € bzw. 293.600 €, bei Arbeitern noch immerhin 193.300 € und bei Arbeitslosen schließlich 67.000 €. Bei allen Nichterwerbstätigen (z. B. Auszubildende, Hausarbeitende oder Ruheständler) sind es 296.800 €; die Vermögendsten sind dabei die Rentner bzw. Pensionäre mit 309.000 bzw. 539.900 € (vgl. Monatsbericht der Deutschen Bundesbank, April 2023, S. 47).

Die verschiedenen im Lebensverlauf akkumulierten Vermögen drücken sich auch in den Ruhestandseinkommen verschiedener Berufsgruppen aus (Tab. 4.6).

Die Struktur der Einkommen in der Ruhestandsphase ist zum einen durch die geschilderten Unterschiede in der Logik der sozialen Sicherung von selbstständigen und abhängig Beschäftigten bzw. von Arbeitern, Angestellten und Beamten geprägt. International betrachtet sind zudem die länderspezifischen Unterschiede in der Finanzierung (Umlageverfahren, Kapitaldeckungsverfahren, Steuerfinanzierung) und Leistungsberechnung (verschiedene Grade der Äquivalenz bzw. Umverteilung) zu berücksichtigen. In Deutschland hat sich historisch ein vor allem umlagegestütztes Sicherungssystem herausgebildet, in dem die Beitragsäquivalenz eine zentrale Rolle spielt. Erweitert wird dieses Modell durch die Berücksichtigung von Zeiten der Kinderbetreuung, Mindestrenten, die Mitversicherung von Hinterbliebenen oder durch versicherungsfremde Faktoren (z. B. Kriegsfolgekosten, Kosten der Vereinigung).

Tab. 4.6 Ruhestandseinkommen nach Berufsgruppen

Letzte berufl. Stellg.	Anteil	Nettoeink.	Frauen- %	Behind.- %	Migrat.- %
Soloselbstständige	3,6 %	1314 €	38,2 %	16,5 %	9,7 %
Selbstständige mit Besch.	3,5 %	1995 €	29,1 %	18,1 %	7,1 %
Arbeiter: Helfer	8,0 %	1011 €	76,7 %	21,4 %	25,4 %
Arbeiter: Fachkraft	17,6 %	1214 €	36,7 %	24,6 %	14,7 %
Arbeiter: Spezialist	1,1 %	1420 €	19,3 %	26,8 %	12,2 %
Arbeiter: Experte	0,3 %	1349 €	34,1 %	23,8 %	13,7 %
Angestellte: Helfer	4,3 %	1054 €	87,6 %	22,5 %	19,9 %
Angest.: Fachkraft	36,1 %	1293 €	73,0 %	21,6 %	7,9 %
Angest.: Spezialist	8,3 %	1638 €	42,2 %	23,4 %	6,8 %
Angest.: Experte	9,5 %	2072 €	33,1 %	21,3 %	9,6 %
Beamte: Helfer	0,1 %	1801 €	24,9 %	32,1 %	3,0 %
Beamte: Fachkraft	1,6 %	2223 €	15,8 %	24,6 %	2,9 %
Beamte: Spezialist	1,3 %	2611 €	15,4 %	27,2 %	1,6 %
Beamte: Experte	3,8 %	3012 €	40,0 %	21,4 %	3,4 %
Insgesamt	100,0 %	1473 €	54,9 %	22,1 %	10,8 %

Eigene Berechnungen mit dem MZ-SUF 2018

4.3 Sozio-ökonomische und intersektionale Erklärungen

Tab. 4.7 Ruhestandseinkommen nach Personengruppen

Personengruppe	Anteil	Nettoeink.	Frauen- %	Behind.- %	Migrat.- %
männlich	45,2 %	1926 €	0,0 %	23,5 %	14,7 %
weiblich	54,8 %	1218 €	100,0 %	17,6 %	16,1 %
Dt. ohne Mh.	88,6 %	1582 €	55,5 %	21,1 %	0,0 %
Dt./Ausl. mit Mh.	11,4 %	1200 €	58,2 %	15,0 %	100,0 %
keine Behinderung	78,8 %	1541 €	57,8 %	0,0 %	16,5 %
Behinderung	21,2 %	1527 €	48,7 %	100,0 %	11,5 %
Frau-Dt. ohne Mh.	48,9 %	1242 €	100,0 %	18,5 %	0,0 %
Frau mit Mh.	5,9 %	1025 €	100,0 %	12,5 %	100,0 %
Mann-Dt. ohne Mh.	39,6 %	2001 €	0,0 %	24,4 %	0,0 %
Mann mit Mh.	5,5 %	1388 €	0,0 %	18,4 %	100,0 %
Insgesamt	100,0 %	1538 €	55,9 %	20,2 %	15,5 %

Dt.: Deutsche – Ausl: Ausländer – Mh.: Migrationshintergrund
Eigene Berechnungen mit dem MZ-SUF 2018

In der Gesamtschau (Tab. 4.7) lassen sich die in der Erwerbsphase beobachteten Strukturen wiedererkennen, die Unterschiede sind jedoch deutlich abgeschwächt. Die Ruhestandseinkommen der Selbstständigen sind vermutlich erheblich unterschätzt; zudem ermöglichen die durchschnittlichen Vermögensbestände jederzeit eine bedarfsorientierte Aufstockung. Die Unterschiede zwischen Arbeitern und Angestellten sind auch angesichts der Zusammenführung der Versicherungssysteme nur noch in den oberen Qualifikationsgruppen zu erkennen. Verglichen mit der Erwerbsphase sind die Unterschiede zwischen Beamten und den übrigen abhängig Beschäftigten in dieser Phase stärker ausgeprägt.

In der intersektionalen Perspektive werden die bereits in der Erwerbsphase beobachtbaren Strukturen weiter verstärkt, indem in den Ruhestandseinkommen die vormalige Lohnhöhe, das Arbeitsvolumen und die Dauer der Erwerbsbeteiligung zusammenwirken. Das lässt sich exemplarisch an den Intersektionen von Geschlecht und Migrationshintergrund aufzeigen, wo das Einkommen von autochthonen Männern mehr als doppelt so hoch ist, wie das von Frauen mit Migrationshintergrund.

Kumulierungen im Generationenverlauf

Die Möglichkeiten des sozialen Aufstiegs waren in den prosperierenden und zunehmend sozial gesicherten Gesellschaften in der Phase nach dem Zweiten Weltkrieg ein wichtiges Argument zur Legitimierung sozialer Ungleichheiten. In Abgrenzung von der amerikanischen Variante („vom Tellerwäscher zum Millionär') fiel die deutsche Variante eher bescheidener aus („unsere Kinder sollen es einmal besser haben') und man setzte weitaus mehr auf den Bildungsaufstieg, denn auf die Unternehmensgründung. Damit rückte dann neben dem ökonomischen auch das kulturelle Kapital in den Blick. Im Folgenden wird sowohl die ökonomische wie die kulturelle Perspektive verfolgt.

Vererbung von ökonomischem Kapital: Während die Weitergabe kulturellen Kapitals zumeist auf eher indirekten Wegen erfolgt, kann ökonomisches Kapital direkt zwischen den Generationen vererbt werden. Dabei spielen auch Schenkungen eine wichtige Rolle, die zu Lebzeiten der Schenkenden geleistet werden. Zwischen 2002 und 2017 kamen nach den Daten des SOEP ca. 10 % aller Erwachsenen in Privathaushalten in den Genuss von Erbschaften oder Schenkungen – ausgehend von diesem Beobachtungsfenster von 15 Jahren wäre die Quote der von den generationalen Transfers Profitierenden etwa vier Mal so hoch anzusetzen. Im obersten Einkommensdezil waren dies im Jahr 2017 18 %, im untersten Dezil nur etwa 4 % (Baresel et al. 2021, S. 66). Die Summe der durchschnittlichen Erbschaften bzw. Schenkungen lag in Westdeutschland bei 92.000 bzw. 94.000, in Ostdeutschland waren es nur 52.000 bzw. 58.000 (S. 68). Aber auch hier sind die Unterschiede in den verschiedenen Einkommensgruppen erheblich. Im obersten Einkommensdezil erhöht sich der ohnehin hohe Vermögensbestand von mehr als 300.000 (2017) durch Erbschaften und Schenkungen auf mehr als 500.000 €. Im untersten Dezil kommt es durch Erbschaften und Schenkungen zu einer Erhöhung von etwa 25.000 auf 75.000 €. Das heißt, über die sozialen und regionalen Unterschiede bei der Vererbung steigen die Ungleichheiten der Vermögensbestände weiter an.

Vererbung von kulturellem Kapital: Während die Vererbung von kulturellem Kapital in den frühen Industriegesellschaften, in denen große Teile nur über elementare Bildungsabschlüsse verfügten, für die Mehrheit der Bevölkerung keine erhebliche Rolle spielte, wird sie nach der Phase der Bildungsexpansion im letzten Drittel des 20. Jahrhundert zu einer sozialstrukturell bedeutsamen Größe. Bereits in den Debatten der 1960er-Jahre wurden Bildungsbenachteiligungen, die zu jener Zeit vor allem Frauen, Arbeiter und Menschen in den ländlichen bzw. katholischen Regionen betrafen, sowohl in der Perspektive der ökonomischen Entwicklung (vgl. Picht 1964) wie der sozialen Gerechtigkeit (vgl. Dahrendorf 1965) diskutiert. In den folgenden Jahrzehnten gelang es, einige dieser Bildungsunterschiede abzubauen, andere blieben aber auch bestehen und es kamen mit den verschiedenen Migrationsbewegungen neue Ungleichheiten hinzu.

Zunächst wird die Vererbung an die heute befragte Generation dargestellt (Tab. 4.8). Die Zuordnung zu den Berufsgruppen geht bei den Daten des SOEP auf die Selbsteinordnung der Befragten zurück.

In den Daten werden die unterschiedlichen kulturellen Erbschaften der Sozialgruppen erkennbar. Auf den ersten Blick liegt die Zahl der Bildungsjahre nahe

4.3 Sozio-ökonomische und intersektionale Erklärungen

Tab. 4.8 Reproduktion kulturellen Kapitals

	Bild.jahre des Vaters	Bild.jahre der Mutter
ungelernter Arbeiter	10,7	10,3
angelernter Arbeiter	10,5	10,1
gelernte und Facharbeiter	10,8	10,4
Vorarbeiter/Meister	10,7	10,4
Angestellte einf. Tätigkeit	11,2	11,0
Angestellte, qualifizierte Tätigkeit	11,7	11,3
Angestellte, hochqual. leitende Tätigkeit	12,8	12,2
Angestellte, umfassende Führungsaufgaben	12,6	11,7
Beamte, einfacher/mittlerer Dienst	11,5	11,4
Beamte, gehobener Dienst	12,7	11,8
Beamte, höherer Dienst	13,9	12,6
Soloselbst.	12,5	11,8
Selbst. 1–9 Beschäftigte	12,4	11,3
Selbst. 10 und mehr Beschäftigte	12,5	11,4
Insgesamt	11,7	11,1

Eigene Berechnung mit SOEP V38.1

beieinander. Man muss sich jedoch vor Augen führen, dass in der Hochphase der Industriegesellschaft die Hauptschule als Regelschule fungierte und eine zusätzliche Lehre oder Fachausbildung zu einem entscheidenden Moment des beruflichen Aufstiegs werden konnte. Dabei liegen die Angestellten, Beamten und Selbstständigen im Durchschnitt recht nahe beieinander; die Unterschiede werden dann in den höheren Qualifikationsgruppen erkennbar. Der Vergleich zwischen der durchschnittlichen Ausbildung der Mütter und Väter verweist auf die Geschichte des deutschen Bildungssystems, in dem Frauen über lange Zeit zu den Benachteiligten in der schulischen und beruflichen Ausbildung gehörten.

Die im Folgenden dargestellten Befunde der 2022 durchgeführten PISA-Studie (Tab. 4.9) stehen exemplarisch für die Vererbung von Bildungsungleichheiten an die nachwachsende Generation. Die Lesekompetenz (in der Nationalsprache) kann dabei als ein Schlüsselfaktor sowohl für den schulischen Erfolg wie die gesellschaftliche Teilhabe (Lewalter et al. 2023, S. 139 f.) begriffen werden.

Im linken Tabellenteil werden zunächst die Unterschiede der sozioökonomischen Lage (höchster ISEI-Index) und der Bildungsabschlüsse der Eltern (bzw. Bezugspersonen) erkennbar; so variieren der ISEI-Index zwischen den EGP-Klassen um bis zu 30,5 und die Bildungsjahre um bis zu 2,5 Jahre. Die bei den Eltern zu beobachtenden ökonomisch-kulturellen Unterschiede bilden sich im Jahr 2018 in den unterschiedlichen Lesekompetenzen der befragten Schüler:innen ab.

Tab. 4.9 Lesekompetenzen in verschiedenen sozialen Lagen

EGP-Klassen	Bezugsperson			Lesekompetenz d. Kinder		
	Anteil in %	Sozioökon. Status	Bildungs- jahre	2022	2018	2000
Obere Dienstklasse (I)	21,5	68,6	14,6	517	531	538
Untere Dienstklasse (II)	20,0	59,4	13,8	498	516	531
Routinedienstleistungen (III)	14,2	46,1	12,9	467	472	470
Selbstständige/ Landwirt:innen (IV)	3,2	48,2	13,4	483	476	480
Facharbeiter:innen/ltd. Arb. (V–VI)	22,1	43,1	12,7	462	482	459
Un-/angelernte Arbeiter:innen (VII)	19,0	38,1	12,1	450	467	432
Deutschland	100,0	51,4	13,3	480	498	484
OECD-Durchschnitt		53,7		476	487	493

Eigene Darstellung nach Daten aus Lewalter et al. (2023, S. 179 und 181)

Im Zeitverlauf wird erkennbar, dass über die letzten 20 Jahre nur geringfügige Verbesserung zu verzeichnen sind; deutliche Zunahmen der Lesekompetenz finden sich vor allem in den beiden Arbeitergruppen. Die Corona-Pandemie hat im Durchschnitt zu Einbrüchen der Lesekompetenz geführt, die in Deutschland etwas stärker ausfallen als im OECD-Durchschnitt. In den einzelnen EGP-Klassen ist es ein Rückgang um 3–4 %; einzig die Schüler:innen aus der Gruppe der Selbstständigen haben einen Kompetenzzuwachs erfahren.

Die Daten aus den Schulleistungsstudien geben wichtige Hinweise auf die Prozesse der Weitergabe jener kulturellen Kapitalien, die sich in schulischen und beruflichen Abschlüssen ausdrücken. Eine mindestens ebenso wichtige Rolle spielt aber auch die Weitergabe von Habitusmustern, die über das Elternhaus erfolgt. Bourdieu fasst eine Untersuchung über Studierende aus unterschiedlichen Elternhäusern wie folgt zusammen: „Der bedeutendste und im Zusammenhang mit der Schule wirksamste Teil des kulturellen Erbes, die zweckfreie Bildung und die Sprache, wird auf osmotische Weise übertragen, ohne jedes methodische Bemühen und jede manifeste Einwirkung. Und gerade das trägt dazu bei, die Angehörigen der gebildeten Klasse in ihrer Überzeugung zu bestärken, dass sie diese Kenntnisse, diese Fähigkeiten und diese Einstellungen, die ihnen nie als das Resultat von Lernprozessen erscheinen, nur ihrer Begabung zu verdanken haben" (2018, S. 14).

4.3.3 Soziale Kumulationsprozesse

Die Effekte der sozialen Kumulierung lassen sich grundsätzlich auf der Mikroebene (z. B. bei der Gründung von Haushalten) wie auf der Mesoebene (z. B. in sozial homogenen Stadtquartieren, Bildungseinrichtungen oder Vereinen) beobachten. Exemplarisch sollen hier am Beispiel der Bildungshomogamie solche Effekte sozialer Kumulierung aufgezeigt werden.

Die Frage, welche soziale Herkunft zwei Menschen haben, die sich zu einem Haushalt, einer Partnerschaft, einer Lebensgemeinschaft oder einer Ehe zusammenschließen und möglicherweise längerfristige soziale Verbindlichkeiten (z. B. Versorgung und Betreuung von Kindern oder Pflegepersonen) eingehen oder gemeinsame Investitionen (z. B. in Immobilien oder in Selbstständigkeit) tätigen, wird zu einer wichtigen sozialen Frage. Nicht zufällig war die Frage der Partnerwahl seit Jahrhunderten ein zentrales Thema.

Zur *Partnerwahl* konstatiert Andreas Gestrich für die Familiengeschichte der Neuzeit: „Die Partnerwahl ist daher bis heute ein ganz zentrales Element der Reproduktion von Strukturen sozialer Ungleichheit und gesellschaftlicher Macht über den Wechsel der Generationen. Besonders in den Oberschichten bietet die Heirat innerhalb der eigenen sozialen Gruppe die Möglichkeit zur Akkumulierung von Vermögen und damit zur weiteren Absicherung der wirtschaftlichen und sozialen Position der Familie auf lokaler, nationaler oder internationaler Ebene. Aber auch in anderen Schichten beruht zumindest die Stabilität sozialer Milieus auf einer Begrenzung der Heiratskreise. (…) In den meisten Gesellschaften versuchen Eltern und Verwandte, die Partnerwahl der nachwachsenden Generation im wirtschaftlichen Ziele der Familie zu steuern" (2003, S. 484).

Auch jenseits der Frage der wirtschaftlichen und sozialen Positionierung ist die Frage bedeutsam, welches soziale Gepäck die Beteiligten in eine Partnerschaft einbringen; dabei geht es auch um die Kumulierung von belastenden Erfahrungen, von psychischen oder physischen Beeinträchtigungen.

Für die Kreuztabelle (Tab. 4.10) wurden Haushalte untersucht, in denen neben der sogenannten Bezugsperson im Haushalt weitere Erwachsene leben, die mit dieser über eine Ehe, Lebenspartnerschaft oder Partnerschaft verbunden waren. Auf der Diagonale der Kreuztabelle sind bildungshomogame Partnerschaften

Tab. 4.10 Bildungsabschlüsse in Partnerschaften

	7–10 B.j.	10,5–11,5 B.j.	12–14,5 B.j.	15–18 B.j.	Gesamt
7–10 Bildungsjahre	6,6 %	3,5 %	1,3 %	0,9 %	12,3 %
10,5–11,5 B.j.	6,7 %	27,0 %	6,6 %	4,6 %	45,0 %
12–14,5 B.j.	1,6 %	7,1 %	4,9 %	3,5 %	17,0 %
15–18 Bildungsjahre	1,1 %	6,4 %	4,9 %	13,2 %	25,7 %
Gesamt	15,9 %	44,0 %	17,7 %	22,3 %	100,0 %

Eigene Berechnungen mit dem MZ-SUF 2018, Prozentuierung über Gesamttabelle

abgetragen; sie machen im Jahr 2018 52 % aller Partnerschaften aus. Hier haben die Partner:innen relativ ähnliche schulische bzw. berufliche Abschlüsse. Daneben finden sich in der Nähe der Diagonalen viele Konstellationen, die man als bedingt bildungshomogame Partnerschaften bezeichnen könnte; sie machen in der Summe weitere 32 % aus. Demgegenüber finden sich in weiterem Abstand zur Diagonale jene 16 % der Fälle, bei denen eher von einer Bildungsheterogamie auszugehen ist. Diese entsprechen dann dem Groschenroman, wo die Chefärztin mit der Hilfskraft in der Pflege liiert ist.

In der Tab. 4.11 lässt sich der über den Haushaltszusammenhang organisierte Umverteilungseffekt beobachten, indem die relative Positionierung der Befragten auf Basis ihrer Individualeinkommen mit der relativen Positionierung auf Basis ihrer Haushaltseinkommen verglichen wird. Wenn man zunächst einmal nur die Struktur der Haushaltseinkommen betrachtet, lassen sich die bereits auf der Individualebene beobachteten Hierarchieeffekte zwischen und innerhalb der verschiedenen Selbstständigen- bzw. Sozialversichertengruppen in einer abgeschwächten Form wiederfinden; eine Ausnahme bildet die sehr kleine Gruppe der Arbeiter in Expertenfunktion.

Wenn man nun die individuelle und die haushaltliche Positionierung vergleicht, werden in den grau unterlegten Gruppen die großen haushaltlichen Umverteilungseffekte erkennbar; hier verbessert sich die bedingt durch hohe Teilzeitanteile eher schlechtere relative Positionierung über den Haushaltskontext mitunter erheblich. Besonders ausgeprägt ist dieser Effekt bei der recht heterogenen Gruppe, die eine Ausbildung bzw. ein Praktikum absolvieren oder als mithelfende Angehörige tätig sind. Aber auch in den anderen Gruppen, die sich durch eher unterdurchschnittliche qualifikatorische Anforderungen und einen hohen Teilzeitanteil auszeichnen, findet sich ein solcher ‚positiver' Umverteilungseffekt durch die Haushalte. In den anderen Gruppen kommt es durch die Umverteilung in den Haushalten zu einer ‚negativen' Umverteilung, indem das eigene Einkommen mit Lebenspartner:innen und Kindern geteilt wird. Hier wird deutlich, dass den Haushalten neben dem Sozialstaat eine wichtige umverteilende Rolle zukommt. Diese kann soziale

4.3 Sozio-ökonomische und intersektionale Erklärungen

Tab. 4.11 Individual- und Haushaltseinkommen

	Teilzeitanteil	rel. indiv. Einkommen	rel. Haush. Einkommen
Ausbildung/Praktikum/Mithelfende	39,5 %	36,9 %	89,8 %
Soloselbst.	33,4 %	107,4 %	104,4 %
Selbst. 2–10 B.	8,7 %	178,7 %	145,4 %
Selbst. 10–50 B.	9,2 %	296,1 %	222,7 %
Selbst. mehr als 50 B.	14,9 %	416,6 %	295,5 %
Arbeiter: Helfer	45,1 %	58,5 %	68,3 %
Arbeiter: Fachkraft	15,5 %	84,2 %	80,1 %
Arbeiter: Spezialist	10,4 %	99,7 %	89,6 %
Arbeiter: Experte	16,6 %	102,4 %	87,1 %
Angestellte: Helfer	59,3 %	54,4 %	71,7 %
Angestellte: Fachkraft	33,9 %	80,9 %	89,6 %
Angestellte: Spezialist	17,8 %	117,6 %	107,1 %
Angestellte: Experte	14,9 %	159,4 %	132,6 %
Beamte: Helfer	9,0 %	108,5 %	84,8 %
Beamte: Fachkraft	10,1 %	125,9 %	109,7 %
Beamte: Spezialist	14,8 %	144,5 %	125,6 %
Beamte: Experte	22,7 %	160,3 %	145,9 %
Angestellte ö.D.: Helfer	66,5 %	57,4 %	73,8 %
Angestellte ö.D.: Fachkraft	35,0 %	87,7 %	94,1 %
Angestellte ö.D.: Spezialist	23,6 %	107,9 %	101,3 %
Angestellte ö.D.: Experte	30,4 %	127,1 %	114,6 %
Insgesamt	28,1 %	100,0 %	100,0 %

Eigene Berechnungen mit dem MZ-SUF 2018

Ungleichheiten verringern bzw. erhöhen, wenn zwei Partner mit unterschiedlichen Einkommen bzw. Partner mit ähnlichen (hohen oder geringeren) Einkommen zusammenfinden.

Die volle Bedeutung dieser nach wie vor ausgeprägten Bildungshomogamie erschließt sich, wenn man bedenkt, dass mit dem Bildungsgrad typischerweise nicht nur spezifische Herkunftsmilieus, Einkommens- und Berufswelten verknüpft sind, sondern auch Ähnlichkeiten von sozialen Netzwerken, kulturellen Praktiken und Lebensstilen. Das wird im Abschn. 4.4 noch genauer untersucht.

4.3.4 Fazit: Sozio-ökonomische und intersektionale Erklärungen

In diesem Abschnitt wurden soziale Ungleichheiten erklärt, indem sie einerseits auf die unterschiedlichen sozialen Positionen und andererseits auf die temporale und soziale Kumulierung dieser positionsbedingten Unterschiede in sozialen Lagen zurückgeführt wurden.

Ungleichheit der sozialen Positionen
Das Ranking von sozialen Positionen lässt summarisch betrachtet folgende Strukturmuster erkennen:

- Positionen, die auf selbstständige oder abhängige Tätigkeiten zurückzuführen sind: Diese positionalen Unterschiede sind in letzter Instanz den Logiken der kapitalistischen Produktion geschuldet; es konnte jedoch in nicht wenigen Ländern eine gewisse regulative Moderierung dieser Produktionslogik erreicht werden. Zudem ist es zu einer starken Ausdifferenzierung von selbstständiger und abhängiger Arbeit gekommen.
- Positionen, die eher dem marktlichen oder staatlichen Sektor zuzurechnen sind: Zwischen den Polen Markt und Staat ist ein Kontinuum sozialer Positionen angesiedelt. So sind auf der einen Seite viele Märkte nur im Kontext von Leistungen und Regulierungen zu begreifen, die in letzter Instanz über den Staat organisiert werden. Umgekehrt ist es aber auch im staatsnahen Segment zu einer stärkeren Vermarktlichung von Tätigkeiten gekommen, indem vormals vom Staat oder Subsidiären erbrachte Leistungen nunmehr von Privatunternehmen erbracht werden, indem einzelne Tätigkeitsfelder (z. B. das Reinigungs- oder Sicherheitsgewerbe) externalisiert wurden oder indem marktliche Anreize in die Beschäftigungsordnung integriert wurden (z. B. durch Zielvereinbarungen).
- Positionen, die eher selbstständige und leitende Tätigkeiten beinhalten, bzw. Positionen, die nach ‚Qualifikation' bzw. ‚Leistung' differenziert sind: Wenngleich an vielen Stellen mit einer Verflachung betrieblicher Hierarchien experimentiert wurde und mit der durchschnittlichen Technisierung, Informatisierung und Höherqualifizierung Tätigkeitsfelder mit einem geringen Anforderungsniveau deutlich zurückgegangen sind, ist die hierarchische Arbeitsteilung nach wie vor ein wichtiges Moment der Differenzierung sozialer Positionen. Dies gilt umso mehr, wenn man die hierarchisierenden Effekte miteinbezieht, die sich über Prozesse des Outsourcings und Offshorings im Rahmen von Produktionsketten einstellen.
- Positionen mit unterschiedlichen Graden der Beschäftigungssicherheit bzw. mit unterschiedlichen Risiken: Nach wie vor lassen sich in Unternehmen bzw. entlang von Wertschöpfungsketten Kern- und Randgruppen von Beschäftigten ausmachen, indem neben Befristungen vor allem Verhältnisse der Leiharbeit, der Scheinselbstständigkeit, Werkvertragsverhältnisse oder das Subunternehmertum eine wichtige Rolle spielen. An den Rändern des Beschäftigungssystems sind Arbeitsmigrant:innen mit einem prekären rechtlichen Status oft auch mit

4.3 Sozio-ökonomische und intersektionale Erklärungen

Lohnenthaltung, Hinterziehung von Sozialabgaben oder unbezahlten Überstunden konfrontiert.
- Positionen in der entlohnten und der nicht-entlohnten Arbeit: Während bis zum Ende des 19. Jahrhunderts in den arbeitenden Klassen oft alle verfügbaren Arbeitskräfte (inklusive der Kinder und Jugendlichen) erforderlich waren, um über die Runden zu kommen, entwickelt sich im 20. Jahrhundert das Alleinernährermodell zu einem Modell, das den einen (Männern des Bürgertums) als Ausdruck ihrer Wohlhabenheit, den anderen (Männern der Arbeiterschaft) als Ideal erschien. Mit der kontinuierlich steigenden Qualifizierung von Frauen und ihrer wachsenden Erwerbsbeteiligung bildet sich ein Modell heraus, indem Männer vorwiegend vollzeitig und Frauen insbesondere in der Familienphase vorwiegend teilzeitig erwerbstätig sind. Dieses noch immer auch normativ und institutionell stabilisierte Modell führt zu den geschilderten Ungleichheiten zwischen Männern und Frauen, die sich in der Entlohnung, der hierarchischen Positionierung, vor allem aber auch in der haushaltlichen Machtkonstellation und in der sozialen Absicherung niederschlagen.

Alle hier untersuchten Positionen sind vor dem Hintergrund der Positionierung in einem prosperierenden Nationalstaat mit einer hoch technisierten exportorientierten Wirtschaft zu begreifen, in der die Vernutzung fossiler Rohstoffe und Energieträger und die Externalisierung (in die Zukunft bzw. in andere Weltregionen) von Umweltrisiken noch immer eine zentrale Rolle spielt.

Die hier skizzierten Ranking-Prozesse müssen als gesellschaftliche Prozesse begriffen werden, in denen sich immer auch Machtverhältnisse ausdrücken. Auch wenn es einen gewissen Grundkonsens um die marktwirtschaftliche Verfasstheit der gesellschaftlichen Produktion und ihre sozialstaatliche Regulierung geben mag, finden sich doch gravierende Konflikte um die Frage von Freiheiten und Regulierungen unternehmerischen Handelns, um Fragen der Umverteilung (z. B. über die Besteuerung) und Entlohnung. Um diese Konflikte sind politische Parteien und Interessenverbände (z. B. von Unternehmen und Gewerkschaften oder von Berufs- und Betroffenengruppen) entstanden. Es haben sich formelle und informelle Strukturen und Regeln der Konfliktbewältigung herausgebildet, indem in Tarifkonflikten, in betrieblichen Interessenvertretungen oder vor Arbeitsgerichten um Fragen des Rankings von Positionen gestritten wird. Die Grundstrukturen dieses Rankings von sozialen Positionen sind vor allem im 19. Jahrhundert mit der Herausbildung von Kapitalismus und Nationalstaat entstanden. Nicht selten wurde dabei aber auch auf ältere Ordnungsmuster z. B. aus der Vorgeschichte von Kapitalismus und Marktwirtschaft oder aus der handwerklichen und agrarischen Produktion zurückgegriffen.

Das Sorting von Personen in dieses Raster von sozialen Positionen erfolgt entlang der fluiden Markierung von Personengruppen. Für die Markierung werden Charakterisierungen aus der Welt der geschlechtsspezifischen, der national-ethnisch-kulturellen oder der körperbezogenen Zuschreibungen entlehnt. Diese werden genutzt:

- für Prozesse der formellen bzw. informellen Schließung des Zugangs zu sozialen Positionen: Historisch betrachtet betraf dies zunächst Frauen, indem diese von politischen Vereinigungen bzw. Wahlen, vom Zugang zu Bildungseinrichtungen, zu spezifischen Berufsfeldern oder zur Erwerbsarbeit im Allgemeinen ausgeschlossen wurden. Es betraf und betrifft aber auch Menschen mit einem Migrationsintergrund, indem (freiwillige und unfreiwillige) migrantische Arbeitskräfte immer wieder als eine flexible Reservearmee (in der Kriegsproduktion, in Boomphasen oder in Phasen des demografischen Wandels) fungierten, indem diesen über das Grenz- und Integrationsregime nur begrenzte Rechte (z. B. des Aufenthalts, der Arbeit oder des Zugangs zu Sozialleistungen und politischer Partizipation) gewährt werden, indem sie im Bildungssystem strukturell benachteiligt und indem sie im Erwerbssystem mit formellen und informellen Schließungen konfrontiert waren und sind.
- für die Konstruktion von Passungsverhältnissen zwischen Eigenschaften der Position und der Personen: Es kommt zu Naturalisierungen im Sinne Bourdieus, indem ganze Berufsfelder geschlechtsspezifisch konnotiert werden oder indem *bad jobs* eher an Menschen vergeben werden, die in der sozialen Wertschätzung auf den unteren Rängen rangieren.
- für die Legitimierung von Positionierungen, z. B. in der betrieblichen Hierarchie oder in sicheren oder weniger sicheren Beschäftigungssegmenten: So werden die einen oftmals als ‚Familienernährer' andere eher als ‚Zuverdienende' begriffen; auch bei der Zuordnung zu gesicherten und weniger gesicherten Beschäftigungssegmenten wird der autochthonen Bevölkerung nicht selten ein moralisches Vorrecht eingeräumt.

Die Konstruktion und Verwendung solcher Zuschreibungen ist jedoch in hohem Maße variabel; das hängt zusammen mit technologisch organisatorischen Veränderungen der Produktion, mit demografischen Effekten, mit dem variierenden Zusammenspiel von Sozialstaaten und Haushalten oder mit Veränderungen von Normalvorstellungen (z. B. Bilder von ‚Männern' und ‚Frauen', ‚Leistungsträgern' und ‚Behinderten' bzw. ‚Autochthonen' und ‚Migrierenden').

4.3 Sozio-ökonomische und intersektionale Erklärungen

Ungleichheit der sozialen Lagen
Temporale und soziale Kumulierungsprozesse tragen schließlich dazu bei, dass sich in den sozialen Lagen die Effekte der über Ranking- und Sortingprozessen entstehenden Differenzierungen abmildern, verstetigen oder zuspitzen können.

Zu temporalen Kumulationen kommt es, indem die im Lebensverlauf getroffenen Qualifizierungs- und Erwerbsentscheidungen in späteren Lebensphasen nur noch bedingt revidierbar sind. In Deutschland sind diese Effekte besonders ausgeprägt, indem eine starke Verberuflichung des Erwerbssystems zu sozialen Schließungen beiträgt, indem der Zugang zu sozialen Positionen an adäquate berufliche Abschlüsse gebunden wird und indem die Ruhestandseinkommen in hohem Maße durch das Volumen und die Entlohnung der Erwerbsarbeit beeinflusst sind. In der Generationenperspektive kommen Kumulierungseffekte hinzu, indem in Deutschland die Vererbung kulturellen Kapitals durch das mehrgliederige Bildungssystem kaum abgemildert wird und indem die Vererbung ökonomischen Kapitals nur moderat besteuert wird.

Soziale Kumulierungen stellen sich über die Effekte der Bildungshomogamie ein, die durch ein früh differenzierendes Qualifizierungssystem kaum abgeschwächt werden. Hierzu tragen auch segregierte Wohnquartiere und Öffentlichkeiten bei. Schließlich lässt sich auch die unterschiedliche Repräsentation sozialer Gruppen z. B. in Parlamenten oder in der medialen Öffentlichkeit im Sinne einer sozialen Kumulierung verstehen, indem erfolgreich verhindert wurde, Bildungsinstitutionen oder Wohnquartiere im Sinne einer größeren Chancengleichheit umzugestalten.

Über das Zusammenspiel von temporalen und sozialen Kumulierungen konnten sich (mehr oder weniger geschlossene) soziale Milieus herausbilden, die sich in Arbeits- und Lebensverhältnissen aber auch in Weltanschauungen und Habitusmustern deutlich unterscheiden. Das wird Gegenstand des folgenden Abschnitts sein.

4.4 Sozio-kulturelle und intersektionale Erklärungen

Nun sollen die Beiträge des Bildungs- und Erwerbssystems für die Reproduktion sozialer Strukturen genauer analysiert werden. Es geht dabei nicht nur um die Outputs dieser Systeme (Menschen mit unterschiedlichen schulischen und beruflichen Zertifikaten bzw. Erwerbseinkommen); es geht auch um die in diesen Systemen geleistete ‚Zurichtung' bzw. die damit verbundenen Lebens- und Arbeitserfahrungen. Beide Systeme tragen entscheidend dazu bei, Menschen ihren sozialen Ort zuzuweisen, ihn spürbar werden zu lassen und sich an diesem Ort ‚einzuleben' und ‚einzuarbeiten'.

4.4.1 Das Bildungssystem als Erfahrungsraum

Das Bildungssystem fungiert als ein wichtiger gesellschaftlicher Transitraum. Für eine sozialstrukturelle Analyse dieser Transits sollen die Daten der PISA-Studie, die zumeist eher für bildungspolitische und bildungssoziologische Analysen genutzt werden, als Quelle dienen. Sie enthalten neben der Leistungsmessung und Befragung der 15-jährigen Schüler:innen auch eine Befragung der Eltern und der Schule bzw. der dort Lehrenden; die folgende Analyse fokussiert auf die Schüler:innen und deren Eltern. Zur Illustration eines solchen Transits kann der folgende Interviewauszug dienen.

> Interviewauszug zum Bildungsweg einer Erzieherin:
>
> „Ist ein kleiner Unterschied zwischen Archäologin und Erzieherin, resultiert aber daraus, ich war die Erste, die auf ein Gymnasium ging in unserer Familie. Zwischenzeitlich dann […] so ein bisschen Einbruch hatte, so wie es wahrscheinlich jeder hat, wo die Schule dann nicht mehr so relevant ist. Meine Familie mir aber bzw. meine Mutter, die alleinerziehend war, nicht den Rückhalt bieten konnte, die als Putzfrau gearbeitet hat […]. Ich war nicht besonders schlecht, aber ich war Mittelmaß gewesen und hatte keine Lust mehr auf Schule. Und in dem Zusammenhang hat dann meine Mutter gesagt: ‚Na ja gut, dann werd Erzieherin – Kinder gibt's immer, also such dir einen Job, dann mach das doch mal.' […] Ich habe dann mit der mittleren Reife auch das Gymnasium verlassen. So im Rückblick ist es natürlich schade, weil Archäologie hätte mich schon interessiert, und ich war sehr gut in Latein gewesen und Griechisch und so weiter, also es hat mir wirklich unheimlich Spaß gemacht, aber wie gesagt, an der Stelle war halt niemand, der gesagt hat: ‚Jetzt mach mal, und durch das Tal führen wir dich auch noch durch, und dann schaffst du das.' Außerdem hat meine Mutter ein bisschen Angst davor gehabt, weil sie es selber ja nicht kannte, sie hatte ja selber nur den Hauptschulabschluss, […] ein bisschen Angst vor dem Studium, also das hatte sie ja gar nicht gekannt." (Kutlu 2021, S. 53 f.)

Der Begriff des Transitraums ist in einem sozialstrukturellen und einem temporalen Sinne zu verstehen. In einem temporalen Sinne ist es für die Jugendlichen ein mehrfacher Transit; eine Passage zwischen verschiedenen Lebensphasen, zwischen verschiedenen Freiheitsräumen, zwischen einer eher von den Eltern und dem sozialen Umfeld geprägten Welt und einer stärker eigenverantworteten zukünftigen Welt.

4.4 Sozio-kulturelle und intersektionale Erklärungen

In einem sozialstrukturellen Sinne ist es eine Passage zwischen der elterlichen sozialen Lage bzw. den damit verbundenen Deutungs- und Handlungsmustern und einem zukünftigen eigenen Lebensentwurf, einer Qualifizierungs- und Erwerbsstrategie mit einem spezifischen Deutungs- und Handlungsmodell. Dabei sind die Jugendlichen in diesem Transitraum mit einer komplexen sozialen Konstellation konfrontiert, indem sie zwischen dem sozialen Mikrokosmos des elterlichen Haushalts bzw. ihres sozialen Netzes und dem Mikrokosmos der jeweiligen Bildungseinrichtung und den darüber vermittelten Netzwerken agieren. In der Primarstufe war diese Bildungseinrichtung prinzipiell sozial offen, durch die räumliche Verortung der meisten Grundschulen aber auch geschlossen. Am Ende der Sekundarstufe I, an dem sich die meisten Befragten nun befinden, haben wir es bereits mit sozial mehr oder weniger ausdifferenzierten Schulformen zu tun, in denen Schüler:innen mit unterschiedlichem Gepäck bzw. unterschiedlichen Lebensentwürfen und akademisch (aber schultypisch) ausgebildete Lehrende mit einer je eigenen sozialen Prägung zusammentreffen. Es sind Bildungsinstitutionen mit einer spezifischen Geschichte der sozialen Selektion und der sozial Selektierenden und mit spezifischen Bildern von den Selektierten.

Die folgende grafische Darstellung (Abb. 4.6) geht auf eine Korrespondenzanalyse von zusammengesetzten Tabellen (vgl. Blasius 2001, S. 105 f.) zurück, für die aufbereitete tabellarische Daten aus der (frei verfügbaren) PISA-Studie 2022 genutzt wurden. Die zweidimensionale Grafik kann in der Vertikalen ca. 67 % und in der Horizontalen ca. 15 % der Inertia abbilden. In den Zeilen der Tabelle wurden eher die soziodemografischen (z. B. Geschlecht, Migrations- und Bildungshintergrund) und sozioökonomischen (z. B. Berufe der Eltern) Daten der Befragten abgetragen; in den Spalten eher die mit diesen Eckdaten verknüpften Praktiken, Einstellungen und Orientierungen.

Die vertikale Achse ist vor allem durch die Verteilung von ökonomischem und kulturellem Kapital geprägt. Dabei stellt sich das Problem, dass in der bildungssoziologisch angelegten Studie keine Vermögen erfragt werden. Auch die den Eltern vorgelegte kategorisierte Frage nach dem Haushaltseinkommen wurde nur von einem Teil der Befragten beantwortet und konnte nicht ausgewertet werden. Dennoch lassen sich die Angaben zu den Berufen der Bezugspersonen – vereinfacht: Väter und Mütter – und zu dem höchsten Abschluss der Eltern sowohl als Indikatoren für ökonomisches wie institutionalisiertes kulturelles Kapital interpretieren. Bereits eine erste Sichtung der Befunde macht deutlich, in welch hohem Maße die schulischen Leistungen der Jugendlichen mit den Abschlüssen und Berufen ihrer Eltern in Zusammenhang stehen. Die Zuordnung der Jugendlichen zu einzelnen Schularten und Abschlüssen ist angesichts der länderspezifischen Zusammenlegung von Schultypen nicht ganz einfach. Soweit bei solchen Gesamtschulen

258 4 Empirische Sozialstrukturanalysen

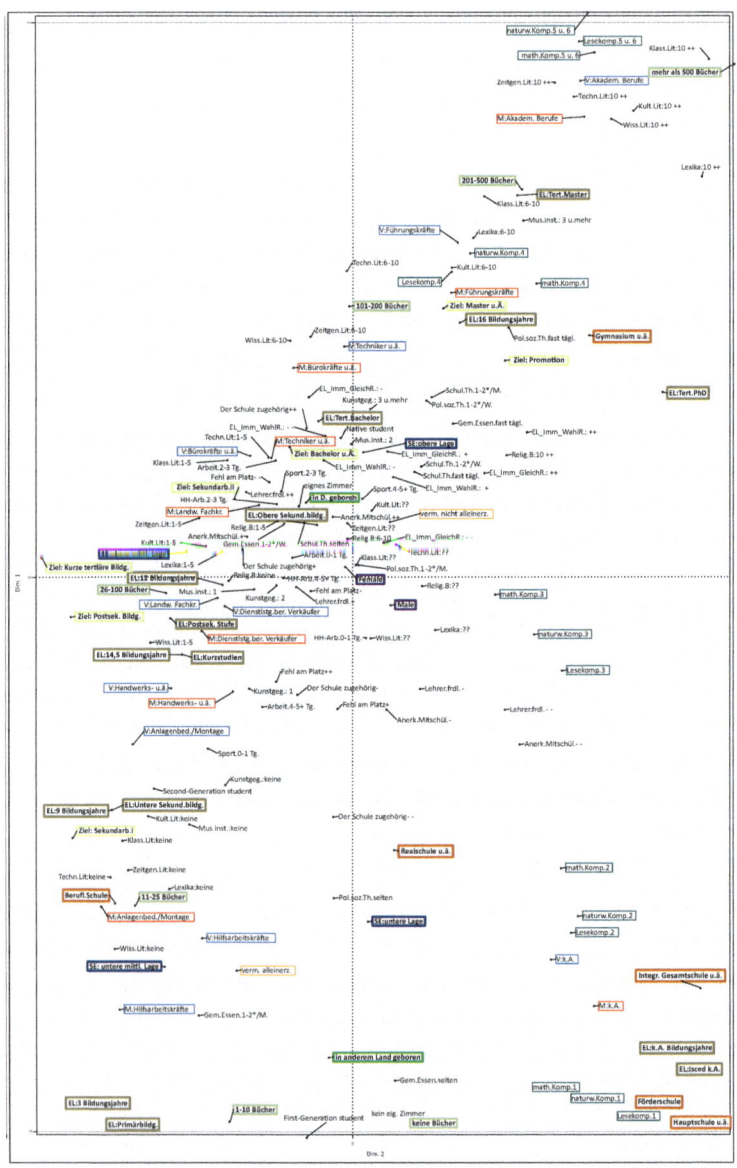

Abb. 4.6 Bildungswelten. Eigene Berechnung mit Daten der PISA-Studie 2022

4.4 Sozio-kulturelle und intersektionale Erklärungen

Hinweise auf angestrebte Abschlüsse vorlagen, wurden diese für die näherungsweise Differenzierung von Schultypen genutzt. Bei der horizontalen Achse fällt eine zusammenfassende Interpretation schwerer; in der unteren bzw. oberen Hälfte der Abbildung lassen sich jedoch durchaus horizontale Strukturen ausmachen.

Die in der Korrespondenzanalyse aufbereiteten Merkmale lassen sich unterschiedlichen Akteuren, Handlungssphären und Zeitschichten zurechnen; dabei ist zu beachten, auf wen die jeweilige Information zurückgeht. So sind folgende Sphären zu unterscheiden:

- das vergangene und gegenwärtige Leben der Eltern (Ausbildungen und Berufe, Migrationsgeschichten, Einstellungen und Erwartungen)
- die von den Jugendlichen und Eltern geprägte haushaltliche Sphäre
- die Selbst- und Zukunftsentwürfe der Jugendlichen
- die Schule als Leistungsort bzw. als institutioneller und sozialer Ort.

Nun sollen die Befunde zur durchschnittlichen Welt der Jugendlichen bzw. zu den einzelnen Quadranten genauer dargestellt werden; sie werden dabei über die berufliche Positionierung der Eltern charakterisiert.

Die Durchschnittswelt

Im Durchschnitt (Abb. 4.6, mittig) der hier untersuchten Merkmale weisen die männlichen und weiblichen Jugendlichen nur geringe Unterschiede auf. Das kann sozialstrukturell betrachtet als ein Hinweis darauf gelesen werden, dass es trotz der weiterhin geschlechtsspezifischen Sozialisationsprozesse bislang nur zu einer geringen Unterscheidung der Lebenslagen gekommen ist; diese setzen biografisch erst später mit der geschlechtsspezifischen Differenzierung der beruflichen Ausbildung und der Erwerbsarbeit und vor allem mit den Unterschieden der Erwerbsbeteiligung in der Familienphase ein. Es ist aber auch ein Effekt der Schwerpunkte der PISA-Studie, die eher auf den Leistungsort und weniger auf den sozialen Ort Schule gerichtet ist.

Viele Jugendliche übernehmen regelmäßig Arbeiten im Haushalt und bei der Versorgung von Angehörigen. Arbeitstätigkeiten nach der Schule spielen keine große Rolle. Das durchschnittliche kulturelle Kapital der Elternhäuser ist eher bescheiden. Zwar verfügen die Eltern durchaus über mittlere schulische bzw. berufliche Abschlüsse, das äußert sich aber nicht unbedingt auch in der alltäglichen Lebensweise. Nur gelegentlich werden auch mal politische und soziale Themen diskutiert. Die schulischen Erfahrungen der Jugendlichen sind im Durchschnitt ganz passabel, die Lehrenden werden eher als freundlich wahrgenommen [Zustimmung zum Item ‚Die Lehrkräfte an meiner Schule sind freundlich zu mir'] und man fühlt sich in der Schule weniger fehl am Platze [Ablehnung des Items ‚Ich fühle mich unbehaglich und fehl am Platz in dieser Schule']. Dem entspricht schließlich auch ein durchschnittliches Abschneiden in den verschiedenen Leistungsdimensionen.

Eltern jenseits der Berufswelt
Die diesem Quadranten (Abb. 4.6, unten rechts) zugerechneten Jugendlichen können keine spezifischen Angaben über die Berufe ihrer Eltern machen. Auch über die schulischen Abschlüsse der Eltern liegen keine verlässlichen Informationen vor. Es ist zu vermuten, dass nicht wenige Eltern in diesem Quadranten noch an Sprach- bzw. Integrationskursen teilnehmen, nicht erwerbstätig sind oder haushaltliche Arbeit leisten. Die hier erforderlichen Mutmaßungen lassen sich auch als Hinweis auf mögliche Erhebungsdefizite lesen, wenn die Situation von nicht erwerbstätigen Eltern in der PISA-Studie nur unzureichend erfasst wird. In dem Quadranten finden sich überdurchschnittlich viele Schüler:innen, die nicht in Deutschland geboren wurden. Sie leben nicht selten in unzureichenden Wohnverhältnissen, in denen sie nicht über ein eigenes Zimmer verfügen.

Die Jugendlichen besuchen in überdurchschnittlichen Maße Förder-, Haupt- und Realschulen bzw. integrierte Gesamtschulen; die schulischen Leistungen bewegen sich auf einem unterdurchschnittlichen Niveau. Schließlich sind sie aber auch mit mangelnder Wertschätzung sowohl durch ihre Lehrenden wie ihre Mitschüler:innen konfrontiert [Ablehnung des Items ‚Andere Schülerinnen und Schüler scheinen mich zu mögen.']. All das führt dazu, dass sie die Schule nicht als ihren Ort begreifen [Ablehnung des Items ‚Ich habe das Gefühl, zu dieser Schule zu gehören'].

Eltern mit ausführenden und handwerklichen Berufen
In dem unteren linken Quadranten finden sich Jugendliche, deren Eltern häufig über einfache schulische bzw. berufliche Abschlüsse verfügen. Es werden ausführende Arbeiten im Bereich von Produktion und Dienstleistung sowie in handwerklichen Berufen ausgeübt. Die Eltern verfügen selten über Kulturgüter. Es finden sich überdurchschnittlich viele Schüler:innen, deren Eltern vermutlich alleinerziehend sind, wie sich aus den fehlenden Angaben zum zweiten Elternteil erschließen lässt.

Die schulische Situation ist davon geprägt, dass die Jugendlichen in einem überdurchschnittlichen Maße an beruflichen Schulen (inklusive Einrichtungen der Berufsgrundbildung) ausgebildet werden; daher rühren vermutlich auch die hohen Angaben zur Arbeitstätigkeit nach der Schule. Für sportliche Aktivitäten ist daneben kaum noch Zeit. Auch hier ist die Identifikation mit der Schule nur gering

4.4 Sozio-kulturelle und intersektionale Erklärungen

ausgeprägt und man fühlt sich fehl am Platze. Die Ausbildungsziele sind bereits in diesem Alter in hohem Maße an das Wahrscheinliche und das Machbare angepasst. Dabei wirken vermutlich die Einflüsse von Eltern und Lehrkräften ‚erfolgreich' zusammen. Man weiß um seinen gegenwärtigen und den einem zustehenden sozialen Ort; weiterführende Ziele sind eher die Ausnahme.

Für die Positionierung in den beiden unteren Quadranten spielt die Frage der Erwerbsbeteiligung eine zentrale Rolle; so finden sich auf der linken unteren Seite vor allem jene, deren Eltern ein Einstieg in die unteren Etagen der Erwerbswelt gelungen ist. Das zeigt sich auch in der sozialen Selbsteinordnung auf einer Skala von 1 bis 10. Im rechten unteren Quadranten geben die Jugendlichen häufig einen der drei unteren Skalenwerte an; im linken Quadranten dominieren demgegenüber die Skalenwerte 4 und 5.

Eltern mit technischen Berufen und Büroberufen
In dem oberen linken Quadranten finden sich vor allem Jugendliche, deren Eltern über einen qualifizierten meist jedoch nicht akademischen Abschluss verfügen. Sie arbeiten typischerweise in technischen bzw. in qualifizierten Büroberufen. Das ermöglicht es, den Jugendlichen ein eigenes Zimmer zu bieten. Die Jugendlichen rechnen sich sozialen Lagen der oberen Mitte (Skalenwerte 6 und 7) zu. Es gibt nicht wenige Bücher im Hause; dazu gehören auch Werke der klassischen wie der zeitgenössischen Literatur. Hinzu kommen einzelne Kunstgegenstände. Gemeinsame Mahlzeiten können zumindest ein- bis zweimal pro Woche eingerichtet werden; schulische und politische Themen werden aber eher selten besprochen.

Hinweise auf die politische Positionierung der Eltern finden sich in der PISA-Studie nur an wenigen Stellen; in zwei Fragen nimmt der befragte Elternteil dazu Stellung, ob Migrant:innen gleiche Rechte bzw. das Wahlrecht eingeräumt werden sollten. Die Eltern der Jugendlichen in diesem Quadranten sprechen sich mehrheitlich eher dagegen aus. Die Jugendlichen sind in die haushaltliche Arbeit eingebunden bzw. haben einen kleinen Job, finden aber auch häufiger Zeit für sportliche Aktivitäten. Die schulische Situation unterscheidet sich deutlich von den Jugendlichen in den beiden unteren Quadranten. Man geht häufiger zum Gymnasium und zielt einen Sekundarstufe II-Abschluss oder gar einen unteren tertiären Abschluss an. Auch die soziale Anerkennung an der Schule (durch Lehrende wie Mitschüler:innen) ist gegeben. Die Jugendlichen können sich mit der Schule identifizieren.

Eltern in akademischen und leitenden Berufen
Im oberen rechten Quadranten verfügen die Eltern über deutlich höhere und oftmals akademische Abschlüsse. Sie sind in leitenden Positionen tätig oder gehen

einem akademischen Beruf nach. Die Jugendlichen ordnen sich eher den oberen sozialen Lagen (Skalenwerte 8–10) zu. Sowohl die höhere Bildung wie die besseren materiellen Ressourcen tragen zu einem doch recht anderen kulturellen und sozialen Leben in den elterlichen Haushalten bei. Es gibt ein großes und breites Angebot an Büchern, aber auch Kunstgegenstände und Musikinstrumente; man diskutiert schulische, politische und soziale Themen und kann fast täglich ein gemeinsames Essen einrichten. Die Jugendlichen können sehr häufig sportlichen Aktivitäten nachgehen. Die politische Positionierung gegenüber der Frage nach gleichen Rechten für Migrant:innen deutet auf eher liberalere Grundhaltungen der Eltern. Die Schule ist für die Jugendlichen ein kulturell vertrauter Ort, an dem man zeigt, was man kann. Bei sprachlichen, naturwissenschaftlichen und mathematischen Kompetenzen werden häufig die Leistungslevels 4, 5 und 6 erreicht. Dementsprechend gestalten sich auch die Ausbildungsziele; man möchte höhere akademische Abschlüsse erreichen und man kennt sich damit aus; so wird z. B. nicht selten auch eine Promotion als Ziel angegeben.

Bildung als gesellschaftlicher Platzanweiser
Mit den hier dargestellten Befunden erhält man eine Momentaufnahme einer biografisch zentralen Sphäre der deutschen Nationalgesellschaft und ihrer Einbindung in die Konflikte und Katastrophen der benachbarten Weltregionen. Wie unter einem Brennglas lassen sich die Prozesse der Reproduktion sozialer Lagen und damit auch der Reproduktion sozialer Ungleichheiten beobachten. Man sieht, wie sich die sozialen Positionierungen der Eltern in der Gegenwart und der wahrscheinlichen Zukunft der Jugendlichen abzeichnen. Man erlangt auch eine Ahnung, wie die Differenzen in der sozialen Positionierung wirken, indem sie sich im sozialen und kulturellen Leben in den Elternhäusern, im sozialen und institutionellen Alltag der Schule und schließlich auch auf der Ebene anerkannter schulischer Leistungen ausdrücken. Soziale Unterprivilegierung wird nicht nur materiell erfahrbar, sie wird für die Jugendlichen auch zu einer sozialen Erfahrung an einer Schule, die vielleicht nicht den besten Ruf hat, mit Lehrenden, die einem nicht unbedingt freundlich gegenübertreten und mit Mitschüler:innen, die nicht immer wertschätzend mit einem umgehen.

Der ausgesprochene Realismus und Pragmatismus, der in den sozialen Selbsteinschätzungen wie in den Ausbildungserwartungen der Jugendlichen zu Tage tritt, sollte zum einen bewundert werden, indem sie darüber als aufmerksame und sensible Akteure erkennbar werden. Zum anderen sollte er aber auch als Armutszeugnis eines Bildungs- und Beratungssystems begriffen werden, indem Optimismus und Zukunftsoffenheit scheinbar bereits früh getilgt oder gar nicht erst geweckt wurden.

4.4 Sozio-kulturelle und intersektionale Erklärungen

Dieses eher skeptisch stimmende Bild sollte aber auch einer kritischen Reflexion unterzogen werden. Das sei an einigen Punkten erläutert:

- Das über die Korrespondenzanalyse gezeichnete Bild sollte als ein Bild der statistischen Wahrscheinlichkeiten begriffen werden. Das lässt sich an der folgenden Kreuztabelle (Tab. 4.12) gut illustrieren. Bei den akademischen Berufen wird ersichtlich, warum die hohen mathematischen Kompetenzlevels in der Korrespondenzanalyse in enger Nachbarschaft zu den Vätern mit akademischen Berufen zu finden sind; umgekehrt wird aber auch erkennbar, dass die meisten Jugendlichen von akademisch qualifizierten Vätern eher ein mittleres Level erzielen; auch bei den Jugendlichen, die keine Angaben zu den väterlichen Berufen machen, findet sich ein solcher Befund.
- Neben eine statistische Reflexion von Wahrscheinlichkeiten sollte auch eine soziale Reflexion dieser Wahrscheinlichkeiten treten, indem man sich die mögliche Resilienz und soziale Kreativität der Jugendlichen vor Augen führt. Das kann z. B. dazu beitragen, dass es Jugendlichen entgegen der eigenen Erwartung oder der von Lehrkräften bzw. Eltern dennoch gelingt, einen Schulabschluss zu erreichen, dass sie Schulabschlüsse in ihrem späteren Leben nachholen oder dass sie jenseits der regulären Einstiege in erfolgreiche berufliche Laufbahnen, eigene Wege des Zugangs finden.
- Schließlich muss auch die mit dem PISA-Ansatz nahegelegte Perspektive auf das Bildungssystem reflektiert werden. Dabei sollte jedoch nicht der insbesondere in den Anfangsjahren der PISA-Untersuchungen dominanten kulturkritischen Kritik gefolgt werden. Die Probleme liegen auf einer anderen Ebene:

Tab. 4.12 Väterlicher Beruf und mathematische Kompetenz

	Lev. 1	Lev. 2	Lev. 3	Lev. 4	Lev. 5 u. 6
Akadem. Berufe	8,3 %	16,5 %	28,6 %	26,7 %	19,9 %
Bürokräfte u. ä. Berufe	13,2 %	22,2 %	27,2 %	24,3 %	13,1 %
Führungskräfte	15,8 %	30,7 %	19,8 %	21,8 %	11,9 %
Techniker u. ä. Berufe	21,0 %	22,6 %	26,3 %	19,7 %	10,4 %
Landw. Fachkräfte	13,9 %	19,4 %	36,1 %	22,2 %	8,3 %
Handwerks- u. ä. Berufe	35,2 %	21,3 %	19,4 %	15,7 %	8,3 %
Dienstleistg.ber./Verkäufer	26,6 %	26,2 %	27,1 %	14,4 %	5,7 %
Anlagenbed./Montage	36,9 %	26,2 %	25,0 %	8,3 %	3,6 %
Hilfsarbeitskräfte	41,4 %	31,7 %	19,0 %	5,1 %	2,7 %
k.A.	44,2 %	25,9 %	19,8 %	8,0 %	2,0 %
Gesamt	27,9 %	24,0 %	24,3 %	15,7 %	8,1 %

Eigene Berechnung mit Daten der PISA-Studie 2022

Bei nicht wenigen Fragen zu den Elternhäusern liegt doch ein eher bildungsbürgerliches Ideal zugrunde, wenn z. B. nach der Zahl der Bücher und Kunstgegenstände gefragt wird. Darüber werden dann auch die mediengängigen Konstrukte von den ‚bildungsfernen Schichten' stabilisiert. Auch die in der Korrespondenzanalyse aufscheinende beinahe lineare Beziehung zwischen dem Kapital der Eltern und den schulischen Leistungen sollte zu denken geben. So ist zu fragen, wie weit mit dem ausgefeilten und international anerkannten Testinstrumentarium der Studie nicht immer auch die verschiedenen Grade der ‚Einpassung' der Jugendlichen in das Schulsystem bewertet werden; das bezieht sich auf das sprachliche Vermögen in der Testsprache und vor allem auf die geforderten bildungsadäquaten Haltungen.

Übergänge in die berufliche Welt
An die bereits im schulischen Rahmen beobachtbaren Differenzierungen schließt sich ein sozial gegliedertes System der beruflichen Ausbildung an. Ein guter Überblick wird möglich, wenn man die Verteilung der Einsteiger:innen in die verschiedenen Sektoren der beruflichen Bildung betrachtet. Bei den älteren Jugendlichen bzw. jungen Erwachsenen werden so die Verschränkungen zwischen einem qualifikatorisch, theoretisch-praktisch und intersektional differenzierten Ausbildungssystem und dem qualifikatorisch, sektoral und geschlechtsspezifisch differenzierten Erwerbssystem bereits deutlich erkennbar (Tab. 4.13).

Die Verteilung der Einsteiger:innen nach Bildungssektoren offenbart zunächst eine klare Differenzierung nach Ausbildungsgängen, die (bei erfolgreichem Abschluss) in qualifizierte Erwerbsarbeit (37,6 %) oder in akademische Berufe (26,3 %) münden. 13,5 % der Jugendlichen lassen sich dem sogenannten Übergangssystem zurechnen, das mit verschiedenen Maßnahmen (z. B. Berufsvorbereitungsjahr) darauf zielt, die Chancen für weitere betriebliche oder schulische Ausbildungen zu verbessern. Weitere 22,7 % streben einen Hochschulzugang an.

Neben der hier erkennbaren sozioökonomischen Differenzierung der weiteren Ausbildungs- und Erwerbswege wird auch eine deutliche intersektionale Strukturierung erkennbar. Sie zeigt sich z. B. bei den geschlechtsspezifischen Unterschieden in der Berufsausbildung (duale Ausbildung bzw. schulische Ausbildung in GES-Berufen) und in der (in der Tabelle nicht aufgeschlüsselten) Aufteilung nach Studienfächern. So variiert der Anteil von weiblichen Studierenden an den Hochschulen nach Fächergruppen zwischen 29 % (Ingenieurwissenschaften) und 68 bzw. 69 % (Geisteswissenschaften bzw. Humanmedizin); an den Fachhochschulen ist die Geschlechterspezifik der Fächergruppen noch ausgeprägter.

Ein Migrationshintergrund wird in der amtlichen Bildungsstatistik nur unzureichend erfasst. Bei den Ausbildungsgängen außerhalb von Hochschulen lässt sich

4.4 Sozio-kulturelle und intersektionale Erklärungen

Tab. 4.13 Sektoren der beruflichen Bildung

Anfänger:innen 2023	absolut	relativ	relativ	Anteil weibl.	Anteil n. deutsch
Berufsausbildung	694.505	37,6 %		47,7 %	14,5 %
- im dualen System	456.352		24,7 %	36,7 %	13,2 %
- schul. Berufsausbildung in GES B.***	187.421		10,1 %	74,8 %	18,5 %
- sonst. schul. Berufsausbildungen	50.727		2,7 %	46,3 %	11,1 %
Integration in Ausbildung	249.790	13,5 %		38,9 %	37,8 %
Erwerb des Hochschulzugangs	419.085	22,7 %		53,2 %	9,6 %
Studium	485.695	26,3 %		52,4 %	26,9 %**
-an Hochschulen (traditionell)*			23,3 %		
-an Verwaltungsfachhochschulen*			1,0 %		
-an Hochschulen (dual)*			1,8 %		
-an Berufsakademien (dual)*			0,2 %		
Ausbildungsgeschehen insgesamt	1.849.060	100,0 %		49,0 %	19,8 %

* Die Aufschlüsselung nach Hochschultypen basiert auf der Verteilung aus dem Jahre 2022
** Diese Gruppe enthält auch Studierende mit einem im Ausland erworbenen Hochschulabschluss
*** Schulische Berufsausbildung im Gesundheits-, Erziehungs- und Sozialwesen
Eigene Berechnungen nach den (vorläufigen) Daten des Datenreports zum Berufsbildungsbericht 2024, S. 81 f. u. 89

über die Staatsangehörigkeit zumindest näherungsweise erkennen, dass ausländische Jugendliche in der dualen Ausbildung, in der sonstigen schulischen Ausbildung (z. B. Berufsfachschulen) und beim nachholenden Hochschulzugang deutlich unterrepräsentiert sind; demgegenüber sind sie insbesondere im Übergangssystem deutlich stärker vertreten. Der 22. Sozialerhebung des Studierendenwerkes ist zu entnehmen, dass Studierende mit einem Migrationshintergrund 17,3 % aller Studierenden ausmachen; ohne Berücksichtigung der internationalen Studierenden, beträgt der Anteil sogar 20 %. Er liegt aber deutlich unter dem Anteil in der 35–65-jährigen Bevölkerung (29 % im Jahre 2024). In der Sprachwissenschaft bzw. der Informatik liegen die Anteile von Studierenden (aus Deutschland) mit einem Migrationshintergrund bei 25 % bzw. 24 %; in Erziehungswissenschaften und Sozialwesen bzw. in Agrar-, Forst-, Ernährungswissenschaften sind es nur 17 % bzw. 11 % (22. Sozialerhebung, S. 153).

Auch die Effekte der sozialen Herkunft lassen sich nur für die Teilgruppe der Studierenden bestimmen. So wird in der 22. Sozialerhebung der höchste schulische Bildungsabschluss der Eltern erfragt: 69 % haben eine Hochschulreife; 23 % einen Realschulabschluss, 7 % einen Hauptschulabschluss 1 % sind ohne Schulabschluss

(22. Sozialerhebung, S. 26). Wenn man das mit den Bildungsabschlüssen der 35–65-jährigen Bevölkerung im Jahr 2019 (35 % Hochschulreife, 36 % Realschule, 25 % Hauptschule 4 % ohne Abschluss) vergleicht, wird deutlich, dass die Reproduktion von Bildungsungleichheit an deutschen Hochschulen weiterhin hoch ausfällt. Dabei geht es auch um die Wahl von Studienfächern; so verfügen die Eltern von Studierenden in der Medizin zu 74 % über einen Hochschulabschluss; in den Erziehungswissenschaften und im Sozialwesen sind es nur 50 % (22. Sozialerhebung, S. 31).

4.4.2 Das Erwerbssystem als Erfahrungsraum

Die Daten der Erwerbstätigenbefragung von 2018 bieten eine gute Basis, um wesentliche Strukturen dieses Erwerbssystems zu entschlüsseln. Sie ermöglichen aber auch einen Zugang zu den typischen Arbeits- und Vergesellschaftungserfahrungen, die mit diesen unterschiedlichen Sphären der Arbeitswelt verbunden sind. Die vom Bundesinstitut für Berufsbildung in Kooperation mit der Bundesanstalt für Arbeitsschutz und Arbeitsmedizin in zumeist sechsjährigen Abständen durchgeführte Erwerbstätigenbefragung geht auf eine telefonische Erhebung (in deutscher Sprache) mit einer Zufallsstichprobe von ca. 20.000 Erwerbstätigen (ab 15 Jahren) zurück, die jenseits ihrer Erstausbildung mindestens 10 h pro Woche gegen Entlohnung tätig sind. Die hier vorgestellte Auswertung (Abb. 4.7) basiert auf einer Korrespondenzanalyse. Die ergänzend eingefügten Auszüge aus qualitativen Interviews zu Arbeitserfahrungen können vielleicht dazu beitragen, die karge Perspektive der standardisierten Daten zu erweitern; sie wurden den Sammelbänden ‚Verkannte Leistungsträger:innen' von Nicole Mayer-Ahuja und Oliver Nachtwey (2021), ‚Strukturierte Verantwortungslosigkeit' von Claudia Honegger et al. (2010), sowie ‚Ein halbes Leben' von Franz Schultheis et al. (2010) entnommen.

Die grafisch dargestellten zwei Hauptdimensionen ‚erklären' verglichen mit der Analyse zum Bildungssystem mit 54 % nur einen begrenzten Teil der gesamten Inertia. Dennoch bieten diese Befunde einen spannenden Einblick in zentrale Strukturen der Erwerbswelt; punktuell wird auch auf die Bedeutung weiterer Dimensionen verwiesen. Die vertikale Achse (39 % der Inertia) bildet die zentralen Unterschiede zwischen den verschiedenen beruflichen Positionen und Beschäftigungsverhältnissen ab. Das sind Unterschiede in den erforderlichen Qualifikationen, in den Arbeitseinkommen, aber auch in Arbeitsinhalten bzw. Arbeits- und Beschäftigungsbedingungen. Angaben über die Einkommen von eventuellen Lebens-

4.4 Sozio-kulturelle und intersektionale Erklärungen 267

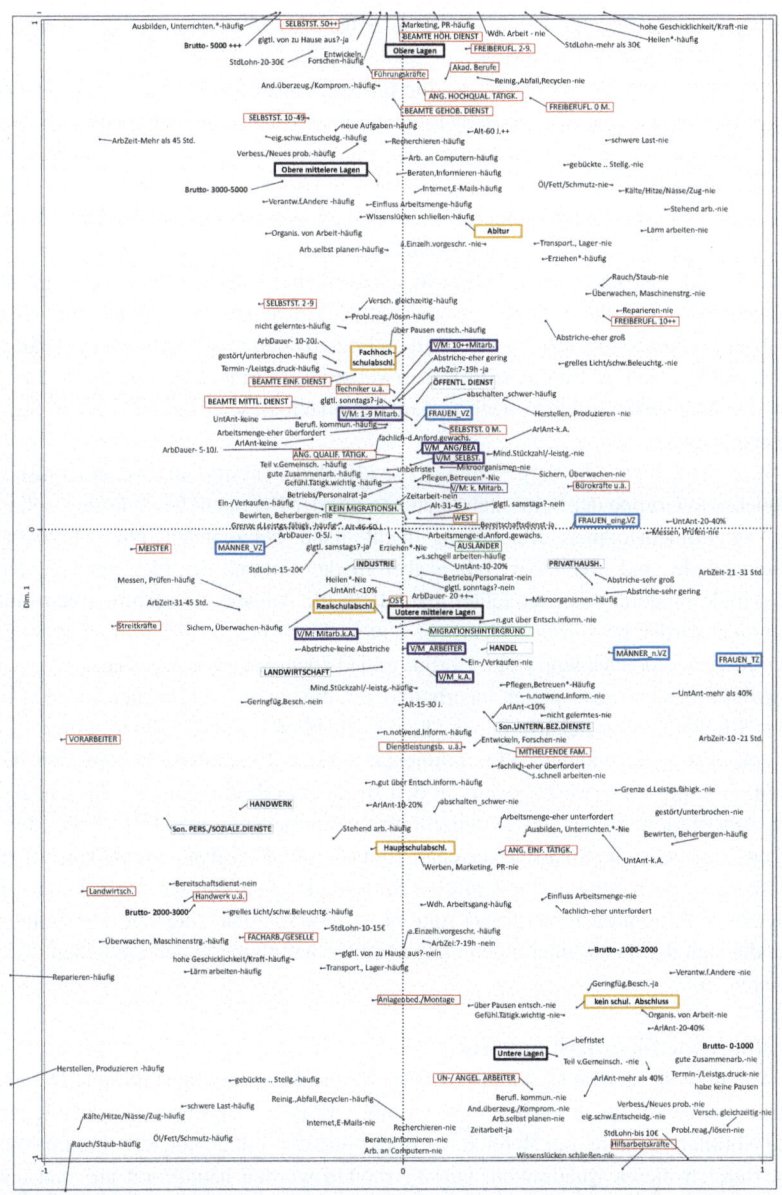

Abb. 4.7 Erwerbswelten. Eigene Berechnung mit Daten der Erwerbstätigenbefragung 2018

partnern, die Rückschlüsse auf das Haushaltseinkommen ermöglichen würden, wurden 2018 nicht (mehr) erfragt.

Die horizontale Achse (15 % der Inertia) steht insbesondere für Unterschiede, die mit der geschlechtsspezifischen Teilung der Arbeit zusammenhängen; das sind Unterschiede in den Tätigkeitsfeldern und im Arbeitsvolumen, die sich aber auch in der hierarchischen Positionierung ausdrücken können. Dabei wurde die Gruppe der Frauen in drei Gruppen unterteilt, die sich entlang des Grades der Erwerbsbeteiligung unterscheiden. Räumlich betrachtet werden horizontale wie vertikale Unterschiede zwischen den verschiedenen Erwerbsmodellen der Frauen erkennbar; umgekehrt liegen die in Vollzeit (mehr als 30 Std./Woche) und eingeschränkter Vollzeit (mehr als 20 bis zu 30 Std.) tätigen Frauen doch relativ nahe an der Hauptachse; anders sieht es für die in Teilzeit erwerbstätigen Frauen (bis zu 20 Std.) aus. Bei den Männern wurden Vollzeit und nicht Vollzeit-Beschäftigte (bis zu 30 Std.) unterschieden.

Eine dritte hier nicht dargestellte Achse (10 % der Inertia) unterscheidet insbesondere die Gruppe der Selbstständigen von der der Beamten; beide finden sich in der zweidimensionalen Darstellung recht nahe beieinander. Die Ost-West-Unterschiede sind erkennbar; fallen aber in der Summe der hier untersuchten Merkmale moderat aus. Betrachtet man allein die Angabe zum Bruttoarbeitseinkommen werden noch immer deutliche Unterschiede (ca. 3220 € und ca. 2630 €) zwischen Westdeutschland (inkl. Berlin) und Ostdeutschland erkennbar.

Migrationsprozesse spielen innerhalb derer, die einen erfolgreichen Einstieg in den Arbeitsmarkt geschafft haben, keine erhebliche Rolle. Leider wurde der Migrationshintergrund nur sehr rudimentär erfasst. Exemplarisch lässt sich die Positionierung im Erwerbssystem an den Bruttoerwerbseinkommen ablesen. Bei den Autochthonen liegt das Durchschnittseinkommen bei ca. 3150 €; bei Menschen ohne deutsche Staatsbürgerschaft sind es 3095 €, wobei zu berücksichtigen ist, dass die Befragung nur in deutscher Sprache durchgeführt wurde. Bei anderen mit einem Migrationshintergrund sind es ca. 3005 €. Die folgende Darstellung wendet sich den Positionierungen und Arbeitsverhältnissen in den einzelnen Quadranten zu.

Ausführende Dienstleistungsarbeit
In dem unteren rechten Quadranten finden sich insbesondere ausführende Dienstleistungsarbeiten im Bereich von Bewirtung und Beherbergung sowie Reinigung und Abfallentsorgung; der Bereich der Betreuung und Pflege rangiert eher im oberen Bereich dieses Quadranten. Diese Arbeiten werden häufig von an- und ungelernten Arbeitenden, einfachen Angestellten und mithelfenden Familienangehörigen ausgeübt. Bei den Berufen (ISCO-Einsteller) sind es Hilfsarbeits-

4.4 Sozio-kulturelle und intersektionale Erklärungen

kräfte bzw. Dienstleistungsberufe. Es finden sich überdurchschnittlich viele Zeitarbeitsverhältnisse und befristete Beschäftigungen. Das korrespondiert bei den Beschäftigten mit eher niedrigen Bildungsabschlüssen (kein Bildungsabschluss oder Hauptschule) und Erwerbskarrieren, die immer wieder von Phasen der Arbeitslosigkeit („ArlAnt' in der Grafik) geprägt wurden; oft sind es 20–40 % oder mehr als 40 % des Erwerbslebens. Die Arbeit ist typischerweise schlecht entlohnt; es finden sich in überdurchschnittlichem Maße Bruttolöhne unterhalb von 1000 bzw. 2000 €. Die Stundenlöhne liegen nur wenig über dem damaligen Mindestlohn von ca. 9 €.

Die Arbeitsinhalte sind in verschiedener Hinsicht durch eine ausgesprochene Monotonie gekennzeichnet; das drückt sich auch darin aus, dass viele der für andere Berufsfelder konzipierten Fragen mit ‚nie' beantwortet werden. Das betrifft die technischen (z. B. Computer, Internet), inhaltlichen (z. B. neue Aufgaben, auf Probleme reagieren, Beraten, Recherchieren, Parallelaufgaben), qualifikatorischen (z. B. fachlich gefordert), leistungsmäßigen (z. B. Termindruck, schnell arbeiten) und sozialen (z. B. berufliche Kommunikation, Zusammenarbeit, Verantwortung für andere, Überzeugungsarbeit, Pausen) Anforderungen bzw. die Freiheitsgerade (z. B. die eigene Arbeit bzw. die Arbeitsmenge planen). In der Summe ergibt sich die niederschmetternde Situation, dass man sich kaum als Teil einer Gemeinschaft fühlt oder kaum das Gefühl hat, die eigene Arbeit sei wichtig; nicht einmal die Klage, dass das Abschalten von der Arbeit schwerfalle, ist zu finden.

> Interviewauszug mit einem Beschäftigten, der in einem Krankenhausverbund für den Patiententransport zuständig ist:
>
> „Ich habe ja nun knapp zwanzig Jahre als Selbständiger gearbeitet. Ich sage mal ganz grob: Ich bin es gewohnt, immer, jede Minute, Werbung für meine eigene Person zu machen, einen guten Job abzuliefern, dann werde ich wieder gebucht. […] Aber ab einem gewissen Alter – ich will es mal so ausdrücken: Mein Bruder hat immer gesagt: ‚Du musst mal in ein ruhigeres Fahrwasser kommen!' Und es ist mittlerweile – ich bin quasi von einer Existenzangst in die nächste gehüpft. Das zehrt an den Nerven, das geht ein bisschen auf die Psyche. Und in diesem Job hier habe ich auf so etwas schon mal gar keine Lust mehr. Gewisses Alter, gewisse Erfahrungen, gebranntes Kind. Ich habe gar keinen Bock mehr. Und jetzt geht es schon wieder los für mich. Zeitverträge. Also, diese Zukunftsängste nerven." (Singe 2021, S. 195)

Ausführende Produktionsarbeit

Verglichen mit der ausführenden Dienstleistungsarbeit sind die Arbeitenden im Bereich der ausführenden Produktionsarbeit (im Sinne des klassischen ‚männlichen' Verständnisses von Belastung) weit mehr gefordert; auch die Qualifizierung (z. B. Realschulabschlüsse) und Bezahlung (z. B. Erwerbseinkommen von 2000–3000 €) sind besser. Hier werden Güter produziert, repariert, gelagert und transportiert, Maschinen und Anlagen überwacht und gesteuert. Die körperlichen Belastungen sind vielfältiger Art: sensorische Belastungen durch Lärm, Rauch, Hitze, Lichtverhältnisse oder Schmutz; physische Belastungen durch hohe Lasten oder eine ungünstige Körperhaltung. Die Beschäftigten sind aber auch im Sinne der klassischen (Geschicklichkeit, Kraft) wie der neuen (Arbeit mit Computern) Leistungsethik gefordert.

Insbesondere in den oberen Bereichen des linken unteren Quadranten ist die Arbeit erheblich vielfältiger; während bei vielen Anforderungen im Sektor unten rechts das ‚nie' dominierte, ist es hier das ‚manchmal'. Das betrifft auch die Dispositionsmöglichkeiten. Es sind eben handwerkliche und industrielle Ausbildungsberufe, die bis zum Vorarbeiter und Meister reichen. Auch das Gefühl der Wichtigkeit der eigenen Arbeit stellt sich mitunter (selten aber auch manchmal) ein. Bei den Beschäftigungsverhältnissen scheint das ‚Normalarbeitsverhältnis' vorzuherrschen; Befristungen aber auch geringfügige Beschäftigungen spielen keine Rolle; die Regelarbeitszeit umfasst 31–45 h. Probleme der Vereinbarkeit von Familie und Beruf (Abstriche beruflicher oder familiärer Art) werden von den zumeist männlichen Beschäftigten nicht gesehen. Betrachtet man die Berufsangaben, so sind es auf der einen Seite berufliche Tätigkeiten, die als Maschinen- und Anlagenbedienung, Montage sowie als handwerkliche Tätigkeiten rubriziert werden. Auf der anderen Seite ist es aber auch die Arbeit in der hochgradig technisierten und chemisierten Landwirtschaft und die körperlich technische Arbeit in den unteren und mittleren Rängen der Streitkräfte.

In beiden unteren Quadranten geht es im klassischen Sinne eher um ‚Handarbeit', die den Körper und die physische Präsenz fordert; dementsprechend ist es ausgeschlossen, die Arbeit auch mal von zu Hause erledigen zu können. In beiden Quadranten sind Beschäftigte tätig, deren Eltern (der Vater oder die Mutter) typischerweise auch der Arbeiterschaft bzw. der abhängigen Arbeit entstammten.

4.4 Sozio-kulturelle und intersektionale Erklärungen

Interviewauszug mit einer Produktionshelferin in der Lebensmittelproduktion, die zunächst als Teilzeit- danach als Vollzeitkraft tätig war:

„Die Firma braucht nen gewissen Pool an Teilzeit, weil diese Bänder, die Produkte werden ja immer wieder umgestellt. Macht ja nicht die eine Linie immer nur dasselbe Produkt, sondern die werden ja umgestellt. Und bei der einen Pizza brauchst du sechzig Leute, bei den anderen brauchste vielleicht siebzig oder nur zwanzig. Wir haben einen festen Pool an Vollzeit, die immer fest an ihrem Platz sind, und diese Teilzeitfrauen: Wir mussten immer flexibel hin und her hüpfen. Von Verpackung zur Belegung, das sind so die zwei Hauptbereiche. Dann gibt's noch – wir haben Frauen im Backbereich, die auch Teige herstellen, aber die haben Muckis, ne? Die schweren Kästen, die die schieben müssen, aber die wollen das auch. Wir haben den Bereich Qualitätskontrolle, wir haben einen Gewürzraum, da war ich jetzt zum Schluss, wo man nach einer Rezeptur Trockengewürze zusammenstellt. Die werden an die Linie geschickt, und der Mann da vor Ort, der tut dann noch die anderen Sachen dazu, deswegen braucht man diesen gewissen Pool an Teilzeit." (Kutzner 2021, S. 240 f.)

Gestaltende Organisationsarbeit
Die gestaltende Organisationsarbeit findet sich in der grafischen Darstellung in der unteren Hälfte der beiden oberen Quadranten. Beruflich betrachtet sind es die Arbeitsfelder von Bürokräften und von Techniker:innen; die berufliche Stellung ist durch qualifizierte Angestelltentätigkeiten und durch Beamte im einfachen und mittleren Dienst gekennzeichnet. Es finden sich aber auch kleinere Selbstständige und Freiberufliche. Diese vielleicht irritierenden Nähe von staats- und wirtschaftsnaher Arbeitslogik erklärt sich durch die nicht dargestellten deutlichen Unterschiede in der dritten Dimension.

Bei den Arbeitsinhalten geht es vor allem um berufliche Kommunikation und um Kaufen und Verkaufen; daneben gibt es eine Vielzahl von gelegentlich ausgeübten Tätigkeiten (Messen und Prüfen, Ausbilden, Unterrichten, Entwickeln und Forschen, Bewirten und Beherbergen). Aus dieser Vielzahl von Anforderungen und den Unwägbarkeiten der beruflichen Kommunikationsarbeit erwachsen ganz spezifische Belastungen (Unterbrechungen, Termin- und Leistungsdruck, Grenze der Leistungsfähigkeit, Überforderung) und Herausforderungen (auf Probleme reagieren und lösen, mit Nicht-Gelerntem umgehen, verschiedenes gleichzeitig bewältigen). Dem stehen aber auch vielerlei motivierende Faktoren gegenüber (gute Zusammenarbeit, Gefühl einer wichtigen Tätigkeit, Gemeinschaftsgefühle, Erfahrung fachlicher Kompetenz); auch über Pausen kann (selbstständig) entschieden werden. Es fällt häufig schwer, von dieser Art von Arbeit abzuschalten – das kann als Belastung aber auch als Bereicherung verstanden werden. Die Arbeitsumgebung ist hochgradig kontrolliert; selten ist man mit Lärm, Nässe oder Hitze und Kälte oder mit schweren Lasten konfrontiert. Verglichen mit der leitenden und der Expertenarbeit sind diese Belastungen aber auch nicht völlig aus der Arbeitsumwelt entschwunden. Die Entlohnung liegt im Bereich der mittleren Arbeitseinkommen. Für einige ist es eine Tätigkeit im Öffentlichen Dienst, aber auch für die anderen sind es geregelte Arbeitsverhältnisse; häufig gibt es einen Betriebs- oder Personalrat.

Interviewauszug mit einem Beamten im gehobenen Dienst, der bei der Kriminalpolizei tätig ist:

„Also ich bin jetzt verantwortlich, das ist aber überdurchschnittlich viel, für 27 Mitarbeiter. Das ist ein Kommissariat. Aber ein Kommissariat ist normalerweise viel kleiner, das sind zwischen acht und zwölf Mitarbeitern, die eine besondere Zuständigkeit haben und die das dann so bearbeiten. Das ist meist ein Leiter und ein Stellvertreter, die das organisieren, die Personalverantwortung haben und das fachlich überblicken müssen. Bei uns hat sich das so ergeben, dass aus zwei Kommissariaten eins gemacht wurde, und ich halt die Aufgabe bekommen habe, das zusammenzufassen. Ich habe auch zwei Stellvertreter, also eine Untergliederung in zwei Sachgebiete, aber trotz allem ist 27 schon sehr viel." (Schulz 2010, S. 282 f.)

Leitende Arbeit und Expertenarbeit
In den höheren Positionen des Erwerbssystems finden sich jene, die in komplexen Organisationen leitend tätig sind bzw. jene, die in einem speziellen Gebiet (z. B. Ausbildung, Entwicklung, Forschung, Heilkunde, Marketing) ein sehr hohes Maß an Expertise erlangt haben. Das impliziert berufliche Stellungen in den oberen Gruppen der Angestellten und Beamten sowie als Selbstständige und freiberuflich Tätige mit einer nicht kleinen Zahl von Mitarbeitenden; auf die Differenzierung dieser beiden Gruppen in der dritten Dimension wurde bereits verwiesen. Beruflich betrachtet sind es auf der einen Seite akademische Berufe und auf der anderen Seite Führungskräfte. Beide verfügen in der Regel aber über eine akademische Ausbildung. Die von Bourdieu (1987, S. 198) diagnostizierte Differenzierung der herrschenden Gruppen entlang von hohem ökonomischen oder kulturellen Kapital ist sicher nicht verschwunden, aber auch nicht mehr so einfach auszumachen, wie im letzten Drittel des 20. Jahrhunderts.

4.4 Sozio-kulturelle und intersektionale Erklärungen

Die Arbeitsinhalte liegen in der Expertenarbeit bzw. in der Leitungs- und Entscheidungsarbeit. Man ist häufig mit neuen Aufgaben konfrontiert, muss recherchieren, Wissenslücken schließen, sich beraten und informieren; es bieten sich große Spielräume bei der Gestaltung der Arbeit; Monotonie ist ein Fremdwort; die Arbeitsumgebungen sind bezüglich der sensorischen und physischen Herausforderungen optimiert. Es sind aber auch Engagement und hohe zeitliche Investitionen gefordert; die Arbeitszeit beträgt häufig mehr als 45 h pro Woche. An dem durchschnittlichen Alter dieser Gruppe wird deutlich, dass es oftmals berufliche Positionierungen sind, die nach einem langen Weg der Qualifizierung bzw. des betrieblichen Aufstiegs erreicht werden. Die erzielten Einkommen oder Gewinne sind hoch.

> **Interviewauszug mit einem Trader im Investmentgeschäft einer Großbank:**
>
> „Ich muss fünf bis sechs Millionen Euro im Jahr bringen, alleine, und meine Händler jeder so um die eineinhalb Millionen Euro. So, und ich hab jetzt einmal gute fünf Millionen aufgedrückt bekommen, mit denen muss man erst einmal klarkommen. Also, so einfach ist das nicht, vor allem wenn jedes Jahr am ersten Ersten die Uhr wieder auf Null geht. Es wird wieder alles zurückgedreht, und das Ergebnis, das man im Vorjahr gehabt hat, ist weg. Und man beginnt wieder von Neuem und macht sich Gedanken darüber: ,Wie werd ich das überhaupt schaffen können?'" (Czingon und Neckel 2010, S. 129)

In der Zusammenschau der Positionierungen im Raum der Erwerbsarbeit sind zum einen die klar erkennbaren Unterschiede in der Qualifizierung und Entlohnung, in den beruflichen Sicherheiten und in den physischen und psychischen Belastungen erkennbar. Schließlich fungiert auch die Arbeitszeit (und die damit zusammenhängenden Effekte) als wichtiges differenzierendes Moment – zumindest in spezifischen Lebensphasen. All dies schlägt sich schließlich auch in sehr unterschiedlichen Arbeitserfahrungen nieder.

Intersektional betrachtet lassen sich Positionierungsunterschiede erkennen; das betrifft insbesondere die Arbeitsfelder und die hierarchische Positionierung. Es ist aber auch anzumerken, dass die für die Analyse genutzte Erhebung durch ein spezifisches eher männlich und weiß geprägtes Verständnis von Arbeitsinhalten und Arbeitsbelastungen geprägt ist; Fragen zu sexistisch oder rassistisch motivierten Diskriminierungen (z. B. im Sinne von formellen oder informellen Schließungen oder Herabsetzungen) fehlen. Schließlich ist darauf zu verweisen, dass die ,erklärte' Inertia auch bei der Einbeziehung von drei Dimensionen nur bei 64 % liegt;

das verweist auf weitere hier nicht erfasste mehr oder weniger strukturierte Differenzmomente des Erwerbssystems.

In der Summe wird deutlich, dass das Feld der Erwerbsarbeit in Zusammenwirkung mit dem biografisch vorgeschalteten Bildungssystem als der zentrale Ort der Vergesellschaftung fungiert. Hier werden Erfahrungen von Oben und Unten, Abhängigkeit und Autonomie, Konkurrenz und Kooperation, Sicherheit und Unsicherheit, Erfolg und Misserfolg, Aufstieg und Abstieg, Inklusion und Exklusion und schließlich Anerkennung und Herabsetzung gemacht.

4.4.3 Fazit: Sozio-kulturelle und intersektionale Erklärungen

Die Stärke der soziokulturellen Perspektive liegt darin, dass sie Prozesse der (individuellen und kollektiven) Inkorporierung und Habitualisierung sozialer Ungleichheiten aufdecken kann. Sie begreift Ungleichheiten nicht nur in einer materiellen (Einkommen und Vermögen) und institutionellen (ein klassifizierendes Bildungs- und Erwerbssystem oder Grenzregime) Perspektive. Ungleichheiten werden lebenslang erfahren; sie lagern sich in Körper und Geist, in Geschichten und kollektiven Erzählungen ab und werden auf diese Weise im Lebensverlauf stabilisiert und als immaterielles Erbe an kommende Generationen weitergegeben. Das Bildungs- und Erwerbssystem, aber auch die öffentliche Verwaltung (z. B. eine Ausländerbehörde) werden zu wichtigen Orten, die klassifizierend wirken und diese Klassifikation auch am eigenen Leib erfahrbar machen. Was von den einen als Deklassierung und Diskriminierung erfahren wird, kann von anderen als Aufwertung und Privilegierung begriffen werden.

Die soziokulturelle Affirmierung sozialer Ungleichheiten trägt dazu bei, dass alle Akteure, die im politischen Feld für eine Verringerung sozialer Ungleichheiten kämpfen, nicht nur mit einflussreichen politischen und ökonomischen Interessengruppen konfrontiert sind, sondern auch mit jenen inkorporierten Strukturen und Wissensbeständen, die dazu beitragen, Verhältnisse sozialer Ungleichheit zu stabilisieren, weil man sich in ihnen mehr schlecht als recht eingerichtet hat. Es war eben ‚schon immer so', dass ‚die Gebildeteren', die ‚Leistungsträger' oder ‚die da oben' über mehr politischen und ökonomischen Einfluss verfügten und die ‚kleinen Leute' sich da nicht einzumischen haben. Ähnlich stellt sich die Situation dar, wenn Menschen individuell versuchen, ihre Lage zu verbessern und sozial aufzusteigen; auch sie werden mit dem akkumulierten Wissen konfrontiert, dass das ‚sowieso nicht klappt', dass es ‚sich nicht lohne' oder dass es ‚auch nicht glücklicher mache' (vgl. Theling 1986).

In welcher Gesellschaft leben wir eigentlich? 5

Diese Frage ist immer wieder an die Soziologie herangetragen worden oder Soziolog:innen haben ihrerseits Vorschläge gemacht, wie man wesentliche Erkenntnisse und Entwicklungen treffend verdichten könne. Am Ende dieser Einführung soll die Frage im Sinne einer Zuspitzung und Gewichtung fungieren. Zwei Antworten bieten sich an; sie beziehen auf jene prosperierenden Gesellschaften (zumeist im globalen Norden), die früher oder später weitreichende Prozesse der Industrialisierung und der Herausbildung von Sozialstaatlichkeit durchlaufen haben.

Eine transformierte und diversifizierte Industriegesellschaft
Von Industriegesellschaft wurde verstärkt in der Phase nach dem Zweiten Weltkrieg gesprochen, als sich nach und nach eine industriell geprägte Arbeits- und Lebensweise durchzusetzen begann und sich die Lebensbedingungen vieler Menschen im globalen Norden fundamental verbesserten. Man sollte Industrie nicht nur mit Großbetrieben und rauchenden Schloten, aus denen CO_2 und Feinstäube entweichen, verbinden. Wie erwähnt steht industriell für eine ‚geschäftige', ‚beharrliche' oder ‚fleißige' Art und Weise, Arbeit und Leben zu organisieren. Daran hat sich wenig geändert. Dieser industrielle Geist hat sich gesellschaftlich betrachtet eher noch weiter verbreitet; er wirkt nicht länger in industriellen Inseln, die lange von einer bäuerlichen und handwerklich organisierten Gesellschaft umgeben waren. Vielmehr sind die Industrie und der industrielle Geist ins Zentrum der Gesellschaft gerückt. Industriell hergestellte Produkte und Dienstleistungen prägen das alltägliche Leben wie die betriebliche Arbeit, auch wenn sich die weltweite Organisation von Produktions- und Wertschöpfungsprozessen wie auch die Art der hergestellten Güter und Dienstleistungen fundamental verändert haben. Dementsprechend wird von einer transformierten und sich (im Kontext technologischer,

sozialer und ökologischer Veränderungen) weiter transformierenden und digitalisierenden Industriegesellschaft gesprochen. Das Bildungssystem bereitet Menschen darauf vor, in dieser industriellen Welt bestehen zu können; körperliche und geistige Fitness mag einem erfüllten Leben dienen, ist aber auch ein wesentliches Moment der Teilhabe in dieser industriellen Welt.

Auch die in diese Welt eingesponnenen Menschen haben sich verändert; sie werden aufwendig qualifiziert, beraten und gecoacht; soziale Medien haben die Interaktionen wie die Selbstwahrnehmung verändert (Brubaker 2023, S. 20 ff.). Der relative materielle Wohlstand und die sozialstaatlichen (und anderen) Unterstützungssysteme haben einen beispiellosen Grad der Individualisierung ermöglicht, indem wichtige Kollektivkonstrukte wie Nation, Klasse, Geschlecht oder die Zurechnung zu Kulturen hinterfragt werden. Insofern wird von einer diversifizierten Gesellschaft gesprochen; das lehnt sich an das von Steven Vertovec (2024) favorisierte Konzept der Superdiversität oder das von Brubaker (2016) analysierte Trans-Moment an.

Das im Kontext der Individualisierung und Diversifizierung veränderte reproduktive Handeln von Männern und Frauen führt in vielen Ländern zu demografischen Veränderungen, die ein höheres Maß an Zuwanderung erfordern. Länderübergreifende Ausbildungswege, globalisierte Produktions- und Dienstleistungsketten und transnationale Lebensweisen tragen dazu bei, dass offene Nationalgesellschaften zur Praxis werden (müssen), mit allen damit verbundenen Konflikten und Empörungspotenzialen.

Eine sozialstaatlich regulierte Marktgesellschaft

Mit dem Etikett ‚sozialstaatlich regulierte Marktgesellschaft' sollen jene über das Zusammenwirken von Kapitalismen und Nationalismen entstandenen Gesellschaften charakterisiert werden, die sich durch komplexe Wechselverhältnisse von marktlichen und staatlichen Logiken auszeichnen.

In vielen gesellschaftlichen Sphären ist es zu weitreichenden Prozessen der Vermarktlichung gekommen. Bereits Max Weber hatte konstatiert, dass die soziale Ordnung mehr und mehr von Marktklassen geprägt sei, also von sozialen Gruppen, deren Lage auf die Positionierung an Arbeitsmärkten zurückgehe; zudem hatte er langwirkende Prozesse der Rationalisierung beschrieben. Zugleich entwickelten sich die verschiedenen Kapitalismen in engem Zusammenspiel mit regulierenden Nationalstaaten, die wesentliche Rahmenbedingungen der kapitalistischen Produktion schufen, Infrastrukturen und Wissen bereitstellten und unterschiedliche Systeme der sozialen Sicherung ausbildeten. Aber auch diese regulative Sphäre ist in verschiedener Weise von Vermarktlichungen geprägt. Das reicht von der Vergabe staatlicher Aufträge, über die Erbringung sozialer Leistungen bis zu den Anforderungen an die sozial Unterstützten. Auch im vermeintlich privaten Leben waren und sind marktliche Orientierungen alles andere als neu; das betrifft die äußeren und inneren Inszenierungen, die Aufnahme von Beziehungen, aber auch das habitualisierte Repertoire an Deutungsmustern und Handlungsstrategien. Das verweist darauf, dass sich Marktgesellschaften über viele Jahrhunderte herausgebildet haben, wie z. B. Braudel (1991) oder de Vries (2008) deutlich machten, und nicht erst mit der Durchsetzung des Kapitalismus auf die Bühne traten. Man sollte funktionierende Märkte und die soziale (und demokratische) Gestaltung des Arbeitens und Lebens an und mit Märkten als eine wichtige politische und soziale Errungenschaft begreifen. Dies mutet angesichts der katastrophalen Folgen für Klima und Artenvielfalt vielleicht merkwürdig an; es scheint aber auch ein Weg zu sein, die immensen Herausforderungen des gesellschaftlichen Umbaus von Arbeits- und Lebensweisen anzugehen.

Literatur

Albert, Michel 1992: Kapitalismus contra Kapitalismus, Frankfurt a.M., New York: Campus
Alexander, Michelle 2016: The New Jim Crow. Masseninhaftierung und Rassismus in den USA, München: Antje Kunstmann
Allen, Robert C. 2015: Geschichte der Weltwirtschaft, Stuttgart: Reclam
Amling, Steffen/Hoffmann, Nora 2018: Milieuanalyse im Kontext von Dokumentarischer Methode und Praxeologischer Wissenssoziologie, in: Stella Müller/Jens Zimmermann (Hrsg.), Milieu revisited, Wiesbaden: VS, S. 79–110
Arndt, Susan 2020: Sexismus. Geschichte einer Unterdrückung, München: C.H. Beck
Arndt, Susan 2021: Rassismus begreifen. Vom Trümmerhaufen der Geschichte zu neuen Wegen, München: C.H. Beck
Atkinson, Will 2015: Class, Cambridge: Polity
Babić, Milan 2025: Geoökonomie. Anatomie der neuen Weltordnung, Berlin: Suhrkamp
Bader, Veit-Michael u.a. 1998: Die Wiederentdeckung der Klassen, Berlin: Argument
Baresel, Kira u.a. 2021: Hälfte aller Erbschaften und Schenkungen geht an die reichsten zehn Prozent aller Begünstigten, in: DIW Wochenbericht, 5/2021, S. 64–71
Bauer, Ullrich/Vester, Michael 2008: Soziale Ungleichheit und soziale Milieus als Sozialisationskontexte, in: Hurrelmann, Klaus/Grundmann, Matthias/Walper, Sabine (Hrsg.), Handbuch Sozialisationsforschung, Weinheim: Beltz, S. 184–202
Bayer, Jürgen 2003: Deutschland AG a.D. Deutsche Bank, Allianz und das Verflechtungszentrum des deutschen Kapitalismus, in: Streeck, Wolfgang/Martin Höpner (Hrsg.), Alle Macht dem Markt? Fallstudien zur Abwicklung der Deutschland AG, Frankfurt a.M.: Campus, S. 118–146
Bayertz, Kurt 2015: Historischer Materialismus, in: Michael Quante u.a. (Hrsg.), Marx-Handbuch, Stuttgart: Metzler/Poeschel, S. 194–208
Beck, Ulrich 1994 [1983]: Jenseits von Stand und Klasse, in: Riskante Freiheiten. Individualisierung in modernen Gesellschaften, hrsg. v. Ulrich Beck u. Elisabeth Beck-Gernsheim, Frankfurt a.M., Suhrkamp, S. 43–60

Beck, Ulrich 1997: Was ist Globalisierung? Frankfurt a.M.: Suhrkamp
Beck, Ulrich/Edgar Grande 2010: Jenseits des methodologischen Nationalismus. Außereuropäische und europäische Variationen der Zweiten Moderne, in: Soziale Welt, 61. Jgg., H. 3/4, S. 187–216
Becker, Gary S. 1965: A Theory Of The Allocation Of Time, in: The Economic Journal, September 1965, S. 418–442
Behrmann, Laura/Falk Eckert/Andreas Gefken/Peter A. Berger (Hrsg.) 2018: ‚Doing Inequality'. Prozesse sozialer Ungleichheit im Blick qualitativer Sozialforschung, Wiesbaden: VS
Berger, Johannes 2020: Kapitalismus, in: Hans-Peter Müller u.a. (Hrsg.), Max Weber-Handbuch, Berlin: Metzler, S. 99–102
Betz, Joachim 2022: Entwicklungspolitik. Eine Einführung in Zielsetzungen und Ergebnisse, Wiesbaden: Springer VS
Betz, Joachim; Hein, Wolfgang 2022: Globalisierung. Voraussetzungen, Auswirkungen, Widerstände, Wiesbaden: Springer VS
Biele Mefebue, Astrid/Andrea Bührmann/Sabine Grenz (Hrsg.) 2022: Handbuch Intersektionalitätsforschung, Wiesbaden: Springer VS
Blanchet, Thomas/Lucas Chancel/Amory Gethin 2019: How Unequal Is Europe? Evidence from Distributional National Accounts, 1980–2017, WID.world – Working Paper N° 2019/06
Blasius, Jörg 2001: Korrespondenzanalyse, München: Oldenbourg
BMUV – Bundesministerium für Umwelt, Naturschutz, nukleare Sicherheit und Verbraucherschutz (Hrsg.) 2023: Naturbewusstsein 2021. Bevölkerungsumfrage zu Natur und biologischer Vielfalt, Berlin
Bogner, Alexander/Beate Littig/Wolfgang Menz 2009: Das Experteninterview. Theorie, Methode, Anwendung, Wiesbaden: VS
Bohnsack, Ralf 2018: Milieu als Erfahrungsraum, in: Müller, Stella/Zimmermann, Jens (Hrsg.): Milieu – Revisited. Forschungsstrategien der qualitativen Milieuanalyse, Wiesbaden: VS, S. 19–52
Bojadžijev, Manuela 2012: Die windige Internationale. Rassismus und Kämpfe der Migration, Münster: Westfälisches Dampfboot
Bolte, Karl Martin 1967: Deutsche Gesellschaft im Wandel, Opladen: Leske
Bönke, Timm u.a. 2016: The joint distribution of net worth and pension wealth in Germany, SOEPpapers on Multidisciplinary Panel Data Research, No. 853, Berlin: DIW
Bonnett, Alastair März 2024: Multiple Rassismen. Für eine globale Perspektive auf ein globales Phänomen, Münster: Unrast
Bontrup Heinz-J. 2004: Volkswirtschaftslehre Grundlagen der Mikro- und Makroöko-nomie, München, Wien: Oldenbourg
Bourdieu, Pierre 1976: Entwurf zu einer Theorie der Praxis auf der Grundlage der kabylischen Gesellschaft, Frankfurt a.M.: Suhrkamp
Bourdieu, Pierre 1987: Die feinen Unterschiede. Kritik der gesellschaftlichen Urteilskraft, Frankfurt a.M.: Suhrkamp
Bourdieu, Pierre 1992: Homo Academicus, Frankfurt a.M.: Suhrkamp
Bourdieu, Pierre 1993: Der Rassismus der Intelligenz, in: ders. Soziologische Fragen, Frankfurt a.M.: Suhrkamp, S. 252–256

Bourdieu, Pierre 1997: Die männliche Herrschaft, in: Dölling, Irene/Krais, Beate (Hrsg.): Ein alltägliches Spiel. Geschlechterkonstruktionen in der sozialen Praxis, Frankfurt a.M.: Suhrkamp, S. 153–217
Bourdieu, Pierre 1998: Praktische Vernunft. Zur Theorie des Handelns, Frankfurt a.M.: Suhrkamp
Bourdieu, Pierre 2005: Die männliche Herrschaft, Frankfurt a.M.: Suhrkamp
Bourdieu, Pierre 2018: Die konservative Schule. Soziale Ungleichheit gegenüber Schule und Kultur, in: ders., Bildung. Schriften zur Kultursoziologie 2, Berlin: Suhrkamp, S. 7–38
Braudel, Fernand 1991: Die Dynamik des Kapitalismus, Stuttgart: Klett-Cotta
Braun, Siegfried 1967: Das Gesellschaftsbild der Angestellten, in: Atomzeitalter, 1967, Heft 9, S. 482–495
Breen, Richard 2005: Foundations Of A Neo-Weberian Class Analysis, in: Erik Olin Wright (Ed.), Approaches to Class Analysis, Cambridge: Cambridge University Press
Breman, Jan/Kevan Harris/Ching Kwan Lee/Marcel van der Linden (Hrsg.) 2019: The Social Question in the Twenty-First Century, Oakland: University of California Press
Bremer, Helmut/Andrea Lange-Vester 2006: Einleitung, in: diess. (Hrsg.) Soziale Milieus und Wandel der Sozialstruktur Die gesellschaftlichen Herausforderungen und die Strategien der sozialen Gruppen, Wiesbaden: VS-Verlag
Bremer, Helmut/Teiwes-Kügler, Christel 2013: Zur Theorie und Praxis der „Habitus-Hermeneutik", in: Brake, Anna u. a. (Hrsg.), Empirisch arbeiten mit Bourdieu, Weinheim: Beltz Juventa, S. 93–127
Brock, Ditmar 1993: Wiederkehr der Klassen? Über Mechanismen der Integration und der Ausgrenzung in entwickelten Industriegesellschaften, in: Soziale Welt, H. 2, Jg. 44, S. 177–198
Brubaker, Rogers 2007: Ethnizität ohne Gruppen, Hamburg: Hamburger Edition
Brubaker, Rogers 2016: Trans. Gender and Race in an Age of Unsettled Identities, Princeton: Princeton University Press
Brubaker, Rogers 2023: Hyperconnectivity and Its Discontents, Cambridge, Hoboken: Polity
Brülisauer, Peter/Stephan Kuhn (2002): Allokation und Reallokation von betrieblichen Funktionen und Risiken im multinationalen Konzern. Betriebswirtschaftliche, rechtliche und steuerliche Aspekte der Errichtung von Principal-Gesellschaften, in: IFF Forum für Steuerrecht 2002, S. 81–113
Bude, Heinz 1987: Deutsche Karrieren. Lebenskonstruktionen sozialer Aufsteiger aus der Flakhelfer-Generation, Frankfurt a.M.: Suhrkamp
Bude, Heinz/Philipp Staab 2016: Kapitalismus und Ungleichheit. Die neuen Verwerfungen, Frankfurt a.M., New York: Campus
Burki, Shahid Javed/Perry, Guillermo E. 1999: Beyond the Washington consensus. Institutions matter, Washington DC: World Bank
Burzan, Nicole/Miriam Schad: Qualitative Ungleichheitsforschung. Zugänge zu einem Kernthema der Soziologie am Beispiel deutschsprachiger Zeitschriftenbeiträge, in: ZQF 19. Jg., Heft 1+2/2018, S. 13–29
Castel, Robert 2008: Die Metamorphosen der sozialen Frage. Eine Chronik der Lohnarbeit, Konstanz: UVK
Castro Varela, María do Mar/Dhawan, Nikita 2020: Postkoloniale Theorie. Eine kritische Einführung, Bielefeld: Transkript

Chancel, Lucas/Thomas Piketty 2021: Global income inequality, 1820–2020: the Persistence and mutation of extreme Inequality, in: Journal of the European Economic Association 19 (6), S. 3025–3062

Clark, Colin 1940: The Conditions Of Economic Progress, London: Macmillan

Cobham, Alex/Petr Janský 2020: Estimating Illicit Financial Flows. A Critical Guide to the Data, Methodologies, and Findings, Oxford: Oxford University Press

Conze, Eckart u.a. 2010: Das Amt und die Vergangenheit. Deutsche Diplomaten im Dritten Reich und in der Bundesrepublik, München: Blessing.

Crone, Patricia 1992: Die vorindustrielle Gesellschaft. Eine Strukturanalyse, München: dtv

Czingon, Claudia/Sighard Neckel 2010: ‚Ich muss binnen zweier Sekunden entscheiden. Sofort!', in: Claudia Honegger u.a. (Hrsg.), Strukturierte Verantwortungslosigkeit. Berichte aus der Bankenwelt, Berlin: Suhrkamp, 128–139

Dahrendorf, Ralf 1957: Soziale Klassen und Klassenkonflikt in der industriellen Gesellschaft, Stuttgart: Enke

Dahrendorf, Ralf 1965: Bildung ist Bürgerrecht. Plädoyer für eine aktive Bildungspolitik, Hamburg: Nannen

Dahrendorf, Ralf 1968: Gesellschaft und Demokratie in Deutschland, München: dtv

De Vries, Jan 2008: The Industrious Revolution. Consumer Behavior and the Household Economy, 1650 to the Present, Cambridge: Cambridge University Press

Deppe, Wilfried 1982: Drei Generationen Arbeiterleben. Eine soziobiographische Darstellung, Frankfurt a.M., New York: Campus

Deutschmann, Christoph 1999: Die Verheißung des absoluten Reichtums. Zur religiösen Natur des Kapitalismus, Frankfurt a.M., New York: Campus

Diaz-Bone, Rainer 2011: Soziologie der Konventionen. Grundlagen einer pragmatischen Anthropologie, Frankfurt a.M., New York: Campus

Diewald, Martin/Thomas Faist 2011: Von Heterogenitäten zu Ungleichheiten. Soziale Mechanismen als Erklärungsansatz der Genese sozialer Ungleichheiten, in: Berliner Journal für Soziologie, 21, 1, S. 91–114

DiPrete, Thomas A./Gregory M. Eirich 2006: Cumulative Advantage as a Mechanism for Inequality. A Review of Theoretical and Empirical Developments, in: Annual Review of Sociology, Vol. 32, S. 271–297

Dorn, Raphael Emanuel 2018: Alle in Bewegung. Räumliche Mobilität in der Bundesrepublik Deutschland 1980–2010, Göttingen: Vandenhoeck & Ruprecht

Dörre, Klaus/Anja Happ/Ingo Matuschek 2013: Das Gesellschaftsbild der LohnarbeiterInnen. Soziologische Untersuchungen in ost- und westdeutschen Industriebetrieben, Hamburg: VSA-Verlag

Dörre, Klaus/Livia Schubert 2020: In der Warteschlange. Arbeiter*innen und die radikale Rechte, Münster: Westfälisches Dampfboot

Du Bois, W. E. Burghardt 1906: Die Negerfrage in den Vereinigten Staaten, in: Archiv für Sozialwissenschaft und Sozialpolitik, Band 22, 1906, S. 31–79

Du Bois, W. E. Burghardt 1929 [1903]: The souls of the black folk. Essays and sketches, Chicago: A. C. McClurg

Du Bois, W. E. Burghardt 2017 [1935]: Black Reconstruction in America: An Essay Toward a History of the Part Which Black Folk Played in the Attempt to Reconstruct Democracy in America, 1860–1880, London, New York: Routledge

Durkheim, Émile 1984: Die Regeln der soziologischen Methode, Frankfurt a.M.: Suhrkamp

Durkheim, Émile 1992: Ãœber soziale Arbeitsteilung. Studie über die Organisation höherer Gesellschaften, Frankfurt a.M.: Suhrkamp

El-Mafaalani, Aladin 2018: Das Integrationsparadox. Warum gelungene Integration zu mehr Konflikten führt, Köln: Kiepenheuer & Witsch

El-Mafaalani, Aladin 2021: Wozu Rassismus? Von der Erfindung der Menschenrassen bis zum rassismuskritischen Widerstand, Köln: Kiepenheuer & Witsch

EU-Sonderausschuss zu Finanzkriminalität, Steuerhinterziehung und Steuervermei-dung 2019: Bericht über Finanzkriminalität, Steuerhinterziehung und Steuerver-meidung, Plenarsitzungsdokument des Europäischen Parlaments A8-0170/2019

Faist, Thomas (Hrsg.) 2020: Soziologie der Migration. Eine systematische Einführung, Berlin: De Gruyter Oldenbourg

Faist, Thomas 2019: The transnationalized social question. Migration and the politics of social inequalities in the twenty-first century, Oxford, New York NY: Oxford University Press

Faist, Thomas 2021: The Transnational Social Question. An Update, COMCAD Working Papers, 175, Bielefeld

Faist, Thomas 2022: Exit. Warum Menschen aufbrechen? Globale Migration im 21. Jahrhundert, München: C.H. Beck

Faist, Thomas/Margit Fauser/Eveline Reisenauer 2014: Das Transnationale in der Migration, Weinheim: Beltz Juventa

Fenstermaker, Sarah/Candace West 1995: Doing Difference, in: Gender and Society, Vol. 9, No. 1, S. 8–37

Fenstermaker, Sarah/Candace West 2002: Doing gender, doing difference. Inequality, power, and institutional change, New York: Routledge

Fischer, Hendrik K 2011: Konsum im Kaiserreich. Eine statistisch-analytische Untersuchung privater Haushalte im wilhelminischen Deutschland, Berlin: Akademie Verlag

Flaig, Berthold Bodo/Bertram Barth 2023: Hoher Nutzwert und vielfältige Anwendung. Entstehung und Entfaltung des Informationssystems Sinus-Milieus, in: Barth, Bertram u.a., Praxis der Sinus-Milieus, Wiesbaden: Springer VS, S. 3–21

Foroutan, Naika/Daniel Kubiak 2018: Ausschluss und Abwertung. Was Muslime und Ostdeutsche verbindet, in: Blätter für deutsche und internationale Politik 7/2018, S. 93–102

Frankenberger, Rolf/Siegfried Frech (Hrsg.) 2017: Soziale Milieus. Lebenswelten in Deutschland, Schwalbach: Wochenschau Verlag

Fröhlich, Gerhard/Boike Rehbein 2008: Bourdieu- Handbuch. Leben, Werk, Wirkung, Stuttgart: Metzler

Fromm, Erich 1980: Arbeiter und Angestellte am Vorabend des Dritten Reiches. Eine sozialpsychologische Untersuchung, München: dtv

Ganzeboom, Harry B.G. 2010: A new international socio-economic index of occupational status for the ISCO 2008, Paper presented at Annual Conference of International Social Survey Programme, Lisbon

Geiger, Theodor 1932: Die soziale Schichtung des deutschen Volkes. Soziographischer Versuch auf statistischer Grundlage, Stuttgart: Enke

Gestrich, Andreas/Jens-Uwe Krause/Michael Mitterauer 2003: Geschichte der Familie, Stuttgart: Alfred Kröner

Giddens, Anthony 1988: Die Konstitution der Gesellschaft. Grundzüge einer Theorie der Strukturierung, Frankfurt a.M., New York: Campus

Gildemeister, Regine/Günther Robert 2022 in: Ehlert, Gudrun/Funk, Heide/Stecklina Gerd (Hrsg.), Wörterbuch: Geschlecht und Soziale Arbeit, Weinheim, Juventa, S. 130–133

Göhre, Paul 1891: Drei Monate Fabrikarbeiter, Leipzig: Grunow

Goldthorpe, John H. 2007: Soziale Klassen und die Differenzierung von Arbeitsverträgen, in: Gerd Nollmann, Sozialstruktur und Gesellschaftsanalyse. Sozialwissenschaftliche Forschung zwischen Daten, Methoden und Begriffen, Wiesbaden: VS, S. 39–71

Grabka, Markus M. 2024: Niedriglohnsektor in Deutschland schrumpft seit 2017, in: DIW Wochenbericht 5/2024, S. 67–76

Grabka, Markus/Christoph Halbmeier 2019: Vermögensungleichheit in Deutschland bleibt trotz deutlich steigender Nettovermögen anhaltend hoch, in: DIW Wochenbericht, 40/2019, S. 735–745

Graf, Jakob/Kim Lucht/John Lütten (Hrsg.) 2022: Die Wiederkehr der Klassen. Theorien, Analysen, Kontroversen, Frankfurt a.M., New York: Campus

Groh-Samberg, Olaf/Tim Schröder/Anne Speer 2023: Social Milieus and Social Integration. From Theoretical Considerations to an Empirical Model, in: Kölner Zeitschrift für Soziologie und Sozialpsychologie, Vol. 75, Issue 2

Grusky, David B. 2008: Social Stratification. Class, Race, and Gender in Sociological Perspective, Boulder: Westview

Habermas, Jürgen 2004: Solidarität jenseits des Nationalstaats. Notizen zu einer Diskussion, in: Jens Beckert u.a. (Hrsg.), Transnationale Solidarität. Chancen und Grenzen, Frankfurt a.M., New York: Campus, S. 225–235

Hall, Stuart 2018: Das verhängnisvolle Dreieck. Rasse, Ethnie, Nation, Berlin: Suhrkamp

Hartmann, Heinz 1968: Der deutsche Unternehmer. Autorität und Organisation, Frankfurt a.M.: Europäische Verlagsanstalt

Heger, Katharina/Kathleen Heft 2022: Vergeschlechtlichte Macht. Das intersektionale Geschlechterverhältnis in bundesdeutschen Eliten, in: DeZIM Research Notes #11 | 22, Berlin November 2022

Heger, Katharina/Lars Vogel 2020: Die Positionsauswahl der Elitenstudie 2020. Sample Report (Stand 23.10.2020)

Heidenreich, Martin 2000: Beschäftigungsordnungen in Europa, in: Bamberger Beiträge zur Europaforschung und zur internationalen Politik Nr. 4/2000

Heidenreich, Martin 2022: Die doppelte Spaltung Europas. Territoriale und soziale Ungleichheiten als zentrale Herausforderungen der europäischen Integration, Wiesbaden: Springer

Herbert, Ulrich 1986: Geschichte der Ausländerbeschäftigung in Deutschland 1880 bis 1980. Saisonarbeiter, Zwangsarbeiter, Gastarbeiter, Berlin, Bonn: Dietz

Hirsch, Joachim/Roth, Roland 1986: Das neue Gesicht des Kapitalismus. Vom Fordismus zum Postfordismus, Hamburg: VSA-Verlag

Hirschauer, Stefan/Tobias Boll 2017: Un/doing Differences. Zur Theorie und Empirie eines Forschungsprogramms, in: ders. (Hrsg.), Un/doing Differences. Die Praktiken der Humandifferenzierung, Weilerswist: Velbrück, S. 7–26

Hoerder, Dirk 2010: Geschichte der deutschen Migration. Vom Mittelalter bis heute, München: C.H. Beck

Honegger, Claudia u.a. (Hrsg.) 2010: Strukturierte Verantwortungslosigkeit. Berichte aus der Bankenwelt, Berlin: Suhrkamp

Hradil, Stefan 2006: Soziale Milieus, in: Aus Politik und Zeitgeschichte, 45/ 4

Itzigsohn, José; Brown, Karida L. 2020: The sociology of W.E.B. Du Bois. Racialized modernity and the global color line, New York: New York University Press
Jahoda, Marie/Paul F. Lazarsfeld/Hans Zeisel 1975: Die Arbeitslosen von Marienthal, Frankfurt a.m.: Suhrkamp
Janowitz, Morris 1958: Soziale Schichtung und Mobilität in Westdeutschland, in: Kölner Zeitschrift für Soziologie und Sozialpsychologie, 10, S. 1–38
Jansen, Jan C./Jürgen Osterhammel 2013: Dekolonisation. Das Ende der Imperien, München: C.H. Beck
Kadritzke, Ulf 2017: Mythos „Mitte" oder: Die Entsorgung der Klassenfrage, Berlin: Bertz & Fischer
Kaelble, Hartmut 2007: Sozialgeschichte Europas. 1945 bis zur Gegenwart, München: Beck
Keck, Max 2025 (im Erscheinen): Potentiale einer „qualitativen" Analyse komplexer standardisierter Daten, in: Laura Behrmann u.a. (Hrsg.), Mixed Methods in der Sozialstrukturanalyse (Arbeitstitel), Wiesbaden: Springer VS
Kemper, Andreas/Heike Weinbach 2016: Klassismus. Eine Einführung, Münster: Unrast
Kemper, Andreas/Heike Weinbach 2022: Klassismus. Eine Einführung, Münster: Unrast
Kendi, Ibram X. 2017: Gebrandmarkt. Die wahre Geschichte des Rassismus in Amerika, München: C.H. Beck
Kern, Horst/Michael Schumann 1985: Industriearbeit und Arbeiterbewußtsein, Frankfurt a.M.: Suhrkamp
Knöbl, Wolfgang 2022: Die Soziologie vor der Geschichte. Zur Kritik der Sozialtheorie, Berlin: Suhrkamp
Kocka, Jürgen 1988: Zur Schichtung der preuÃŸischen Bevölkerung während der industriellen Revolution, in: Wilhelm Treue (Hrsg.), Geschichte als Aufgabe, Berlin: Colloquium Verlag, S. 357–390
Kocka, Jürgen 2013: Geschichte des Kapitalismus, München: C.H. Beck
Kreckel, Reinhard 1992: Politische Soziologie der sozialen Ungleichheit, Frankfurt a.M., New York: Campus
Kreckel, Reinhard 1998: Klassentheorie am Ende der Klassengesellschaft, in: Peter A. Berger/Michael Vester (Hrsg.), Alte Ungleichheiten – Neue Spaltungen, Opladen: Leske & Budrich, S. 31–47
Kreckel, Reinhard 2008: Soziale Ungleichheit im globalen Kontext, in: Michael Bayer u. a. (Hrsg.), Transnationale Ungleichheitsforschung. Eine neue Herausforderung für die Soziologie, Frankfurt a.M.,New York: Campus, S. 23–69
Krzywdzinski, Martin 2020: Automatisierung, Digitalisierung und Wandel der Beschäftigungsstrukturen in der Automobilindustrie. Eine kurze Geschichte vom Anfang der 1990er bis 2018, WZB-Discussion Paper, SP III 2020–302, Juni 2020
Kühl, Stefan/Petra Strodtholz/Andreas Taffertshofer (Hrsg.) 2009: Handbuch Methoden der Organisationsforschung. Quantitative und Qualitative Methoden, Wiesbaden: Springer VS
Kutlu, Yalcin 2021: Von der ‚Kindergartentante' zur Erzieherin. Kita-Personal im Kampf um Anerkennung, in: Mayer-Ahuja u.a. (Hrsg.), S. 47–68
Kutzner, Edelgard 2021: Auf das Riechen, Schmecken, Fühlen und Sehen kommt es an: Einfacharbeit in der Lebensmittelproduktion, S. 235–257
Kuznets, Simon 1955: Economic Growth and Income Inequality, in: The American Economic Review XLV S. 1–28
Lahire, Bernard 2011: The Plural Actor, Malden, MA: Polity Press

Lauterbach, Wolfgang/Miriam Ströing/Markus M. Grabka/Carsten Schröder 2016: HViD – Hochvermögende in Deutschland. Abschlussbericht zu den Ergebnissen der Befragung, Armuts- und Reichtumsberichterstattung der Bundesregierung

Lemberg, Eugen/Friedrich Edding 1959: Die Vertriebenen in Westdeutschland. Ihre Eingliederung und EinfluÃŸ auf Gesellschaft, Wirtschaft, Politik und Geistesleben. 3 Bände, Kiel: Hirt

Lenger, Alexander/Stefan Priebe 2013: Demonstrativer Konsum und die Theorie der feinen Leute. Geschmack, Distinktion und Habitus bei Thorstein Veblen und Pierre Bourdieu, in: A. Lenger u.a. (Hrsg.), Pierre Bourdieus Konzeption des Habitus, Wiesbaden: Springer VS

Lenger, Friedrich 2023: Der Preis der Welt. Eine Globalgeschichte des Kapitalismus, München: C.H. Beck

Lenz, Ilse 2017: Genderflexer? Zum gegenwärtigen Wandel der Geschlechterordnung, in: dies./Sabine Evertz/Saida Ressel (Hrsg.), Geschlecht im flexibilisierten Kapitalismus? Neue UnGleichheiten, Wiesbaden: Springer VS, S. 181–221

Lepenies, Philipp 2013: Die Macht der einen Zahl. Eine politische Geschichte des Bruttoinlandsprodukts, Frankfurt a.M.: Suhrkamp

Lepsius, Mario Rainer 1993: Demokratie in Deutschland. Soziologisch-historische Konstellationsanalysen. Ausgewählte Aufsätze, Göttingen: Vandenhoeck & Ruprecht

Lessenich, Stephan 2016: Neben uns die Sintflut. Die Externalisierungsgesellschaft und ihr Preis, Berlin: Hanser Berlin

Lewalter, Doris u. a. (Hrsg.) 2023: PISA 2022. Analyse der Bildungsergebnisse in Deutschland, Münster, New York: Waxmann

Lorde, Audre 1984 [1980]: Age, Race, Class and Sex. Women Redefining Difference, in: dies., Sister Outsider, Trumansburg NY: Crossing Press

Lowe, Keith 2014: Der wilde Kontinent. Europa in den Jahren der Anarchie 1943–1950, Stuttgart: Klett-Cotta

Mannheim, Karl 1980: Strukturen des Denkens, Frankfurt a.M.: Suhrkamp

Manow, Philip 2024: Unter Beobachtung. Die Bestimmung der liberalen Demokratie und ihrer Freunde, Berlin: Suhrkamp

Marg, Stine 2022: Milieuperspektiven. Eine kritische Diskussion der Erklärungskraft aktueller Milieustudien, Bonn: Friedrich-Ebert-Stiftung

Marshall, Thomas H. 2000: Staatsbürgerrechte und soziale Klassen, in: Jürgen Mackert/Hans-Peter Müller (Hrsg.), Citizenship. Soziologie der Staatsbürgerschaft, Opladen: Westdeutscher Verlag, S. 45–102

Marszolek, Inge 2014: Vom Proletarier zum ‚Soldaten der Arbeit'. Zur Inszenierung der Arbeit am 1. Mai 1933, in: Marc Buggeln, Michael Wildt (Hrsg.), Arbeit im Nationalsozialismus, Berlin, München, Boston: De Gruyter Oldenbourg, S. 215–228

Marx, Karl 1848: Manifest der Kommunistischen Partei (digitalisierte Ausgabe), Deutsches Textarchiv

Marx, Karl 1977: Die Klassenkämpfe in Frankreich 1848 bis 1850, in: Karl Marx/Friedrich Engels, Werke, Band 10, Artikel, Entwürfe Juli 1849 bis Juni 1851, Berlin, Boston: Akademie Verlag, S. 119–196

Mau, Steffen 2021: Sortiermaschinen. Die Neuerfindung der Grenze im 21. Jahrhundert, München: C.H. Beck

Mau, Steffen/Roland Verwiebe 2013: Sozialstruktur Europas, in: Mau, Steffen/Nadine M. Schöneck (Hrsg.), Handwörterbuch zur Gesellschaft Deutschlands, Wiesbaden: Verlag für Sozialwissenschaften, S. 266–272

Mayer, Karl Ulrich 1989: Empirische Sozialstrukturanalyse und Theorien der gesellschaftlichen Entwicklung, in: Soziale Welt; H. 1/2; Jg. 40; S. 297–308

Mayer-Ahuja, Nicole/Oliver Nachtwey (Hrsg.) 2021: Verkannte Leistungsträger:innen. Berichte aus der Klassengesellschaft, Berlin: Suhrkamp

Meyer, Katrin 2017: Theorien der Intersektionalität zur Einführung, Hamburg: Junius

Mooser, Josef 1983: Abschied von der „Proletarität". Sozialstruktur und Lage der Arbeiterschaft in der Bundesrepublik in historischer Perspektive, in: Werner Conze/M. Rainer Lepsius (Hrsg.): Sozialgeschichte der Bundesrepublik Deutschland. Beiträge zum Kontinuitätsproblem. Stuttgart: Klett-Cotta, S. 143–186

Müller, Hans-Peter 1992: Sozialstruktur und Lebensstile. Der neuere theoretische Diskurs über soziale Ungleichheit, Frankfurt a.M.: Suhrkamp

Müller, Hans-Peter 2009: Lebensstile, in: Solga, Heike/Justin Powell/Peter A. Berger (Hrsg.), Soziale Ungleichheit. Klassische Texte zur Sozialstrukturanalyse, Frankfurt a.M., New York: Campus, S. 331–343

Müller, Hans-Peter 2020: Max Weber. Eine Spurensuche, Berlin: Suhrkamp

Müller, Hans-Peter 2020a: Lebenschancen, in: Hans-Peter Müller u.a. (Hrsg), Max Weber-Handbuch, Berlin: Metzler, S. 110–113

Müller, Hans-Peter 2020b: Lebensführung, in: Hans-Peter Müller u.a. (Hrsg), Max Weber-Handbuch, Berlin: Metzler, S. 114–117

Müller, Hans-Peter/Sigmund, Steffen 2020: Max Weber-Handbuch. Leben – Werk – Wirkung, Berlin: Metzler

Müller, Stella/Zimmermann, Jens 2018: Milieu – Revisited, in: diess. (Hrsg.), Milieu – Revisited. Forschungsstrategien der qualitativen Milieuanalyse, Wiesbaden: VS, S. 1–15

Münke, Stephanie 1956: Die Armut in der heutigen Gesellschaft. Ergebnisse einer Untersuchung in Westberlin, Berlin: Duncker & Humblot

Nachtwey, Oliver 2016: Die Abstiegsgesellschaft. Über das Aufbegehren in der regressiven Moderne, Berlin: Suhrkamp

Nagel, Thomas 2005: The Problem of Global Justice, in: Philosophy and Public Affairs 33, S. 113–147

Niethammer, Lutz 1985: Fragen – Antworten – Fragen. Methodische Erfahrungen und Erwägungen zur Oral history, in: ders./Alexander von Plato (Hrsg.), ‚Wir kriegen jetzt andere Zeiten'. Auf der Suche nach Erfahrung des Volkes in nachfaschistischen Ländern, Berlin, Bonn: Dietz

Niethammer, Lutz u.a. (Hrsg.) 1983–1985: [Verschiedene Titel] Lebensgeschichte und Sozialkultur im Ruhrgebiet. Bd. 1–3, Berlin, Bonn: Dietz

Nohl, Arnd-Michael u.a. 2013: Einleitung. Zur Entwicklung der dokumentarischen Methode durch Ralf Bohnsack, in: diess. (Hrsg.), Dokumentarische Methode, Opladen u.a.: Barbara Budrich, S. 9–40

Nowicka, Magdalena 2024: Transnationalismus, Baden-Baden: Nomos

Oesch, Daniel 2006: Redrawing the Class Map. Stratification and Institutions in Britain, Germany, Sweden and Switzerland, Basingstoke: Palgrave Macmillan

Oesch, Daniel 2013: Occupational Change in Europe. How Technology and Education Transform the Job Structure, Oxford: Oxford University Press

Oevermann Ulrich 1981: Fallrekonstruktionen und Strukturgeneralisierung als Beitrag der objektiven Hermeneutik zur soziologisch-strukturtheoretischen Analyse, unveröffentlichtes Manuskript, zugänglich über die Universitätsbibliothek der Goethe Universität Frankfurt

Osterhammel, Jürgen/Jan C. Jansen 2012: Kolonialismus. Geschichte, Formen, Folgen, München: C.H. Beck

Osterhammel, Jürgen/Niels P. Petersson 2019: Geschichte der Globalisierung. Dimensionen, Prozesse, Epochen, München: C.H. Beck

Otte, Gunnar 2005: Entwicklung und Test einer integrativen Typologie der Lebensführung für die Bundesrepublik Deutschland, in: Zeitschrift für Soziologie, Jg. 34, Heft 6, Dezember 2005, S. 442–467

Pfeiffer, Sabine 2021: Digitalisierung als Distributivkraft. Über das Neue am digitalen Kapitalismus, Bielefeld: Transcript

Picht, Georg 1964: Die deutsche Bildungskatastrophe, Analyse und Dokumentation, Olten, Freiburg: Walter-Verlag

Piore, Michael J./Charles F. Sabel 1985: Das Ende der Massenproduktion, Berlin: Wagenbach

Pirker, Theo/Siegfried Braun u.a. 1955: Arbeiter, Management, Mitbestimmung, Stuttgart: Ring-Verlag

Plumpe, Werner 2019: Das kalte Herz. Kapitalismus. Die Geschichte einer andauernden Revolution, Berlin: Rowohlt Berlin

Pomeranz, Kenneth 2000: The Great Divergence. China, Europe, and the Making of the Modern World Economy, Princeton, Oxford: Princeton University Press

Pongratz, Hans J./Rainer Trinczek 2010: Industriesoziologische Fallstudien. Entwicklungspotenziale einer Forschungsstrategie, Berlin: edition sigma

Popitz, Heinrich/Hans Paul Bahrdt/Ernst August Jüres/Hanno Kesting 1957: Das Gesellschaftsbild des Arbeiters. Soziologische Untersuchung der Hüttenindustrie, Tübingen: Mohr

Pries, Ludger 2008a: Die Transnationalisierung der sozialen Welt. Sozialräume jenseits von Nationalgesellschaften, Suhrkamp: Frankfurt

Pries, Ludger 2008b: Transnationalisierung und soziale Ungleichheit. Konzeptionelle Überlegungen und empirische Befunde aus der Migrationsforschung, in: Berger, Peter A./Weiß, Anja 2008: Transnationalisierung sozialer Ungleichheit, Wiesbaden: VS-Verlag, S. 41–65

Pries, Ludger 2019: Erwerbsregulierung in einer globalisierten Welt. Theoretische Konzepte und empirische Tendenzen der Regulierung von Arbeit und Beschäftigung in der Transnationalisierung, Wiesbaden: VS

Quante, Michael/David P. Schweikard (Hrsg.) 2015: Marx-Handbuch. Leben – Werk – Wirkung, Stuttgart: Metzler/Poeschel

Recker, Helga 1974: Mobilität in der „offenen" Gesellschaft, Köln: Kiepenheuer & Witsch

Rehberg, Karl-Siegbert 2006: Die unsichtbare Klassengesellschaft, in: ders. (Hrsg.), Soziale Ungleichheit, kulturelle Unterschiede: Verhandlungen des 32. Kongresses der Deutschen Gesellschaft für Soziologie in München, Frankfurt a.M., New York: Campus, S. 19–38

Reinhard, Wolfgang 2016: Die Unterwerfung der Welt. Globalgeschichte der europäischen Expansion 1415–2015, München: C.H. Beck

Renn, Joachim 2018: Makroanalytische Tiefenhermeneutik. Qualitative Sinnrekonstruktion als Gesellschaftsanalyse, in: Müller, Stella/Zimmermann, Jens (Hrsg.): Milieu – Revisited. Forschungsstrategien der qualitativen Milieuanalyse, Wiesbaden: VS, S. 157–246

Rittberger, Volker/Bernhard Zangl/Andreas Kruck 2013: Internationale Organisationen, Wiesbaden: Springer VS

Rokkan, Stein 2000: Staat, Nation und Demokratie in Europa, Frankfurt a.M.: Suhrkamp

Rothenbacher, Franz 1989: Soziale Ungleichheit im Modernisierungsprozeß des 19. und 20. Jahrhunderts, Frankfurt a.M., New York: Campus

Rowntree, B. Seebohm 1901: Poverty. A study of town life. London: Macmillan

Schelsky, Helmut 1957: Die skeptische Generation. Eine Soziologie der deutschen Jugend, Düsseldorf, Köln: Diederichs

Schelsky, Helmut 1965 [1956]: Gesellschaftlicher Wandel, in: ders., Auf der Suche nach Wirklichkeit, Düsseldorf: Goldmann, S. 333–349

Scheuch, Erwin K. 1961: Sozialprestige und soziale Schichtung, in: Kölner Zeitschrift für Soziologie und Sozialpsychologie, 1961, Sonderheft 5, S. 65–103

Schmeiser, Martin 2004: Vom ‚statistischen Kleingemälde' zur ‚Lebensgeschichte': Die Entwicklung von Biographie- und Lebensverlaufsforschung in der frühen deutschen Soziologie, in: BIOS 17, Heft 1, S. 69–94

Schmidt, Jürgen 2015: Arbeiter in der Moderne. Arbeitsbedingungen, Lebenswelten, Organisationen, Frankfurt a.M., New York: Campus

Schmidt, Peter u.a. 2007: Die Messung von Werten mit dem „Portraits Value Questionnaire", in: Zeitschrift für Sozialpsychologie, 38(4), S. 261–275

Schmoller, Gustav 1897: Was verstehen wir unter dem Mittelstand? Hat er im 19. Jahrhundert zu oder abgenommen?, in: Die Verhandlungen des Achten Evangelisch-Sozialen Kongresses, Göttingen: Vandenhoeck & Ruprecht, S. 132–161

Schnapper-Arndt, Gottlieb 1883: Fünf Dorfgemeinden auf dem Hohen Taunus. Eine socialstatistische Untersuchung über Kleinbauernthum, Hausindustrie und Volksleben, Leipzig: Duncker & Humblot

Schultheis, Franz/Berthold Vogel/Michael Gemperle (Hrsg.) 2010: Ein halbes Leben. Biografische Zeugnisse aus einer Arbeitswelt im Umbruch, Konstanz: UVK

Schulz, Kristina 2010: Beamter: ‚Man hat schon so das Gefühl, dass es eine komische Zeit ist', in: Franz Schultheis u.a. (Hrsg.), Ein halbes Leben. Biografische Zeugnisse aus einer Arbeitswelt im Umbruch, Konstanz: UVK, S. 277–290

Schulze, Gerhard 1992: Die Erlebnisgesellschaft. Kultursoziologie der Gegenwart, Frankfurt a.M., New York: Campus

Schwarz, Norbert 2017: Der Wert der unbezahlten Arbeit. Das Satellitensystem Haushaltsproduktion, in: Statistisches Bundesamt (Hrsg.), Wie die Zeit vergeht. Analysen zur Zeitverwendung in Deutschland, Wiesbaden, S. 245–256

Simmel, Georg 1989: Philosophie des Geldes, Frankfurt a.M.: Suhrkamp

Singe, Ingo 2021: An den Rand geschoben. ‚Bettenschubser:innen' in der Krankenhauslogistik, in: Mayer-Ahuja u.a. (Hrsg.), S. 189–209

Sklair, Leslie 2010: Die transnationale Klasse des Kapitals, in: Beck, Ulrich/Poferl, Angelika (Hrsg.). Große Armut, großer Reichtum. Zur Transnationalisierung sozialer Ungleichheit, Frankfurt a.M.: Suhrkamp, S. 263–301

Slobodian, Quinn 2023: Kapitalismus ohne Demokratie. Wie Marktradikale die Welt in Mikronationen, Privatstädte und Steueroasen zerlegen wollen, Berlin: Suhrkamp

Smith, Adam 1973: Wealth of nations, Giessen: Achenbach
Somek, Alexander 2021: The Social Question in a Transnational Context, in: Peer Zumbansen (Hrsg.), The Oxford Handbook of Transnational Law, New York: Oxford University Press, S. 747–776
Sozialbericht 2024, hrsg. vom Statistischen Bundesamt, Wissenschaftszentrum Berlin für Sozialforschung, Bundesinstitut für Bevölkerungsforschung, Bonn: Bundeszentrale für politische Bildung
Sozialerhebung 2023: Die Studierendenbefragung in Deutschland. 22. Sozialerhebung. Die wirtschaftliche und soziale Lage der Studierenden in Deutschland 2021, Berlin: Bundesministerium für Bildung und Forschung
Spellerberg, Annette 1996: Soziale Differenzierung durch Lebensstile. Eine empirische Untersuchung zur Lebensqualität in West- und Ostdeutschland, Berlin: edition sigma
Staab, Philipp 2019: Digitaler Kapitalismus. Markt und Herrschaft in der Ökonomie der Unknappheit, Berlin: Suhrkamp
Staab, Philipp 2023: Der Konflikt um den digitalen Kapitalismus. Kein Jenseits von Markt und Technokratie, in: Tanja Carstensen u.a. (Hrsg.), Theorien des digitalen Kapitalismus. Arbeit, Ökonomie, Politik und Subjekt, Berlin: Suhrkamp, S. 307–325
Stedman Jones, Gareth 2017: Karl Marx. Die Biographie, Frankfurt a.M.: S. Fischer
Szelényi, Iván/Mihályi, Péter 2020: Varieties of post-communist capitalism. A comparative analysis of Russia, Central Europe and China, Leiden/Boston: Brill
Tams, Christian J./Sara Joetten 2012: Die Charta der Vereinten Nationen und die Allgemeine Erklärung der Menschenrechte, in: Arnd Pollmann/Georg Lohmann (Hrsg.), Menschenrechte: Ein Interdisziplinäres Handbuch, Stuttgart: Metzler, S. 116–122
Tewes, Oliver/Garabet Gül (Hrsg.) 2018: Der soziale Raum der postmigrantischen Gesellschaft, Weinheim, Basel: Beltz
Thelen, Kathleen 2004: How Institutions Evolve. The Political Economy of Skills in Germany, Britain, the United States and Japan, New York: Cambridge University Press
Theling, Gabriele 1986: Vielleicht wäre ich als Verkäuferin glücklicher geworden. Arbeitertöchter und Hochschule, Münster: Westfälisches Dampfboot
Therborn, Göran 2006: Inequalities of the World. New Theoretical. Frameworks, Multiple Empirical Approaches. London, New York: Verso
Therborn, Göran 2013: The Killing Fields of Inequality, Cambridge, UK: Polity Press
Thien, Hans Günter 2010: Klassen im Postfordismus, Münster: Westfälisches Dampfboot
Tilly, Charles 1999: Durable Inequality, Berkeley, Los Angeles, London: University of California Press
Tørsløv, Thomas/Ludvig Wier/Gabriel Zucman 2022: The Missing Profits of Nations, in: Review of Economic Studies (2022) 0, S. 1–36
Tukey, John W. 1977: Exploratory Data Analysis, Reading MA: Addison-Wesley
Ueltzhoeffer, Joerg/Bodo Flaig 1992: Spuren der Gemeinsamkeit? Soziale Milieus in Ost- und Westdeutschland, in: Werner Weidenfeld (Hrsg.): Deutschland. Eine Nation, doppelte Geschichte, Köln: Wissenschaft und Politik, S. 61–81
V-Dem-Democracy Report 2023 und 2024, Gothenburg: Department of Political Science, University of Gothenburg
Veblen, Thorstein 1986 [1899]: Theorie der feinen Leute. Eine ökonomische Untersuchung der Institutionen, Frankfurt a.M.: Fischer
Vertovec, Steven 2007: Super-diversity and its implications, in: Ethnic and Racial Studies, 30 (6), S. 1024–1054

Vertovec, Steven 2009: Transnationalism, London, New York: Routledge
Vertovec, Steven 2021: The social organization of difference, in: Ethnic and Racial Studies, 44, 8, S. 1273–1295
Vertovec, Steven 2024: Superdiversität. Migration und soziale Komplexität, Berlin: Suhrkamp
Vester, Michael 1998: Klassengesellschaft ohne Klassen. Auflösung oder Transformation der industriegesellschaftlichen Sozialstruktur?, in: Peter A. Berger/Michael Vester (Hrsg.), Alte Ungleichheiten – Neue Spaltungen, Opladen: Leske & Budrich, S. 109–147
Vester, Michael 2009: Milieuspezifische Lebensführung und Gesundheit, in: Jahrbuch für kritische Medizin und Gesundheitswissenschaften 45, Berlin: Argument-Verlag, S. 36–56
Vester, Michael 2014: Milieu als soziologisches Modell oder als historische Praxis? Milieu- und Klassenbegriff in der vergessenen klassischen Soziologie von Weber, Durkheim, Marx und Geiger, in: Renn, Joachim/Isenböck, Peter/Nell, Linda (Hrsg.), Die Form des Milieus, Sonderband der Zeitschrift für Soziologie, Weinheim, Basel: Beltz Juventa, S. 224–269
Vester, Michael 2015: Die Grundmuster der alltäglichen Lebensführung und der Alltagskultur der sozialen Milieus, in: R. Freericks, D. Brinkmann (Hrsg.), Handbuch Freizeitsoziologie Wiesbaden: Springer VS, S. 143–187
Voy, Klaus/Werner Polster 1991: Eigenheim und Automobil, in: diess./Claus Thomasberger (Hrsg.) Gesellschaftliche Transformationsprozesse und materielle Lebensweise, Bd. 2, Marburg: Metropolis, S. 293–356
Wachsmann, Nikolaus 2016: KL. Die Geschichte der nationalsozialistischen Konzentrationslager, München: Siedler
Wallerstein, Immanuel 2012: Das moderne Weltsystem IV. Der Siegeszug des Liberalismus (1789–1914), Wien: Promedia
Weber, Max 1892: Die Lage der Landarbeiter im ostelbischen Deutschland, 2. Halbband, Tübingen: Mohr
Weber, Max 1922: Gesammelte Aufsätze zur Religionssoziologie, Tübingen: Mohr/Siebeck
Weber, Max 1972 [1922]: Wirtschaft und Gesellschaft. Grundriß der verstehenden Soziologie, Tübingen: Mohr
Weber, Max 1988 [1894]: Entwickelungstendenzen in der Lage der ostelbischen Landarbeiter, in: ders. Gesammelte Aufsätze zur Sozial- und Wirtschaftsgeschichte, Tübingen: Mohr
Weischer, Christoph 2022a: Sozialstrukturanalyse. Grundlagen und Modelle, Wiesbaden: Springer VS
Weischer, Christoph 2022b: Stabile UnGleichheiten. Eine praxeologische Sozialstrukturanalyse, Wiesbaden: Springer VS
Weischer, Christoph 2025 (im Erscheinen): Die Entwicklung der Sozialstrukturanalyse im Spiegel ihrer Methoden in: Laura Behrmann u.a. (Hrsg.), Mixed Methods in der Sozialstrukturanalyse (Arbeitstitel), Wiesbaden: Springer VS
Weiß, Anja 2017: Soziologie globaler Ungleichheiten, Berlin: Suhrkamp
Weller, Wivian/Nicolle Pfaff 2013: Milieus als kollektive Erfahrungsräume und Kontexte der Habitualisierung, in: Nohl, Arnd-Michael u.a. (Hrsg.), Dokumentarische Methode, Opladen u. a.: Barbara Budrich, S. 56–74
Weltz, Friedrich 1964: Vorgesetzte zwischen Management und Arbeitern, Stuttgart: Enke
West, Candace/Don H. Zimmerman 1987: Doing Gender, in: Gender & Society, Vol. 1, No. 2, S. 125–151

William Ming Liu/Geoffrey Soleck/Joshua Hopps/Kwesi Dunston/Theodore Pickett 2004: A New Framework to Understand Social Class in Counseling, in: Journal of Multicultural Counseling and Development, Volume 32, Issue 2, S. 66–123

Winker, Gabriele/Nina Degele 2009: Intersektionalität Zur Analyse sozialer Ungleichheiten, Bielefeld: Transcript

Wischermann, Clemens/Anne Nieberding 2004: Die institutionelle Revolution. Eine Einführung in die deutsche Wirtschaftsgeschichte des 19. und frühen 20. Jahrhunderts, Stuttgart: Franz Steiner

Wolf, Christof/Henning Best 2010: Lineare Regressionsanalyse, in: diess. (Hrsg.) Handbuch der sozialwissenschaftlichen Datenanalyse, Wiesbaden: VS, S. 607–638

World Inequality Lab 2024: Distributional National Accounts Guidelines. Methods and Concepts used in the World Inequality Database

Wright, Erik Olin 2005: Foundations Of A Neo-Marxist Class Analysis, in: Wright (Ed.), Approaches to Class Analysis, Cambridge: Cambridge University Press, S. 4–30

Wright, Erik Olin/Cynthia Costello/David Hachen/Joey Sprague 1982: The American Class Structure, in: American Sociological Review, Vol. 47, No. 6, S. 709–726

Zapf, Wolfgang 1965: Wandlungen der deutschen Elite. Ein Zirkulationsmodell deutscher Führungsgruppen 1919–1961, München: Piper

Zimmermann, Bénédicte 2006: Arbeitslosigkeit in Deutschland. Zur Entstehung einer sozialen Kategorie, Frankfurt a.M., New York: Campus

Schlüsselkonzepte der Sozialstrukturanalyse

A
Argumentationstypen der
 Sozialstrukturanalyse 22

D
Dekolonisierung 169

F
Forschungsrichtungen der
 Sozialstrukturanalyse 25

G
Geschlechter 126, 131, 142, 240
Globalisierung 174
Gruppe, soziale 13

H
Habitus 99, 119

I
Industriegesellschaft 64, 78, 88
Inkorporierung 101
Intersektionalität 128, 138, 152

K
Kapitalien 98, 246
Kapitalismus 54–56, 66, 89, 90, 174
Klasse 51, 52, 57, 74, 76, 82, 86, 88
Klassismus 135
Kolonialismus 164, 167
Kumulierung, soziale und temporale
 38, 243, 249

L
Lage, soziale 17, 255
Lebensstil 95, 96

M
Mechanismus, sozialer 24, 35
Migration 187–189, 241
Milieu, soziales 94, 119, 121, 123

P
Position, soziale 17, 18, 252

R
Ranking- und Sorting-Mechanismen 30, 232
Rassismus 132, 133
Raum, sozialer 112

S
Schicht 51, 61, 62, 71, 74
Schließung, soziale 137, 243
Sexismus 129
Sozialstruktur 6
Sozialstrukturanalyse 8
Stand 51, 60
Status 51

T
Transnationalität 190, 191

U
Ungleichheit, soziale 3, 140

V
Veranderung 34

The manufacturer's authorised representative in the EU is Springer Nature Customer Service Centre GmbH, Europaplatz 3, 69115 Heidelberg, Germany. If you have any concerns regarding our products, please contact ProductSafety@springernature.com

Printed and bound by CPI Group (UK) Ltd, Croydon, CR0 4YY

23/03/2026

02076466-0008